Eduard und Sigrid Soeffker

ErlebnisWandern mit Kindern

DREILÄNDERECK BODENSEE

mit Bregenzerwald und Ostschweiz

31 Wanderungen und Ausflüge

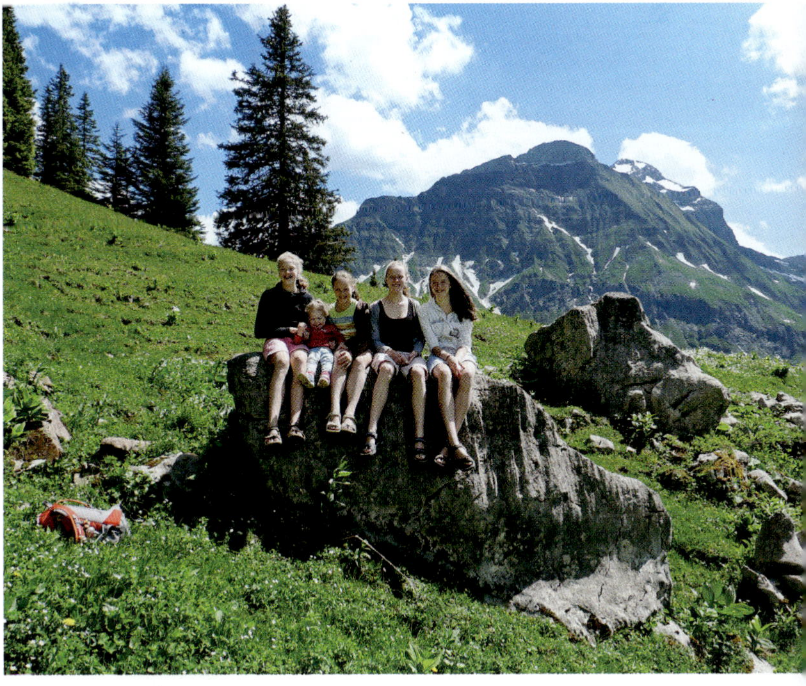

ROTHER
BERGVERLAG

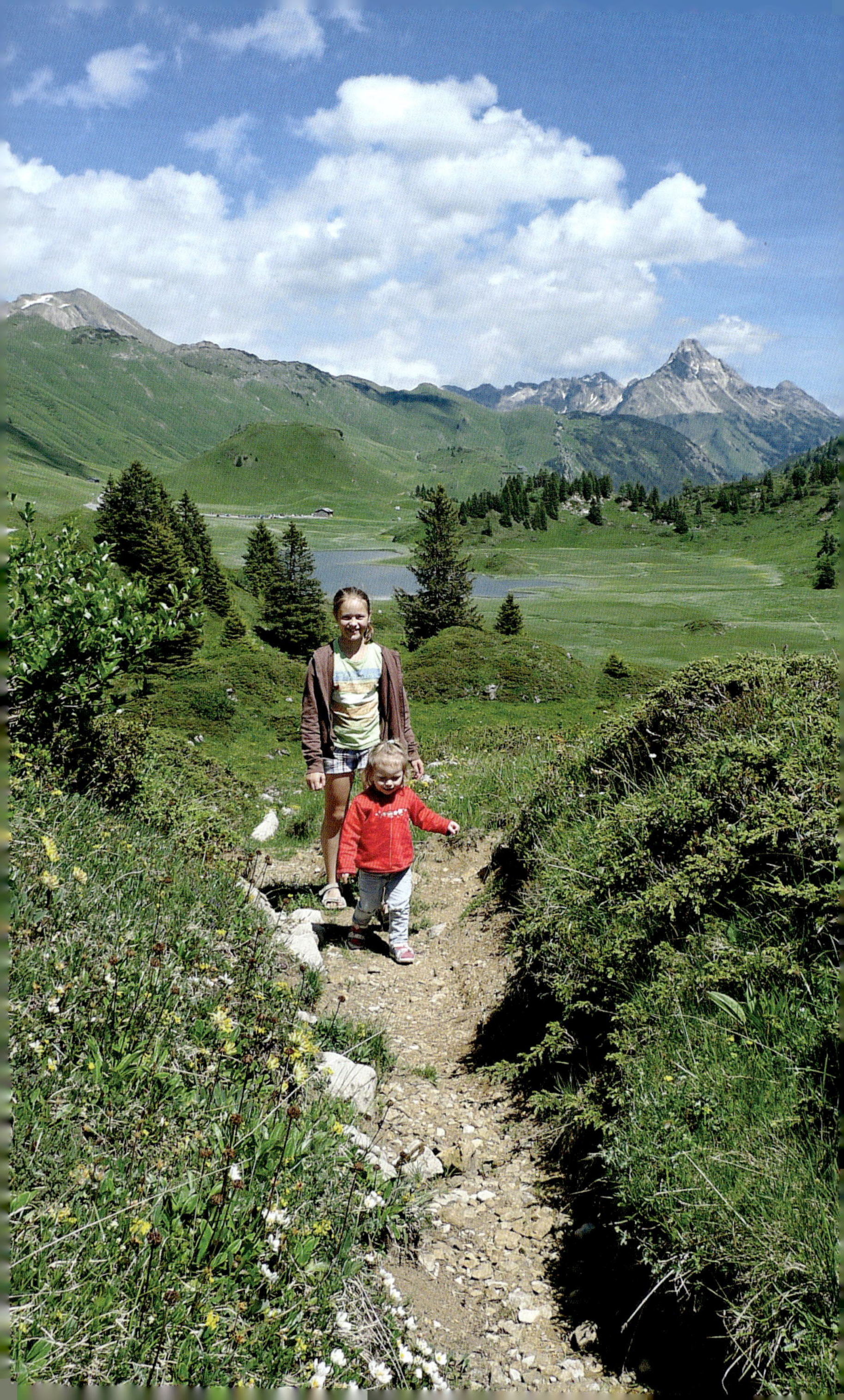

Vorwort

Das Dreiländereck Bodensee lockt mit einer grenzenlosen Natur- und Kulturlandschaft, seinem länderübergreifenden pulsierenden Leben in den direkt am See gelegenen Städten und Strandbädern und nicht zuletzt mit den großartigen, meist auch sehr gut für Kinder geeigneten Wandermöglichkeiten viele Familien an, die sich einen facettenreichen und spannenden Erlebnisurlaub wünschen. Grenzen spielen in diesem großartigen Gebiet kaum mehr eine Rolle. Kontrollen zwischen Deutschland, Österreich und der Schweiz finden nur vereinzelt statt, ein gültiger Personalausweis oder Reisepass gehört aber für alle Familienmitglieder ins Gepäck.
Das Dreiländereck liegt verkehrstechnisch sehr günstig, da es bestens über die deutsche A 96 und im Anschluss über die österreichische A 14 erreicht werden kann. Mehrere Bahnhöfe mit Busanbindungen ermöglichen auch die Anfahrt mit öffentlichen Verkehrsmitteln.
Ob direkt am Bodensee, im lieblichen Westallgäu, dem wunderschönen Bregenzerwald oder dem bezaubernden Appenzellerland: Überall warten fantastische Naturschönheiten, wie zum Baden einladende Gebirgsseen oder grandiose Wasserfälle, fantastische Ausblicke von den teilweise über 2000 Meter hohen Bergen auf den immer präsenten Bodensee sowie tolle Attraktionen wie Kletterwälder, Sommerrodelbahnen, Wildparks und wunderbar in die Landschaft integrierte Barfuß- und Erlebniswege auf Groß und Klein. Viele Freibäder und Strandbäder mit Schwimmbecken und direktem Bodenseezugang sorgen auch an heißen Tagen für Abkühlung. Die schönsten und größten Bäder stellen wir Ihnen direkt bei den Touren oder im angehängten Freizeitteil gemeinsam mit vielen weiteren spannenden Anregungen detailliert vor.
Wir wünschen Ihnen nun viel Spaß und (beinahe) grenzenloses Vergnügen beim Ausprobieren der spannenden Touren und Freizeittipps, die wir nach mehreren Familienurlauben in diesem wunderschönen Gebiet für Sie zusammengestellt haben.

Ihre Autoren
Eduard und Sigrid Soeffker

Liebe Leserinnen und Leser,

Infolge der Corona-Krise können sich Änderungen ergeben haben, die bei Redaktionsschluss noch nicht absehbar waren. Soweit möglich, werden wir aktuelle Hinweise unter www.rother.de (beim Buch) zur Verfügung stellen. Bitte informieren Sie sich vor der Wanderung zusätzlich über die derzeitigen Gegebenheiten.
Sollten Sie geänderte Gegebenheiten vor Ort feststellen, freuen wir uns über Korrekturhinweise per E-Mail an leserzuschrift@rother.de.

Auf dem Weg zum Körbersee (Tour 16) kann man teilweise auf kleine Pfade ausweichen. Im Hintergrund der Kalbelesee und der imposante Biberkopf.

Inhalt

Allgemeine Hinweise

Anforderungen

Die vorgestellten Touren verlaufen bis auf wenige Wegabschnitte einzelner Wanderungen durchgängig auf markierten Wegen und Steigen. Viele sind auch für kleinere Kinder ohne größere Schwierigkeiten zu meistern. Um die Auswahl einer Tour zu erleichtern, sind die Tournummern je nach Schwierigkeit unterschiedlich farbig hinterlegt. Nähere Informationen zu den Anforderungen sind bei jeder Tour in der »Kurzinfo« aufgeführt. Zusätzlich erfolgt dort auch eine Empfehlung, ab welchem Alter die Wanderungen für die Kinder geeignet sind. Sowohl die farbige Dreiteilung der Tourenvorschläge, als auch die Altersempfehlung sind aber nur als erster Anhaltspunkt zu verstehen. Letztendlich kennen die Eltern ihre Kinder am besten und wissen, was ihnen zuzutrauen ist.

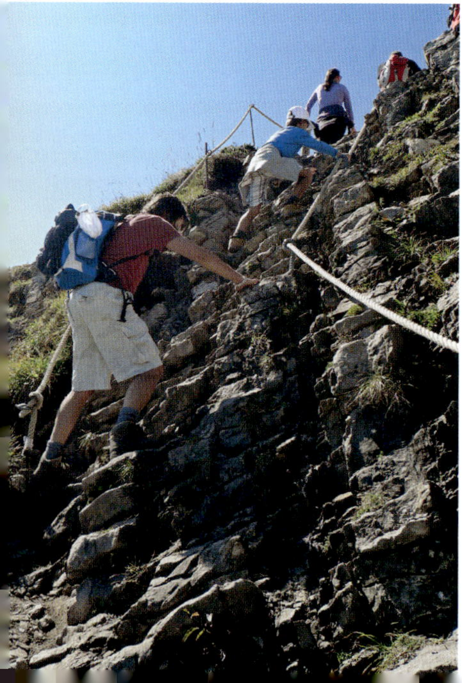

Die Farben der Tournummern bedeuten im Einzelnen:

▶ **Leicht**

Touren auf gut angelegten Wegen oder Pfaden in einfachem Gelände. Diese Wanderungen, bei denen keine Bergerfahrung erforderlich ist, werden auch schon von den kleineren Kindern bestens gemeistert. Gut profilierte Trekkingschuhe sind für diese Touren in der Regel ausreichend.

▶ **Mittel**

Wanderungen auf meist gut ausgebauten Wegen, Bergsteigen und -pfaden, die teilweise auch über Wurzelpfade verlaufen oder recht schmal und/oder felsig sein können. Die Touren führen zum Teil über steileres Gelände und es sind meist längere Strecken oder größere Höhenunterschiede zu überwinden (Ausdauer erforderlich!). Teilweise sind bei diesen Wanderungen etwas Trittsicherheit und Bergerfahrung vonnöten. Neben den Wegen kann es steil hinuntergehen. Für diese Touren sind Trekkingschuhe oder Bergschuhe anzuraten (siehe Angaben in der jeweiligen »Kurzinfo«).

▶ **Schwierig**

Diese anspruchsvollen Touren erfordern sicheres Gehen (und Kraxeln) in felsigem, schrofigem und/oder sehr steilem Gelände. Absolute Trittsicherheit und Schwindelfreiheit sind bei diesen Touren, die nur für Kinder und Erwachsene mit Bergerfahrung geeignet sind, unerlässlich. Zum Teil sind die Bergsteige ausgesetzt und mit Drahtseilen gesichert. Gut profilierte, knöchelhohe Bergschuhe sind hier ein absolutes Muss!

Schwarze Tour (Nr. 14): Trittsicherheit und Schwindelfreiheit erforderlich.

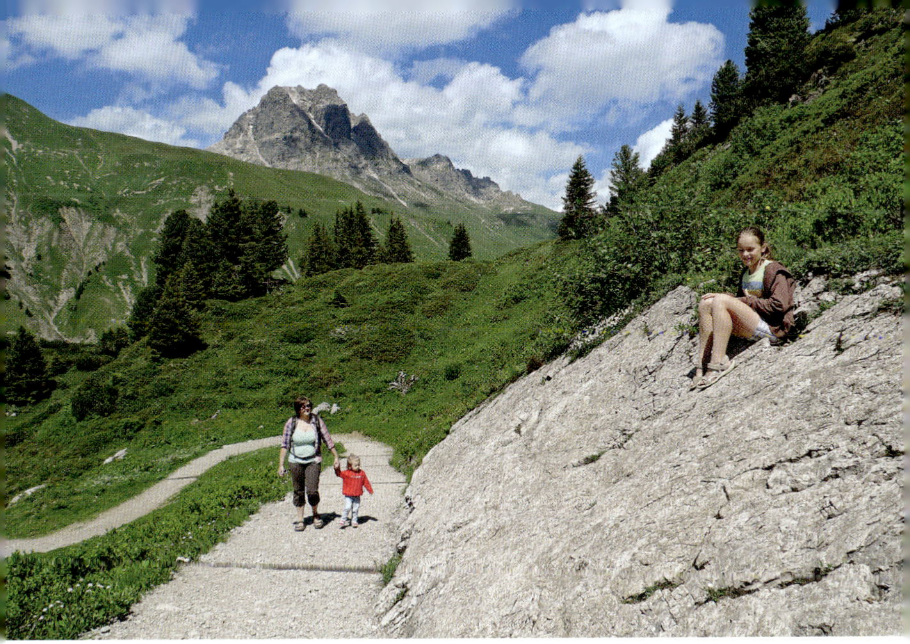

Mit kleinen Kindern kommt man langsamer voran (Tour 16).

Gehzeiten

Die Zeitangaben geben die Gehzeit ohne Pausen an und sind reichlich bemessen. Je nach persönlicher Konstitution und Ausdauer der Kinder kann die tatsächlich benötigte Zeit von dem angegebenen Richtwert abweichen. Wir empfehlen, dem natürlichen Forscherdrang der Kinder nachzugeben und immer wieder kleine Spielpausen einzulegen. Das intensive Auseinandersetzen mit der Natur erweitert nicht nur den kindlichen Horizont, sondern trägt auch in ganz erheblichem Maß zu einer gesunden Persönlichkeitsentwicklung bei. Zwei Faktoren, die sich nicht in Zeit messen lassen.

GPS-Tracks und Koordinaten der Ausgangspunkte

Zu diesem Wanderbuch stehen auf www.rother.de GPS-Daten und Koordinaten der Ausgangspunkte zu allen Wanderungen zum kostenlosen Download bereit.
2. Auflage, Passwort: 318602fba
Sämtliche GPS-Daten wurden von den Autoren im Gelände aufgezeichnet und anhand einer digitalen Karte überarbeitet. Verlag und Autoren haben die Tracks und Wegpunkte nach bestem Wissen und Gewissen überprüft. Dennoch können wir Fehler oder Abweichungen nicht ausschließen, außerdem können sich die Gegebenheiten vor Ort zwischenzeitlich verändert haben. GPS-Daten sind eine hervorragende Planungs- und Navigationshilfe, erfordern aber nach wie vor sorgfältige Vorbereitung, eigene Orientierungsfähigkeit sowie Sachverstand bei der Beurteilung der jeweiligen (Gelände-)Situation. Man sollte sich für die Orientierung auch niemals ausschließlich auf GPS-Gerät und -Daten verlassen.

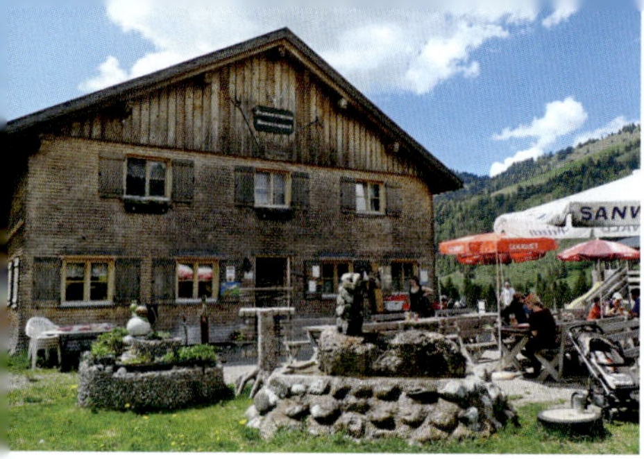

Einkehren ist beliebt: ob in einer Alpe (hier Neuschwandalpe, Tour 21) …

Anfahrt

In der »Kurzinfo« sind neben Informationen zur Anfahrt mit dem Auto, auch genaue Hinweise zum Erreichen der Ausgangspunkte mit Bus und Bahn aufgeführt, sofern dies mit Kindern vertretbar ist. Die wichtigsten Internetadressen, unter denen die Farpläne abgerufen werden können, sind auf der hinteren Umschlagklappe zu finden.

Bergbahnen

Bei einigen der vorgestellten Touren empfehlen wir die Benutzung einer Bergbahn. Zwar gibt es bei den Seilbahnen in der Regel Familienermäßigungen oder Kindertarife (Infos dazu unter den in der Kurzinfo angegebenen Internetseiten bzw. Telefonnummern), dennoch ist die Fahrt mit der Bergbahn keine günstige Angelegenheit. Teilweise werden jedoch mit der Gästekarte der jeweiligen Region zusätzliche Ermäßigungen gewährt. Die Betriebszeiten der Bergbahnen sind in der »Kurzinfo« angegeben. Dennoch ist es ratsam, sich vor Antritt der Tour über die aktuellen Fahrpläne zu informieren. Bei den Bergbahnen im Appenzellerland (Schweiz) kann man auch mit Euro bezahlen.

Einkehr

In der »Kurzinfo« werden sämtliche an der Wanderroute gelegenen Gasthäuser, Hütten und bewirtschaftete Almen / Alpen aufgelistet. Angaben zu Öffnungszeiten und Ruhetagen werden nur dann gegeben, wenn auf der Tour nur eine Einkehrmöglichkeit vorhanden ist. Eini-

… oder einem Berggasthaus (hier unterhalb des Schäfler, Tour 5).

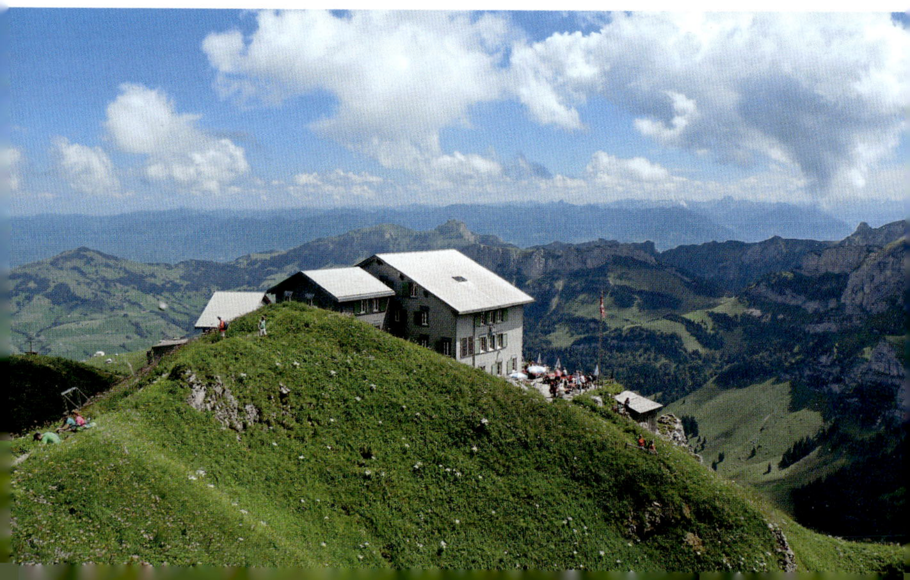

ge kleinere Almen/Alpen betreiben die Verköstigung hungriger Wanderer lediglich neben der bestehenden Milchwirtschaft und bieten nur Brotzeiten an. In sämtlichen im Buch angegebenen Schweizer Einkehrmöglichkeiten kann auch mit Euro bezahlt werden.

Ausrüstung

Schuhwerk: Bei den »blau« markierten Touren werden meist keine Bergschuhe benötigt, hier reichen in der Regel gut sitzende, profilierte Trekking-/Wanderschuhe oder Trekkingsandalen (Kombination aus Stollen und Lamellenprofil o. Ä.) aus. Letztere bieten den Vorteil, dass sie nicht nur leichter und luftiger als Bergschuhe sind, sondern auch schnell aus- und wieder angezogen werden können, sollte ein Bach den Wanderweg kreuzen oder man ein Stück barfuß zurücklegen wollen. Für »rot« (hier auch Ausnahmen) und »schwarz« gekennzeichnete Touren sind gut profilierte, knöchelhohe Bergschuhe unerlässlich.

Schuhe müssen passen, sonst vergällen sie den Spaß am Wandern. Die richtige Größe und Passform haben sie, wenn die Zehen auf einer Schräge von 45°, die den Abstieg simuliert, nicht vorne anstoßen und sich die Schuhe an den Seiten an den Fuß schmiegen, aber nicht drücken. Ebenso wenig sollte sich über dem Fußrist im geschnürten Zustand ein Luftloch bilden können. Wanderschuhe auf Größenzuwachs zu kaufen und als Zwischenbehelf mit zwei Paar Socken zu arbeiten, schont zwar den Geldbeutel, nicht aber den Träger: Die zwei Lagen Socken arbeiten in der Bewegung gegeneinander, es kommt zur Faltenbildung, zu Druckstellen und Blasen. Besser ist es – wenn überhaupt – etwas zu große Schuhe mit einer guten Einlegesohle auszustatten.

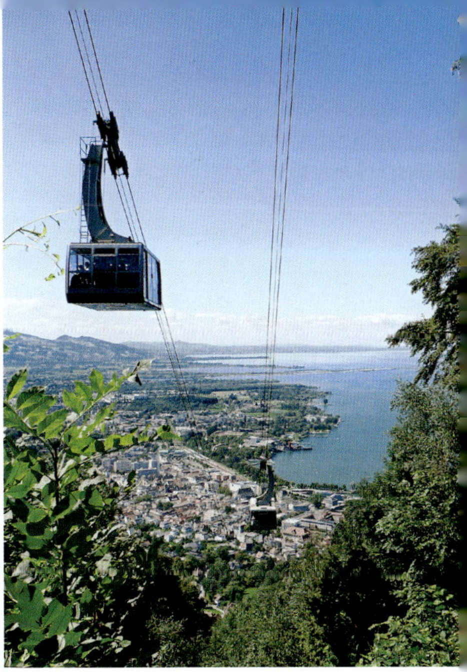

Eine Bergbahnfahrt ist ein Erlebnis für sich (hier Tour 23 zum Pfänder).

Rucksack: Ein eigener guter Kinderrucksack, der wie ein Erwachsenenrucksack am besten über gepolsterte Schultergurte, Beckengurt zur Entlastung der Schulterpartie und einen Belüftungseinsatz am Rücken verfügt und mit etwas bestückt ist, das die Kinder auf die Wanderung mitnehmen wollen, wie Fotoapparat, Trinkflasche oder etwas Leckeres zum Essen, erfüllt die jungen Wanderer nicht nur mit Stolz. Er bietet auch Platz für gesammelte »Schätze« wie Steine und Blätter. Beim Beladen gilt dasselbe wie beim Schulranzen: 10–12 Prozent des Körpergewichts bilden die Höchstgrenze.

Andere Ausrüstungsgegenstände: Am besten sollte ein Erste-Hilfe-Kasten mit Pflaster, Pinzette, Hautdesinfektionsmittel und speziellem Bla-

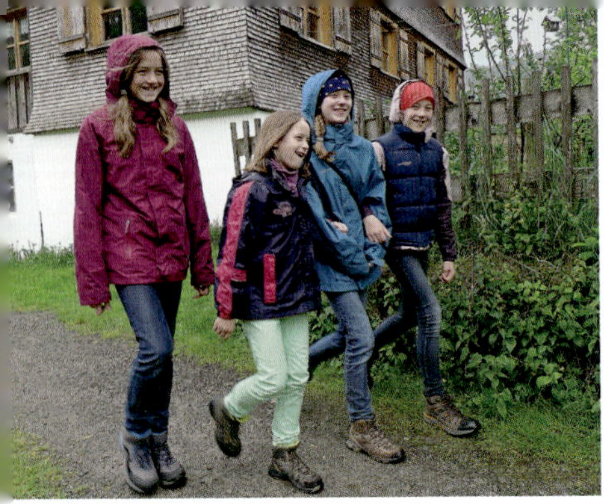

Auch bei schlechtem Wetter macht Wandern Spaß.

senpflaster mit von der Partie sein. Pullover und Regenbekleidung gehören auch im Sommer stets mit in den Rucksack, da das Wetter im Gebirge schnell umschlagen kann und es generell in der Höhe um einige Grad kälter ist als im Tal. Da die Sonne in den Bergen intensiver scheint als im flachen Land, muss man im Sommer unbedingt an eine Kopfbedeckung (Kappe) denken, die Kinder schon vor der Tour eincremen und dies je nach Sonneneinstrahlung zur Mittagszeit noch einmal wiederholen (auch bei Bewölkung!). Gerade die Oberbekleidung ist beim Aufstieg schnell durchgeschwitzt, sodass auf keinen Fall ein Ersatz-T-Shirt (nicht nur für die Kinder) fehlen sollte. Führt die Tour am Wasser entlang, gehört eine komplette Wechselgarnitur bei kleinen Kindern geradezu zur Pflichtausstattung.
Kinder kühlen schneller aus als Erwachsene, da sie im Verhältnis zur Körpermasse eine wesentlich größere Hautoberfläche besitzen, über die sie Wärme abgeben können. Deshalb sollte man vorsichtshalber im Frühjahr und Herbst bei Wanderungen in höheren Lagen stets auch Mütze und Handschuhe mitnehmen. Für Touren, bei denen Trittsicherheit erforderlich ist, empfiehlt es sich, kleinere Kinder mit einer Reepschnur (eventuell auch in Verbindung mit einem Brustgurt) zu sichern. Oft genügt es aber auch, die Kinder an einigen wenigen, gefährlicheren Stellen an die Hand zu nehmen.
Eltern, die mit Kraxe unterwegs sind, ist anzuraten, wegen des erhöhten Gewichts, das beim Bergabgehen von hinten gehörig anschiebt, Trekkingstöcke zu benutzen.

Kinder-Highlights

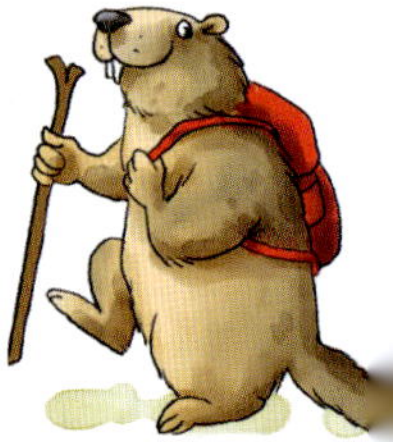

Was die jeweilige Tour für Kinder alles zu bieten hat, ist in dem Kasten »Highlights« in Kurzform dargestellt. Und das ist eine ganze Menge, denn bei der Auswahl der Wanderungen haben wir Wert darauf gelegt, dass für alle Kinder etwas dabei ist. Das Angebot reicht von spannenden Klammwegen über gemütliche Wanderungen zu Almen/Alpen mit Spielplätzen und Tieren bis hin zu Touren zu erfrischenden Bergseen oder einer seilgesicherten Kraxeltour. Mehrere Erlebnis- und Barfußwege, Sommerrodelbahnen und Waldseilgärten warten darauf, von den Kindern erstürmt zu werden. Und dann ist da auch noch das kleine Murmeltier »Rothi«, das bei jeder Tour Naturphänomene und Besonderheiten der Wanderung kindgerecht erklärt.

Freizeit- und Schlechtwettertipps

Im Anschluss an den umfangreichen Tourenteil werden am Ende des Buches, gegliedert nach Kategorien, über 20 zusätzliche Freizeit- und Schlechtwettertipps im Dreiländereck Bodensee vorgestellt. Diese können entweder als eigenständige Ausflüge oder als Tourenergänzung geplant werden. Zur leichteren Orientierung wurden diese Attraktionen mit Buchstaben versehen und zusätzlich zu den Wanderungen in die Übersichtskarte eingetragen.

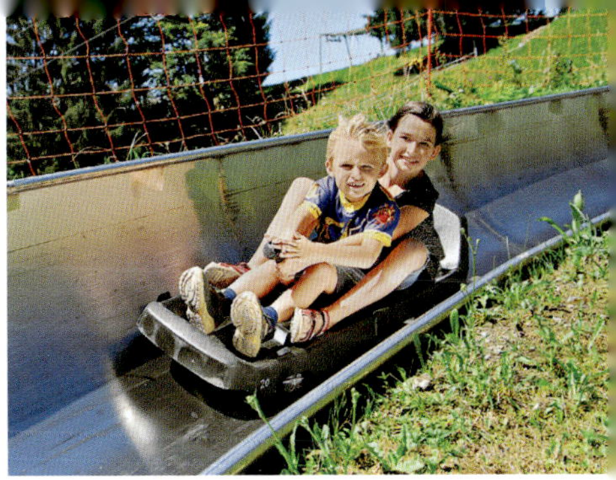

Eine Sommerrodelbahnfahrt ist ein ganz besonderes Kinder-Highlight.

Gefahren in den Bergen

Die hier vorgestellten Wanderungen folgen angelegten bzw. ausgetretenen, fast immer markierten und ausgeschilderten Wegen und Steigen. Im Gebirge ist jedoch stets Vorsicht geboten, dies gilt insbesondere für Wege, bei denen Trittsicherheit und Schwindelfreiheit erforderlich sind, also an ausgesetzten und abrutschgefährdeten Stellen, sowie auf Wegen, die an einem steilen Abgrund entlang verlaufen. Um die Absturzgefahr zu vermindern, sollte man die Kinder dazu anhalten, zum Schauen stehen zu bleiben. Wer mit Kindern schwierigere, in diesem Buch »schwarz« gekennzeichnete Touren unternehmen möchte, muss selbst über ausreichend Bergerfahrung verfügen und ein sicherer Bergwanderer sein.

Je nach Jahreszeit kann in den höheren Lagen noch oder schon wieder Schnee liegen, sodass hier erhöhte Rutschgefahr besteht und man in Erwägung ziehen sollte – gerade mit Kindern –, die Wanderung abzubrechen und lieber zu einem späteren Zeitpunkt wiederzukehren. Dasselbe gilt übrigens auch bei der Gefahr einer Überanstrengung oder Überforderung – in solchen Fällen bleibt einem nichts anderes übrig, als sich mit einem Teilziel zufriedenzugeben! Im Gebirge besteht häufig Steinschlaggefahr. Hierüber müssen Kinder aufgeklärt und zudem ange-

Die Verbindung von Kinderattraktionen mit einer Wanderung kommt bei der ganzen Familie gut an (hier das Bärenland, Tour 10).

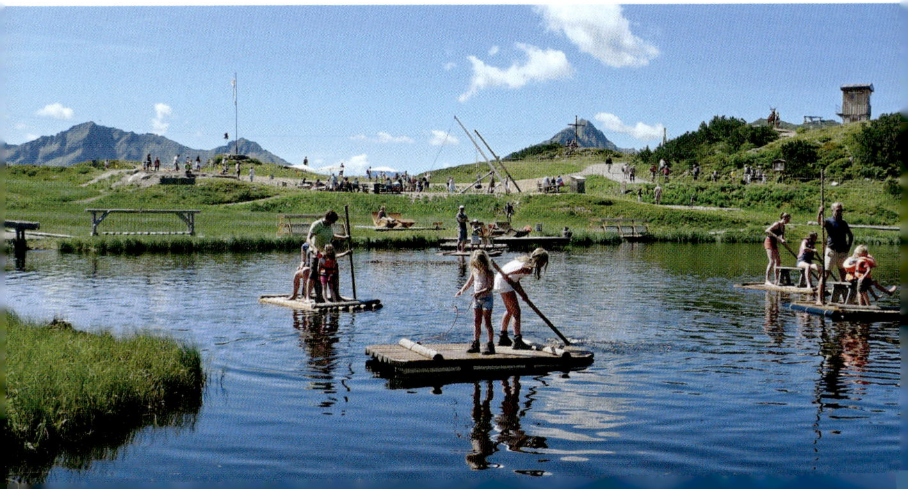

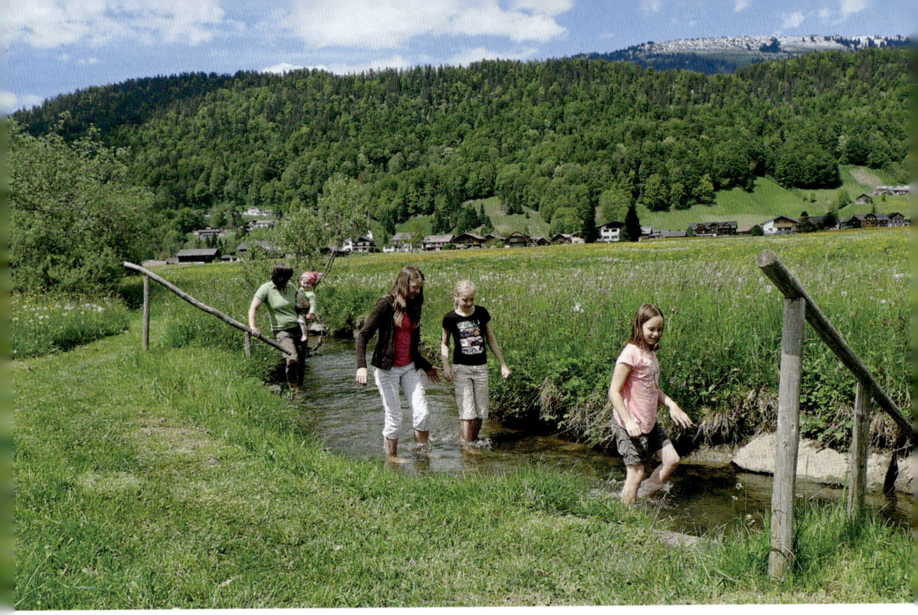

Das macht Spaß: barfuß durch einen kühlen Gebirgsbach waten (Tour 18).

halten werden, keine Steine loszutreten oder in die Tiefe zu werfen.
Bei schlechtem Wetter steigen die Gefahren am Berg. Von daher sollte man die Wettervorhersage bei der Wahl der Tour berücksichtigen und gegebenenfalls rechtzeitig umkehren. Gerät man trotz aller Vorsicht dennoch in ein Gewitter, ist unbedingt darauf zu achten, sich von exponierten Stellen, wie Gipfel(kreuz), Joch oder Grat, sowie von Metallischem (z. B. Drahtseilen) fernzuhalten. Auf keinen Fall darf bei Gewitter ein Regenschirm mit Metallverstrebungen aufgespannt werden. Gewitter sind aber nicht nur wegen möglicher Blitzschläge gefährlich, sondern auch wegen Steinschlag, Murenabgang und schnellem Ansteigen von Bächen in Folge von Starkregen.
Im Sommer sind längere steile Aufstiege zur Mittagszeit wegen der Gefahr der Überhitzung bis hin zum Hitzschlag zu vermeiden. Schattige Plätze und ausgedehnte Pausen – im Idealfall am Bach oder See – haben bei hohen Temperaturen Priorität.

In Sichtweite bleiben

Beim Aufstieg geht ein Erwachsener generell hinter den Kindern, um die jungen Wanderer stets im Blick zu haben. Beim Abstieg, insbesondere bei Touren, die mit »rot« oder »schwarz« gekennzeichnet sind, müssen die Kinder aber hinter den Eltern bleiben, da hier immer wieder mit steileren Stellen zu rechnen ist, die die Kinder oft falsch einschätzen. Außerdem wird auf diese Weise verhindert, dass sie den Berg hinunterrennen, die Gefahr schwerer Stürze wäre hierbei – auch bei leichteren Touren – einfach zu groß.

Zecken, Schlangen, Wespen

Zecken sitzen vornehmlich auf Sträuchern, hohen Gräsern, Farnen oder im Unterholz bis zu einer Höhe von 1,50 m, also bis zur Größe ihres potenziellen Wirtes, und werden beim Vorbeigehen abgestreift. Da sich diese Plagegeister meist nicht direkt auf dem Boden aufhalten, besteht übrigens beim Barfußlaufen kaum eine erhöhte Gefahr eines Zeckenbisses. Zwar gibt es mittlerweile Impfstoffe, diese bieten aber lediglich Schutz vor FSME, der Frühsommermeningitis (Hirnhautentzündung). Gegen die wesentlich weiter verbreitete Borreliose hingegen gibt es nach wie vor keine Vorbeugung. Deshalb sollte unbedingt nach jedem Aufenthalt im Grünen der gesamte Körper, insbesondere Körperfalten, Achselhöhlen und Bauchnabel, auf Zecken abgesucht werden. Dies geschieht am besten gegenseitig. Bevor sie zu saugen beginnen, wandern Zecken erst noch eine Zeit lang auf dem Körper umher. Selbst in diesem Stadium lassen sie sich nicht abduschen! Nach einem Zeckenbiss sollte man sicherheitshalber einen Arzt aufsuchen, vor allem wenn sich um die Einstichstelle herum ein roter Ring bildet.

Die giftigen Kreuzottern sind auch im Dreiländereck Bodensee heimisch, sie besiedeln Waldschneisen, Waldränder, Moore, alpine Geröllfelder, Bergwiesen und feuchte Niederungen. Die Schlangen sind von weißgrau über braun bis kupferrot (Kupferotter) oder schwarz (Höllenotter bzw. Bergviper) gefärbt und weisen ein mehr oder weniger deutlich ausgeprägtes Zickzackband aus. Um sich vor dem Biss einer Schlange zu schützen, sollte man die Kinder dazu anhalten, zu schauen wo man hintritt oder sich hinsetzt und sich dem Tier keinesfalls unnötig nähern (z. B. zum Fotografieren). Kommt man der Schlange zu nahe, wird sie ohne Vorwarnung blitzschnell zubeißen. Es gilt die Faustregel, dass es sich um eine Giftschlange handelt, wenn man an der Bissstelle zwei deutliche Einbisse sieht. Findet man hingegen den Abdruck des ganzen Kiefernbogens vor, war es vermutlich eine ungiftige Natter, deren Biss aber auch schmerzhaft ist und gut desinfiziert werden muss. Normalerweise flieht die Schlange vor dem Menschen und beißt nur, wenn sie sich angegriffen fühlt. Für Kinder oder ältere Menschen kann ein Biss einer Kreuzotter lebensgefährlich werden. Sollte man von einer Giftschlange gebissen werden, Wasser trinken und vor allem Ruhe bewahren, um das Gift nicht durch hektische Bewegungen im Körper zu verteilen. Oft enthält ein Biss einer Giftschlange zwar nur wenig oder gar kein Gift, da sie dieses für die Jagd auf Beutetiere benötigt und mit dem Gift haushalten muss, man sollte sich aber auf jeden Fall nach einer Kreuzotterattacke ins

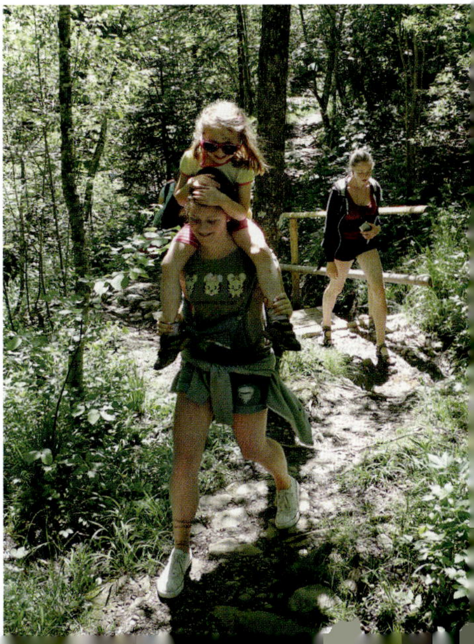

So lassen sich die Kleinsten das Wandern gern gefallen (hier Tour 25).

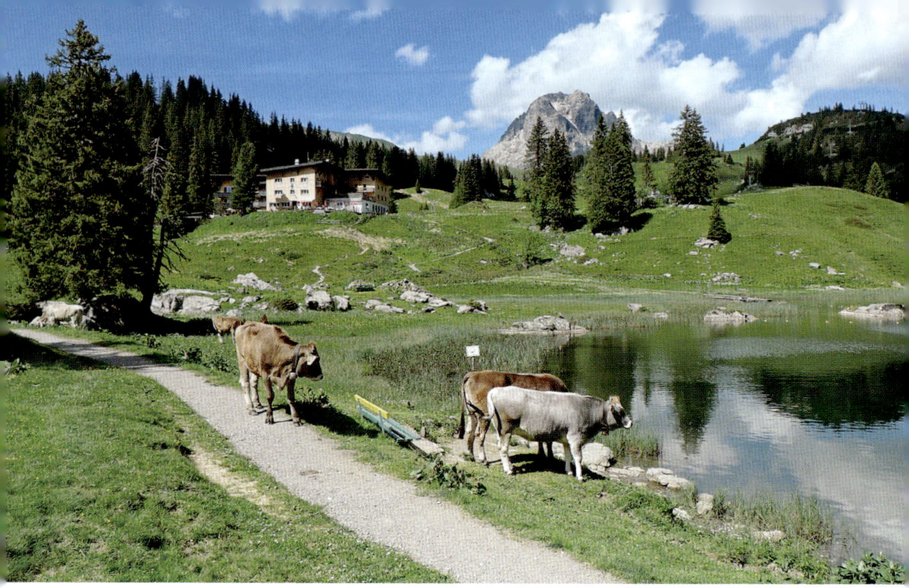

Auch Kühe gehen gern ans Wasser (hier am Körbersee, Tour 16).

Krankenhaus bringen lassen. Am besten sofort nach dem Biss Notruf absetzen. Um erst gar nicht mit einer Kreuzotter in Berührung zu kommen, empfiehlt es sich, unübersichtliche Bereiche wie Gestrüpp zu meiden.

Wespen werden von süßen Getränken und Essen schnell angezogen. Besonders in den Almwirtschaften kann das im Spätsommer zu einer richtigen Plage werden. Besonders gefährlich ist es, eine in ein Trinkglas gefallene Wespe zu verschlucken, da nach einem Stich der Hals so weit anschwellen kann, dass man in Atemnot gerät. Aus diesem Grund sollten Kinder zu dieser Jahreszeit Getränke am besten nur mit einem Strohhalm zu sich nehmen und bei jedem Bissen darauf achten, ob sich nicht eine Wespe auf der Gabel befindet. Bienen und Wespen halten sich besonders gern auf blühendem Klee und Blumen auf – hierauf bitte insbesondere barfuß laufende Kinder hinweisen. Allergiker müssen immer ein wirksames Gegenmittel im Rucksack haben.

Pilze und Beeren

Es empfiehlt sich, insbesondere kleineren Kindern jedes Mal aufs Neue einzuschärfen, keine Pilze und Beeren zu essen und keine Pflanzen in den Mund zu nehmen. Kindergarten- und Schulkinder lernen zwar oft einiges über Wildkräuter und wollen das in der Natur auch unter Beweis stellen. Was aber in der Theorie einfach und klar erscheint, ist in der Praxis meist nicht ganz eindeutig. Oft genug tun sich auch Erwachsene schwer, die ungiftigen von den giftigen Pflanzen zu unterscheiden.

Kühe

In diesem Führer sind einige Wanderungen beschrieben, die über Almweiden führen, auf denen sich Kühe befinden. Die schwerfällig wirkenden Tiere sind in aller Regel an Wanderer gewöhnt und lassen sich beim

Grasen meist nicht so schnell aus der Ruhe bringen. Es empfiehlt sich dennoch, in gebührendem Abstand (ca. 20 m) an den Tieren vorbeizugehen und lieber einmal den Weg kurz zu verlassen, wenn eine Kuh keine Anstalten macht, zur Seite zu gehen. Unbedingt vermeiden sollte man es, mit Armen oder Stöcken herumzufuchteln oder Lärm zu machen. Den Tieren nicht direkt in die Augen schauen und ihnen nicht den Rücken zukehren – auch wenn sie sich nähern. Besonders Jungtiere sind manchmal neugierig und kommen ab und an erschreckend schnell angetrabt. In solchen Fällen hilft es, sich in Erinnerung zu rufen, dass Kühe tatsächlich reine Pflanzenfresser sind, und mit Entschlossenheit die Schreckhaftigkeit der Tiere auszunutzen. Wem die Tiere zu aufdringlich werden, kann sich durch plötzliches, beherztes Hochreißen der Arme und ein lautes kräftiges »Hoh, Hoh!« nicht nur schnell Platz, sondern zugleich auch Respekt verschaffen. Genauso kann man verfahren, wenn ein Tier scheinbar absichtlich einen Zaundurchlass versperrt. Kälber und Jungrinder sollte man auf keinen Fall streicheln – das ist eine Bedrohungssituation für die Mutterkühe. Problematisch ist es auch, mit einem Hund die Weide zu betreten, da die Kühe diesen als Nachfahren des Wolfs als Feind ansehen. Daher sollte man, wenn man die Weide nicht umgehen kann, den Hund anleinen und möglichst großen Abstand zu den Tieren halten. Greifen die Kühe dann dennoch an, ist der Hund von der Leine zu lassen. Während der Hund flüchtet, kann man sich selbst in Sicherheit bringen. Droht eine Kuh, indem sie einen fixiert, den Kopf senkt und schnaubt, scharrt oder brüllt, sollte man sich langsam aus der Gefahrenzone zurückziehen, Drohgebärden mit einem Stock oder lautes Rufen können dann die gereizte Kuh zum Umkehren bewegen. Keinesfalls betreten sollte man Weiden, auf denen (auch) Stiere grasen. Durch diese führen aber in aller Regel keine Wanderwege und sie sind auch gekennzeichnet.

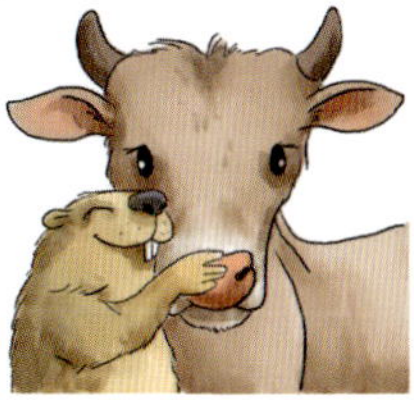

Alpines Notsignal

Kommt man in eine Notsituation, kann man mit dem Mobiltelefon (auch ohne SIM-Karte) unter der europaweit gültigen Rufnummer 112 Hilfe anfordern. Im Gebirge ist der Handyempfang aber oft eingeschränkt. Daher ist es vorteilhaft, das alpine Notsignal zu kennen. Es besteht aus einem optischen oder akustischen Zeichen, das sechsmal in der Minute abgegeben wird, gefolgt von einem einminütigen Pausenintervall. Diese Signalfolge wird so lange wiederholt, bis eine Antwort erfolgt. Sie besteht aus einem Zeichen, das dreimal pro Minute abgegeben wird und bedeutet »Ich habe verstanden«.

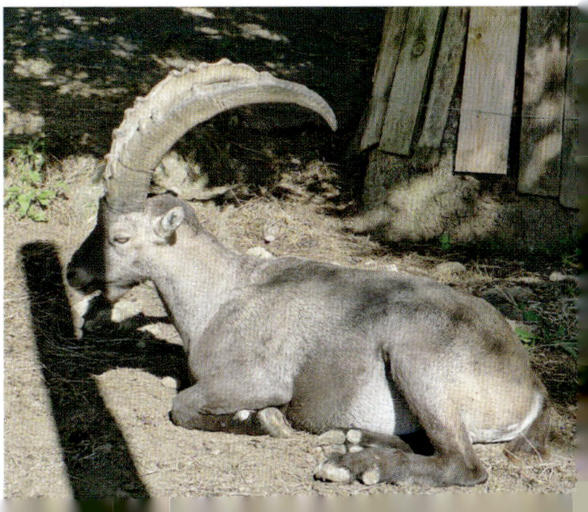

Steinbock im Alpenwildpark an der Pfänder-Bergstation (Tour 23).

Wandern im Dreiländereck Bodensee

Das Dreiländereck Bodensee

Der Bodensee wird mit Österreich, der Schweiz und Deutschland von drei Anrainerstaaten umgeben, die sich jedoch bisher nicht auf eine Grenzziehung im See geeinigt haben. Alle drei Staaten sind Unterzeichner des Schengener Abkommens, sodass eine eindeutige Grenzziehung derzeit auch nicht unbedingt erforderlich ist. Beim Dreiländereck Bodensee handelt es sich nicht um einen fest abgrenzbaren Raum, für uns war es für die Festlegung des Gebietes entscheidend, dass jedes der anderen beiden Länder relativ schnell erreicht werden kann. So bieten sich gute Möglichkeiten, bei einem Tagesausflug vom Urlaubsort aus auch die spannenden Touren im Nachbarland zu erkunden. Bitte hierzu an gültige Ausweise für alle Familienmitglieder denken.

Das Dreiländereck Bodensee zeichnet aus, dass es von Deutschland aus sehr gut über die A 96 und weiter über die österreichische A 14 angefahren werden kann.

Ein Familienurlaub könnte kaum abwechslungsreicher und spannender sein, als in diesem wunderschönen Gebiet. Das Westallgäu mit seinen lieblichen Landschaften mit Mittelgebirgscharakter geht nahtlos in den im österreichischen Vorarlberg liegenden Bregenzerwald über, der in seinem hinteren Teil mit über 2000 Meter hohen Bergen aufwartet. Die Touren führen uns aber auch in benachbarte Gebiete, wie das Große Walsertal oder das Laternser Tal. Auf der anderen Seite der Autobahn wartet mit dem großartigen voralpinen Appenzellerland und dem unmittelbar angrenzenden markanten Alpsteingebirge in der Ostschweiz ein besonders schönes Gebiet auf die Familien. In der Schweiz ist der Schweizer Franken die Währung, die Bergbahn hinauf zur Ebenalp (Tour 5) und die Berggasthäuser und Alpen, die wir bei unseren Tou-

Bei vielen Touren erwarten uns tolle Aussichten (hier am Weg zur Damülser Mittagspitze, Tour 14).

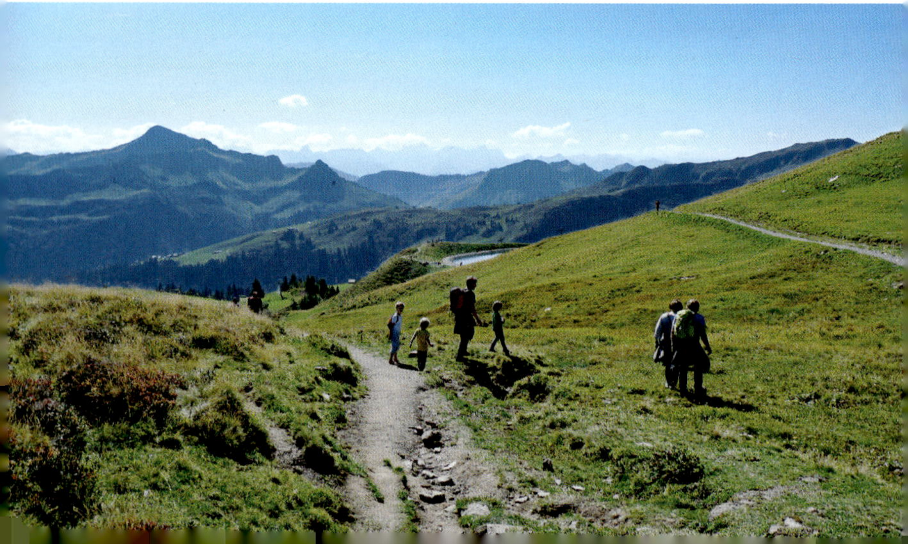

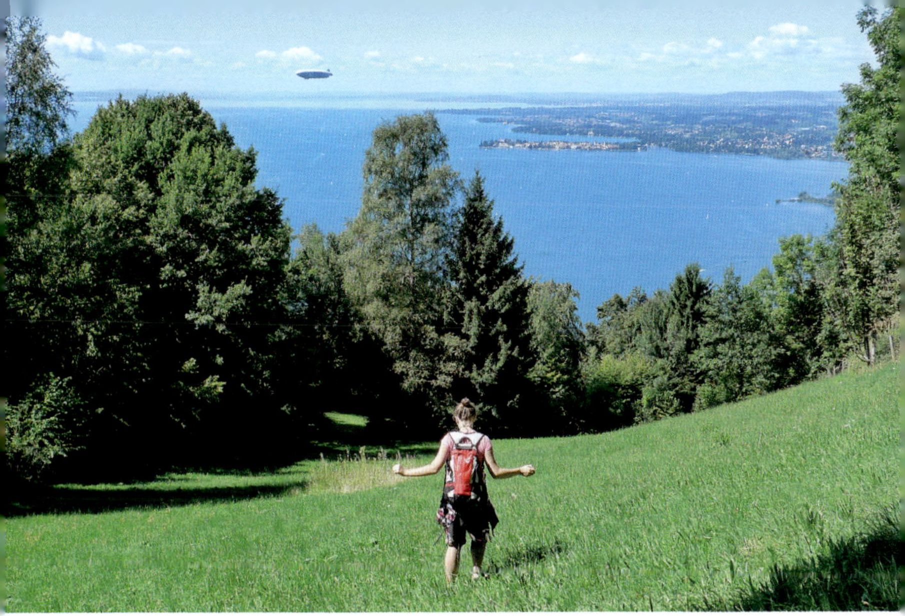

Blick von einer Wiese am Pfänder auf die Insel Lindau (Tour 23).

ren ansteuern, akzeptieren aber auch den Euro als Zahlungsmittel. Man muss allerdings in Kauf nehmen, dass besonderes in den kleineren Betrieben eine 1:1-Umrechnung zum Schweizer Franken vorgenommen wird. Schließlich bezaubert uns aber auch der Bodensee selbst mit einem Besuch der Insel Lindau oder der Einkaufsstadt Bregenz mit dem kinderfreundlichen Aussichtsberg Pfänder im Rücken.

Groß und Klein schätzen besonders die vielen Bademöglichkeiten, sei es am Bodensee, einem der vielen Freibäder oder in einem kristallklaren Bergsee, die man gut mit den spannenden Wanderungen verbinden kann. Von leichten Wegen, bestens geeignet für Familien mit kleineren Kindern bis hin zu anspruchsvollen Wanderungen, die Trittsicherheit und Schwindelfreiheit erfordern, für die Größeren ist alles geboten. Aber auch die vielen Erlebniswege, vom Barfußweg bis zum Alperlebnispfad und der Besuch des Bärenlandes am Sonnenkopf zählen neben weiteren Attraktionen wie Sommerrodelbahn, Klettergarten, staubender Wasserfall und Höhlengarten zu den Highlights in diesem Buch.

Bewegung in der Natur

Nur wenn sich Kinder regelmäßig – am besten täglich – und ausdauernd bewegen, kann sich ihr Körper richtig entwickeln und entfalten, denn die vielen Muskeln, die verantwortlich sind für die Feinabstimmung des Bewegungsapparates, werden erst durch das Herumtoben, Laufen, Tanzen und Springen aufgebaut. Das fängt bei der Ausbildung eines gesunden Fußgewölbes an und setzt sich über die Stützung der Wirbelsäule im gesamten Rückenbereich bis hin zur Nackenmuskulatur fort. Kinder müssen nicht nur lernen, ihren Körper bei einem Sturz richtig abzufangen, sondern auch ihre Leistungsfähigkeit richtig einzu-

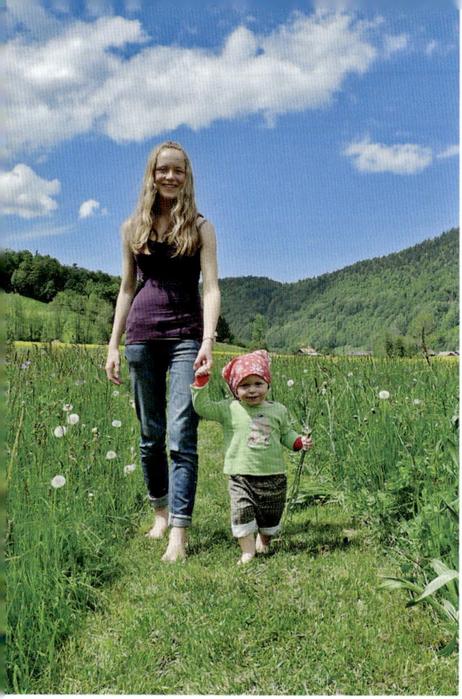

»Fußnackert« auf dem Bizauer Barfußweg (Tour 18).

schätzen. Aber all das erfordert viel Übung und Sammeln an Erfahrung. Bewegung macht Spaß und der Drang dazu ist angeboren: Schon Säuglinge werden nicht müde, oft quietschvergnügt mit den Armen zu rudern und mit den Beinchen zu strampeln. Aber Kinder wollen noch mehr, sie wollen ihre Umwelt mit allen Sinnen begreifen und erleben. Und wo könnten sie das besser als in der freien Natur? Sie wollen sehen, wie ein Spinnennetz nach einem Regenguss in der Sonne glitzert, fühlen, wie weich ein Mooskissen, wie rau die Rinde eines Baumes und wie kalt ein Gebirgsbach ist. Riechen, welch herrlich warmen Duft der Wald verströmt, lauschen auf die Geräusche der Natur abseits vom Lärm der Großstadt und immer wieder etwas Neues entdecken.

Barfußwandern

Barfußlaufen im Frühling und Sommer auf natürlichen Böden ist Lebensfreude pur und ganz nebenbei auch noch sehr gesund. Gerade die Kinder profitieren davon, denn regelmäßiges Barfußlaufen verbessert nicht nur die sensomotorischen Fähigkeiten, sondern beugt auch Haltungsschäden und Fußfehlstellungen vor. Erst durch das Barfußgehen kann der kindliche Fuß seine richtige Form finden und ein gesundes Fußgewölbe entwickeln. Beim Laufen ohne Strümpfe und Schuhe muss jede kleine Bodenunebenheit von den vielen Muskeln und Bändern, die das Fußgewölbe aufspannen, ausgeglichen werden. Das bewirkt ein optimales Training der Füße. Die rund 70.000 Nervenbahnen, die in den Fußsohlen enden, werden bei jedem Schritt auf natürlichem Boden in den unterschiedlichsten Kombinationen angeregt, sodass das Barfußwandern den gesamten Organismus ankurbelt. So kommt es auch, dass jeder, der barfuß in das kalte Wasser eines Gebirgsbaches steigt, schuhlos über eine sonnige, vielleicht sogar noch taufeuchte Alpwiese wandert oder den weichen, federnden Waldboden unter den blanken Sohlen spürt, ein wahres Feuerwerk der Sinne erlebt. Zum gesteigerten Wohlbefinden trägt aber auch bei, dass man durch die erhöhte Konzentration auf den Boden beim Barfußwandern schnell die Alltagsprobleme hinter sich lässt, der Kopf wird frei, der Geist offen für neue Erfahrungen und Erlebnisse. Lässt man sich auf das kleine Abenteuer des Barfußwanderns ein, so gehören auch Blasen und schwitzige Füße der Vergangenheit an.

Die vielen angelegten Barfußpfade, die es mittlerweile in Österreich, der

Frühlingsenzian (»Schusternagerl«) auf der Weide.

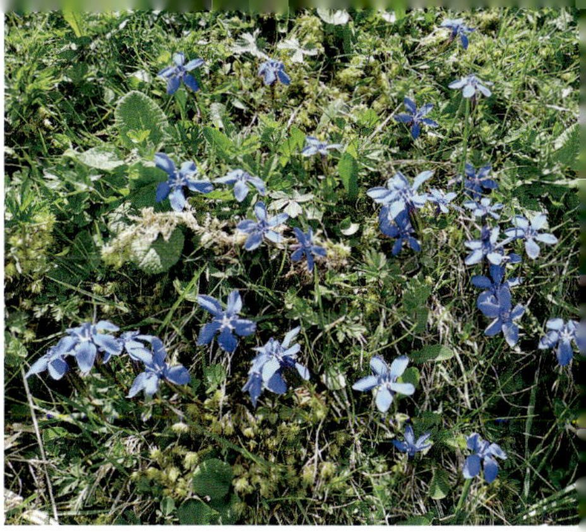

Schweiz und in Deutschland gibt, eignen sich bestens, um in die Faszination Barfußlaufen hineinzuschnuppern, aber auch in der freien Natur locken zahlreiche Möglichkeiten, sich diesen Spaß zu gönnen. Im Buch werden zwei Barfußpfade (Touren 2 und 18) vorgestellt, aber auch viele Wanderungen beschrieben, bei denen sich das Schuheausziehen lohnt. Wo dies der Fall ist, weisen wir explizit darauf hin. Zudem zeigt die Matrix auf der vorderen Umschlagklappe alle Touren, die (teilweise) barfußgeeignet sind, im Überblick.

Somit liegt es nun an Ihnen, sich zu trauen, gemeinsam mit Ihren Kindern etwas Neues auszuprobieren und auf weichen Wald- und Wiesenwegen Ihren Füßen ein wenig frische Luft zu gönnen. Da werden nicht nur die Kinder begeistert sein – aber Vorsicht, es besteht akute Suchtgefahr!

Tourenauswahl

Durch spielerisches Hin- und Herlaufen legen besonders die kleineren Kinder oft die doppelte Wegstrecke wie die Erwachsenen zurück, sodass es sich gerade anfangs empfiehlt, leichte und kurze Touren zu wählen und die Zeit sehr großzügig und mit ausreichend langen Pausen zu bemessen. Als Faustregel für die kindliche Leistungsfähigkeit gilt:

Kraxenalter: Ein- bis Dreijährige können bei warmer und trockener Witterung in einer hochwertigen Kraxe (Polsterung im Kopfbereich, gute

Logenplatz mitten im Alvierbach (Tour 9).

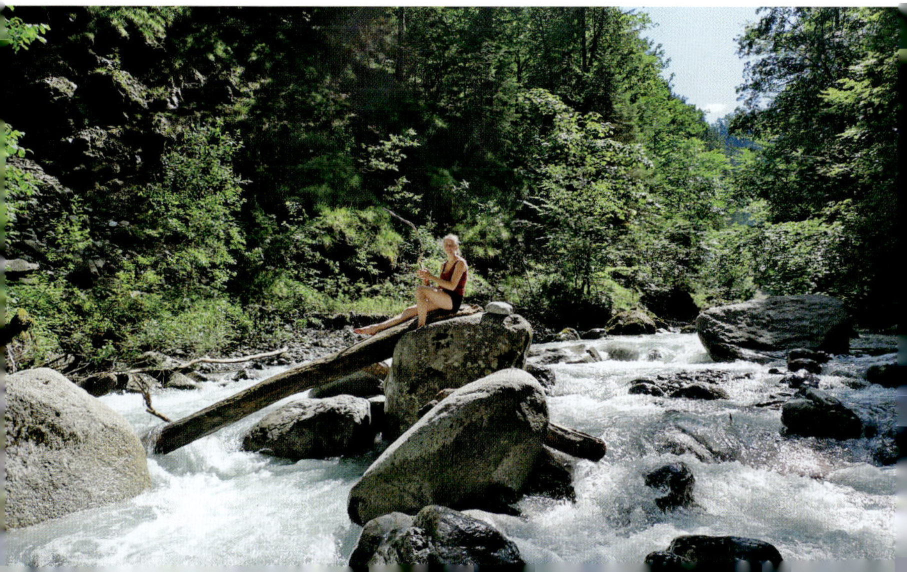

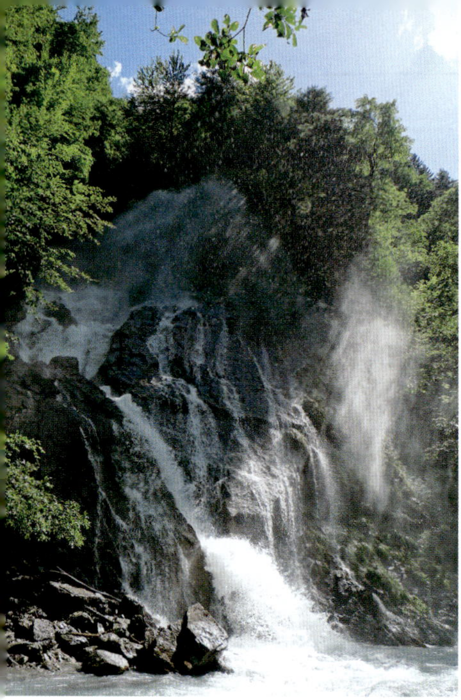

Hier »staubt's«: spektakulärer Wasserfall bei Tour 9.

Seitenstabilisierung, Sonnendach) zwei bis drei Stunden getragen werden, wenn sie immer mal wieder herausgenommen werden und sich selbst bewegen können. Während der Wanderung ist vor allem im Frühjahr und Herbst sowie in höheren Lagen darauf zu achten, dass es bei den Kindern aufgrund des Stillsitzens in der Kraxe schnell zu Unterkühlungen kommen kann. Bei Temperaturen unter 22 °C sollten die Kleinen daher unbedingt eine Jacke und lange Hosen tragen.

Kindergartenkinder: Vier- bis Fünfjährige sind in der Lage, in einfachem, ungefährlichem Gelände eine Wanderung von ein bis zwei Stunden zu gehen und dabei bereits bis zu 400 Höhenmeter im Auf- und Abstieg zu bewältigen. Diese Altersgruppe ist noch sehr neugierig auf ihre Umwelt und will diese mit allen Sinnen erleben. Ganz alltägliche Dinge wie Steine werden zu Diamanten, ein Stück Rinde, vom Borkenkäfer zerfressen, zu einer geheimnisvollen Schatzkarte. Leuchtende Kinderaugen danken es Ihnen, wenn Sie an den Erlebnissen Ihrer Sprösslinge teilhaben und sich die Zeit für viele kleine Spielpausen nehmen.

Freilaufende Bergziegen an der Helmingenalpe (Tour 21).

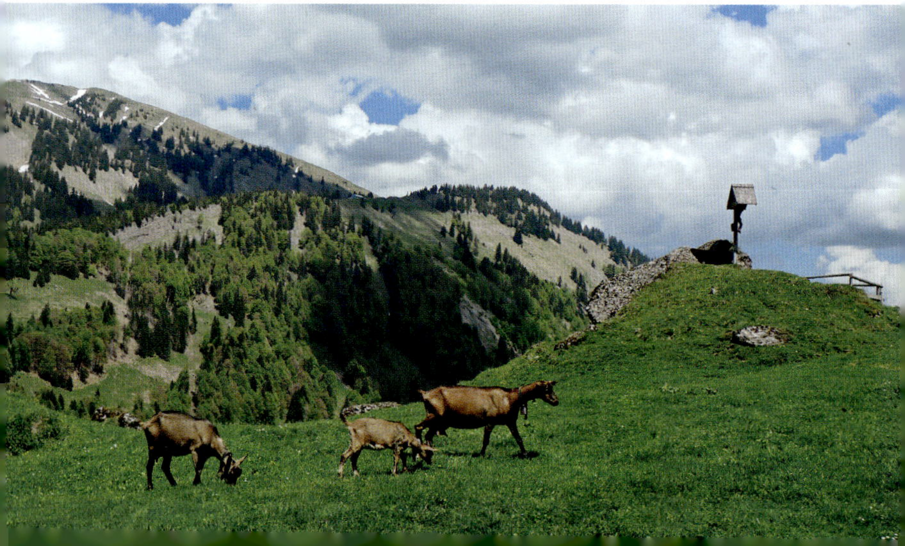

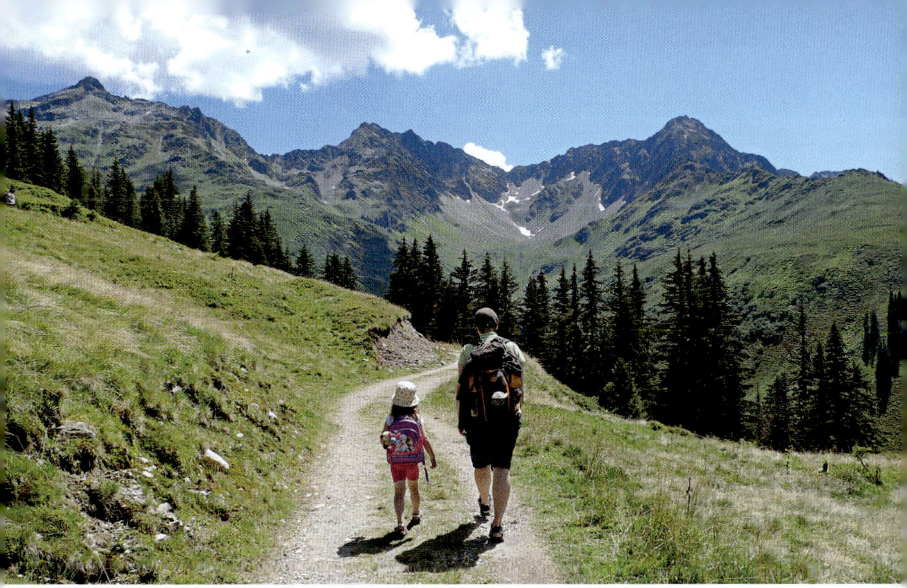

Mit Kindern unter sechs Jahren muss man einfache Touren wählen (hier auf dem Weg zur Oberen Wasserstubenalpe, Tour 10).

Grundschüler: Ansteigend mit dem Alter schaffen Kinder zwischen 6 und 9 Jahren bereits Wanderungen mit Gehzeiten von bis zu vier Stunden und bis zu 750 Höhenmetern. Leichte Gipfelziele mit stellenweise etwas steilerem Anstieg können bereits ausprobiert werden.
Kinder ab der 5. Klasse: Kinder im Alter von 10 bis 13 Jahren meistern schon richtig große Wanderungen mit einer Gehzeit von vier bis sechs Stunden und bis zu 1000 Höhenmetern. Sofern die Kinder trittsicher und schwindelfrei sind und es sich zutrauen, sind nun auch kurze Passagen mit Drahtseilsicherungen und kleine, leichte Klettersteige möglich.
In der Tourenüberschrift und unter dem Stichpunkt »Anforderungen« sind Richtwerte angegeben, ab welchem Alter sich die einzelnen Wanderungen für die Kinder eignen, wobei hierbei stets die Hauptroute gemeint ist. Teilziele sind dabei aber durchaus auch für jüngere Kinder begehbar. Andersherum können einzelne Varianten auch einmal nur für ältere Kinder empfehlenswert sein. In diesem Fall sind die abweichenden Altersangaben unter »Variante« nachzulesen. Hinweise über die Kinderwagentauglichkeit der Touren finden sich ebenfalls unter dem Punkt »Anforderungen«.

Motivation

Auf natürlichen Wald- und Wiesenpfaden gibt es mehr zu entdecken, als auf eintönigen breiten Schotterwegen, auf denen das Wandern schnell langweilig wird. Aus diesem Grund sind solche Passagen in diesem Buch möglichst kurz gehalten. Dafür wecken kurzweilige Wurzelwege, quer liegende Baumstämme oder kleine Bäche, die es zu überqueren gilt, die Abenteuerlust nicht nur der Kinder. Obwohl Drängen und Hetzen wahre Motivationskiller darstellen, kann es manchmal dennoch vonnöten sein, die Kinder zum

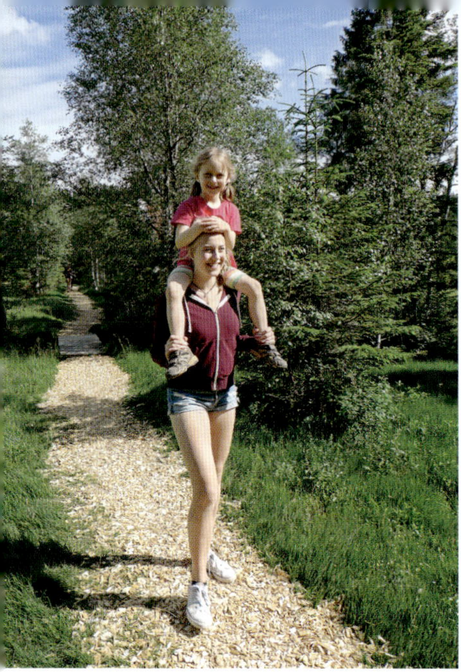

Kleine Kinder dürfen auch mal ein Stück getragen werden.

Weitergehen zu bewegen. In die Wanderung eingebaute Spiele, z. B. wer sieht als Erster eine gelbe Blume, eine wiederkäuende Kuh oder gar das Gipfelkreuz, sowie das Setzen von Etappenzielen (»An der nächsten Bank machen wir eine kurze Pause« oder »In etwa einer halben Stunde kommen wir an einen Kletterfelsen«), vielleicht sogar in Verbindung mit kleineren Belohnungen (z. B. Gummibärchen), können in solchen Fällen sehr hilfreich sein. Die Kinder können sich über jedes erreichte Teilziel freuen, das lockert die Wander-Atmosphäre auf, sodass unbewusst größere Strecken zurückgelegt werden. Um neue Kraft zu tanken, sind regelmäßige Pausen für Kinder besonders wichtig, daher gilt als Faustregel, mindestens jede Stunde eine kurze Rast einzulegen. Spätestens am Ziel sollte jedoch ausreichend Zeit zur Verfügung stehen, bevor der Rückweg wieder in Angriff genommen wird. Um ein wenig schneller voranzukommen, dürfen kleinere Kinder ruhig auch mal ein Stückchen getragen werden. Dies ist besonders wichtig, wenn ältere Geschwister mit von der Partie sind, um ihnen durch das langsamere Tempo der Kleinen nicht den Wanderspaß zu verderben. Aber auch in diesem Fall sind klare Abmachungen, wie etwa »Ich trage dich bis zu dem Jägersteig da vorne«, wichtig, um den Nachwuchs nach dem kurzen Schulterritt wieder fröhlich weiterlaufen zu lassen.

Nach wie vor macht das seit Generationen bekannte »Engelein, Engelein flieg!« fitte Elternarme müde und müde Kinderbeine munter und steht auch bei größeren Kindern noch hoch im Kurs. Ein Stück an der Hand laufen und gemeinsames Singen verkürzt gerade das Laufen auf breiten Wegen ungemein, vor allem wenn Kinderlieder angestimmt werden, bei denen man ein bisschen mit-

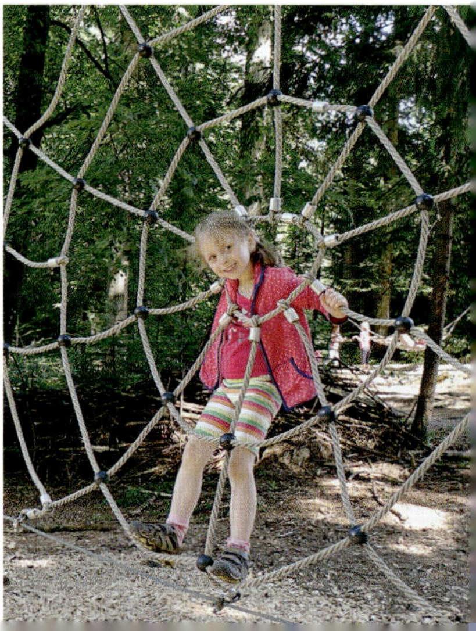

Gefangen im Riesenspinnennetz am Grenzerpfad (Tour 26).

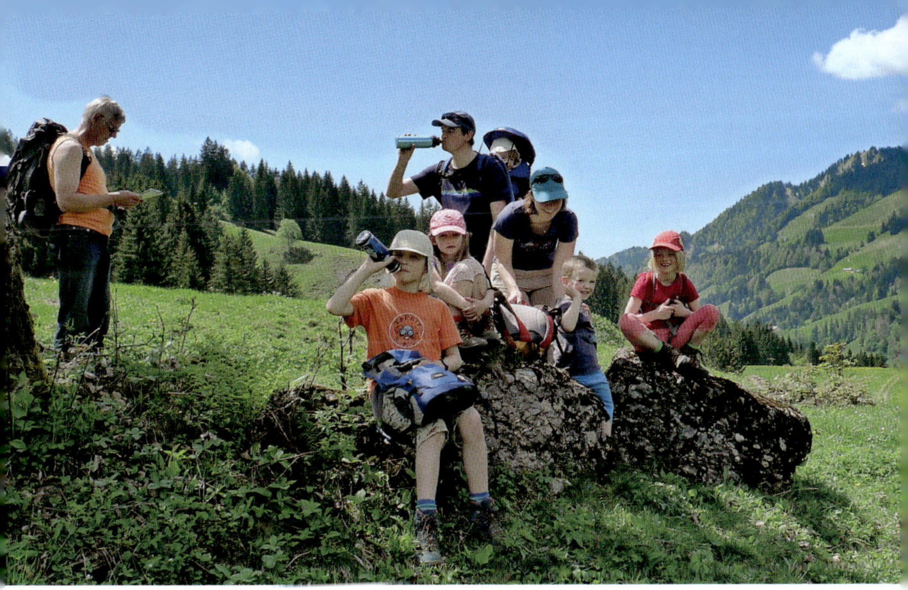

Trinkpausen sind wichtig – besonders bei heißem Wetter (hier auf Tour 21).

denken muss, wie z. B. »Drei Chinesen mit dem Kontrabass« oder »Auf der Mauer auf der Lauer liegt 'ne kleine Wanze«.
Der berühmte Herdentrieb macht sich bemerkbar, wenn die Kinder nicht nur im Familienverbund, sondern im Kreis ihrer Freunde wandern dürfen. Über die dann an den Tag gelegte Ausdauer kann man oft nur staunen, scheint doch die Kinderschar weder Müdigkeit noch Langeweile zu kennen. Auch die Aussicht auf eine Hüttenübernachtung sorgt für gute Stimmung und lässt so manche Steigung kleiner werden.

Essen und Trinken

Natürliche Leckereien, wie frische Obst- oder Gemüseschnitze, erfrischen nicht nur, sondern verleihen gerade beim Aufstieg wahre Energieschübe und sollten daher immer griffbereit in der Seitentasche des Rucksacks zu finden sein. Gleiches gilt auch für (sparsam eingesetzte) Belohnungen wie Gummibärchen oder Kekse. Kinder haben bei körperlicher Aktivität einen höheren Flüssigkeitsbedarf als Erwachsene. Als Durstlöscher stehen Wasser, Tees und verdünnte Fruchtsäfte zur Verfügung. Hingegen sind Limonaden und unverdünnte Fruchtsäfte wegen des hohen Zuckergehalts nicht zu empfehlen. Zucker setzt zwar kurzfristig Energie frei, der Zuckerspiegel fällt aber auch schnell wieder ab, wodurch man träge und müde wird. Später auf der Alpe aber haben sich die Kinder die gewünschte Limo redlich erlaufen. Auch ein Picknick auf einer Bergwiese oder am Gipfel steht bei den Kindern hoch im Kurs. Bereitwillig werden die benötigten Utensilien von allen nach oben getragen: aufgeschnittene Semmeln, in Streifen geschnittene Paprika, Gurkenscheiben, Käse, Schinken, Salami, Fleischpflanzerl, Kirschtomaten. Und als wichtigste Zutat: Zeit – Zeit zum Essen, aber auch Zeit zum Erzählen, Zuhören, Toben und Spielen.

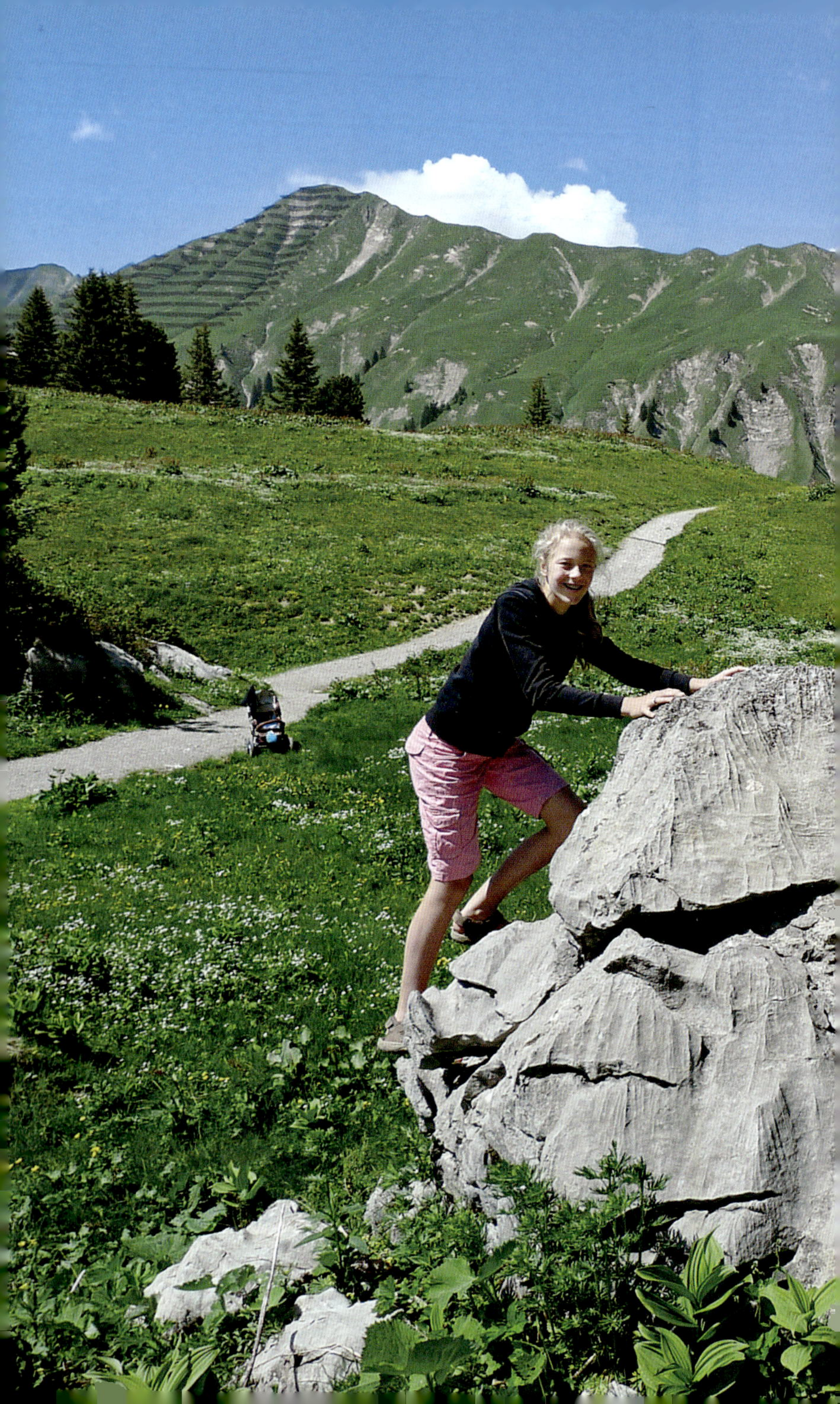

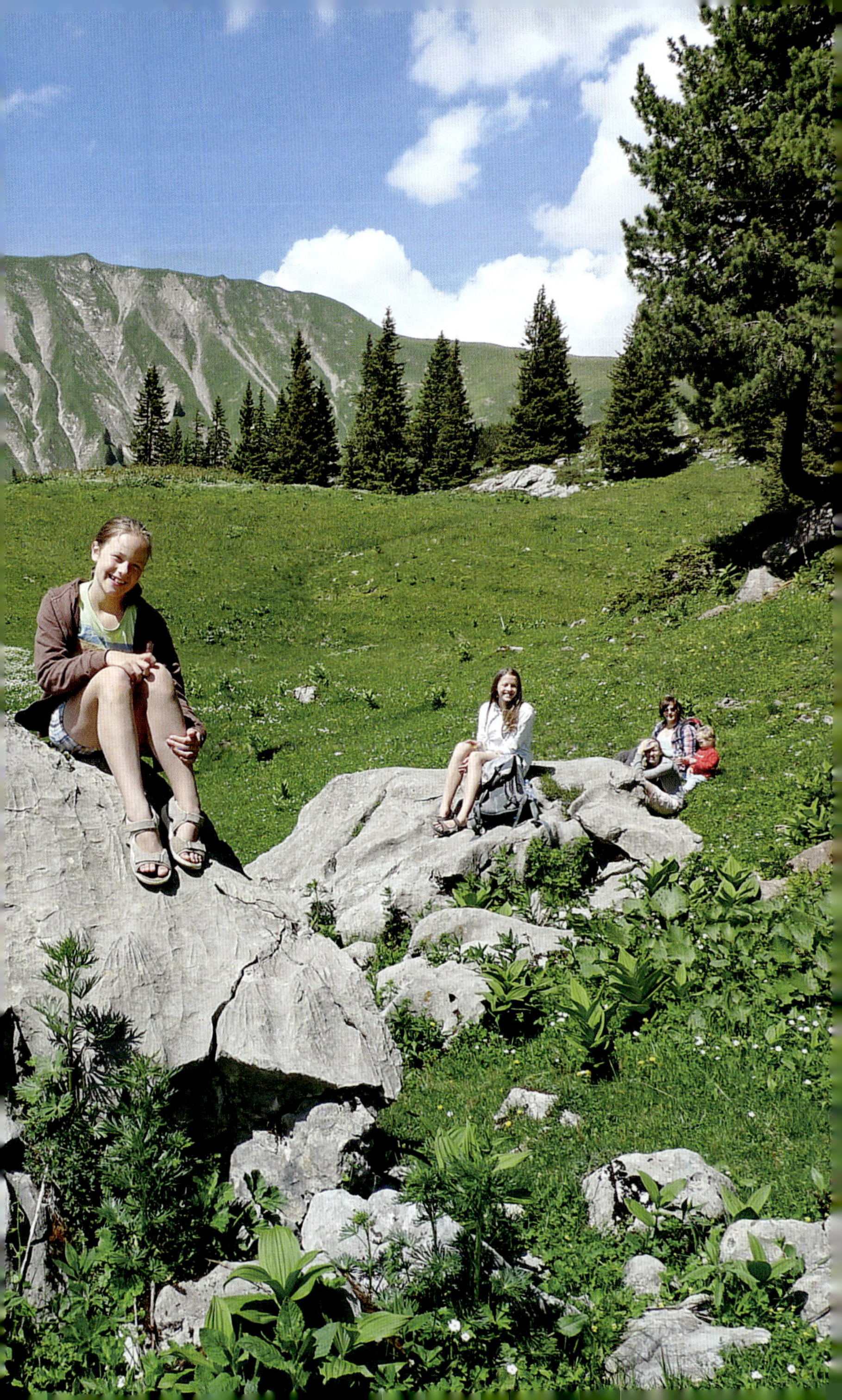

1 Insel Mainau

Rundweg vom Großparkplatz auf dem Festland ab 4 J.

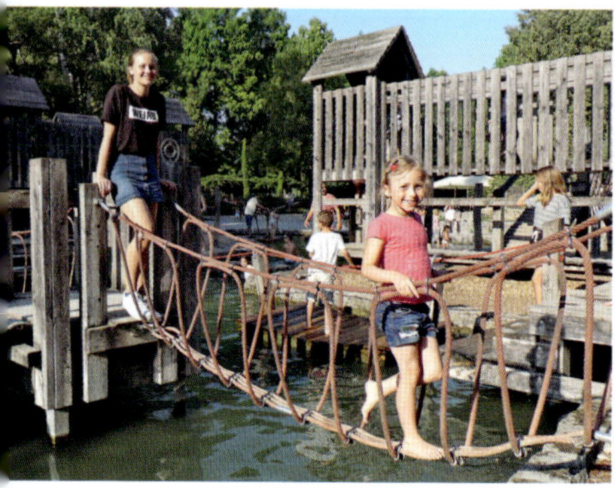

Am Ende der Tour wartet ein großer Spielplatz mit Wasserbereich.

Botanischer Garten mit Tiergehegen und riesigem Spielplatz

Die Blumeninsel Mainau ist ein tolles Familienausflugsziel, von dem Groß und Klein begeistert sein werden. Sie ist mit etwa 45 Hektar Fläche die drittgrößte Insel im Bodensee. Vom südlichen Seeufer des Überlinger See genannten, nordwestlichen Teil des Bodensees ist sie bequem über eine Brücke zu erreichen. Bereits im Jahr 1827 ließ der ungarische Fürst Esterházy auf der Insel Mainau erste wertvolle exotische und einheimische Pflanzen setzen. 1853 erwarb Großherzog Friedrich I. von Baden die Insel als Sommersitz, vergrößerte den Baumbestand und schuf das Arboretum, eine Parklandschaft mit heute riesigen Mammut-, Tulpen- und Trompetenbäumen sowie Atlas- und Libanon-Zedern. Er ließ den »Italienischen Rosengarten« anlegen und brachte Palmen sowie Orangen- und Zitronenbäume auf die Insel Mainau. Der Grundstein für einen einzigartigen botanischen Garten war gelegt. Über die Jahre kamen weitere botanische Attraktionen hinzu. Ende März/Anfang April beginnt auf der Mainau das Blumenjahr im Palmenhaus mit einer großen Orchideenschau. Das ganze Sommerhalbjahr blühen auf der Insel Blumen, ab Ende März Tulpen, Narzissen, Stiefmütterchen, Vergissmeinnicht und Hyazinthen. Im Mai und Juni zeigen sich die Blüten der 200 Rhododendren- und Azaleensorten, während im Sommer die 30.000 Rosen auf der Insel ihren lieblichen Duft versprühen und sich die Blüten der Engelstrompeten, des Hibiskus und der Passionsblumen öffnen. Im Südgarten warten dann im Herbst die einzigartigen Dahlienfelder mit etwa 20.000 Einzelbüschen auf die Blumenliebhaber. Die Kinder freuen sich neben dem Schmetterlingshaus besonders über den riesigen Spielplatz mit großem Wasserspielbereich und den Mainau-Bauernhof mit vielen Tieren, Ponyreiten und einem Ziegen-Streichelgehege, sodass der Ausflug zu einem unvergesslichen Tag für die ganze Familie wird. Für Familien mit kleineren Kindern stehen im Blumenjahr am Eingang auf dem Festland kostenlos (nur solange Vorrat reicht – keine Voranmeldung möglich) Bollerwagen zur Verfügung. Auf Familien mit etwas größeren Kindern wartet die Mainau-Kinderschatzsuche, ein spannendes Programm für die ganze Familie, um die Natur und Pflanzen der Insel kennenzulernen und schließlich den Schatz im Torbogen-Gebäude zu erobern. Die Schatzkarten gibt es kostenlos am Inseleingang und im Hafen-Eingangsbereich.

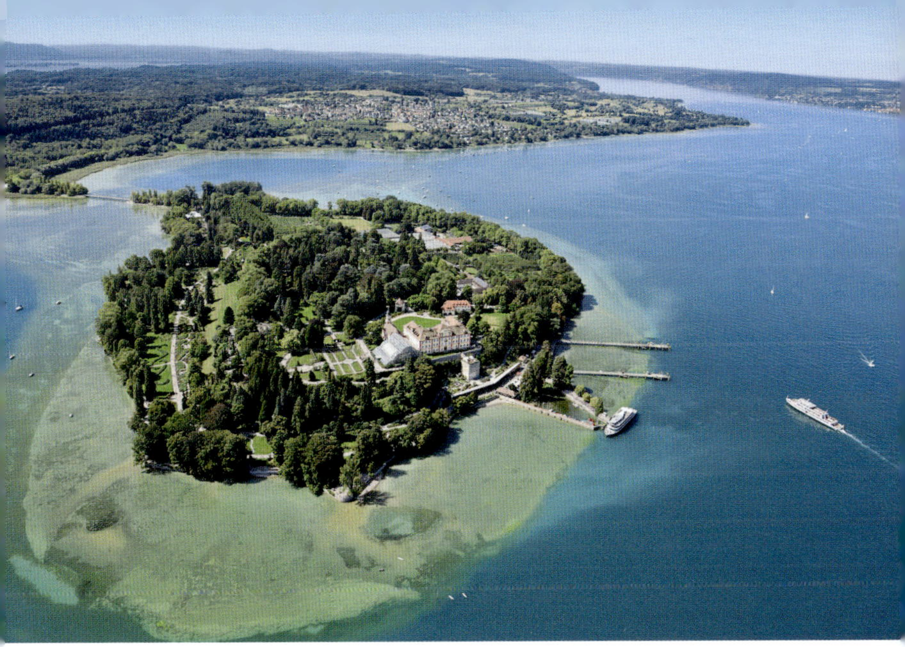

Aus der Luft sieht die Insel Mainau kleiner aus als sie tatsächlich ist.

KURZINFO

Ausgangspunkt: Festland-Großparkplatz der Insel Mainau, 398 m (Navi: 78465 Insel Mainau/Insel Mainau 1).
Anfahrt: Von Bregenz über Arbon und Romanshorn nach Konstanz. Nach Überquerung des Rheins der Beschilderung zur Insel Mainau über die B33 und die L219 bis zum Großparkplatz folgen.
Mit dem Schiff: Die Insel Mainau wird regelmäßig direkt von vielen Häfen am Bodensee aus angefahren.
Mit Bahn/Bus: Mit dem Zug bis Konstanz und weiter mit dem Bus der Ringlinie 4/13 oder 13/4 über Litzelstetten und Dettingen bis nahe des Eingangs zur Insel Mainau.
Gehzeit: 1.30 Std. Bitte wegen der vielen Attraktionen einen ganzen Tag einplanen.
Distanz: 4,1 km.
Höhenunterschied: 40 m.
Ausrüstung: Wechselkleidung für Kinder, eventuell Badebekleidung für Kinder (großer Wasserspielbereich), Picknickdecke.
Anforderungen: Ab 4 Jahren. Der Rundgang verläuft auf breiten kinderwagentauglichen Wegen.
Einkehr: Auf der Insel gibt es eine Vielzahl von Einkehrmöglichkeiten, z. B. den Gasthof Schwedenschenke.

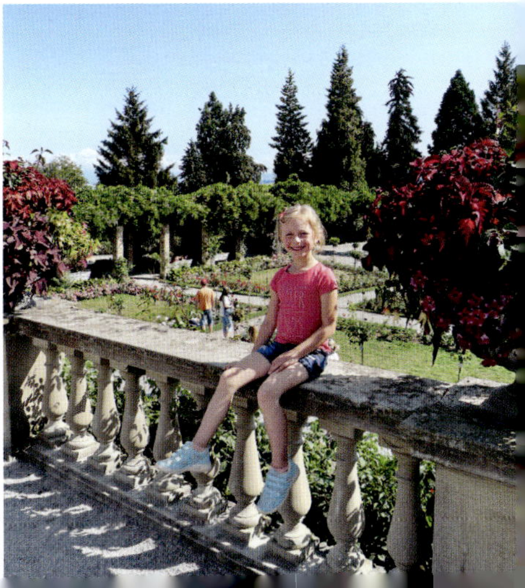

Rast oberhalb des besonders im Juli sehenswerten Rosengartens.

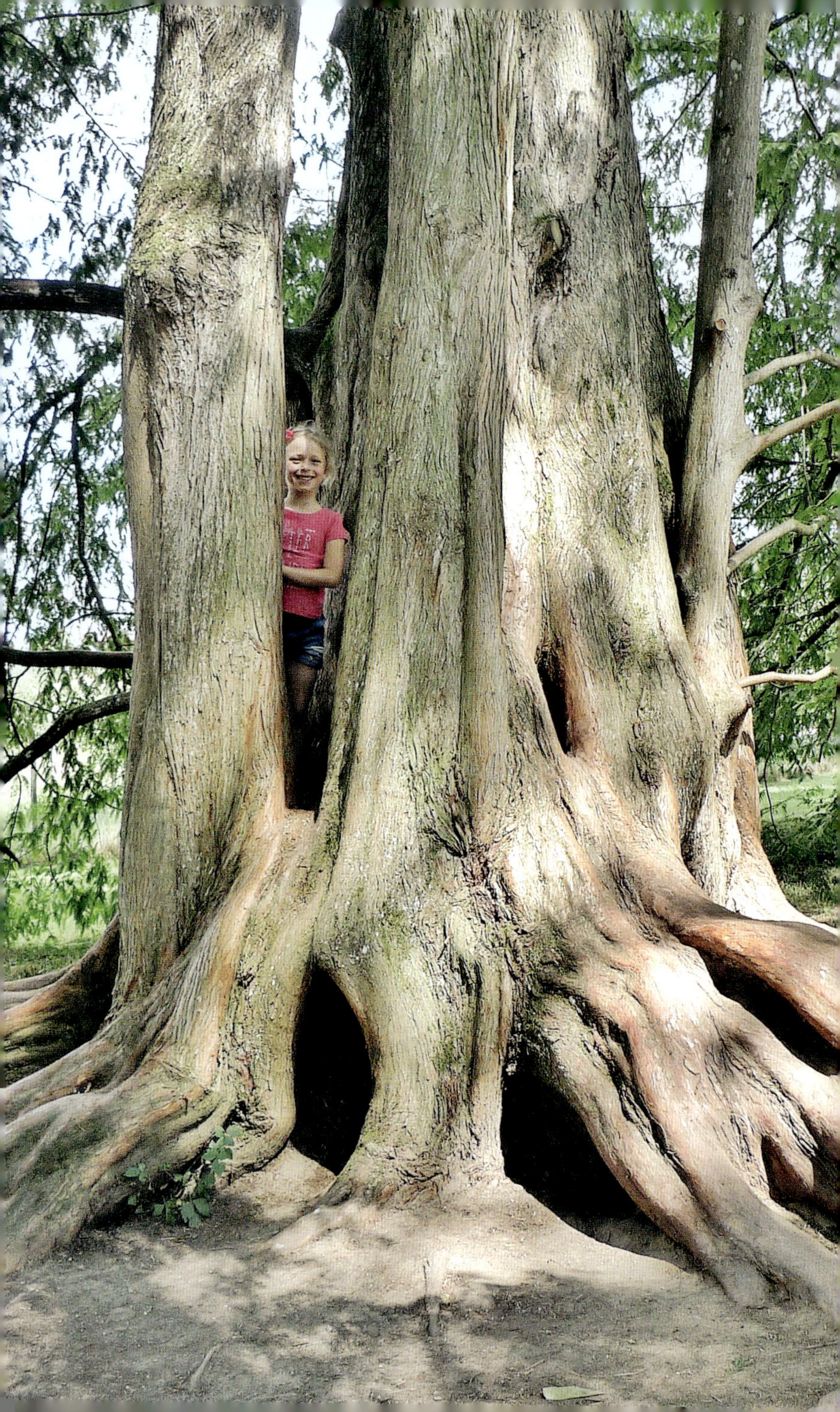

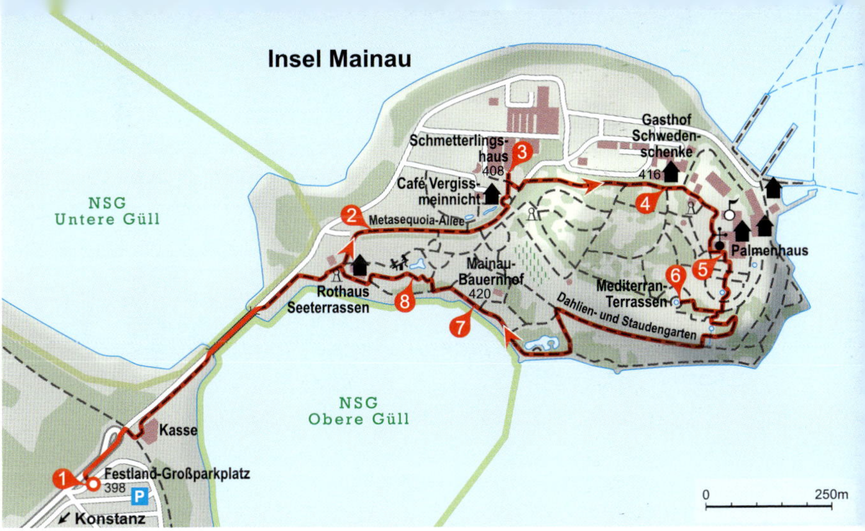

Vom **Großparkplatz (1)** auf dem Festland gehen wir zum Kassenhäuschen und spazieren über die Brücke, von der man einen schönen Blick auf die links und rechts befindlichen Buchten und Naturschutzgebiete – Obere und Untere Güll genannt – sowie das Südufer der Insel hat, hinüber zur Insel Mainau. Wir treffen auf »Blumi« eine hochgewachsene Blumenskulptur, die wiederum aus Hunderten von Blumen besteht. Kurz darauf verzweigt sich der Weg, wir wenden uns links Richtung Schmetterlingshaus, da wir uns den großen Spielplatz und die Tiergehege, die man über den rechten Weg erreichen würde, für den Schluss aufheben wollen. Nach einigen Schritten nimmt uns die beeindruckende **Metasequoia-Allee (2)** mit ihren 50 stolzen Bäumen auf. Die Bäume wurden allesamt aus Stecklingen eines einzigen Baumes gezogen, den die Insel Mainau im Jahr 1950 erhalten hatte. Diese schon zu Zeiten der Dinosaurier auf der Erde wachsende Baumart wurde erst in den 1940er-Jahren in den Bergen Chinas entdeckt. Die Allee führt uns zum »Garten für alle« mit seinen im Sommer von den Spalierdecken herabhängenden Kürbissen und weiter zum Café Vergissmeinnicht und zum **Schmetterlingshaus (3)**, das man unbedingt besuchen sollte.

Wenn man mit Kindern unterwegs ist, ist es nahezu unmöglich alle Gärten und Gebäude auf der Insel an einem Tag zu besichtigen. Insofern sollte man sich auf dem an der Kasse ausliegenden Übersichtsplan die Attraktionen heraussuchen, die

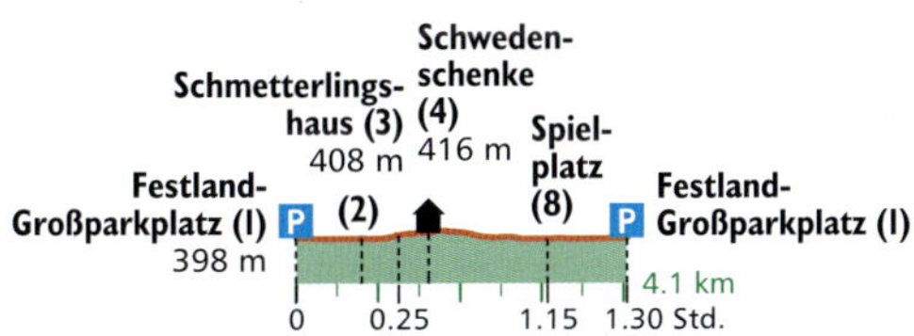

Mächtige Metasequoias säumen die Allee Richtung Schmetterlingshaus.

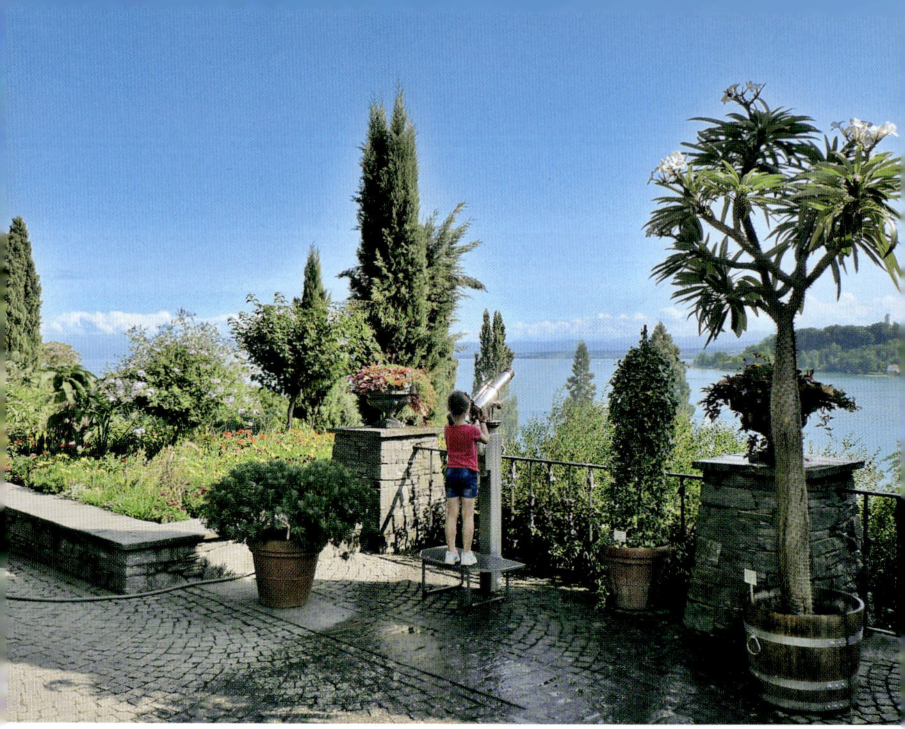

Südländisches Flair auf den Mediterran-Terrassen.

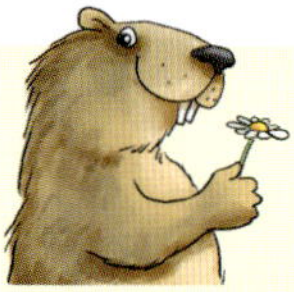

Hallo Kinder,

als besonderer Höhepunkt wartet auf euch auf der Insel Mainau der Besuch in Deutschlands zweitgrößtem Schmetterlingshaus. In dem Glashaus mit exotischen Pflanzen und einem Wasserfall herrschen Temperaturen zwischen 25 °C und 30 °C und eine hohe Luftfeuchtigkeit von etwa 90 Prozent. Hier könnt ihr über 120 verschiedene Arten frei fliegender, tropischer Schmetterlinge aus Afrika, Asien und Mittel- und Südamerika mit Flügelspannweiten bis zu 20 cm und mehr bestaunen. Die meisten der 700 bis 1000 Schmetterlinge werden als Puppen aus speziellen Zuchtfarmen hierher gebracht. Etwa ein Drittel der Falter vermehrt sich aber erfreulicherweise direkt im Schmetterlingshaus. An den jeweiligen Futterpflanzen könnt ihr die Entwicklung vom Ei über die Raupe und die Puppe bis zum fertigen Schmetterling beobachten.

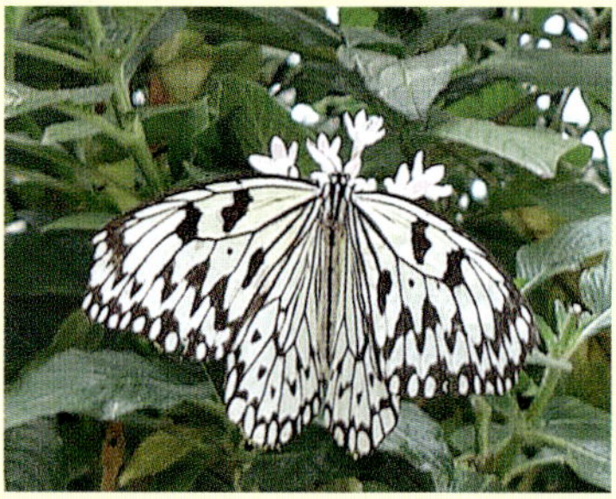

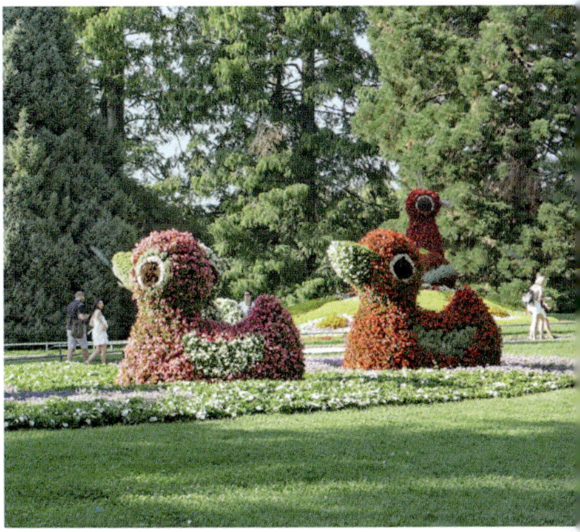

Großartige Blütenkomposition in Form riesiger Enten.

einen besonders interessieren. Wir empfehlen aber, zumindest dem Hauptweg über den **Gasthof Schwedenschenke (4)** bis zum Barockschloss mit seinem **Palmenhaus (5)** und dem Schlosscafé zu folgen und anschließend dem daneben liegenden **Italienischen Rosengarten** einen Besuch abzustatten. Wer möchte, kann an dessen linker Seite hinunter zum Hafen gehen, wo u. a. weitere Einkehrmöglichkeiten warten. Anschließend müssen wir aber unbedingt wieder hinaufgehen, um zu den **Mediterran-Terrassen (6)** mit einer zur Rast einladenden Brunnenanlage und weiter zur **Italienischen Blumen-Wassertreppe** zu kommen.

Den Rückweg bestreiten wir dann über den **Dahlien- und den Staudengarten** und erreichen schließlich links schwenkend einen Teich mit Liegewiese. Daran anschließend befindet sich der **Mainau-Bauernhof (7)** mit seinen Alpakas, Hasen, Hühnern, Ziegen, Shetlandponys, Eseln, Schafen und Katzen. Kinder bis 45 kg können unter Führung eines Erwachsenen eine Pony-Reitrunde einlegen. Anschließend lockt ein Besuch im Streichel-Ziegengehege, in dem man die Tiere außer im Winter mit dem Futter aus dem dort angebrachten Automaten füttern kann. Schließlich freuen sich die Kinder über den riesigen **Spielplatz (8)** mit großem Wasserbereich, auf dem man z. B. selbstständig mit Holzflößen fahren kann.

Vorbei am Biergarten der Rothaus Seeterrassen kommen wir wieder zurück zu »Blumi« und gehen auf dem Hinweg zum **Parkplatz (1)** zurück.

HIGHLIGHTS

- ★ Die Insel Mainau ist ein einziger botanischer Garten mit vielen Attraktionen wie riesigen Bäumen, saisonal blühenden Pflanzen, wie Azaleen, Rosen oder Dahlien, einem Palmenhaus und einem Schmetterlingshaus (Tel. +49 7531 303-0, www.mainau.de).
- ★ Sehr großer Spielplatz mit Rutschen, Schaukeln, einem Kletterparcours, Sandkästen mit Baggern, großem Wasserbereich mit Holzfloßen, Lkw mit Anhänger, Dreirädern und vielem mehr.
- ★ Mainau-Bauernhof mit vielen Tieren, Ziegen-Streichelzoo und der Möglichkeit zum Ponyreiten (für Kinder bis 45 kg, 2 € für 3 Runden).
- ★ Kostenlose Bollerwagen am Festlandeingang (nur solange vorhanden – leider keine Reservierung möglich) und Kinder-Schatzsuche.
- ★ Nach der Tour: Der Kletterwald »Erlebniswald Mainau« liegt gegenüber der Insel Mainau im angrenzenden Wald auf dem Festland. Vom Parkplatz der Insel Mainau ist der Erlebnsiwald in nur wenigen Gehminuten erreichbar. Infos unter www.erlebniswald-mainau.de, Tel. +49 07531 3613667.

2 Appenzeller Barfußweg

Von Gontenbad nach Jakobsbad

ab 4 J.

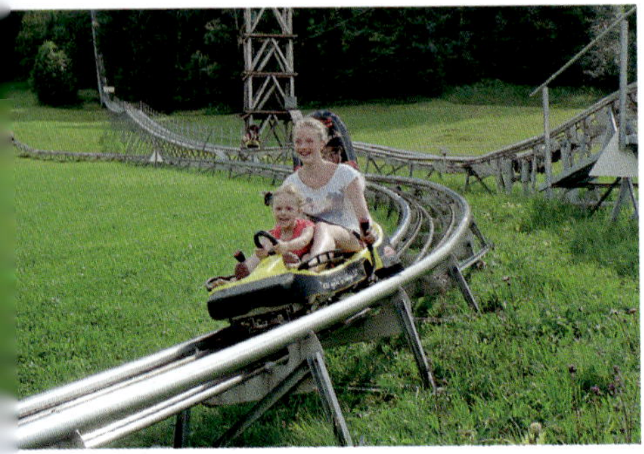

Rasante Sommerrodelbahn.

Barfußabenteuer und Attraktionen an der Kronbergbahn

Im bezaubernden Appenzellerland führt ein knapp fünf Kilometer langer Barfußweg ganz überwiegend über herrliche Wiesenwege vom Bahnhof Gontenbad zum Bahnhof Jakobsbad. Der Weg ist in beide Richtungen ausgeschildert, wir empfehlen aber am relativ neuen Parkplatz in Gontenbad zu starten. So hebt man sich die tollen Kinderattraktionen mit Spielplätzen, Hochseilgarten und Sommerrodelbahn an der unmittelbar am Bahnhof Jakobsbad gelegenen Talstation der Kronberg-Gondelbahn als Highlight für den Schluss auf und hält die Spannung für die Kinder aufrecht. Man kann die Tour auch abkürzen, indem man die Wanderung an der (Zwischen-)Bahnstation Gonten beginnen oder enden lässt – die Teilstrecke des Barfußweges von Gontenbad nach Gonten ist allerdings eindeutig die landschaftlich schönere. Zurück zum Ausgangspunkt kommt man – ob Abkürzung oder nicht – auf jeden Fall am bequemsten und schnellsten mit dem Zug, der in beide Richtungen halbstündlich verkehrt.

Großartige Wiesenwege führen uns durch das bezaubernde Appenzellerland.

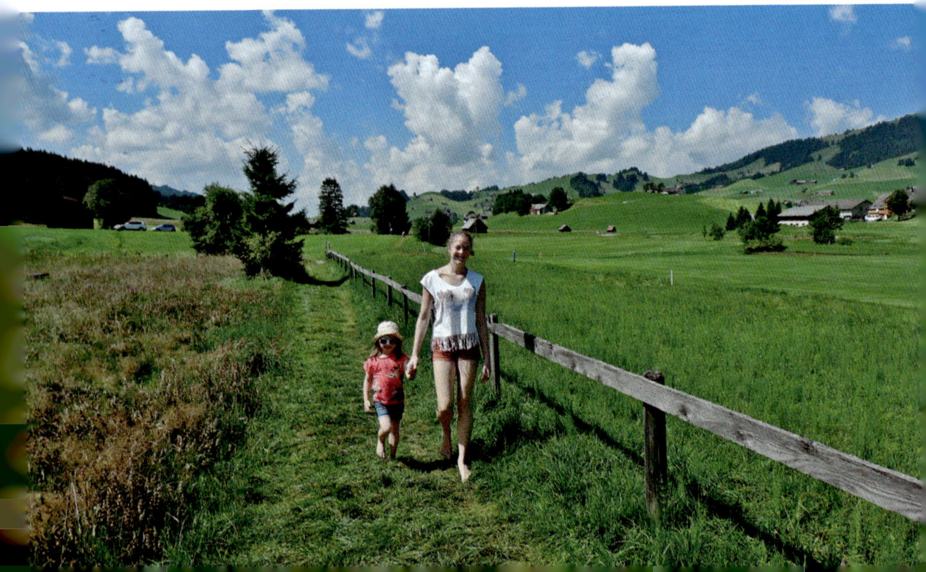

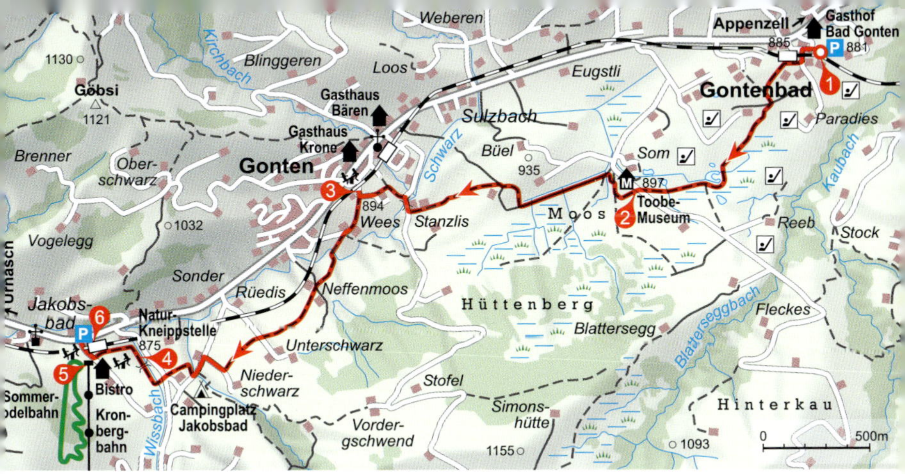

KURZINFO

Ausgangspunkt: Parkplatz Bahnhof Gontenbad, 881 m (Navi: CH-9108 Gontenbad, Bahnhof Gontenbad).

Anfahrt: Von Appenzell über die Gontenstrasse nach Gontenbad. Dort unmittelbar nach dem Kurhaus/Gasthof Bad Gonten links und nach 80 m wiederum links zum neu angelegten Parkplatz in Bahnhofsnähe.

Mit der Bahn: Mit den Appenzeller Bahnen bis Bahnhof Gontenbad.

Endpunkt: Bahnhof Jakobsbad. Rückfahrt mit dem Zug (verkehrt halbstündlich) nach Gontenbad.

Gehzeit: 2.00 Std.

Distanz: 4,9 km.

Höhenunterschied: 50 m.

Ausrüstung: Sonnenschutz, eventuell Handtuch zum Füßeabtrocknen, Wechselkleidung für kleine Kinder.

Anforderungen: Ab 4 Jahren. Einfache Wanderung überwiegend auf Wiesenwegen. Weg liegt in der Sonne. Für geländegängige Kinderwagen geeignet

Einkehr: Großer Bistro-Kiosk an der Talstation der Kronbergbahn, Gasthäuser in Gonten und in Gontenbad.

Vom **Parkplatz (1)** in Gontenbad marschieren wir – am besten gleich ohne Schuhe – auf dessen Zufahrt parallel zu den Bahngleisen ein Stück zurück und wenden uns vor dem **Bahnhof** nach links (Beschilderung »Jakobsbad«), überqueren die Gleise und schwenken gleich wieder rechts in den mit »Barfußweg« beschilderten Kiesweg. Dieser hat es (für Barfußläufer) in sich, nach etwa 40 m verbreitert sich der Weg aber um eine Erdspur, sodass wir nun schon recht angenehm auf blanken Sohlen laufen können. Wir folgen stets der guten Beschilderung und freuen uns darüber, dass unser Weg schnell dauerhaft zum reinen Wiesenweg wird. Die Route führt um einen Golfplatz herum, danach wird die Landschaft immer schöner, wir spazieren nun – weiter auf Wiesenwegen – durch das großartige, von sanften grünen Hügeln eingerahmten Appenzellerland.

Nach einer halben Stunde überqueren wir eine Asphaltstraße und kommen zu einem Armkneippbecken (eine herrliche Erfrischung an warmen Tagen!), einer Fußwaschstation

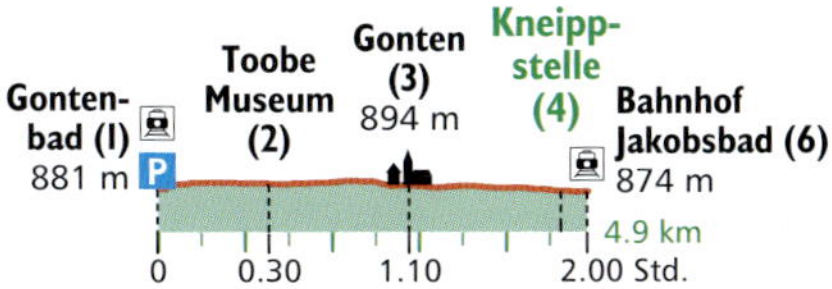

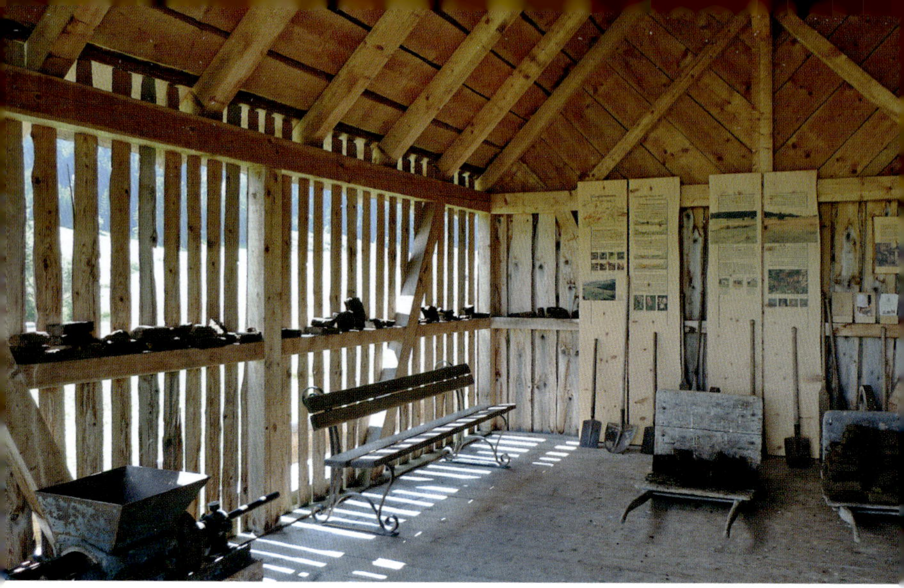

Das kleine Toobe-Museum liegt direkt am Barfußweg.

und dem in einem Stadel untergebrachten, frei zugänglichen **»Toobe-Museum« (2)** mit einigen wenigen Exponaten und Schautafeln zur einzigartigen Natur- und Kulturlandschaft Gontenmoos, in der wir uns gerade befinden.
Weiter geht es auf einem Wiesenweg entlang eines schlammigen Wassergrabens, in dem wir nun auch unsere Füße erfrischen können. Ein Geländer dient hier zum Festhalten. Wir folgen anschließend dem Wiesenweg weiter, wandern ein Stück auf einem kleinen Kiesweg und treffen dann nach einem Links-Knick auf die Wegteilung eines breiten Kiesweges. Hier gehen wir geradeaus weiter. Am besten tritt man nun mit dem ganzen Fuß auf und

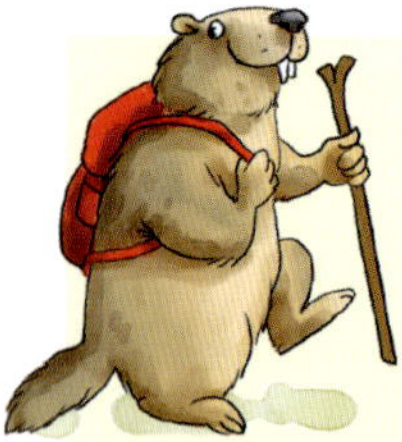

Hallo Kinder,

lauft ihr auch so gerne barfuß wie ich? Dann seid ihr auf dem tollen Barfußweg im Appenzellerland genau richtig. Der Wanderweg verläuft größtenteils über weiche Wiesenwege, unterwegs könnt ihr zweimal ein Stück durchs Wasser waten und am Schluss der Tour warten noch zwei tolle Spielplätze und eine Sommerrodelbahn auf euch. Barfußlaufen ist übrigens sehr gesund, nicht nur für eure Füße, sondern für den gesamten Bewegungsapparat, von den Waden bis hinauf zur Wirbelsäule. Selbstverständlich kann man auch außerhalb von ausgeschilderten Barfußwegen mal die Schuhe ausziehen und ein Stück auf blanken Sohlen weiterwandern. Probiert es doch einfach mal aus, wenn ihr auf einem weichen Waldpfad oder einem natürlichen Wiesenweg unterwegs seid.

Erfrischung für die Füße im Wassergraben.

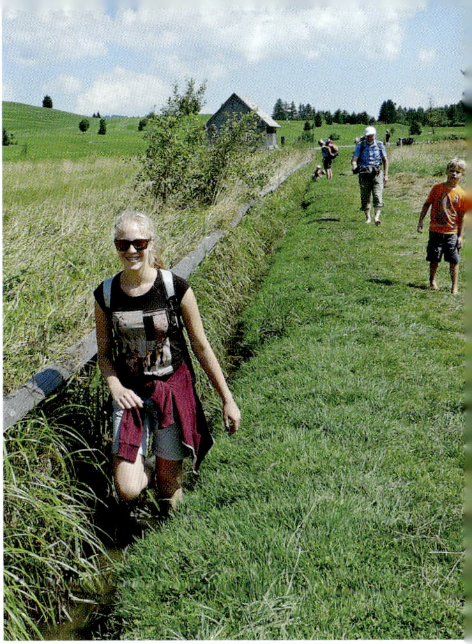

verlangsamt das Tempo, dann kann man auch als ungeübter Barfußläufer dieses Stück problemlos meistern. Nach kurzer Zeit besteht wiederum die Möglichkeit, auf einen neben dem Weg verlaufenden Pfad auszuweichen.
400 m später (am nächsten Haus) ist dieses Stück geschafft, hier kann man sich den Schlamm vom Wassergraben mittels Schlauch von den Füßen waschen. Ein Schild weist uns nach rechts in einen Pfad, wir wandern nun hinauf zu einem Gehöft, schwenken auf der Anhöhe links und wandern nun über einen herrlichen Wiesenweg abwärts auf das bereits sichtbare Gonten zu. An einem Hof stoßen wir auf eine Asphaltstraße, biegen rechts ein und biegen nach etwa 60 m unmittelbar nach einer Brücke links (bitte aufpassen, diese Stelle ist nicht ganz eindeutig beschildert) – ein Drehkreuz passierend – in einen Pfad ein. An der nächsten Pfadeinmündung wenden wir uns links (Beschilderung »Wanderweg«) und erreichen nach wenigen Minuten eine asphaltierte Wegteilung. Hier gehen wir mehr oder weniger geradeaus weiter und erreichen nach 50 m einen Schilderbaum. Folgt man der Asphaltstraße noch ein paar Meter, bietet sich ein

Herrlicher Wiesenweg auf dem Weg nach Gonten.

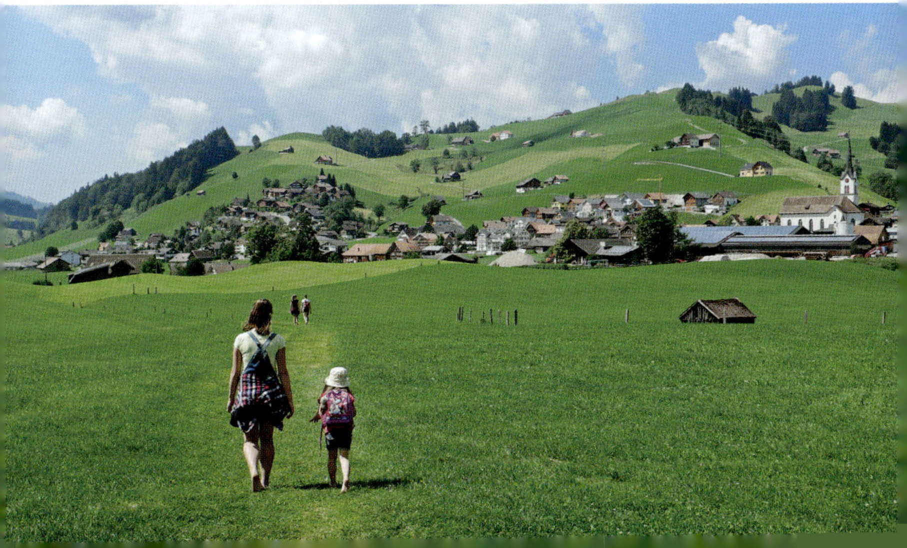

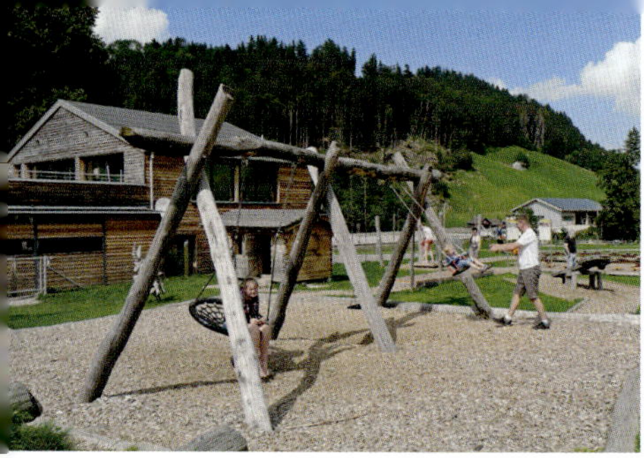

An der Kronbergbahn warten gleich zwei Spielplätze.

HIGHLIGHTS

- ★ Toller, naturbelassener, knapp 5 km langer Barfußweg.
- ★ Rückfahrt mit dem Zug nach Gontenbad (fährt halbstündlich, Automat am Bahnhof nimmt Euro).
- ★ Zwei tolle Spielplätze am Ende der Tour an der Talstation der Kronbergbahn in Jakobsbad mit »Motorikpark« (auch für Erwachsene), Hüpfburg, Tarzanbahn, Mini-Fußballplatz und vielem mehr.
- ★ Seilpark an der Talstation der Kronbergbahn mit 8 Parcours und 52 Kletterelementen. Täglich geöffnet von Mitte April bis Mitte Oktober. Mindestalter und Größe: 8 Jahre und 1.40 m Körpergröße in Begleitung eines Erwachsenen; ab 11 Jahren dürfen Kinder alleine klettern. Bei Kindern unter 14 Jahren sind die Nutzungsbedingungen durch einen Erwachsenen zu unterzeichnen (Tel. +41 71 794 1289, www.kronberg.ch).
- ★ Bobbahn an der Talstation der Kronbergbahn. Die Sommerrodelbahn bietet auf einer modernen Doppelschiene 5–7 Minuten (je nach individueller Geschwindigkeit) rasanten Abfahrtsspaß auf einer Länge von 1450 Metern. Täglich geöffnet von Mitte April bis Ende November. Mindestalter 8 Jahre, jüngere Kinder dürfen zusammen mit einer mindestens 12-jährigen Begleitperson fahren (Tel. +41 71 794 1289, www.kronberg.ch).

meist schattiger Sitzplatz auf einer Bank an einem Haus in **Gonten (3)** an, das als Vereinsheim dient. Wer hier schon die Tour beenden möchte, folgt der Asphaltstraße in wenigen Minuten über einen Bahnübergang zum Bahnhof Gonten. *(Hinweis: Geht man nach dem Bahnübergang halb links am »Privatparkplatz 6« vorbei die Treppen hinauf und überquert die Straße, kommt man zu einem Spielplatz mit Röhrenrutsche.)* Wir wollen aber weiter nach Jakobsbad und gehen vom Vereinsheim die paar Meter zurück zum Schilderbaum. Hier wenden wir uns nun rechts und folgen wieder einem weichen Wiesenweg. Nach einem Gehöft, in dem man meist auch Eis kaufen kann, geht der Wiesenweg weiter. Der Weg bleibt weiter gut beschildert, und führt schließlich teilweise über Asphalt nach Überquerung einer Lochgitterbrücke auf einem feinkiesigen Weg an einer schönen **Natur-Kneippstelle (4)** im **Wissbach** vorbei, in dem wir unsere Füße erfrischen und säubern können. Zum Schluss warten noch einige etwas in die Jahre gekommenen (Stand Herbst 2017) Fühlbereiche mit verschiedenen Materialien auf unsere Füße, dann kommen wir direkt zur **Talstation der Kronberg-Gondelbahn (5)**. Hier freuen sich die Kinder nicht nur über die tolle Sommerrodelbahn, sondern auch über gleich zwei große Spielplätze – einer davon mit kleinem, auch für Erwachsene konzipiertem Motorikpark. Mit dem Zug fahren wir anschließend von der unmittelbar an der Talstation befindlichen **Haltestelle Jakobsbad (6)** zwei Stationen zurück zum Bahnhof Gontenbad.

Sämtisersee, 1207 m, und Fälensee, 1447 m

3

Von Brülisau zum Gasthaus Bollenwees

ab 8 J.

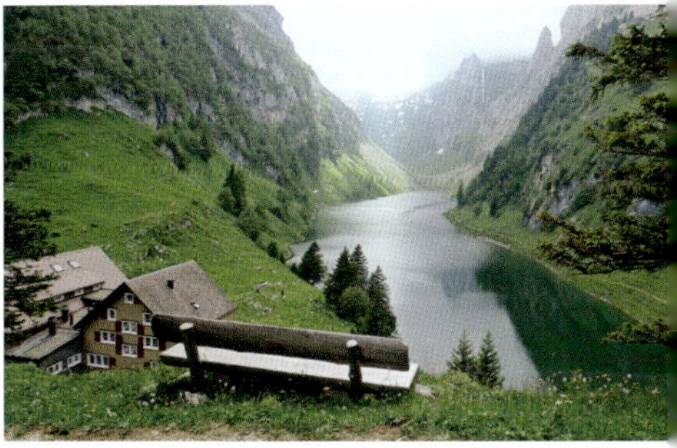

Bollenwees und Fälensee.

Spannende Bergseen im Alpsteingebirge

Das Alpsteingebirge – oder auch nur Alpstein genannt – ist eine Untergruppe der Appenzeller Alpen. Es verfügt über das dichteste Wanderwegnetz der Schweiz. Drei Bergseen, 27 Berggasthäuser und sechs Luftseilbahnen warten hier auf kleine und große Wanderer. Aufgrund der nördlichen »Vorpostenlage« mit nur 30 Kilometer Luftlinie zum Bodensee wirkt der Alpstein mit seinen schroffen Felslandschaften vom Voralpenland aus sehr mächtig, obwohl seine höchsten Berge nur 2435 Meter (Altmann) und 2502 Meter (Säntis) hoch sind. Für Familien bieten sich in diesem Gebiet viele spannende, nicht allzu anspruchsvolle Wanderungen an. Besonders beliebt sind die einfachen Touren zu den drei »Augen« des Alpsteins, den Bergseen, von denen wir bei der heutigen Wanderung mit dem Sämtisersee und dem Fälensee gleich zwei besuchen wollen. In beiden Seen kann man zur Freude der Kinder ein erfrischendes Bad nehmen (siehe Hallo-Kinder-Kasten). Die Tour zum dritten im Bunde, dem Seealpsee, haben wir als Tour 4 beschrieben. In allen Berggasthäusern des Alpsteins kann man übrigens mit Euro bezahlen.

Der Sämtisersee vor dem Hohen Kasten.

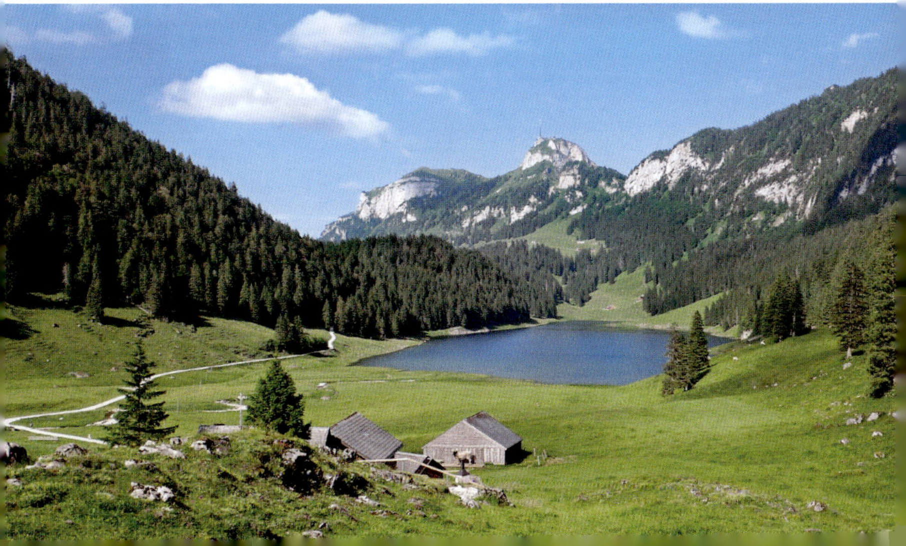

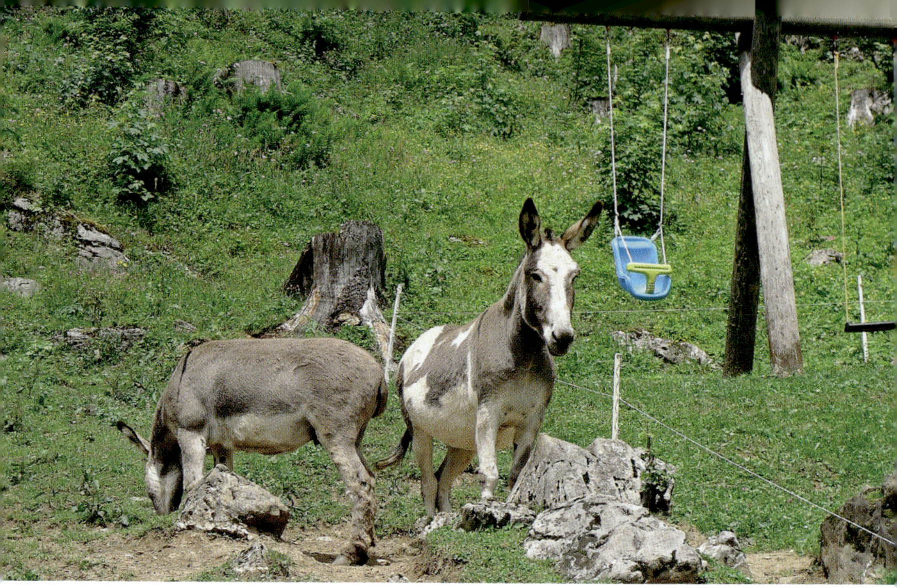

Grau-weiße Esel warten am Berggasthaus Plattenbödeli.

KURZINFO

Ausgangspunkt: Gebührenpflichtiger Parkplatz Pfannenstiel an der Luftseilbahn Alp Sigel, 937 m (Navi: CH-9058 Bülisau, Pfannenstielstrasse).
Anfahrt: Von Appenzell über Weissbad und dort links haltend nach Brülisau. An der Hohe-Kasten-Bahn-Talstation vorbeifahren (Navi: CH-9058 Brülisau, Dorf 22) und auf der Pfannenstielstrasse nach 1,2 km zum Parkplatz. Alternativ kostenlos an der Hohe-Kasten-Bahn parken und dann in 20 Min. zu Fuß zum Parkplatz Pfannenstiel.
Mit Bahn und Postauto: Mit den Appenzeller Bahnen von Gossau oder St. Gallen über Appenzell zum Bahnhof Weissbad. Von dort besteht Anschluss mit dem Postauto nach Brülisau. Von dort zu Fuß über die Pfannenstielstrasse zum Ausgangspunkt.
Gehzeit: 5.10 Std.
Distanz: 12,3 km.
Höhenunterschied: 730 m.
Ausrüstung: Gut profilierte Bergschuhe, Badesachen.
Anforderungen: **Ab 8 Jahren.** Weitgehend einfache, aber relativ lange Wanderung auf Alm- und Kieswegen und Bergpfaden. Kurz vor dem Gasthaus Bollenwees steiler Anstieg auf einem Bergsteig unterhalb einer Felswand. Für Kinderwagen nicht geeignet.
Einkehr: Berggasthaus Plattenbödeli (von Mai bis November durchgehend geöffnet) und Gasthaus Bollenwees (geöffnet Mai bis Ende Oktober, kein Ruhetag). Einkehrmöglichkeiten in Brülisau, z. B. im Gasthaus Rössli mit Spielplatz.

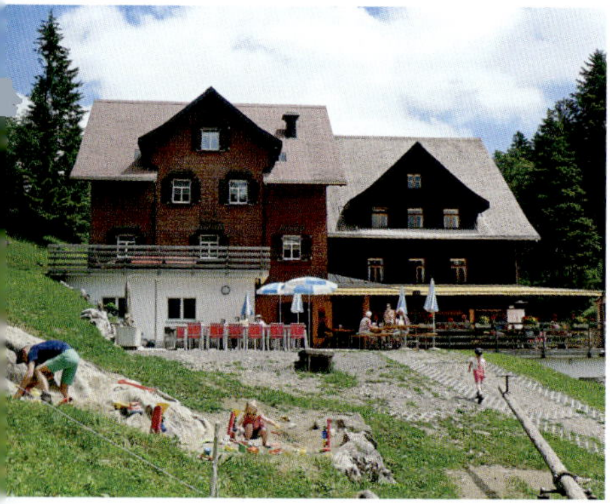

Berggasthaus Plattenbödeli.

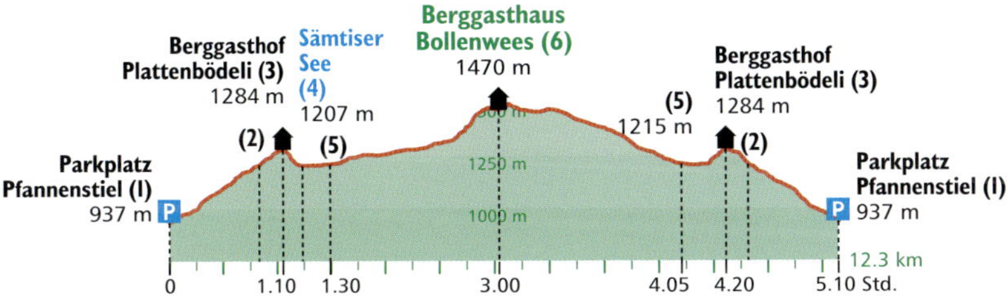

Vom **Parkplatz Pfannenstiel (1)** gegenüber der Talstation der Luftseilbahn Alp Sigel wenden wir uns links und folgen der Pfannenstielstrasse noch ein Stück. Kurz darauf dreht die Straße nach rechts und führt nun gekiest, bald schön am Brüelbach entlang, der sich über bemooste Steine seinen Weg ins Tal bahnt. Teils geht es steil bergan, hier müssen wir beim späteren Abstieg aufpassen (Kinder am besten an die Hand nehmen), dass wir auf dem Schotter nicht ins Rutschen kommen. Nach etwa 45 Minuten auf dem Schotterweg weist uns ein **Schild (2)** nach rechts in einen schönen Bergsteig, der uns nach 15 Minuten durch den Wald wieder auf den Schotterweg führt. Wir biegen rechts ein und stehen schon vor dem **Berggasthof Plattenbödeli (3)** mit seinem Spielplatz und einem Eselgehege.

Wenige Meter nach dem Gasthaus zweigt nach links (»Waldabstieg zum Sämtisersee«) ein Pfad ab, der in zehn Minuten durch Wald hinunter an den **Sämtisersee (4)** führt. Am Wasser wenden wir uns nach rechts und wandern nun auf einem kleinen Pfad am Ufer entlang. Dank der vielen Findlinge auf dem Wiesenuntergrund bieten sich hier viele Picknick-

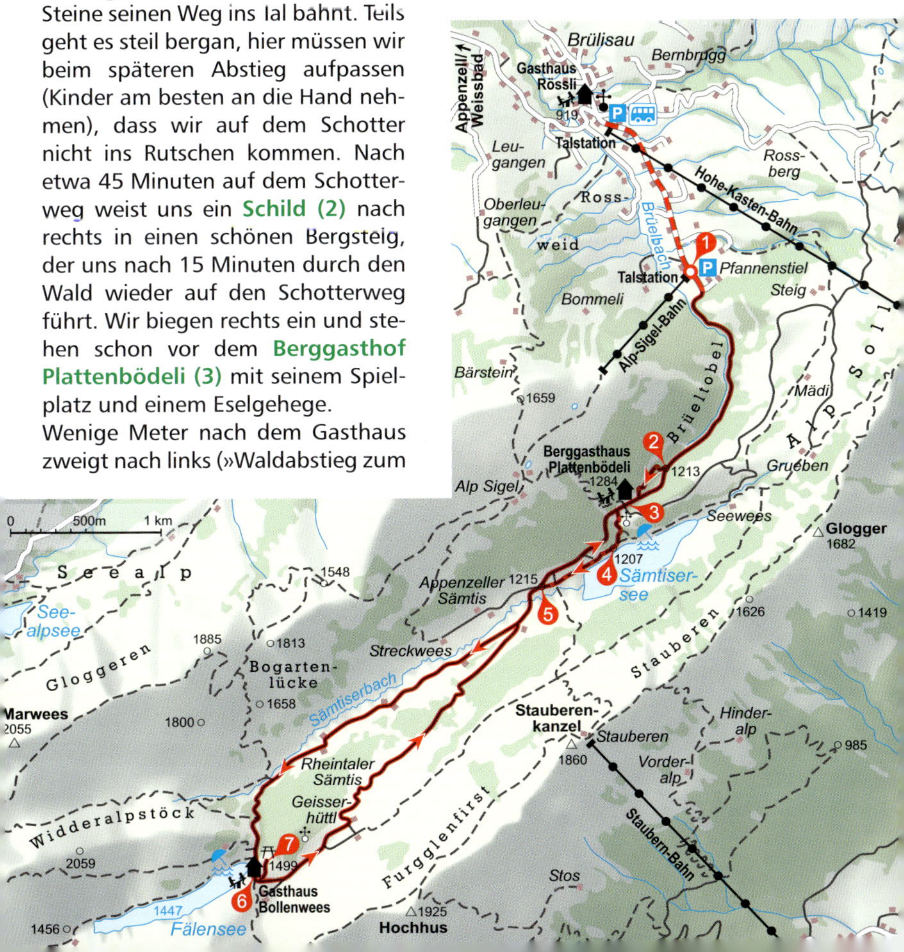

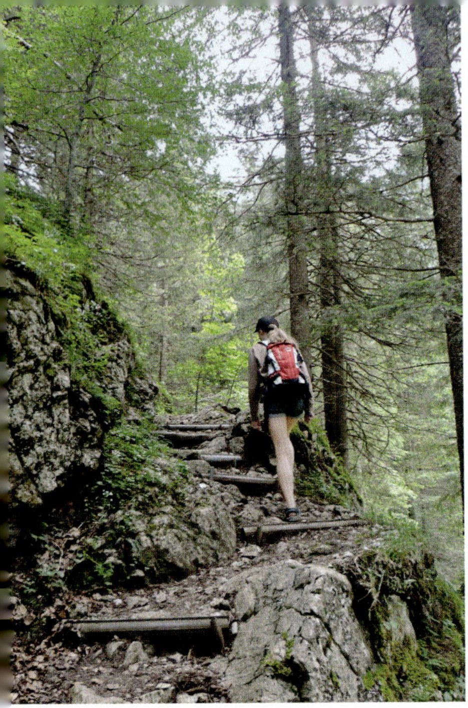

Auf dem Anstieg zum Fälensee.

plätze zu einer Rast an. Wem das eiskalte Wasser des Gebirgssees nichts ausmacht, kann nun eine Runde schwimmen.

Nach der Rast wandern wir weiter am Ufer entlang, stoßen wieder auf den **Kiesweg (5)** und folgen diesem nach links. Wir erreichen eine Weggabelung mit einem Schilderbaum und stellen fest, dass beide Wege zum Gasthaus Bollenwees führen. Wir wählen für den Hinweg den rechten, ebenerdigen Weg, auf dem linken kommen wir auf dem Rückweg wieder hierher. Der gemütliche Almweg führt uns nun malerisch durch ein Almgebiet mit weidenden Kühen und einigen Hütten. Wenn wir uns umdrehen, haben wir einen herrlichen Blick zurück auf den meist blau schimmernden Sämtisersee und den dahinter aufragenden Hohen Kasten. Nach etwa 30 Minuten weist uns ein Schild halb links in

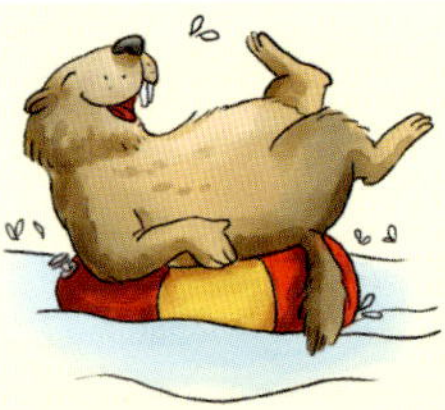

Hallo Kinder,

im Hochsommer dürft ihr bei dieser Tour auf keinen Fall eure Badesachen vergessen, denn gleich zwei Seen laden hier zu einem Sprung ins kühle Nass ein. Der auf 1207 Meter Höhe liegende Sämtisersee wird trotz seiner Tiefe von 70 Metern manchmal sogar über 20 Grad warm, nach langer Trockenheit kann der See allerdings im Sommer fast austrocknen. Der 1447 Meter hoch liegende Fälensee, trocknet nicht aus, erreicht aber durch seine Lage zwischen hoch aufragenden Felswänden im Hochsommer maximal 17 bis 18 Grad. Beide Seen, die, wie man annimmt, in der letzten Eiszeit entstanden sind, haben keinen sichtbaren Abfluss und entwässern über unterirdische Höhlen in das St. Galler Rheintal. Das hat man mit verschiedenen Färbeversuchen nachweisen können. Früher wurden hierzu tatsächlich Farbstoffe, deren Erscheinen man an der Stelle, an der das Wasser wieder austritt (Quelle) sehen konnte, verwendet. Heutzutage werden aber vielfach ungefährliche, unsichtbare Substanzen verwendet, die man dann auf chemischem Wege im Wasser nachweisen kann. Trotzdem spricht man bei dieser oft auch billigeren Variante weiterhin von einem Färbeversuch, obwohl keine eigentliche Färbung mehr erfolgt.

einen Erdpfad, der schnell in den Wald führt und nun bald steil neben einer senkrecht abfallenden Felswand als steiniger Bergsteig aufwärtsführt. Schließlich gehen wir durch einen Zaundurchlass, staunen über den wunderschönen Fälensee mit der nicht bewirtschafteten Fälenalp am anderen Seeende und gehen die paar Meter hinüber zum stattlichen **Gasthaus Bollenwees (6)**, von dessen Sonnenterrasse man einen herrlichen Blick auf den Fälensee hat. Wem die Preise in den Schweizer Berghütten zu gesalzen sind, geht auf dem Weg vor dem Gasthaus vorbei und findet dort rechts Richtung See eine Rastbank, genauso wie wenn man unmittelbar nach dem Gasthaus links – gegenüber dem zwischen natürlichen Steinen eingebetteten Sandkasten – den Pfad hinaufsteigt. Von dort oben hat man von einer **Rastbank (7)** einen schönen Ausblick über den See.

Für den Rückweg halten wir uns nach dem Gasthaus Bollenwees links und wandern den nicht allzu breiten

HIGHLIGHTS

- ★ Wandern im von nah und fern beeindruckenden Alpsteingebirge mit seinen schroffen hoch aufragenden Felswänden.
- ★ Spielplatz und Esel am Gasthaus Plattenbödeli, kleiner Spielplatz (Sandkiste mit Felsen) am Gasthaus Bollenwees.
- ★ Bademöglichkeit im Sämtiser- wie im Fälensee.
- ★ Kühe auf den Weiden mit Schweizer Alpidylle.

Kiesweg über schöne Bergwiesen abwärts, wobei wir uns an einer Verzweigung nach links Richtung »Plattenbödeli, Brülisau« wenden. Nach einer knappen Stunde sind wir wieder fast am Sämtisersee **(5)** angelangt. Dort bleiben wir nun aber auf dem Kiesweg, steigen direkt zum **Gasthaus Plattenbödeli (3)** auf und wandern auf dem Schotterweg, den wir größtenteils schon vom Hinweg kennen (Vorsicht auf dem losen Schotter!) wieder zum **Parkplatz (1)** zurück.

Sandkasten am Gasthaus Bollenwees über dem Fälensee.

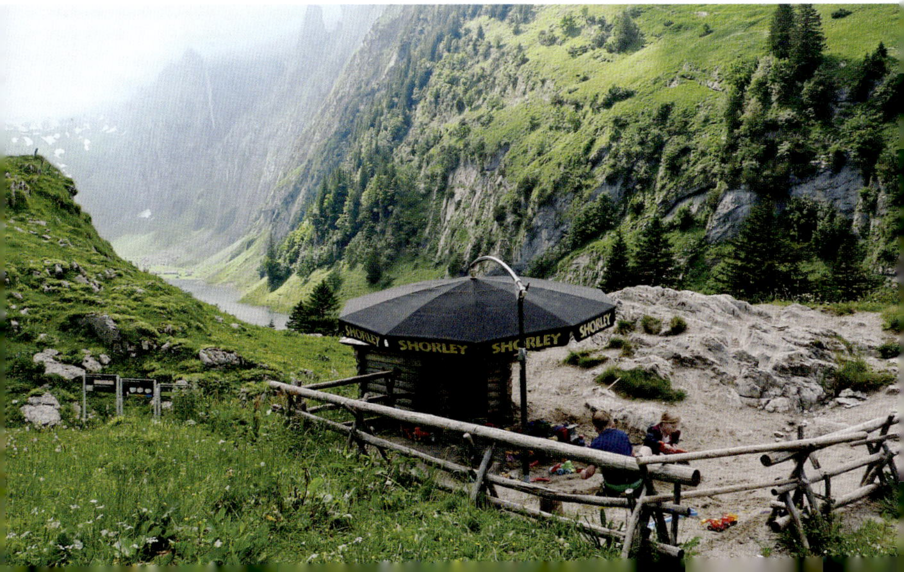

4 Seealpsee, 1142 m

Rundwanderung von Wasserauen **ab 6 J.**

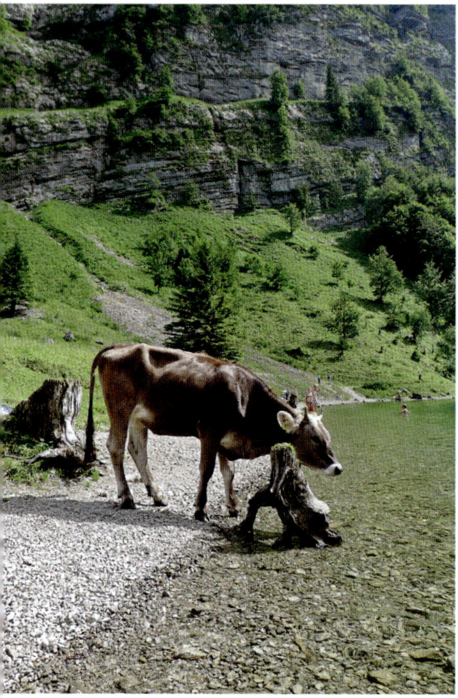

Badespaß mitten im Alpsteingebirge

Ein besonderes Familienhighlight im Alpsteingebirge sollte man auf keinen Fall verpassen: Der Seealpsee ist ein wunderbar zwischen hoch aufragenden Bergwänden eingebetteter Gebirgssee, der sich bestens für einen Badenachmittag eignet (Details siehe Hallo-Kinder-Kasten). Der Aufstieg verläuft überwiegend über kleine Bergpfade weitgehend ohne Absturzgefahr über die idyllisch unter dem Marwees gelegene Klein-Hütten-Alp. Für den Rückweg wählen wir nach der schönen Seeumrundung mit gleich drei Einkehrmöglichkeiten eine abwechselnd gekieste und asphaltierte Almstraße. An einem Brotzeitplatz mit Bachzugang können wir schließlich den schönen Tag ausklingen lassen.

Auch die Kühe schätzen das klare Seewasser.

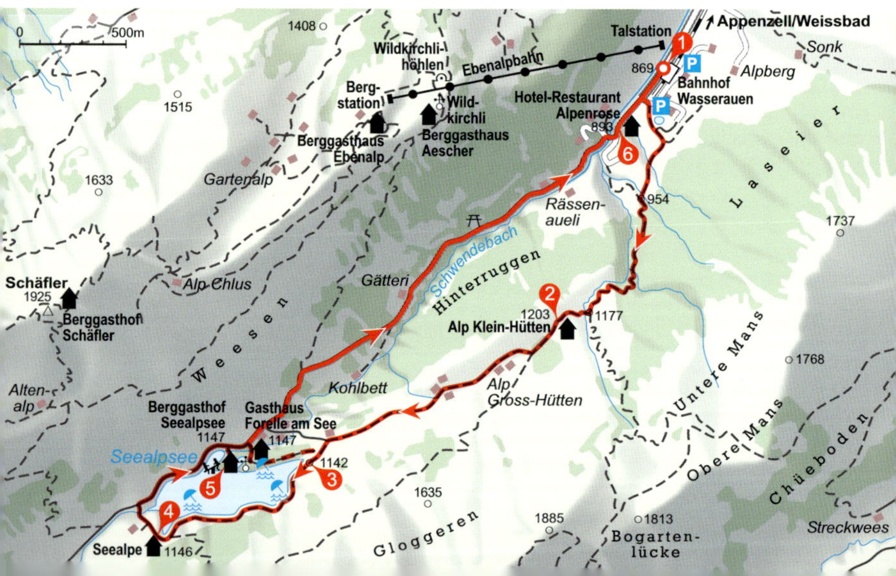

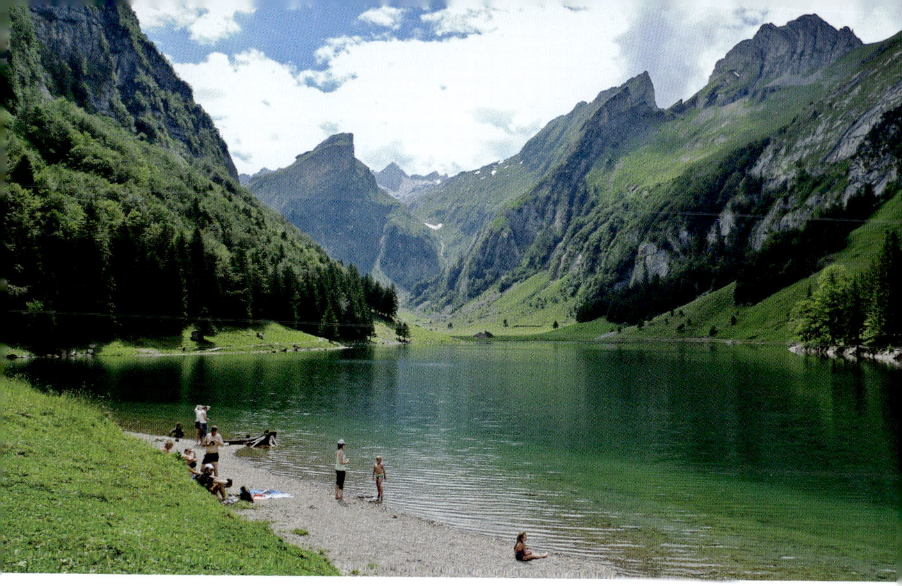

Badevergnügen vor herrlicher Bergkulisse am Seealpsee.

KURZINFO

Ausgangspunkt: Großparkplatz (teilweise gebührenpflichtig) am Bahnhof Wasserauen, 869 m (Navi: CH-9057 Wasserauen, Schwendetalstrasse 82).
Anfahrt: Von Appenzell über Steinegg und Weissbad bis nach Wasserauen.
Mit der Bahn: Mit den Appenzeller Bahnen von Gossau oder St.Gallen bis zur Endstation Wasserauen.
Gehzeit: 3.15 Std.
Distanz: 7,9 km.
Höhenunterschied: 370 m.
Ausrüstung: Gut profilierte Wanderschuhe, Badesachen.
Anforderungen: **Ab 6 Jahren.** Die abwechslungsreiche Wanderung verläuft über kleine Bergpfade, Kieswege und nicht allzu breite Almstraßen weitgehend ohne Absturzgefahr. Für Kinderwagen nicht geeignet.
Einkehr: Alp Klein-Hütten, Seealpe, Berggasthaus Seealpe, Gasthaus »Forelle am See«, Hotel-Restaurant Alpenrose.

Vom **Bahnhof Wasserauen (1)** folgen wir ein kurzes Stück der Asphaltstraße taleinwärts Richtung Seealpsee. Bereits nach etwa 100 m, biegen wir an einem Wegweiser links in eine Asphaltstraße ein, obwohl uns ein Schild zum Seealpsee weiter geradeaus weist. Diese u. a. mit »Alp Sigel LSB« beschilderte, abzweigende Asphaltstraße führt unmittelbar am Ende der Bahngleise vorbei und ist die Zufahrt zu einem kostenpflichtigen Wiesenbehelfsparkplatz. Wenige Meter nach Passieren der Gleisenden zweigen wir halb rechts in einen Pfad ab, der uns wunderschön und leicht ansteigend über

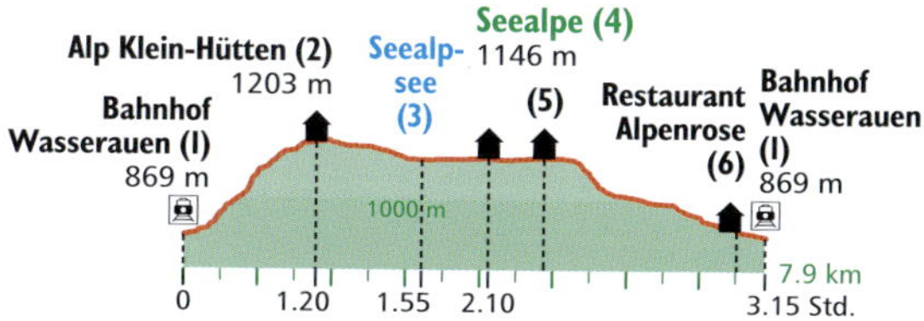

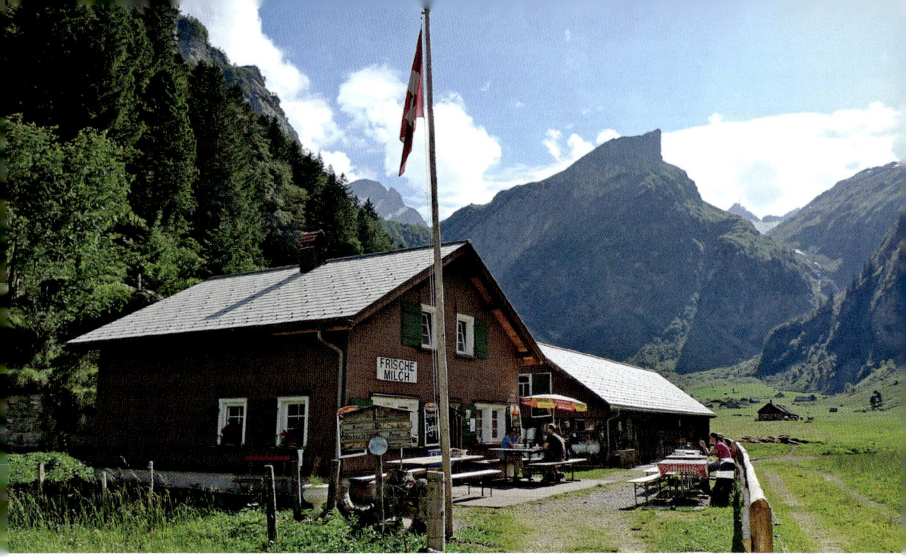

Seealpe vor der markanten Rossmad.

die Wiesen führt. Der nun bald auf einem Schild als »Bergwanderweg« bezeichnete Weg trifft auf einen von unten kommenden Weg. Am Schilderbaum fehlt ein Schild Richtung Seewaldsee, wir biegen links ein und wandern, bald über Stufen, recht steil durch Wald bergan. Nach etwa 25 Minuten treten wir wieder ins Licht und wandern nun über ein schönes Weidegebiet weniger steil ansteigend weiter, mit Blick auf den markanten Marwees mit seinem mit Grasflächen durchsetzen Felsaufbau. Wir erreichen die links neben dem Weg stehende **Alp Klein-Hütten (2)**, hier kann man sich Käse und Milch schmecken lassen. Es geht noch mal kurz durch ein Waldstück, dann haben wir den höchsten Punkt unserer Wanderung erreicht.

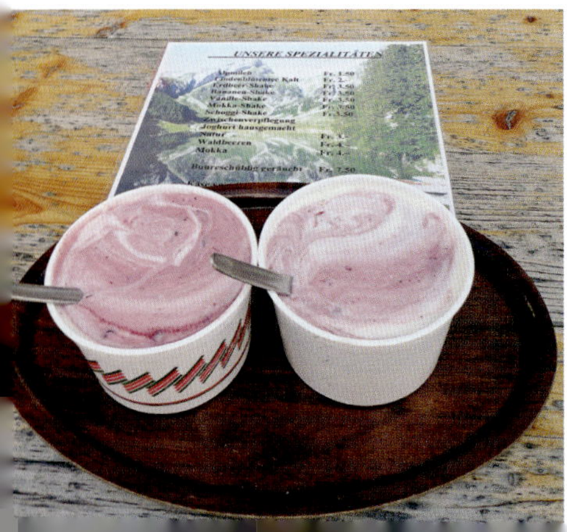

Am nächsten Wegweiser wenden wir uns rechts (»Seealpsee«) und spazieren fünf Minuten später durch eine kleine malerische Ansammlung von Hütten, zwischen denen die Kühe weiden. Kurz darauf sehen wir bereits das Ende des Seealpsees und folgen dem abwärtsführenden Almweg bis kurz oberhalb des Sees. An einem Wegweiser biegen wir links ein (»Seerundweg«) und erreichen nach wenigen Minuten den pittoresken **Seealpsee (3)**, den wir nun im Uhrzeigersinn umrunden. Die Kinder freuen sich über das flach abfallende Wasser im Uferbereich, hier kann man herrlich baden.

Wer es eilig hat, kann nach der Rast ein Stück zurückgehen und unmit-

In der Seealpe gibt es sehr leckeren, selbst gemachten Joghurt.

telbar am Seeende einen unbeschilderten Pfad einschlagen, der einen dann am anderen Seeufer durch Wald etwas oberhalb des Sees – mit der Möglichkeit auf einige schöne Uferfelsen zu klettern und auch dort zu baden – unmittelbar zum Gasthaus »Forelle am See« führt.

Wir wollen aber den See noch größtenteils umrunden, um am anderen Seeende an der bewirtschafteten **Seealpe (4)** vorbeizukommen. Besonders lecker sind hier der selbst hergestellte Joghurt mit Waldbeeren und die Milchshakes. Schließlich wandern wir am **Berggasthof Seealpsee (5)** und am **Gasthaus »Forelle am See«**, vorbei, wo man jeweils schön draußen oberhalb des Sees im Gastgarten sitzen, aber auch ein Ruderboot mieten kann.

Für unseren Rückweg bleiben wir nun auf der Kiesstraße, die bald im Wechsel mit geteerten Abschnitten Richtung Wasserauen hinunterführt.

HIGHLIGHTS

- ★ Herrliche Familienwanderung in der beeindruckenden schweizerischen Bergwelt des Alpstein.
- ★ Baden und Picknicken am Seealpsee mit flach abfallendem Ostufer. Ausleihmöglichkeiten von Ruderbooten gegen Gebühr am Berggasthaus Seealpsee (kleiner Spielplatz, Steckerleis) und am Gasthaus »Forelle am See«.
- ★ Kühe auf den Weiden.
- ★ Einkehrmöglichkeiten in zwei Alpen und drei Gasthäusern.
- ★ Brotzeitplatz mit Bachzugang am Ende der Tour.

Unten kommen wir in der Nähe eines Brotzeitplatzes an den Schwendebach, der die Kinder noch mal zum Spielen am Wasser einlädt. Vorbei am **Hotel-Restaurant Alpenrose (6)** erreichen wir nach etwa 45 Minuten Abstieg schließlich wieder den **Bahnhof Wasserauen (1)**.

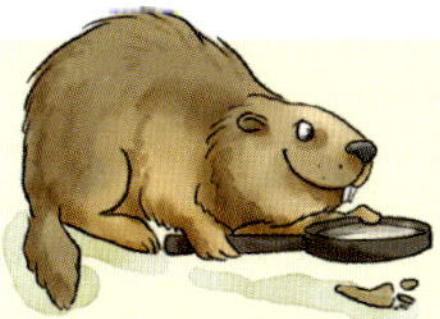

Hallo Kinder,

der nach der angrenzenden Seealpe benannte Seealpsee des Alpsteingebirges liegt auf 1142 Meter Höhe und ist ein perfekter Badesee mit besonders sauberem Wasser und einem flach abfallenden Uferbereich mit richtigen Badestränden an der Ostseite. Auf der Nordseite des maximal 15 Meter tiefen Sees befinden sich einige Felsen, auf denen sich auch immer wieder Badegäste tummeln. Der vermutlich in der letzten Eiszeit entstandene See erreicht im Hochsommer Temperaturen von über 20 Grad. Dann gleicht das Ufer aufgrund der vielen Besucher besonders an Wochenenden teilweise einem Strandbad. In den Jahren 2009 und 2010 verfärbte sich der See jeweils im Juli rot. Dies ist ein erstaunliches Naturphänomen, das nicht etwa bedeutet, dass mit dem Wasser etwas nicht stimmt, sondern im Gegenteil, auf besonders reines Wasser hindeutet. Die Rotfärbung kommt von einer starken Vermehrung einer roten Algenart (Tovellia sanguinea), die besonders gut in sauberen, sauerstoffreichen und nährstoffarmen Kaltwasserseen in Höhenlagen über 1000 Meter gedeiht. Warum dieser Effekt nur in diesen beiden Jahren auftrat, ist bisher noch nicht geklärt.

5 Schäfler, 1925 m

Rundweg von der Bergstation der Ebenalpbahn — ab 8 J.

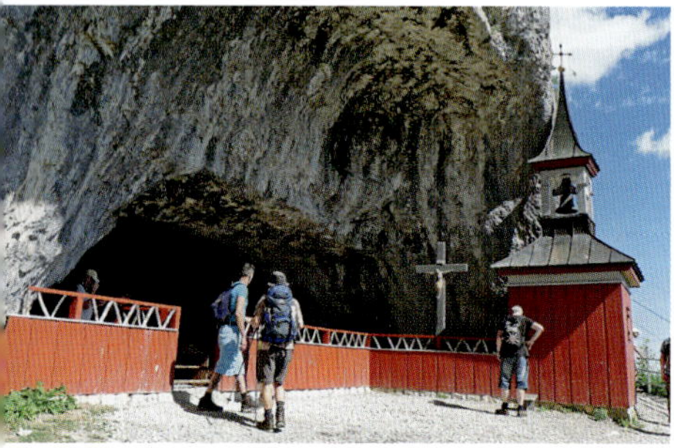

Glockenturm des Wildkirchli.

Zu den Wildkirchlihöhlen und zum Berggasthaus Aescher

Zu den beliebtesten Ausflugszielen in der Ostschweiz zählt die Ebenalp mit ihren etwas unterhalb liegenden, prähistorisch bedeutsamen Wildkirchlihöhlen (siehe Kinderkasten), dem in einer Höhle befindlichen Wildkirchli und dem atemberaubend unter einer Felswand stehenden Berggasthaus Aescher. Die Höhlenkapelle wurde im Jahr 1621 von einem Kapuzinerpater gegründet. Bereits um 1800 begannen die Mönche und Senner auf der Alp Aescher einfache Getränke und Speisen zu verkaufen. Aus der dortigen Alphütte entstand nach und nach das Berggasthaus Aescher, welches zu den ältesten der Schweiz gehört. Für Familien bietet sich nach der Auffahrt mit der Luftseilbahn Wasserauen-Ebenalp eine abwechslungsreiche, nicht allzu schwierige Rundwanderung über die genannten Sehenswürdigkeiten auf den 1924 Meter hohen Schäfler mit seinem darunterliegenden Berggasthaus an. Es empfiehlt sich, erst nur eine Bergfahrt zu kaufen (Talfahrt kann bei Vorzeigen der Bergfahrtkarte ohne Aufpreis gegenüber der Kombikarte Berg- und Tal an der Bergstation dazu erworben werden). So hat man nach der Rundwanderung die freie Wahl, ob man mit der Seilbahn wieder hinunter ins Tal fährt oder auf einem schönen Weg über die Alp Bommen absteigt, wo man feinen Bergkäse kaufen kann.

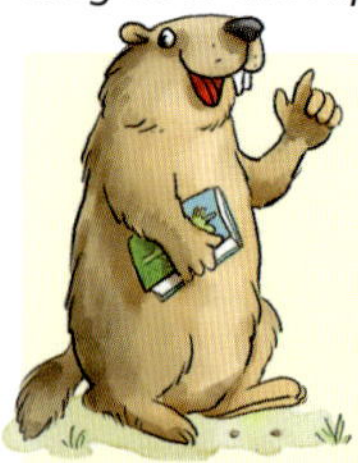

Hallo Kinder,

die Wildkirchlihöhlen, durch die wir heute hindurchwandern, waren schon in der Altsteinzeit (45.000 – 30.000 v. Chr.) bewohnt und zwar vom Neandertaler, einer Seitenlinie des Menschen. Vor etwa 100 Jahren entdeckte man im Bereich der Höhle Steinwerkzeuge, die beweisen, dass die Jäger und Sammler hier tatsächlich lebten. Neben den Werkzeugen fand man Knochen von verschiedensten Tieren wie Steinböcken, Gämsen und Mardern, aber auch von Höhlenlöwen und von mehr als 800 Höhlenbären. Ja, ihr habt richtig gelesen, früher gab es in Europa Höhlenlöwen und Höhlenbären, die aber in der letzten Eiszeit vor etwa 15.000 Jahren ausgestorben sind. Der Vetter des Höhlenbären ist der Braunbär, der auch heute noch in vielen europäischen Ländern durch Wälder und Berge streift.

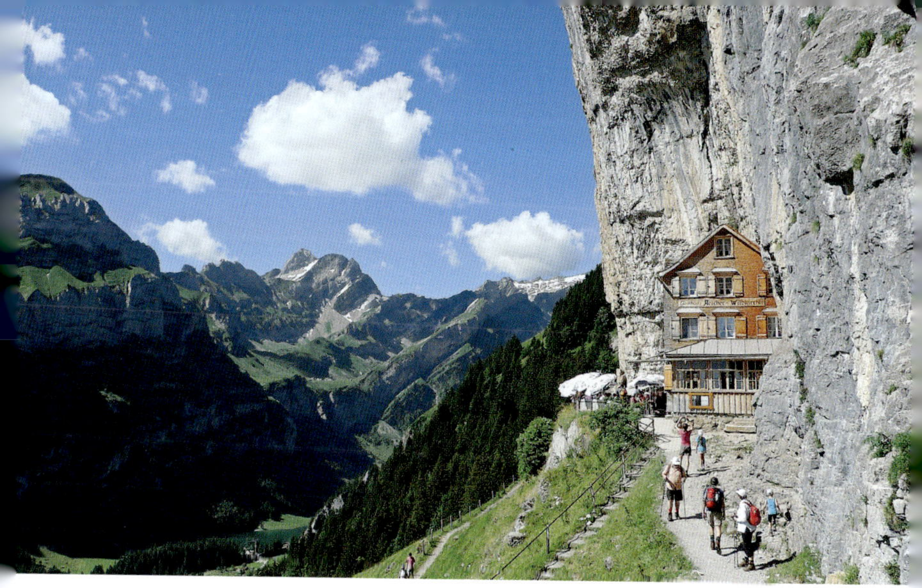

Das Berggasthaus Aescher liegt spektakulär am Fuß einer hundert Meter hohen Felswand. In der Bildmitte ist der Altmann zu sehen.

KURZINFO

Ausgangspunkt: Talstation der Luftseilbahn Wasserauen-Ebenalp, 865 m. In ummittelbarer Nähe befindet sich der Großparkplatz am Bahnhof Wasserauen (Navi: CH-9057 Wasserauen, Schwendetalstrasse 82).

Anfahrt: Von Appenzell über Steinegg und Weissbad bis nach Wasserauen. Die Bergbahn befindet sich rechts der Straße. Mit der Bahn: Mit den Appenzeller Bahnen von Gossau oder St. Gallen zur Endstation Wasserauen.

Gehzeit: 5.00 Std. Bei Abfahrt mit der Ebenalpbahn verkürzt sich die Tour auf 3.15 Std.

Distanz: 9,9 km. Bei Abfahrt mit der Ebenalpbahn 6 km.

Höhenunterschied: 520 m im Aufstieg, 1240 m im Abstieg.

Ausrüstung: Gut profilierte Bergschuhe.

Anforderungen: Ab 8 Jahren. Die Rundwanderung auf den Schäfler verläuft überwiegend auf schmalen Bergpfaden, bei denen es teilweise neben dem Weg steil abwärtsgeht. Trittsicherheit erforderlich. Der Abstieg über die Alp Bommen ist leichter (ab 6 Jahren), im Wald kann es allerdings bei Nässe rutschig sein. Tour nur bei völliger Schneefreiheit begehen (Infos dazu bitte bei der Bergbahn einholen). Für Kinderwagen nicht geeignet.

Bergbahn: Luftseilbahn Wasserauen-Ebenalp (Ebenalpbahn), im Sommerbetrieb von Anfang Mai bis Anfang November mindestens 8–17 Uhr geöffnet, in der Hochsaison von Anfang Juli bis Mitte/Ende August 7.30–19 Uhr (Tel. +41 71 799 1212, www.ebenalp.ch).

Einkehr: Berggasthaus Ebenalp, Berggasthaus Aescher (geöffnet täglich von Anfang Mai bis 1. November), Berggasthaus Schäfler (geöffnet täglich von Juni bis Ende Oktober), Alp Bommen (geöffnet vom 1. Mai bis 1. November).

Variante: Wer nur von der Bergstation über die Alp Bommen absteigen will, geht wie beschrieben zum Berggasthaus Aescher hinunter und folgt dann der Beschilderung nach links zur Alp Bommen. Ab dort wie in der Hauptroute hinunter nach Wasserauen.

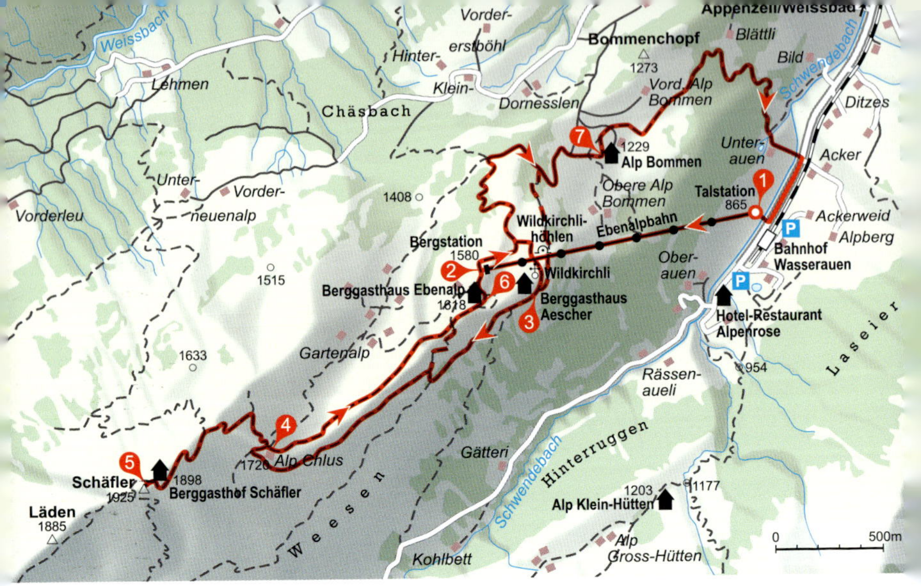

Nach der Auffahrt mit der Großraumkabinenbahn von der **Talstation (1)** in Wasserauen zur **Bergstation (2)** auf der Ebenalp, staunen wir über den schönen Blick, der bei guter Sicht bis zum Bodensee reicht. Wir wenden uns unmittelbar nach Verlassen des Bergbahngebäudes nach rechts (»Wildkirchli«) und wandern auf einem teilweise geteerten Weglein über die Bergweiden in zehn Minuten hinunter zum Höhleneingang der **Wildkirchlihöhlen**. Der nun mit einem Geländer versehene Weg führt uns direkt durch die feuchte und nur spärlich beleuchtete Höhle, an deren Wänden uns interessante Informationen durch Lichtprojektionen vermittelt werden. Der Wanderweg setzt sich am Höhlenende fort und wir kommen schnell zum **Wildkirchli**, einer kleinen Kapelle, die sich in einer weiteren Höhle befindet. Kurz darauf stehen wir bereits am **Berggasthaus Aescher (3)** (hier auch Steckerleis), das sich wunderbar unter einem Felsüberhang an den Fels zu drücken scheint. Von der Terrasse blickt man eindrucksvoll auf den auch im Sommer schneebedeckten Altmann und den tief unter uns schimmernden Seealpsee hinunter. *(Hinweis: Vom Gasthaus führt ein sehr steiler Bergsteig hinunter zum Seealpsee. Dieser darf nach der Beschilderung*

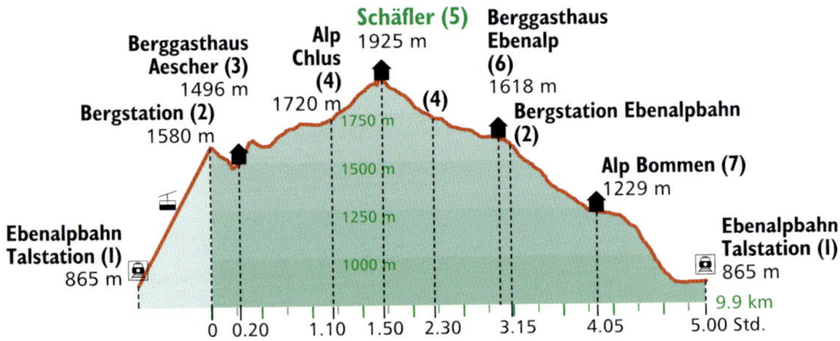

Nach den Wildkirchlihöhlen geht's durch diesen überdachten Steg.

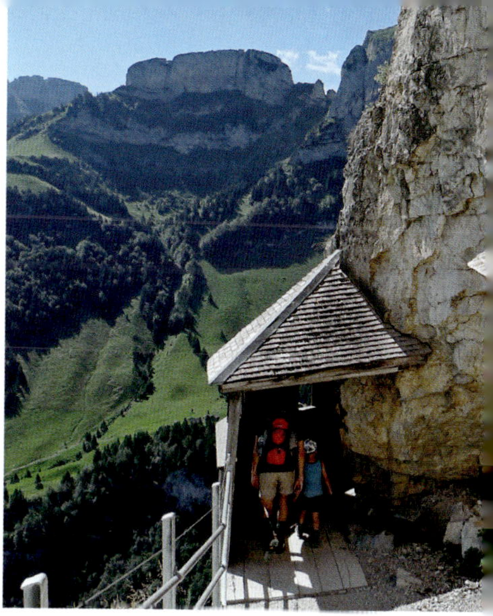

mit Kindern nur begangen werden, wenn diese mit einem Seil – gibt es im Berggasthaus Aescher – gesichert sind.)
Wir gehen nach dem Gasthaus geradeaus weiter und kommen zu einer Wegteilung. Hier schlagen wir den rechten, nach oben führenden Weg ein, kommen an Schafen und Ponys vorbei, die zum Gasthaus gehören, und wandern nun auf einem schmalen Bergsteig unterhalb einer Felswand weiter. Der Weg führt später gestuft durch Wald und zu einem Schilderbaum. Wir folgen dem Wegweiser hier rechts in Richtung Schäfler. *(Hinweis: Wer die Tour stark abkürzen möchte, kann sich hier im spitzen Winkel rechts Richtung Ebenalp halten.)* Auf gutem Bergsteig wandern wir nun eindrucksvoll unter den Wänden des Zisler gemächlich ansteigend weiter. Schließlich dreht der Weg am Ende des Fellsmassivs nach rechts und wir erreichen die unbewirtschaftete **Alp Chlus (4)**. Hier bietet sich eine Rast mit den Kindern auf der Bergweide an (Picknickdecke empfehlenswert), zumal es am Gipfel des Schäfler selbst keine Sitzmöglichkeit gibt – lediglich am kleinen kreuzgeschmückten Vorgipfel steht eine Bank bei meist recht hohem Gras.

Der Bergpfad verläuft eindrucksvoll zwischen den Felsen entlang.

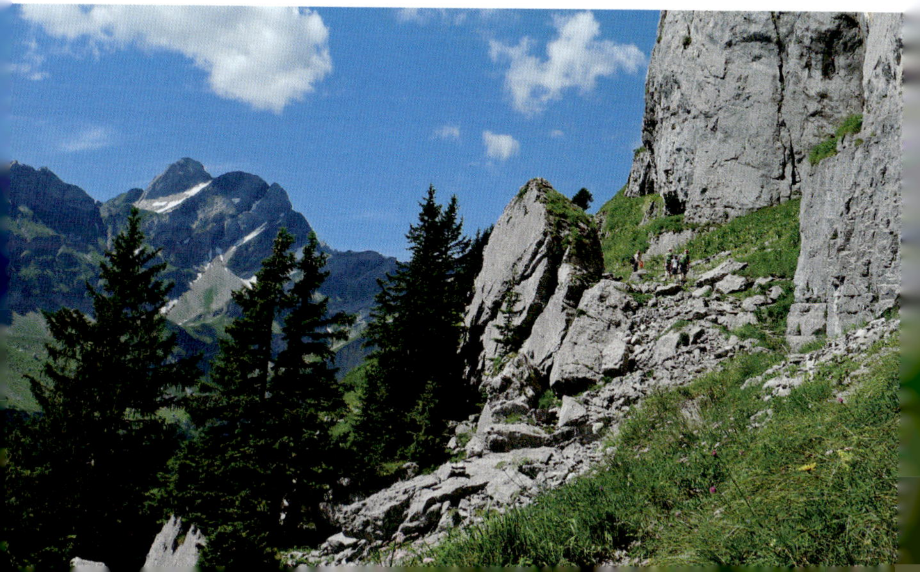

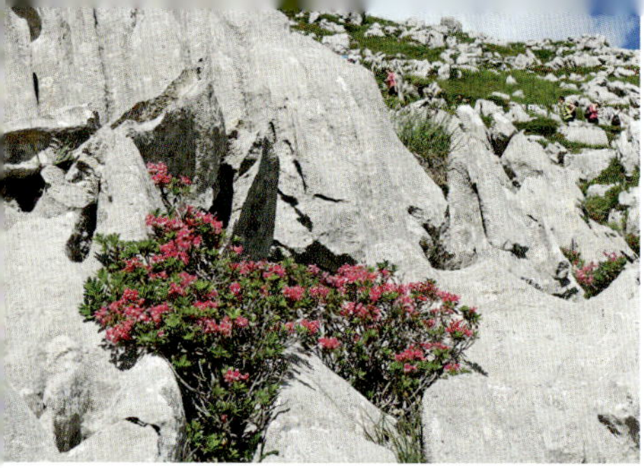

Alpenrosen am Weg zum Gipfel.

Auch von der Alp Chlus könnte man die Wanderung abkürzen und auf dem später beschriebenen Weg gleich zur Ebenalp Bergstation zurückwandern. Wir wollen aber noch hinauf zum bereits sichtbaren **Berggasthof Schäfler**, den wir nach 40 Minuten auf einem guten, steinigen Bergpfad erreichen. Dabei kommen wir auch an einigen Alprosenfeldern vorbei, die hier Mitte/Ende Juli in kräftigem Pink blühen. Der gleich oberhalb des Gasthauses befindliche **Schäfler-Gipfel (5)** ist kreuzlos und wenig spektakulär, bietet aber nicht nur eine fantastische Aussicht auf den nahen Säntis und den Altmann, sondern wartet auch mit einem tollen Rundblick auf.

Vom Gipfel wandern wir auf demselben Weg zurück zur **Alp Chlus (4)** und folgen dort am Schilderbaum dem guten Bergweg nach links Richtung Ebenalp. An einem Sattel stößt von unten der Bergsteig mit den Wanderen zu uns, die die Tour etwa 15 Minuten nach dem Gasthof Aescher (siehe oben) abgekürzt haben. Wir gehen geradeaus weiter und folgen – auch wenn wir nicht einkehren wollen – fünf Minuten später an einer Wegteilung dem Wegweiser zum **Berggasthaus Ebenalp (6)**, das wir über eine aussichtsreiche Wiese, die sich zur Rast anbietet, erreichen. Vom Gasthaus (hier auch Steckerleis) folgen wir dem Wegweiser zur nur wenige Minuten entfernten **Bergstation (2)**.
Haben die Kinder noch Energie, sparen wir uns das Geld für die Talfahrt und schlagen für den Abstieg nach Wasserauen nun wieder den direkt an der Bergbahn beginnenden Weg Richtung Wildkirchli ein, verlassen diesen aber bereits nach wenigen Minuten in der ersten Kehre mit der Beschilderung »Gartenwald, Wasserauen« nach links in einen wunderschönen Wiesenpfad. *(Hinweis:*

Unterwegs vom Schäfler hinunter zur Alp Chlus (unten rechts auf dem Foto).

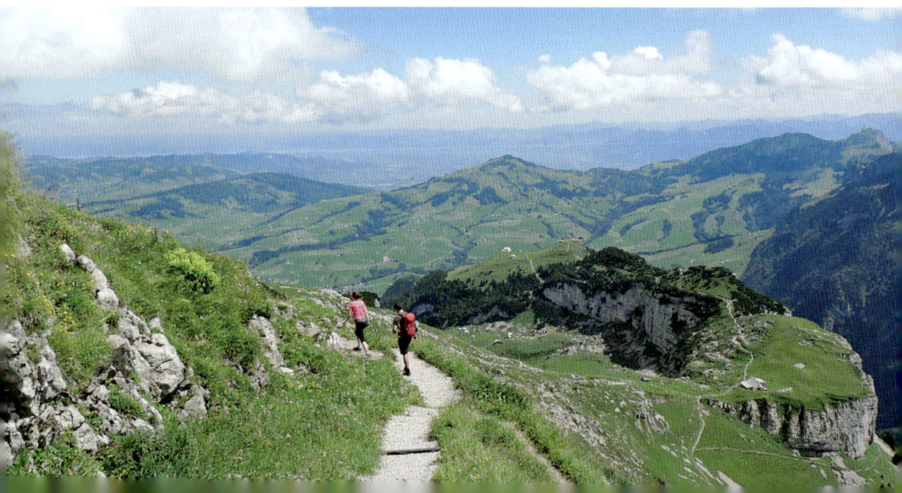

Das Gasthaus Schäfler liegt direkt unterhalb des Gipfels.

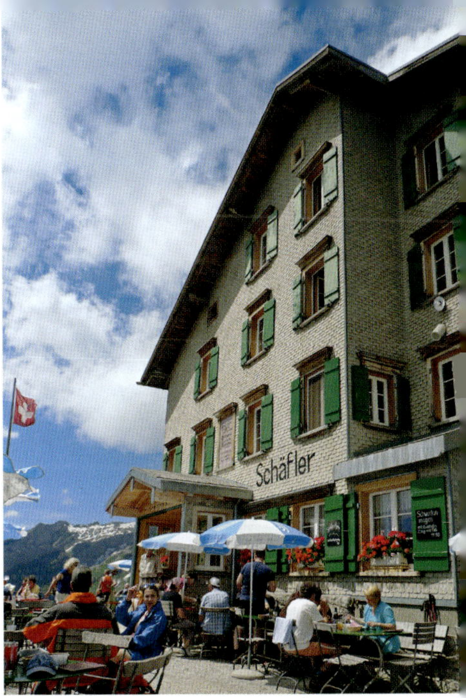

Bitte nicht verunsichern lassen, hier weist die Beschilderung zwar nach unten Richtung Wildkirchli und nach Bommen, wir schlagen aber trotzdem den Weg nach links ein, da dieser zwar etwas länger, aber besonders zu Beginn schöner ist als der ausgeschilderte.) Wir wandern nun ein Stück über die Weide, dann zieht der Pfad nach links und führt als Bergpfad durch den Wald abwärts. An einem Felsen schickt uns ein Pfeil nach links zu einem Schilderbaum, hier wenden wir uns rechts (»Bommen 15 Min.«) und wandern die nächsten zehn Minuten auf einem zunehmend steiler und breiter werdenden mitunter unbequemen Wirtschaftsweg – vorbei an der Einmündung des vom Wildkirchli kommenden Weges – bis zum Hinweisschild der Alp Bommen. Wir wenden uns rechts (»Wasserauen«) und spazieren ein kurzes Stück über einen Wiesenweg zwischen zwei Weiden entlang. Ein Wegweiser leitet uns nach links – geradeaus könnten wir einen Schlenker zur **Alp Bommen (7)** machen und dort einkehren und vor allem etwas von dem vorzüglichen Höhlenkäse probieren und mitnehmen.
Ein Weg führt von der Alp wieder auf den Wanderweg. Nun lässt die Beschilderung etwas zu wünschen übrig. Wir halten uns rechts und wandern auf einem Wiesenweg auf den Hohen Kasten mit seiner großen Antenne zu. Der Weg zieht ein paar Minuten später nach links in den Wald und führt uns auf einem guten Bergpfad in 45 Minuten wieder zu unserem Ausgangspunkt an der **Talstation (1)** der Luftseilbahn in Wasserauen zurück.

HIGHLIGHTS

- ★ Landschaftlich reizvolle und abwechslungsreiche Wanderung auf kleinen Wegen und Bergpfaden mit schönem Ausblick auf den Seealpsee und mehreren Einkehrmöglichkeiten (Steckerleis im Berggasthof Ebenalp und Gasthaus Aescher).
- ★ Auffahrt mit der Luftseilbahn Wasserauen-Ebenalp.
- ★ Der Wanderweg führt gleich zu Beginn direkt durch die Wildkirchlihöhlen. Kurz darauf kommen wir am Wildkirchli und dem spektakulär unter einer Felswand erbauten Gasthaus Aescher vorbei.
- ★ Besonders im Spätfrühling und Frühsommer sieht man unterwegs viele Alpenblumen (z. B. Alpenrosen zwischen den hellen Steinen unterhalb des Schäfler).
- ★ Schafe und Ponys am Gasthaus Aescher und Kühe auf der Weide.
- ★ Auf der Alp Bommen kann man leckeren Bergkäse kaufen.

6 Gäbris, 1243 m

Rundwanderung vom Ortszentrum von Gais

ab 7 J.

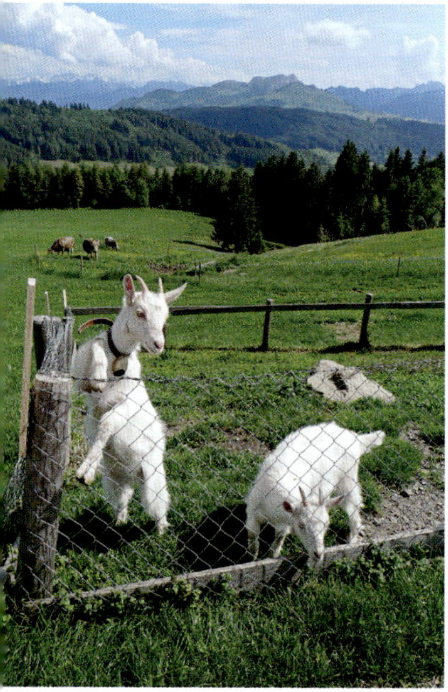

Ziege Laura zeigt uns ihre Lieblingsplätze

Die Rundwanderung auf dem Gäbris ist bestens für einen Familienausflug geeignet. Herrliche Wiesenwege laden besonders im Aufstieg zum Barfußwandern ein. Oben erwartet uns ein toller Blick auf das Alpsteingebirge, ein malerischer Weiher bietet einen großartigen Rastplatz und gleich drei Berggasthäuser verköstigen unterwegs die Wanderer. Auf die Kinder wartet zudem ein schöner Spielplatz am Gasthaus »Unterer Gäbris«. Die Route verläuft entlang des Meteo-Wanderweges mit Schautafeln zum Wetter und des neu angelegten Erlebnisweges »Lauras Lieblingsplätze« mit sechs teils interaktiven Hüttli (z. B. Schaukel-, Glocken-, Werk- und Malhüttli), auf dem uns die Ziege Laura ihre schönsten Orte auf dem Gäbris zeigt.

Ziegen am Gasthaus »Unterer Gäbris«.

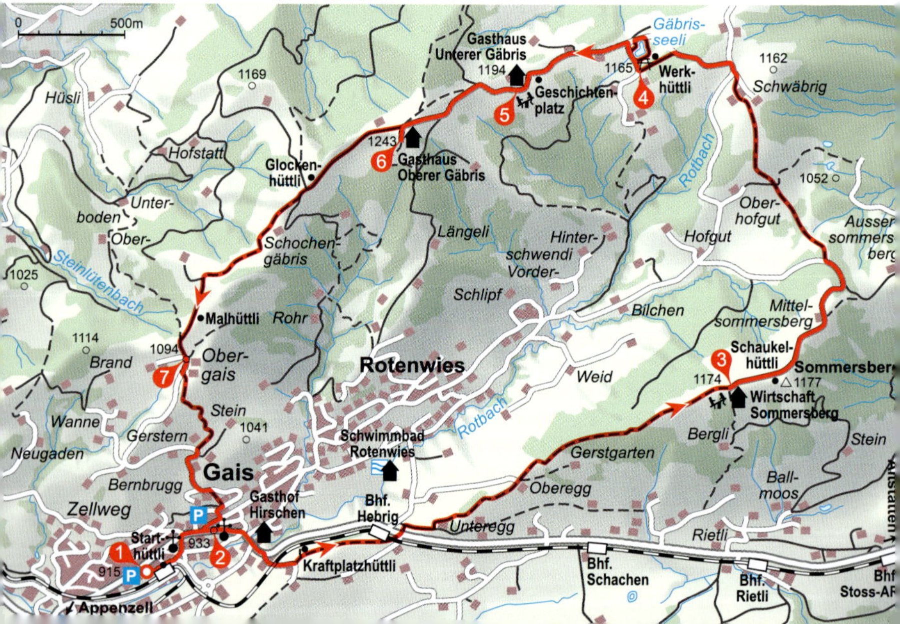

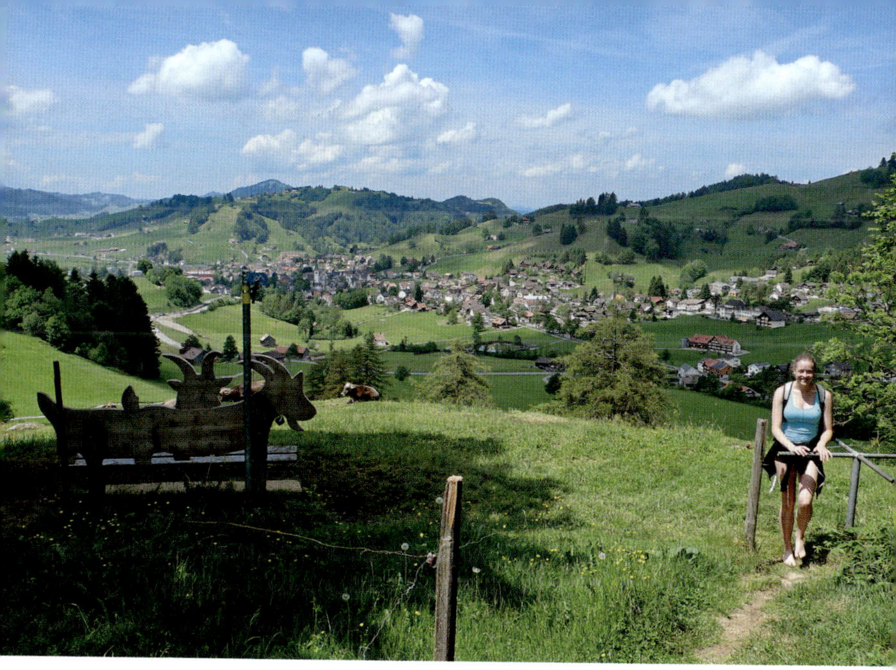

Bilderbuchlandschaft beim Aufstieg über den Sommersberg.

KURZINFO

Ausgangspunkt: Parkplätze am Dorfplatz Gais, 933 m (Navi: CH-9056 Gais, Dorfplatz 8), oder am Bahnhof Gais, 915 m (Navi: CH-9056 Gais, Bahnhofplatz 88).
Anfahrt: Vom Westen Altstättens über die Stossstrasse direkt zum Dorfplatz in Gais, geradeaus weiter und nach 250 m links zum Bahnhof in Gais.
Mit der Bahn: Mit den Appenzeller Bahnen von St. Gallen oder Altstätten nach Gais.
Gehzeit: 4.00 Std.
Distanz: 10,4 km.
Höhenunterschied: 440 m.
Ausrüstung: Gut profilierte Wanderschuhe, eventuell Badesachen für Schwimmbadbesuch nach der Tour.
Anforderungen: Ab 7 Jahren. Wanderung ohne Absturzgefahr auf Asphalt- und Kieswegen, aber auch besonders im Aufstieg über längere Strecken auf barfußtauglichen Wiesen- und Waldpfaden. Für Kinderwagen nicht geeignet.
Einkehr: Wirtschaft Sommersberg (Mo. und Di. Ruhetag), Gasthaus »Unterer Gäbris« (Mi. Ruhetag), Gasthaus »Obererer Gäbris« (Di. Ruhetag) sowie Einkehrmöglichkeiten in Gais.

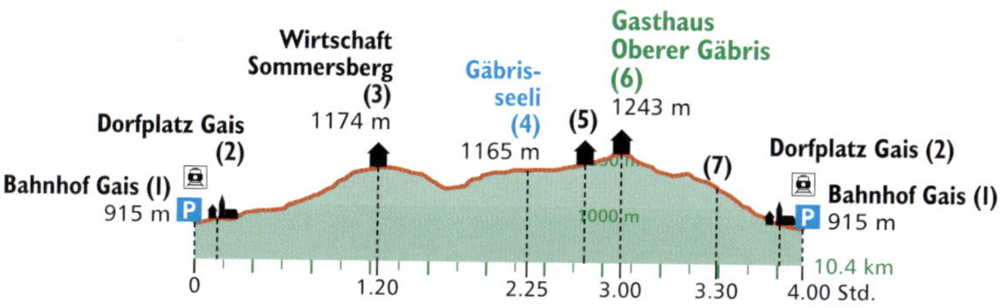

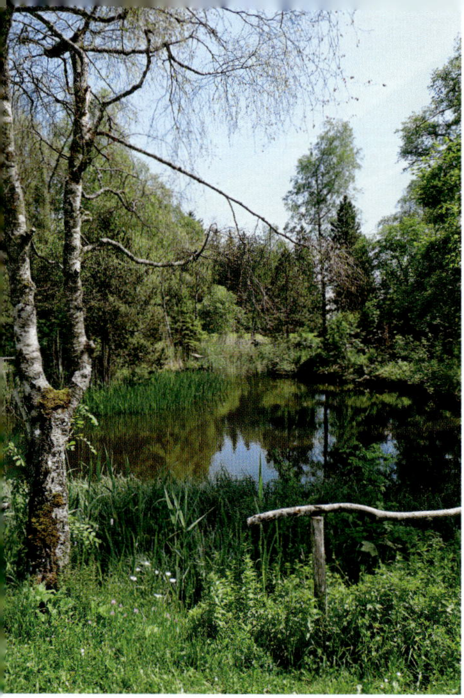

Das malerische Gäbrisseeli lädt zu einer Umrundung ein.

Vom Parkplatz am **Bahnhof Gais (1)**, gehen wir Richtung Bahnhofsgebäude, entdecken das Starthüttli von Lauras Lieblingsplätzen und gehen geradeaus weiter bis zur Schulhausstrasse, in die wir links einbiegen. Kurz darauf stoßen wir auf die Langgasse, biegen rechts ein und erreichen schnell den **Dorfplatz (2)**. Wir folgen der Langgasse weiter auf dem Fußweg auf der rechten Straßenseite und kommen kurz darauf an der Kirche vorbei. Nach etwa 200 m – kurz nach dem auf der anderen Straßenseite liegenden Gasthof Hirschen – biegen wir rechts in das Sträßchen »Buchen« ein, passieren bald einen Bahnübergang, halten uns an der nächsten Verzweigung links (Beschilderung fortan »Sommersberg«, »Meteo-Wanderweg« und »Lauras Lieblingsweg«) und wandern nun an der kurz darauf folgenden Verzweigung geradeaus ansteigend auf einem barfußtauglichen Wiesenweg auf eine Baumgruppe zu. Es dauert nicht lange und wir treffen auf eine erste (weitere werden folgen) Holzbank mit zwei Ziegen als Rückenlehne. Eines dieser Tiere trägt sogar eine richtige Glocke um den Hals. Weiter geht es fast ebenerdig über einen reinen Wiesenweg und wir erreichen schnell das zweite Hüttli (»Kraftplatz«) von Lauras-Lieblingsplätze-Weg, in dem uns die Ziege bebilderte Yoga-Anleitungen zum Nachmachen gibt.

Der Weg führt weiter über Gras und zuletzt über Asphalt direkt in den Bahnhof Hebrig, wobei wir auch an einer ersten Schautafel des Meteo-Wanderweges vorbeikommen, der

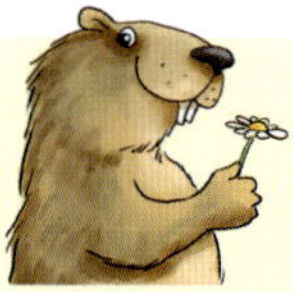

Hallo Kinder,

das 1165 Meter hoch gelegene Gäbrisseeli mit seinen drei kleinen Inseln ist kein natürlich entstandener See. Er wurde von einem Bauern auf seinem Land angestaut und mit vielen Bäumen und teilweise geschützten Pflanzen versehen. Dann fehlte nur noch ein Rundweg um den Weiher mit Holzbrücken und Sitzbänken – fertig war ein toller Platz, an dem ihr unbedingt eine Rast einlegen und einmal rundherum gehen müsst. Ende Mai/Anfang Juni kann man hier meist mehrere Entenfamilien mit ihren hintendrein schwimmenden Küken bestaunen.

Gais mit Trogen verbindet. Wir überqueren die Gleise, steigen auf der anderen Seite die Treppenstufen hinauf und wenden uns rechts in die kleine Asphaltstraße. An der nächsten Verzweigung ist der Sommersberg rechts und links ausgeschildert, wir schlagen hier den wesentlich schöneren linken Weg ein, der uns bald über weiche Wiesenwege, bald durch Wald, in dem die Vögel uns mit ihrem Gezwitscher begleiten, in einer guten halben Stunde hinauf zum Sommersberg führt. Ein herrlicher, ebenerdiger Wiesenpfad nimmt uns hier auf, und wer Glück hat, findet Platz auf der in der Mitte der Wiese stehenden Rastbank mit herrlichem Blick auf die Schweizer Berge mit den rechts liegenden, auch im Sommer noch teilweise mit Schnee bedeckten Gipfeln des Altmann und Säntis. Fünf Minuten später stehen wir bereits vor der **Wirtschaft Sommersberg (3)** mit einem Trampolin und dem etwas in die Jahre gekommenen Spielplatz. Um einzukehren, müssen wir uns hier auf die Rückseite des alten Gebäudes begeben.
300 m später kommen wir am »Schaukelhüttli« vorbei und folgen nun etwa 15 Minuten dem Kiesweg gemütlich abwärts, bis uns die Beschilderung »Gäbris, Lauras Lieblingsplätze, Meteo-Wanderweg« nach rechts abwärts weist. Erst noch auf Kies, dann über Wiesen und durch ein kleines Moor, schließlich wieder ansteigend über einen herrlichen Wiesenpfad kommen wir zu einer Rastbank und weiter ansteigend nach Schwäbrig. Hier gehen wir nach dem Pavillon geradeaus, kommen über einen Wiesenpfad auf eine Straße, biegen links und unmit-

Entenfamilie beim Sonnenbad am Gäbrisseeli.

HIGHLIGHTS

- ★ Landschaftlich sehr schöne Rundwanderung mit zum Barfußwandern einladenden Wegen, tollem Bergblick auf Säntis und Altmann und dem kleinen idyllischen Weiher Gäbrisseeli mit Enten und vielen seltenen Pflanzen.
- ★ Die Route verläuft entlang des Erlebnisweges »Lauras Lieblingsplätze« mit sechs teils interaktiven Hüttli (z. B. Schaukel-, Glocken-Werk- und Malhüttli) und dem Meteo-Wanderweg mit Schautafeln zum Wetter.
- ★ Einkehrmöglichkeit in drei Berggasthöfen. Ziegen und ein besonders schöner Spielplatz mit Trampolin und kleinem Karussell warten am Gasthof »Unterer Gäbris« (hier auch Eis) auf die Kinder.
- ★ Kühe auf der Weide.
- ★ Nach der Tour: Besuch des kleinen Schwimmbades Rotenwies in Gais. Geöffnet Anfang/Mitte Mai bis Mitte September 9–19 Uhr (Juni – August bis 20 Uhr). Mit 25-m-Becken (inklusive 1-m-Sprungbrett), Nichtschwimmerbereich mit kleiner Rutsche, Planschbecken, Liegewiese, Restaurant und Kiosk. Gäste dürfen den Gasgrill sowie die Sonnenschirme gratis benützen. Für die Kleinsten gibt es einen Sandkasten und eine Kinderschaukel (Gäbrisstrasse, Tel. +41 71 793 1545).

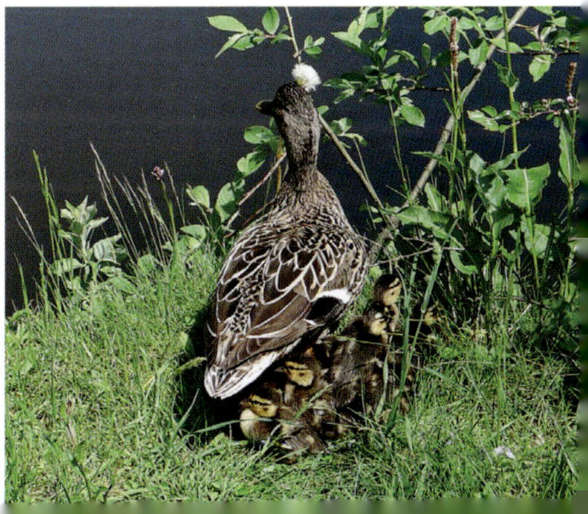

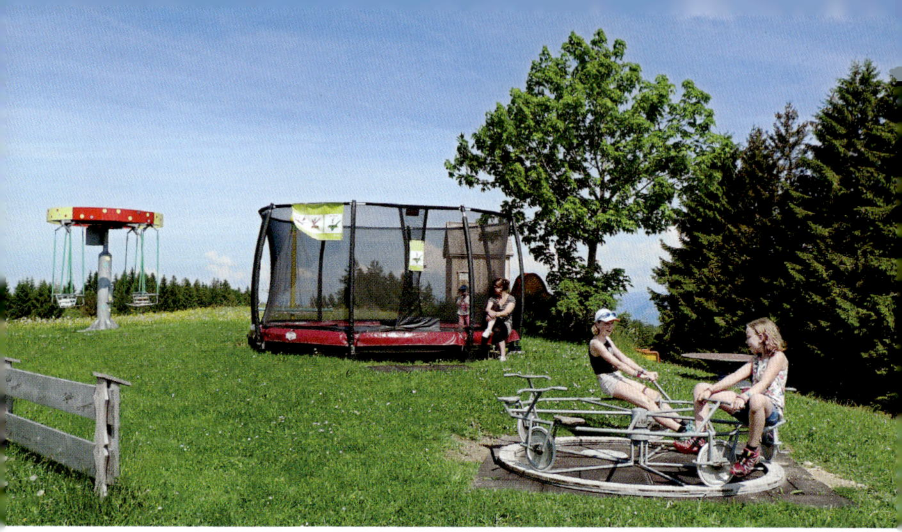

Weitläufiger Spielplatz am Gasthaus »Unterer Gäbris«.

telbar darauf rechts ein und schwenken in die nächste Straße nach links. Nach etwa 500 m weist uns ein Wegweiser nach links in einen Kiesweg und wir erreichen kurz darauf einen Grillplatz mit dem »Werkhüttli«, in dem Schnitzereien zu sehen sind und Kinder selbst etwas schnitzen dürfen. Unmittelbar nach dem Grillplatz biegen wir rechts ein und kommen zum kleinen **Gäbrisseeli (4)**, den wir unbedingt in zehn Minuten umrunden sollten (siehe Hallo-Kinder-Kasten).

Nach dem See wenden wir uns nach links und wandern auf einem Asphaltsträßchen hinauf zum **Gasthaus »Unterer Gäbris« (5)** mit einem schönen Spielplatz, einem Ziegengehege und einer perfekten Aussicht auf die Berge. Die Hofkatze freut sich hier über Streicheleinheiten. An der etwas versteckt liegenden Spielplatzrutsche steht ein weiteres Hüttli, hier kann man sich von Laura Geschichten erzählen lassen.

Wir folgen der Straße weiter aufwärts und erreichen nach zehn Minuten den Abzweig zum 50 m entfernten **Gasthaus »Oberer Gäbris« (6)**, einem weiteren fantastischen Aussichtsbalkon.

Um auf Lauras-Lieblingsplätze-Weg zu bleiben, folgen wir hier dem Wegweiser geradeaus (Achtung, der Meteo-Wanderweg zweigt hier rechts ab!) und treffen bald schon auf zwei »Glockenhüttli« mit je sechs Geißen-Glöckchen. Diese können über ein Seil im jeweils anderen Hüttli zum Klingen gebracht werden. Wenig später verlassen wir den breiten Weg geradeaus gehend in einen schönen Wiesenpfad. Schließlich erreichen wir mit dem »Malhüttli« die letzte Station des Erlebnisweges. In **Obergais (7)** biegen wir links in einen kleinen Wiesenweg ab, der die Asphaltstraße abkürzt. Wir stoßen wieder auf die Fahrstraße und wandern auf dieser, fast unten noch einmal rechts über einen Weg abkürzend, hinunter zum **Dorfplatz (2)** von Gais, wo man noch in verschiedenen Gasthäusern einkehren kann. Zurück zum **Bahnhof (1)** gelangen wir auf dem bekannten Weg.

Kaienspitz, 1121 m

Vom Skiparkplatz Kaien bei Grub (AR)

ab 6 J.

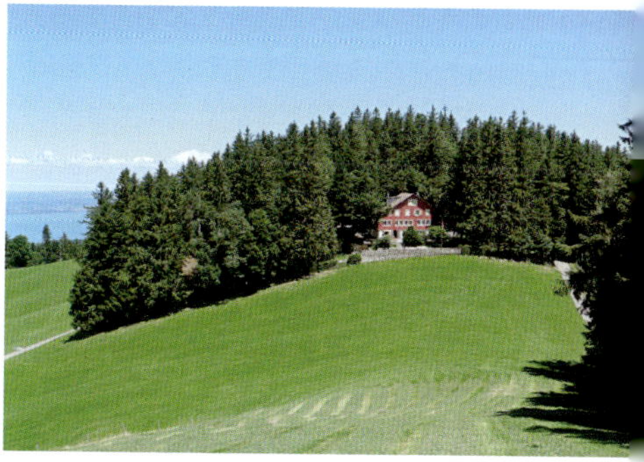

Naturfreundehaus Kaien.

Bodenseeblick und Barfußwiesen
Das Appenzeller Vorland bietet mit der Begehung des Kaienspitz über das am Wochenende bewirtschaftete Naturfreundehaus Kaien (Spielplatz) eine nicht allzu anstrengende Rundwanderung ohne Absturzgefahr mit einem fantastischen Blick auf den Bodensee und die Ostschweizer Berge. Entgegen seiner Bezeichnung erwartet uns oben allerdings keine Spitze, sondern eine große Wiesenfläche mit einem Grillplatz. Leider verläuft die Wanderung die erste halbe Stunde auf einer asphaltierten Straße, bevor uns dann ein schöner Wiesenpfad aufnimmt und in den Wald führt. Wer das Barfußwandern einmal ausprobieren will, kann dies besonders gut auf dem Schlussanstieg und dem Rückweg erproben. Der Hinweg durch den Wald ist hierzu nicht geeignet, da dort regelmäßig von der Gemeinde die stacheligen Brombeerranken am Wegrand gemäht werden, die dann auf dem Boden liegen bleiben.

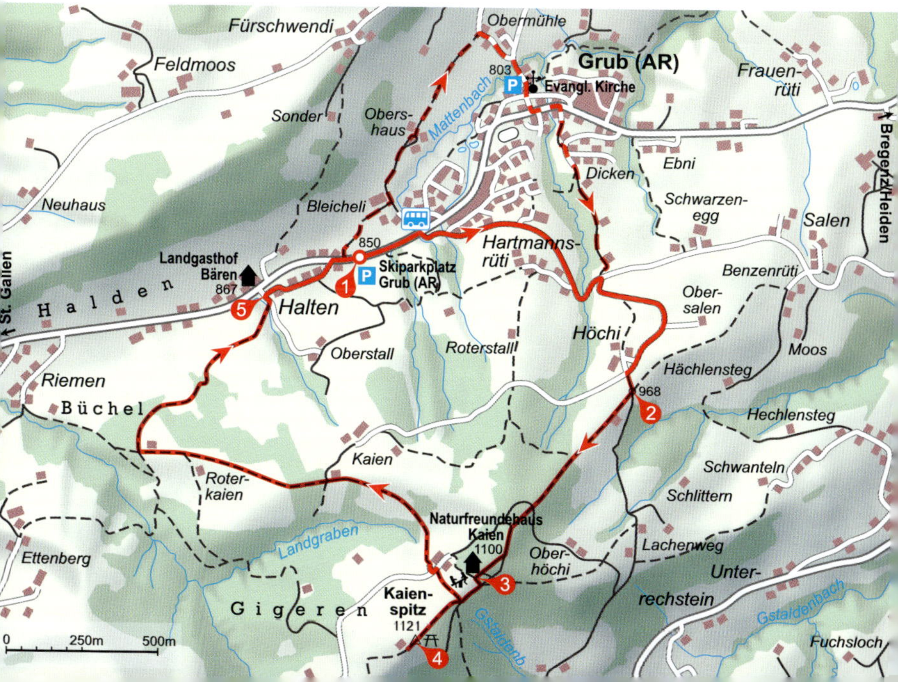

KURZINFO

Ausgangspunkt: Skiparkplatz Kaien in Grub (AR), 850 m (Navi: Ch-9035 Grub (AR), Unterlenden 320). Hinweis: Der Ort Grub ist zweigeteilt. Der reformierte Teil Grub (AR) gehört zum Kanton Appenzell Ausserrhoden, der durch einen Bach abgetrennte Ortsteil Grub (SG) wird vom Kanton St. Gallen verwaltet.
Anfahrt: Von Bregenz über Hard und Fußach zum Schweizer Grenzübergang St. Margrethen und weiter auf der Straße 7 bis Rheineck. Dort links in die Appenzellerstrasse und über Heiden nach Grub (AR). Im Ort geradeausfahrend der Beschilderung zum Skilift Kaien folgen und ca. 1 km nach der Kirche links zum direkt an der Straße gelegenen Parkplatz. Mit Bahn und Bus: Vom Bahnhof St. Gallen mit Bus 120 bis Haltestelle Krähtobel.
Gehzeit: 2.20 Std.
Distanz: 5,4 km.
Höhenunterschied: 280 m.
Ausrüstung: Gut profilierte Wanderschuhe.
Anforderungen: Ab 6 Jahren. Die Wanderung ohne Absturzgefahr führt über kleine Asphaltstraßen, Kieswege und Waldpfade aufwärts, der Rückweg verläuft überwiegend auf barfußgeeigneten Wiesenpfaden. Für Kinderwagen nicht geeignet.
Einkehr: Naturfreundehaus Kaien (geöffnet von Samstagmittag bis So. 17 Uhr) und Gasthaus Bären (Mo. und Di. Ruhetag, auch feiertags; gehobene Preisklasse).

HIGHLIGHTS

- ★ Rundwanderung mit herrlichem Blick auf den Bodensee und auf die Berge der Ostschweiz. Schöne Einkehrmöglichkeit am Wochenende im Naturfreundehaus Kaien (Eis, Spielplatz mit Rutsche, Wippe und Schaukeln).
- ★ Barfußwandermöglichkeit auf dem Rückweg.
- ★ Grillplatz am Kaienspitz.
- ★ Kühe auf der Weide.

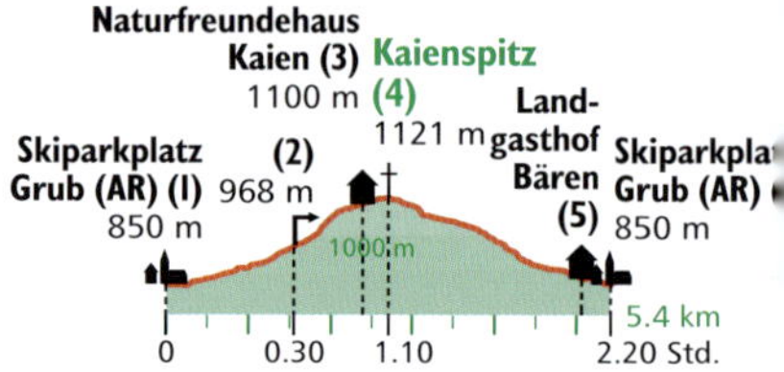

Variante: Wer etwas weniger auf Asphalt wandern und eine etwas größere Runde (insgesamt 6,7 km, zusätzlich 30 Min.) machen möchte, kann am kleinen Parkplatz (nur 5–6 Parkplätze inklusive der Parkmöglichkeit neben dem Schuppen unterhalb; Navi: CH-9035 Grub, Dorf 69) gegenüber der Kirche in Grub (AR) mit ihrem spitzen Kirchturm parken. Vom Parkplatz geht man die Straße rechts hinauf zur Kreuzung, überquert diese erst links, dann unmittelbar danach rechts jeweils am Zebrastreifen und wandert links weiter. Kurz nach dem großen Lebensmittelladen weist uns ein Schild nach rechts (»Kaien«). Der erst asphaltierte Weg wird zum Karrenweg mit Wiesenmittelstreifen und führt auf eine Asphaltstraße. Hier rechts und ca. 20 m später geradeaus in einen bergan führenden Kiesweg, der uns auf eine Asphaltstraße führt. Hier treffen wir auf die Wanderer der Hauptroute und folgen am Schilderbaum dem Wegweiser bergauf Richtung Kaien. Weiter wie in der Hauptroute beschrieben hinauf zum Kaienspitz und hinunter zum Parkplatz des Skilifts Kaien. Auf der Höhe des Parkplatzschildes führt vom Gehweg ein mit »Wanderweg« beschilderter Pfad nach links und kurz darauf rechts auf ein Haus zu, an dem wir links durch den offenen Garten (Wanderwegbeschilderung am Haus) vorbeiwandern. Wenige Minuten später trifft unser Karrenweg auf einen Kiesweg. Wir biegen links ein, kurz darauf dreht der Weg nach rechts. Kurz vor einem Gehöft wählen wir den linken Weg, gehen aber sogleich rechts am Haus vorbei und folgen dem Schild »Grub SG« über einen Wiesenweg bis zu einem Asphaltweg. Hier rechts und an der Hauptstraße rechts hinauf zum Parkplatz an der Kirche in Grub (AR).

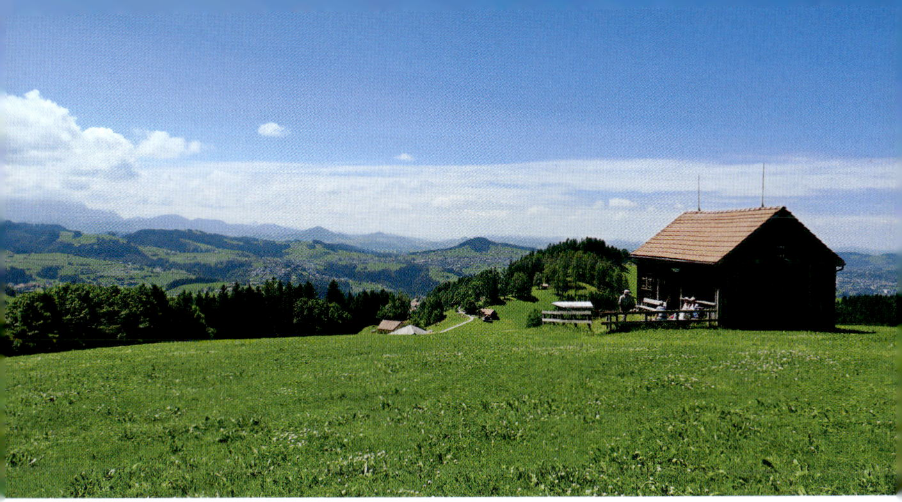

Der Kaienspitz bietet eine tolle Aussicht in die Berge und auf den Bodensee.

Vom **Parkplatz (1)** des Skilifts Grub–Kaien überqueren wir die Straße, wenden uns rechts und wandern auf dem Gehweg neben der Straße Richtung Ortsmitte von Grub (AR). Nach etwa 200 m biegen wir an der Bushaltestelle »Krähtobel« rechts in die mit dem Schild »Hartmannsrüti, Schwarzenegg« versehene Bergstraße ein, der wir nun aufwärtsfolgen. Nach 20 Minuten wenden wir uns an einem Schilderbaum rechts (»Kaien«) und wandern weiter auf Asphalt aufwärts. An einem abzweigenden Weg verweist uns ein Schild (»Wanderweg«) weiter auf die Straße, fünf Minuten später biegen wir dann links in einen gekiesten Weg ein. Nach 100 m erreichen wir einen **Schilderbaum (2)**, an dem wir nun rechts in einen (je nach Jahreszeit mehr oder weniger deutlichen) Wiesenpfad einbiegen (»Kaienspitz«), der uns schön hinauf zum Waldrand und zu einer Rastbank führt. Rechts der Bank geht es auf einem Pfad in den Wald und bald geradewegs den Berghang hinauf. An einer Rastbank überqueren wir einen Kiesweg und steigen weiter durch Wald bergan. Wir stoßen auf einen breiten Kiesweg, wenden uns links und biegen nach 150 m – anders als uns hier die Beschilderung »Wanderweg« leiten möchte – rechts in einen kleinen Pfad ein, der uns nun abwärts direkt

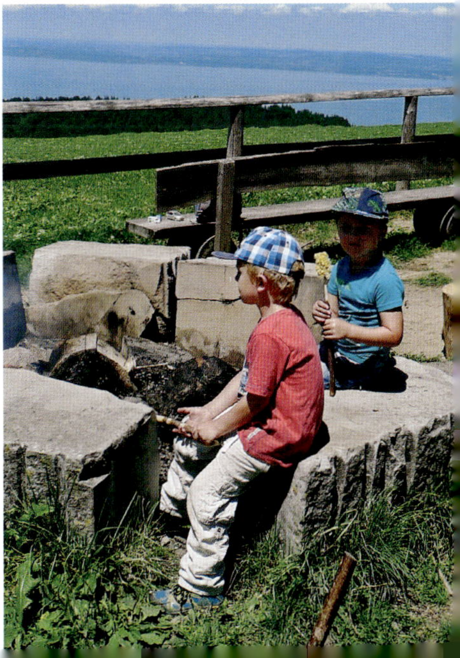

Am höchsten Punkt wartet ein großer Grillplatz auf die Familien.

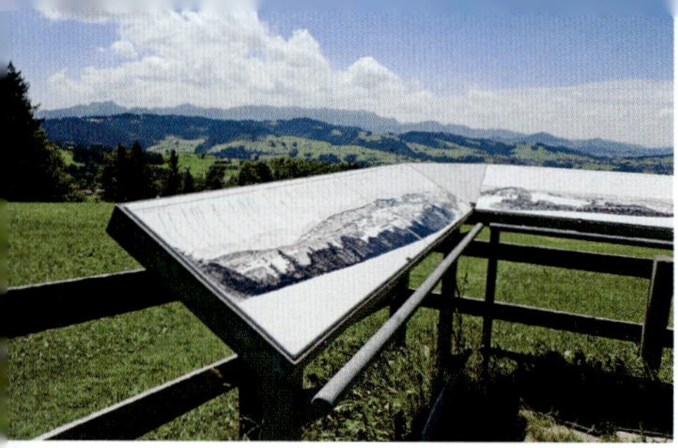

Gipfelbestimmungstafeln etwas unterhalb des Kaienspitz.

durch den schattigen Spielplatz mit Wippe, Schaukeln und großer Rutsche zum **Naturfreundehaus Kaien (3)** führt. In dem gemütlichen Gastgarten besteht Selbstbedienung, die Speisen werden nach der Bestellung gebracht. Im Gebäude selbst gibt es auch einen Kicker.
Nach der Stärkung gehen wir zurück Richtung Rutsche und kurz vor dieser hinunter zum Wanderweg, den wir vorhin verlassen haben. Wir wenden uns nach rechts, schwenken nach etwa 100 m am Waldrand am Schilderbaum halb rechts (»Kaienspitz«), gehen durch das Drehkreuz und wandern nun unmittelbar am Waldrand entlang über die Wiese steil aufwärts. Von einer Rastbank an einem Baum haben wir schon einen guten Bodenseeblick. Wir marschieren aber an dem dortigen Gebäude vorbei – jetzt fast eben – weiter am Waldrand entlang und erreichen wenige Minuten später den **Kaienspitz (4)**. Wir staunen über den fantastischen Blick auf den Bodensee, die aufgereihten Schweizer Berge vom Rätikon, über das Alpsteingebirge bis hin zu den Glarner Alpen und den Innerschweizer Bergen und können im Südwesten Toggenburg und das Zürcher Oberland ausmachen. Auf der linken Seite befindet sich ein großer Grillplatz, etwas unterhalb liegt eine (unbewirtschaftete) Hütte mit Rastbänken und einer großen Gipfelübersichtstafel.
Nach der Rast wandern wir auf dem Hinweg zu dem Drehkreuz am Schilderbaum zurück und spazieren nun nach links (»Riemen, Rorschach«) weglos bzw. auf einem kaum sichtbaren Pfad über die Wiese. Am Ende

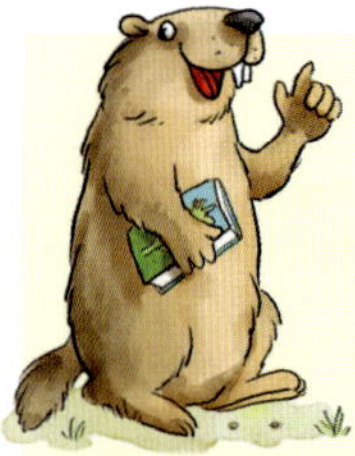

Hallo Kinder,

vom Kaienspitz habt ihr einen tollen Blick auf den Bodensee, den man wegen seiner Größe auch das »Schwäbische Meer« nennt. Gleich drei Staaten haben Anteil am Bodensee: Deutschland, Österreich und die Schweiz. Deshalb bezeichnet man diese Region als Dreiländereck Bodensee. Der eigentlich aus zwei Seen (dem Unter- und dem Obersee) bestehende Bodensee ist über 250 Meter tief und weist eine Länge von 63 Kilometern und eine Breite von 14 Kilometern auf. Unsere Erde ist ja bekanntlich rund, zwischen dem Westufer bei Konstanz und dem Ostufer bei Bregenz (Luftlinie 46 Kilometer) führt die Erdkrümmung bereits zu einer Aufwölbung der Erdoberfläche von 41,5 Metern, sodass man – selbst bei bester Fernsicht – Objekte bei Bregenz, die unter 42 Meter hoch sind, von Konstanz aus nicht sehen kann. In der Gegenrichtung könnt ihr nicht einmal das andere Ufer erblicken, da es bei Konstanz keine größeren Erhebungen gibt.

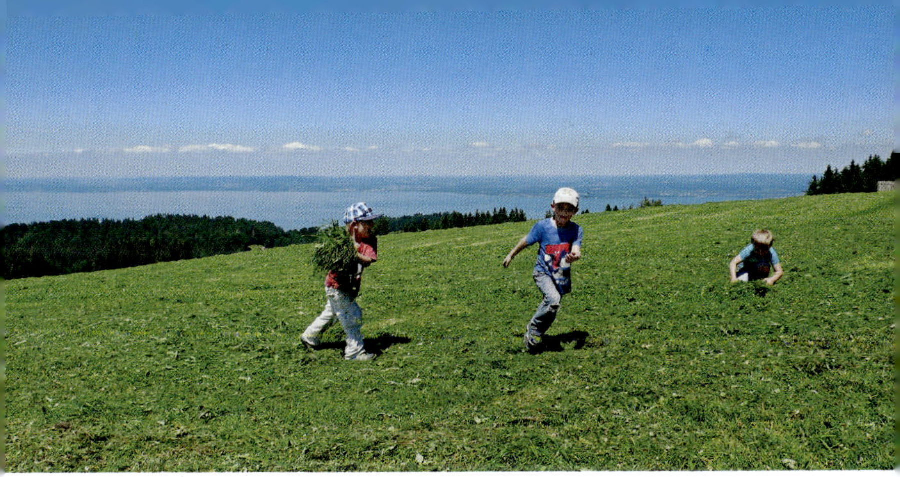

»Du triffst mich nicht!« – Spaß auf der frisch gemähten Wiese am Kaienspitz.

der Wiese befindet sich in der Mitte ein Zaundurchlass. Wir kommen zu einem Gehöft, folgen dem Wanderschild nach links und wenden uns unmittelbar danach rechts in den Asphaltweg, der uns – an einem vorgelagerten Kleintiergehege vorbei – auf die andere Seite des Gebaudes bringt. Nach einigen Metern schwenken wir links und folgen bei der Scheune dem gelben Wegweiser durch einen Zaundurchlass. Ein meist nur schwach ausgeprägter Wiesenpfad nimmt uns auf und führt uns über die Weide abwärts. Wenig später verläuft der Pfad fast eben an einigen großen Bäumen und einer Holzhütte vorbei und wird dann am Waldrand zum Karrenweg mit Wiesenmittelstreifen. Kurz darauf müssen wir gut aufpassen: Wenn der Weg nach rechts dreht, spazieren wir geradeaus in den Wald und können nun auf Waldboden – falls wir barfuß sind – ganz neue Sinneseindrücke erleben.

Am Ende des kleinen Waldstücks geht es durch einen Zaundurchlass wiederum auf eine Weide. Hier muss man nun schon genau hinschauen, um den mitten über die Wiese abwärtsführenden Pfad zu erkennen. Schließlich treffen wir auf einen hölzernen Zaun, finden ein paar Meter rechts am Waldrand einen Zaundurchlass und wandern weiter in der Gehrichtung von vorhin über die Wiesen. Kurz darauf treffen wir auf einen Schilderbaum, ziehen hier unsere Schuhe wieder an, falls wir barfuß unterwegs waren, und wenden uns nach rechts in Richtung »Grub (AR)«. Es geht nun auf einem breiteren Weg gemütlich abwärts. Nach einer Weile wird der Weg zum Karrenweg mit Wiesenmittelstreifen und wir haben nochmals einen schönen Blick auf den Bodensee. Schließlich stoßen wir auf ein Asphaltsträßchen, biegen links ein und wandern hinunter nach Halten. Wer im **Gasthaus Bären (5)** einkehren möchte, überquert die Landstraße, die anderen wenden sich vorher bereits rechts (»Grub AR«) und wandern auf einem wieder etwas von der Landstraße wegführenden Asphaltsträßchen weiter. Schließlich kommen wir wieder zur Landstraße, überqueren sie, wenden uns nach rechts und sind schon fast wieder am **Parkplatz (1)** angelangt.

8 Alpwegkopfhaus, 1481 m

Rundweg von Furx

ab 6 J.

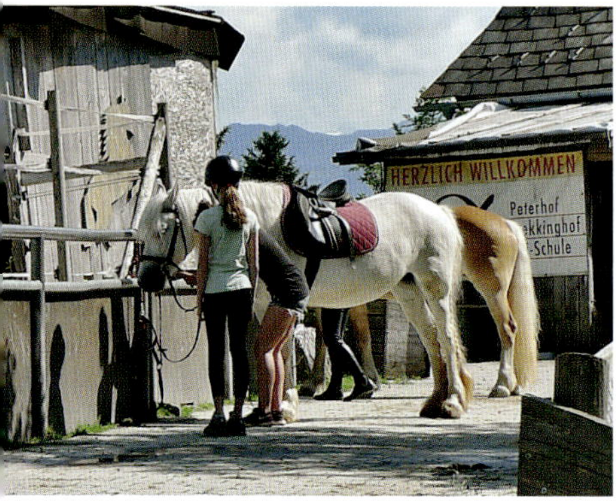

Der Trekkinghof Furx lässt die Herzen von reitbegeisterten Kindern höherschlagen.

Almwiesen und Pferdehof

In der Nähe der modernen Sommerrodelbahn von Laterns lässt sich eine schöne Wanderung von Furx zum bewirtschafteten Alpwegkopfhaus mit Reitvergnügen für Kinder und Erwachsene im Trekkinghof Furx optimal verbinden (telefonische Voranmeldung erforderlich; Infos siehe Highlight-Kasten). Die Wanderrunde verläuft abwechslungsreich und teilweise über Almwiesen. Der am Ausgangspunkt gelegene Alpengasthof Peterhof wird gerade neu errichtet und steht voraussichtlich ab dem Jahr 2022 wieder als Einkehrmöglichkeit zur Verfügung.

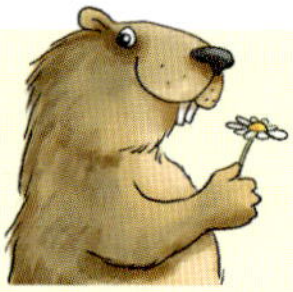

Hallo Kinder,

mögt ihr Pferde auch so gern? Am Ausgangspunkt unserer heutigen Wanderung lädt der Reiterhof Trekkinghof Furx zum Reiten ein. Hier könnt ihr euch ab 3 Jahren über den Reitplatz führen lassen. Reitanfänger ab 6 Jahren haben die Möglichkeit, eine Longe-Einzelstunde zu buchen. Wer schon ein wenig Reiterfahrung hat, kann (eventuell zusammen mit den Eltern) einen begleiteten Geländeausritt unternehmen oder sogar bis zur Sommerrodelbahn in Laterns reiten. Und wenn ihr eure Eltern lieber mal alleine wandern lasst, könnt ihr sogar einen ganzen Tag auf dem Reiterhof verbringen. Im Preis (ca. 50 Euro) sind neben zwei Reiteinheiten und Betreuung auch ein Mittagessen und ein Getränk enthalten. Auf Nachfrage werden übrigens am Trekkinghof Furx nach Ende der Corona-Pandemie auch wieder richtige Reiterferien angeboten werden.

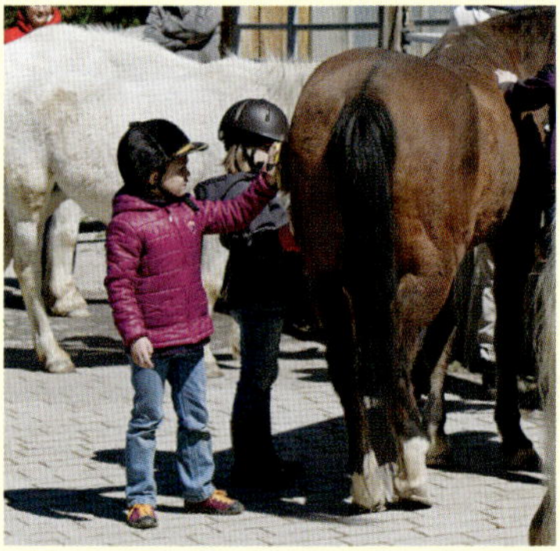

Das Striegeln der Pferde gehört zum Reiten dazu.

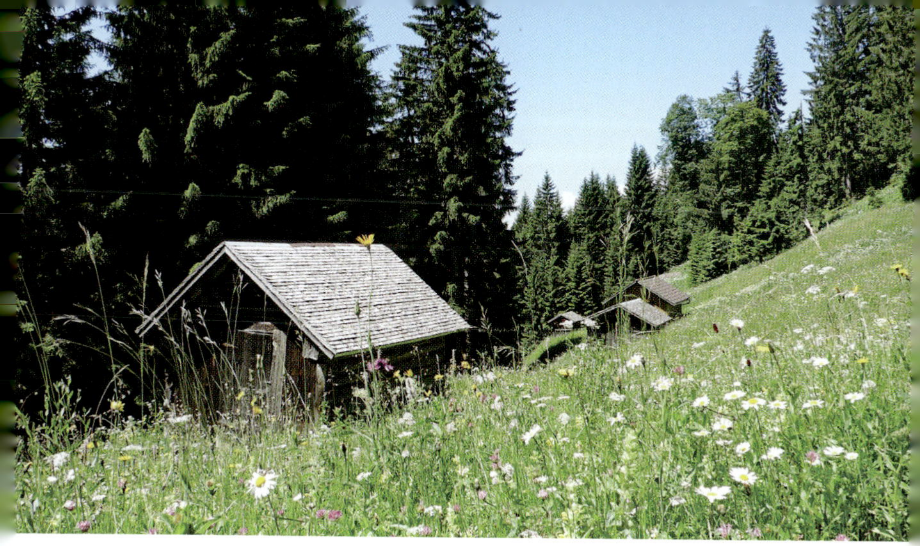

Blühende Wiesen mit kleinen Hütten beim Aufstieg.

KURZINFO

Ausgangspunkt: Großer Parkplatz am Alpengasthof Peterhof in Furx, 1140 m (Navi: A-6835 Zwischenwasser, Furx 25).
Anfahrt: Von Norden kommend auf der A 14 bis zur Ausfahrt Klaus und über Röthis nach Batschuns. Dort links auf der Furxstraße hinauf zum Ausgangspunkt. Parkplatz rechts der Zufahrtsstraße.
Mit Bahn und Bus: Vom Bahnhof Rankweil fährt samstags, sonn- und feiertags ein Rufbus nach Furx (Busbestellung unter Tel. +43 6767 099970).

Gehzeit: 3.00 Std.
Distanz: 6,2 km.
Höhenunterschied: 360 m.
Ausrüstung: Gut profilierte Wanderschuhe.
Anforderungen: Ab 6 Jahren. Abwechslungsreiche Runde über Kieswege, Berg-, Wiesen-, und Waldpfade. Bei Nässe Rutschgefahr. Für Kinderwagen nicht geeignet.
Einkehr: Alpengasthof Peterhof (voraussichtlich wieder ab dem Jahr 2022 geöffnet), Alpwegkopfhaus (geöffnet von Pfingsten bis Anfang Nov., Mo.–Mi. Ruhetag).

Gegenüber dem großen **Parkplatz (1)** beim **Alpengasthof Peterhof** zweigt (etwa 50 m nach dem Gasthof) links ein mit einem Durchfahrtsverbotszeichen versehener und als »Güterweg« bezeichneter Weg ab. Bald kommen wir auf dem gekiesten Weg bergan gehend zu einem Schilderbaum. Wir bleiben hier auf dem Kiesweg (»Alpwegkopf Südweg«); auf dem links abzweigenden Pfad kommen wir auf dem Rückweg wieder hierher. Nach einer Weile passieren wir einige links oberhalb stehende kleine Hütten, anschließend folgt der Weg einer Linkskehre. Wenige Meter später zweigt rechts ein unbeschildeter kleiner Pfad ab, in den wir einbie-

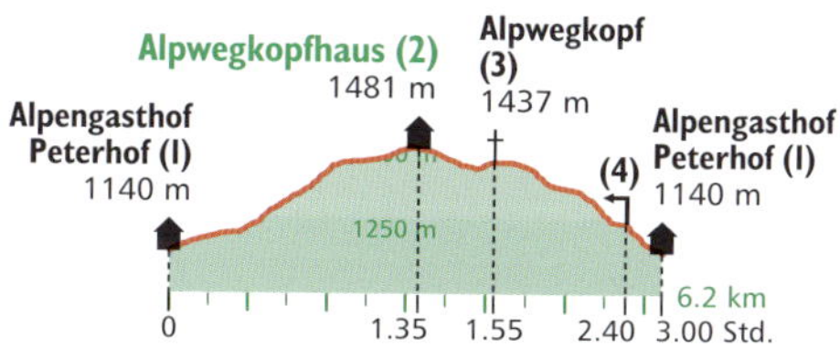

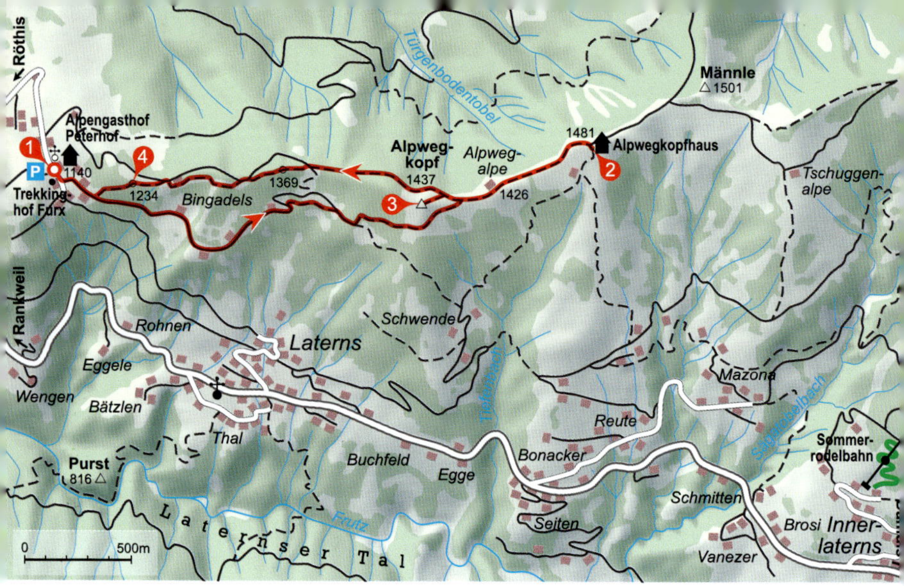

gen. Nach ein paar Metern zeigt ein kleines bodennahes Schild an, dass wir hier auf einem weiß-rot markierten Wanderpfad unterwegs sind. Nach etwa zehn Minuten läuft der Pfad auf eine Wiese (links ginge es hier wieder zum Hauptweg), wir wenden uns indes nach rechts und wandern auf dem Wiesenpfad über die herrliche Blumenwiese bergan.

HIGHLIGHTS

- ★ Schöne Runde mit tollem Bergblick und Einkehrmöglichkeit im Alpwegkopfhaus.
- ★ Reitmöglichkeit nach Voranmeldung von Mai bis Oktober im Trekkinghof Furx. Geführtes Ponyreiten für Kinder ab 3 Jahren (30 Min. 18 €), Reitstunden, Ausritte, Tagescamp und Reiterferien. Am Reiterhof gibt es auch Hühner und ein großes Hirschgehege. (Tel. +43 664 935 1773, www.trekkinghof.at).
- ★ Nach der Tour: Sommerrodelbahn mit großem Spielplatz im nahe gelegenen Laterns ca. 15 Autominuten entfernt. Siehe Freizeittipp B1.

Auch dieser Pfad führt nach einigen Minuten wieder auf den Hauptweg. Hier wenden wir uns nach rechts und schwenken ein kleines Stück weiter an einem Schilderbaum (»Alpwegkopf«) nach links in einen nach Regen bisweilen etwas batzigen Waldpfad, der uns nach etwa zehn Minuten hinauf in eine schöne Almlandschaft führt. In der Ferne entdecken wir bereits das auf einer Anhöhe thronende Gasthaus Alpwegkopfhaus. Wir folgen dem erdigen, barfußgeeigneten Pfad über die Wiesen, erfreuen uns je nach Jahreszeit über die blühenden Kräuter (z. B. den violett blühenden Thymian) und Blumen und kommen an einem Schilderbaum vorbei, den wir uns für den Rückweg merken. Wir passieren die Alpwegalpe und erreichen zuletzt ansteigend über einen Kiesweg (links haben wir einen durch Bäume eingeschränkten Bodenseeblick) in zehn Minuten das **Alpwegkopfhaus (2)**, in dem es auch Eis für die Kinder gibt.

Für den Rückweg wandern wir wieder ein Stück auf dem Kiesweg zu-

Im Alpwegkopfhaus gibt es auch Steckerleis.

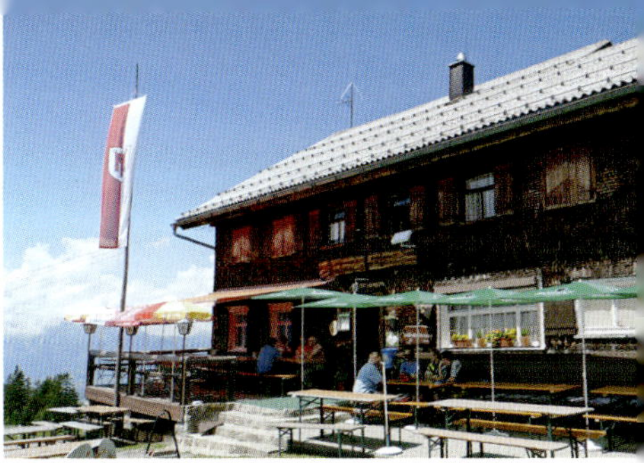

rück und halten uns an dem bereits vom Hinweg bekannten Schilderbaum nach der Alpwegalpe rechts. Kurz darauf machen wir geradeausgehend noch einen kurzen Abstecher (weglos) zum kreuzlosen Wiesengipfel des **Alpwegkopfs (3)**. Wieder zurück folgen wir der gekiesten Almstraße abwärts. Nach 15 Minuten ignorieren wir einen Abzweig nach links, der uns wieder auf den Hinweg bringen würde. Wir folgen aber auch nicht dem Kiesweg geradeaus, sondern wandern auf dem Waldpfad weiter, der links an der unmittelbar hinter dem Abzweig befindlichen Bank beginnt und mehr oder weniger parallel zum Kiesweg verläuft. Der schöne Pfad trifft nach etwa zehn Minuten wieder auf den Kiesweg, wenige Meter später zweigt links ein weiterer Pfad ab, der uns über eine Wiese führt und schließlich – erst zuletzt zu sehen – rechts durch Wald abwärtsbringt. An einer Verzweigung können wir beide Wegalternativen nehmen, beide führen an einer privaten Hütte wieder auf den Kiesweg. Nun müssen wir etwas aufpassen, da wir nach etwa 150 m auf dem Kiesweg links in einen weiteren, hier nicht beschilderten Wiesenpfad einbiegen müssen. Wir kommen zum Waldrand, laufen an diesem entlang und treffen auf einen **Schilderbaum (4)**, der uns links abwärts nach Furx weist. Über einen bei Nässe rutschigen Pfad erreichen wir in etwa zehn Minuten wieder den Kiesweg vom Hinweg, biegen rechts ein und sind in wenigen Minuten zurück am **Ausgangspunkt (1)**, wo sich die Kinder schon auf ihre (vorbestellte) Reitrunde und das Hirschgehege (befindet sich direkt im Reiterhof) freuen.

Zum Trekkinghof Furx gehört ein großes Hirschgehege.

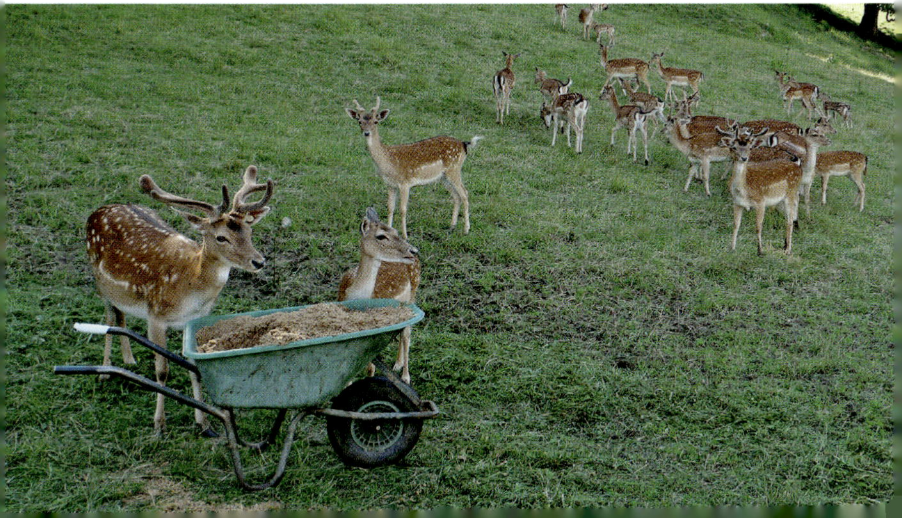

9 Durch die Bürser Schlucht

Rundwanderung von Bürs

ab 6 J.

Wilder Gebirgsbach und »staubender« Wasserfall

In Bürs bei Bludau wartet eine schöne Schluchtwanderung auf Groß und Klein. Entlang des Alvierbaches wandern wir durch die Bürser Schlucht teilweise über Holzstege und Brücken. Besonderes Highlight ist nach Regenfällen der Wasserfall oberhalb der Schlucht, der bei entsprechenden Wassermengen richtig »staubt«. Dort und an einer weiteren Stelle bieten sich schöne Spiel- und Rastplätze am Bach für eine Pause an, bevor es dann über das Kuhloch, eine heute trockene Klamm, wieder nach Bürs zurückgeht.

KURZINFO

Ausgangspunkt: Parkplatz Bürs beim ehemaligen E-Werk, 571 m (Navi: A-6706 Bürs, Lorünserstraße).

Anfahrt: Auf der Rheintal-Autobahn A 14 bis Ausfahrt 59 Bludenz-Bürs und auf der Hauptstraße ins Zentrum von Bürs. Unmittelbar vor dem Alvierbach links einbiegen, an der Raiffeisenbank und am Gemeindeamt vorbei zum Parkplatz. Einige weitere Parkplätze befinden sich noch ein Stück weiter am Ende der Lorünserstraße.

Mit Bahn und Bus: Vom Bahnhof Bludenz mit Bus 81 bis zur Haltestelle Bürs Gasthof Adler.

Gehzeit: 2.40 Std.

Distanz: 4,9 km.

Höhenunterschied: 230 m.

Ausrüstung: Gut profilierte Wanderschuhe.

Anforderungen: Ab 6 Jahren. Die Tour verläuft auf guten Wanderpfaden und Wegen, die allerdings (besonders bei Nässe) teilweise rutschig sind. Am und im Alvierbach ist Vorsicht geboten, dieser kann plötzlich ansteigen (besonders nach Regenfällen und zur Schneeschmelze). Nicht kinderwagengeeignet.

Einkehr: Unterwegs keine, Gasthäuser in Bürs.

Hinweis: Die Schlucht ist im Winter und Frühjahr (bis Mai) sowie bei Hochwasser gesperrt.

Rechts: Großartiger Wasserfall oberhalb der Bürser Schlucht.

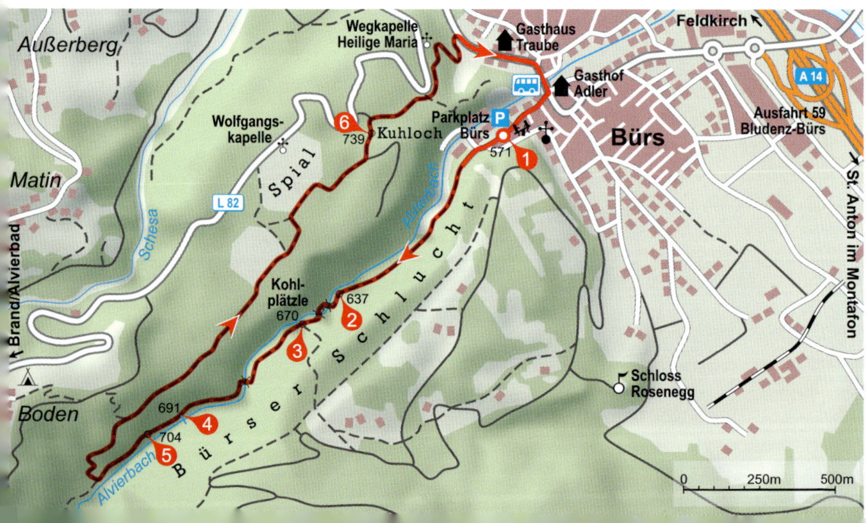

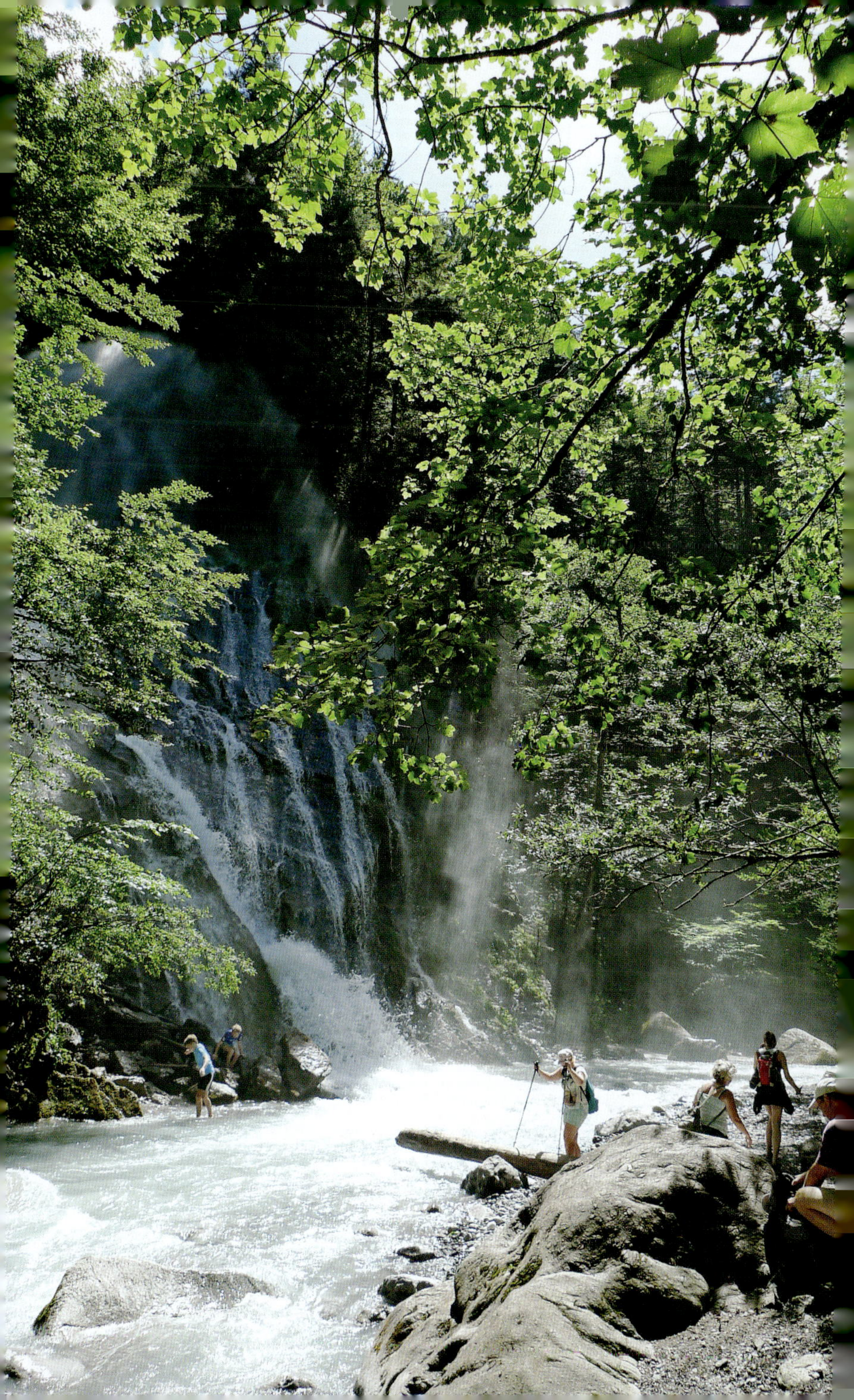

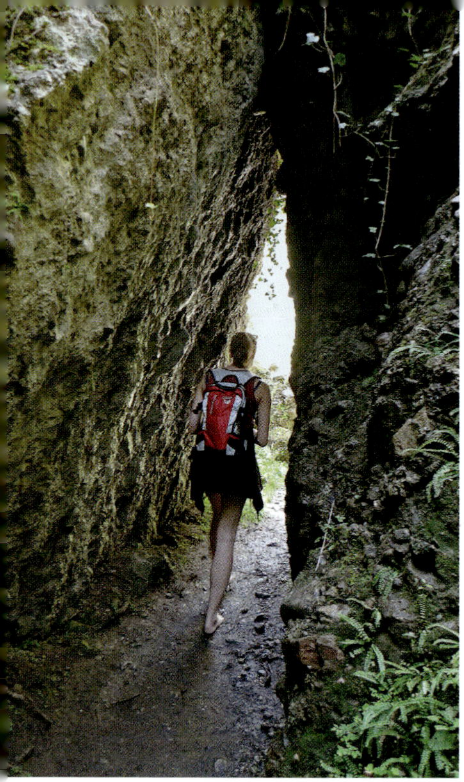

Zu Beginn der Wanderung geht es durch ein Felstor.

Vom **Parkplatz (1)** in Bürs folgen wir der Zufahrtsstraße noch ein Stück, kommen an ein paar weiteren Parkplätzen am Ende der Straße vorbei und wählen am Schilderbaum den Kiesweg geradeaus in Richtung »Kohlplätzle, Spial«. Schnell wird der Weg zum Bergpfad und gleich zu Beginn erwartet uns die erste Attraktion, führt doch der Pfad mittels eines steinernen Tores durch riesige Felsbrocken aus Bürser Konglomeratgestein hindurch. Etwas in die Jahre gekommene Lehrtafeln klären nun immer wieder am Weg über die Entstehung der **Bürser Schlucht (2)** und deren geologischen Besonderheiten auf. Zu Beginn besteht auch mehrmals die Möglichkeit, über Pfade ins Bachbett des Alvierbaches zu gelangen. Wir heben uns das aber für später für den oberen Bereich der Schlucht auf. Bald erreichen wir zwei Stellen, an denen kleine Bäche über moosbewachsene Felsen hinunterlaufen und dabei sogenannten Quelltuff bilden.

Zehn Minuten später geht es über einen Holzsteg weiter und wir überqueren zweimal den Bach, wobei wir jeweils nach oben und nach unten einen tollen Blick in das mit großen Felsblöcken versehene Bachbett haben. Nach einem kurzen, gestuften und steileren Aufstieg erreichen wir die Wegverzweigung am **Kohlplätzle (3)** und folgen der Beschilderung geradeaus Richtung »Spial«. Erneut nimmt uns bald ein Holzsteg auf und wir überqueren ein weiteres Mal den Alvierbach. Auf der anderen Seite wandern wir nun einen spannenden Wurzelpfad aufwärts. Auf diesem Wegstück und dem folgenden ist etwas Vorsicht geboten,

HIGHLIGHTS

- ★ Schluchtwanderung über Brücken und Holzstege mit Spielmöglichkeiten am Alvierbach.
- ★ Besonders nach Regenfällen faszinierender Wasserfall, den man etwa 15 Minuten nach der Bürser Schlucht erreicht. Wenn der Wasserfall viel Wasser führt, erwartet uns ein tolles Naturschauspiel.
- ★ Der Rückweg führt durch das Kuhloch, eine mittlerweile trockene Klamm.
- ★ Spielplatz am Ausgangspunkt.
- ★ Nach der Tour: Besuch des Alvierbades im nahe gelegenen Brand (siehe Freizeittipp D3).
- ★ Nach der Tour: Tiererlebnispfad in Brand (siehe Freizeittipp F2) oder Barfußweg an der Bergstation der Dorfbahn Brand (siehe Freizeittipp F1).

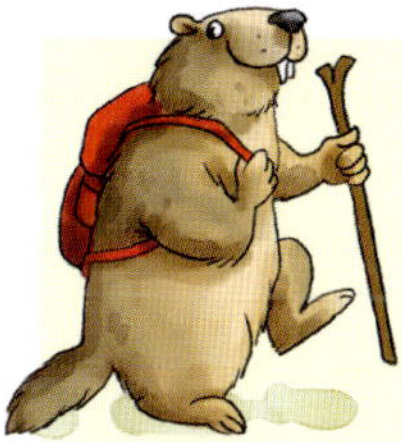

Hallo Kinder,

die spannende Naturlandschaft der Bürser Schlucht, die wir heute besuchen, wurde in den letzten 10.000 Jahren durch Eis und Wasser geschaffen. Nach dem Abschmelzen des Gletschers in der letzten Eiszeit hat sich der Alvierbach bis heute tief in den Schotter eingegraben und diese faszinierende Schlucht gebildet. Besonders spannend ist der Wasserfall, den wir auf unserem Weg im oberen Teil der Schlucht erreichen. Nach längerem Regen und zur Schneeschmelze »staubt« der Wasserfall ganz gehörig. Dann schießt das Wasser mit solch einer Kraft über eine Felsstufe, dass es in Abermillionen von winzigen Tröpfchen zerstäubt wird und man selbst am anderen Ufer noch richtig nass wird. Dann müsst ihr besonders vorsichtig beim Fotografieren mit eurem Handy sein. Fallen nämlich die eiskalten Wassertröpfchen auf das warme Handy, kann aufgrund des Temperaturunterschiedes – mit einer Zeitverzögerung von ein paar Minuten – das Display springen. Es soll da einen Autor geben, dem genau das an diesem Wasserfall schon passiert ist …

Nach längeren Regenfällen bietet der gischtende Wasserfall ein beeindruckendes Naturschauspiel.

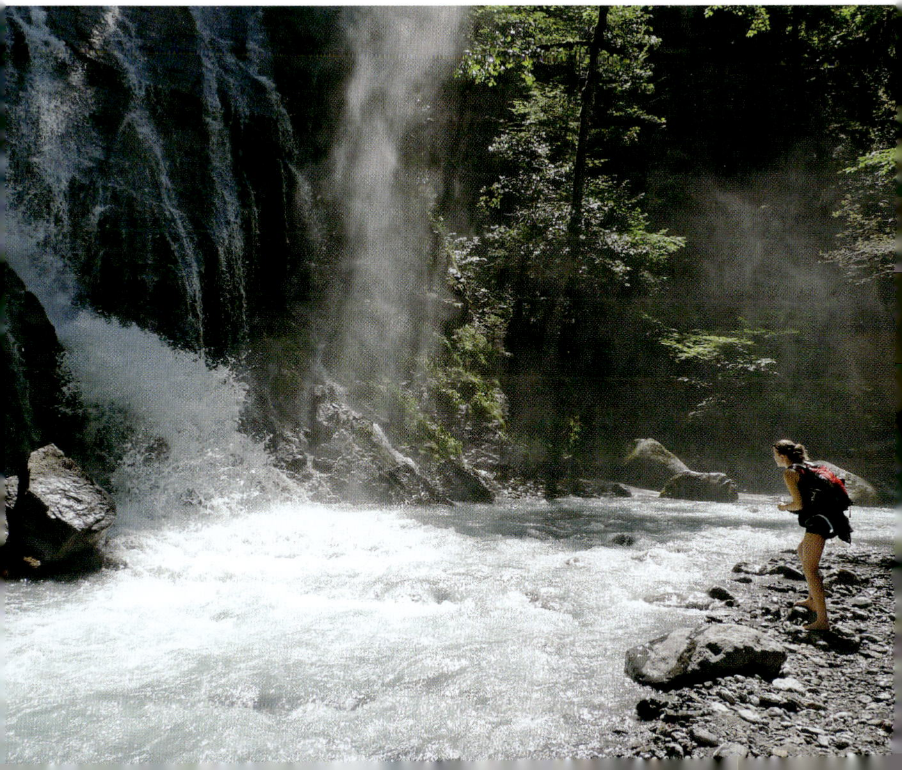

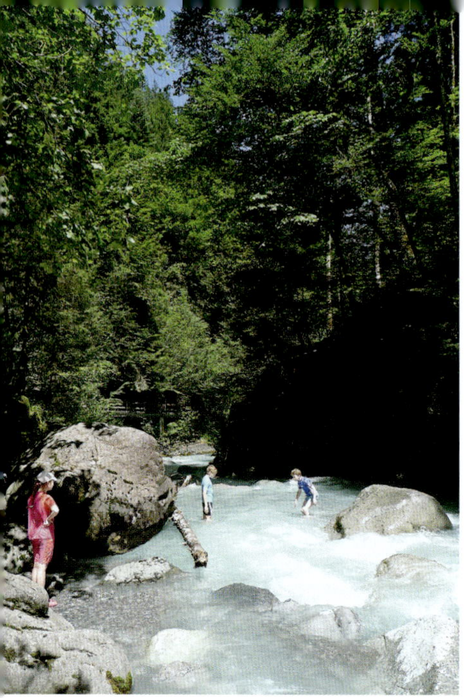

Mit kleinen Kindern ist am reißenden Alvierbach Vorsicht geboten.

da es links des Weges zum Bach hin steil abwärtsgeht.

Falls es die vorherigen Tage stark geregnet hat, erwartet uns wenige Minuten später ein sensationelles Naturschauspiel: Ein in der übrigen Zeit kleiner **Wasserfall (4)** schießt dann mit solcher Kraft über eine Felsstufe, dass es im oberen Bereich nur so »staubt« und man am vom Weg perfekt zugänglichen gegenüberliegenden Ufer richtig nass wird. Ein Bild für Götter!

Ist der Wasserstand des Alvierbaches niedrig, bietet sich an dieser Stelle eine Pause mit Spielmöglichkeit am Wasser an. Bei hohem Wasserstand ist dagegen größte Vorsicht geboten! Kinder hier nicht unbeaufsichtigt lassen!

Gehen wir weiter, erreichen wir fünf Minuten später eine zweite tolle **Bachstelle (5)**, an der am Ufer sogar Sand zu finden ist. Die größeren Kinder werden hier nicht müde zwischen den großen Steinen im Bachbett hin und her zu klettern – aber bitte lassen Sie die Kinder hier nur unter Aufsicht und bei Normalwasser spielen!

Der Weg folgt anschließend noch ein kurzes Stück dem Alvierbach, dann weist uns ein Wegweiser (»Spial«) nach rechts. Ein teilweise gestufter, mitunter steiler Waldpfad führt nun den Hang hinauf. An einer Verzweigung halten wir uns rechts (»Spial, Kuhloch, Bürs«) und wandern auf dem nun breiteren Weg über die Spial, eine eiszeitlich geschaffene Anhöhe, durch den Wald. An Wegverzweigungen beachten wir die weiß-roten Wanderpfeile, indem wir uns erst rechts abwärts, später an einem querenden Weg rechts und schließlich fünf Minuten später links halten. Der Weg führt nun als Pfad hinab ins **Kuhloch (6)**, eine ehemalige, heute wasserlose kleine Klamm. Von dort erreichen wir in fünf Minuten die Straße L 82, folgen deren Linkskurve auf einem Fußweg daneben und biegen sodann rechts in einen Waldpfad ein, der uns hinunter nach Bürs führt. Wir spazieren am Gasthof Traube vorbei entlang der Hauptstraße in den Ort und biegen unmittelbar nach der Brücke über den Alvierbach rechts ein. Vorbei an der Raiffeisenbank und dem Gemeindeamt erreichen wir in wenigen Minuten wieder unseren **Parkplatz (1)**.

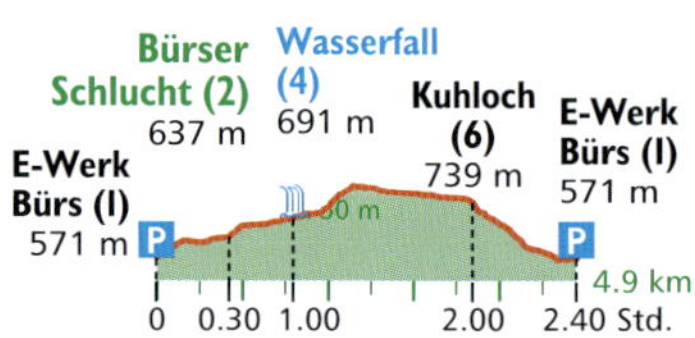

Bärenland und Wasserstubenalpe

Von der Bergstation der Sonnenkopfbahn

ab 4 J.

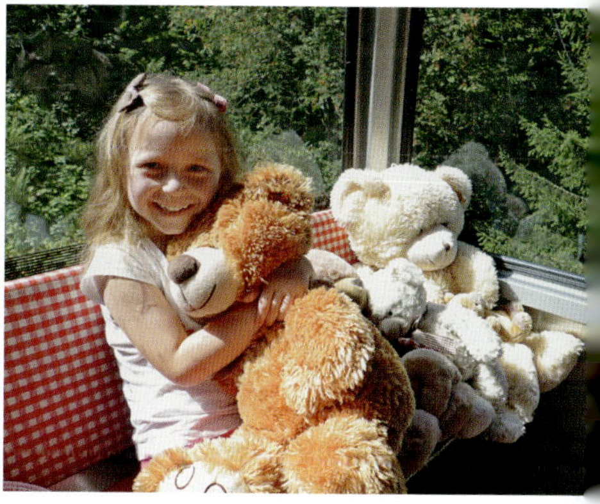

Zum Knuddeln: In jeder zweiten Gondel wartet eine Bärenfamilie.

Erlebnisberg und wildromantischer Bach

An der Bergstation der Sonnenkopfbahn wartet auf Familien mit dem liebevoll gestalteten Bärenland mit seinen 30 Stationen eine schöne Attraktion (siehe Hallo-Kinder-Kasten) vor der herrlichen Bergkulisse des Lechquellengebirges mit der Unteren Wildgrubenspitze und der markanten Roten Wand. Im Jahr 2015 wurde das Bärenland von den Nutzern eines Freizeitportals sogar als schönster Spielplatz Vorarlbergs ausgezeichnet. Der Ausflug lässt sich bestens mit einer kurzen, bereits für Kinder ab 4 Jahren geeigneten Wanderung zur bewirtschafteten Oberen Wasserstubenalpe verbinden. Dort kann man in wenigen Minuten über die Weide zu dem wildromantischen Portschabach hinuntersteigen und herrlich am Ufer sitzen und picknicken, während die größeren Kinder sich am und im Wasser vergnügen.

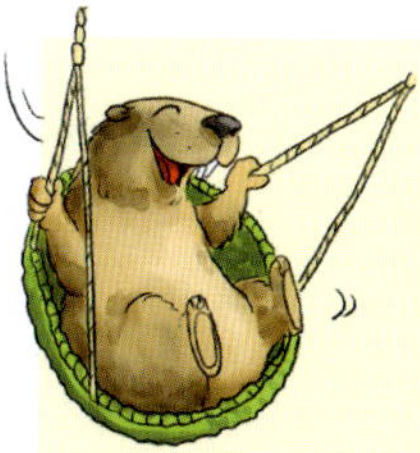

Hallo Kinder,

schon die heutige Auffahrt mit den Gondeln der Sonnenkopfbahn ist etwas Besonderes – in etwa jeder zweiten Gondel (diese sind von außen gekennzeichnet) warten nämlich gleich mehrere – große und kleine – Stoffteddybären auf euch Kinder. Oben angekommen, steht ihr schon direkt im Bärenland und könnt, nachdem ihr euch eine der bereitstehenden Schwimmwesten angezogen habt, zusammen mit euren Eltern eine Floßfahrt über den Bärensee unternehmen oder euch auf die coole Wasserwippe wagen. Aber Vorsicht, hier bekommt ihr garantiert nasse Füße! Zu den beliebtesten der insgesamt 30 Stationen zählen auch eine besonders lange Tarzanbahn und das große Schürffeld. Hier könnt ihr (kostenlos) nach im Sand verborgenen Metallbären graben, die ihr dann mit nach Hause nehmen dürft. Die Bären sind aber nicht so leicht zu finden, man muss schon etwas Ausdauer haben und manchmal ganz schön tief graben, um stolzer Besitzer eines solchen silbernen Bären zu werden.

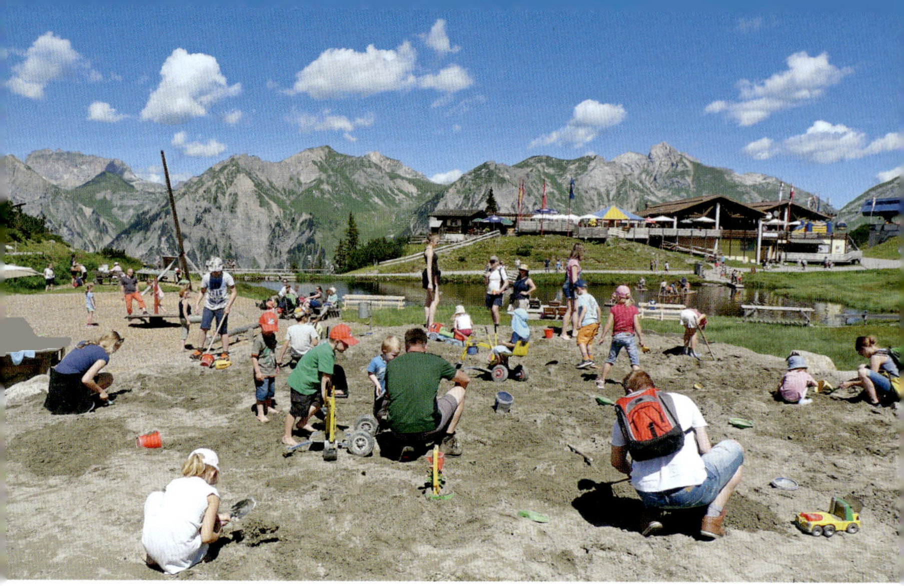

Auf dem Schürffeld kann man mit etwas Glück und Ausdauer kleine silberne Metallbären ausgraben.

KURZINFO

Ausgangspunkt: Parkplatz an der Talstation der Sonnenkopfbahn, 999 m (Navi: A-6754 Klösterle, Danöfen125a).
Anfahrt: Auf der A 14 bis Bludenz und weiter auf der Arlberg-Schnellstraße S 16 über Dalaas bis zur direkt an der Schnellstraße gelegenen Talstation der Sonnenkopfbahn kurz vor Klösterle.
Mit Bahn und Bus: Vom Bahnhof Langen am Arlberg mit Landbus 90 Richtung Bludenz bis Haltestelle Klösterle/Stockinger.

Gehzeit: 2.00 Std.; bitte insgesamt inklusive Besuch des Bärenlands einen ganzen Tag einplanen.
Distanz: 4,5 km.
Höhenunterschied: 140 m.
Ausrüstung: Gut profilierte Wanderschuhe.
Anforderungen: Ab 4 Jahren. Die Wanderung verläuft auf guten Kieswegen. Auf dem zweiten Teil der Wanderung zur Wasserstubenalm geht es neben dem breiten Weg rechts steil abwärts; kleine Kinder müssen hier an die Hand genommen werden. Für geländegängige Kinderwagen geeignet.
Bergbahn: Sonnenkopfbahn, geöffnet von Ende Juni bis Anfang Oktober täglich 8.30–16.30 Uhr (Tel. +43 5582 2920, www.sonnenkopf.com).
Einkehr: Bergrestaurant am Sonnenkopf (geöffnet wie Bergbahn) und Obere Wasserstubenalpe (geöffnet von Anfang Juli bis Ende August).

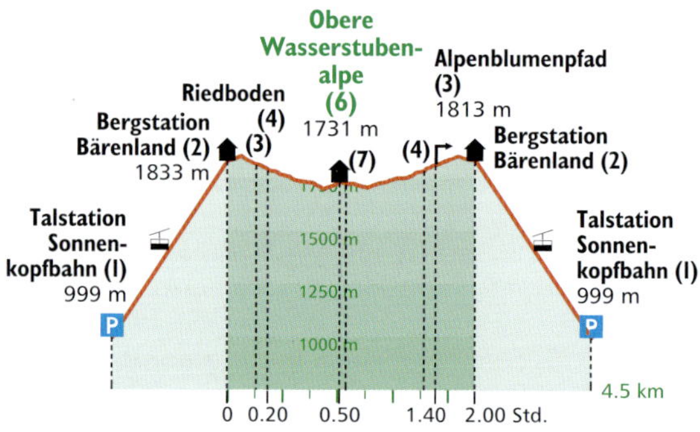

Um zur Oberen Wasserstubenalm zu kommen, gehen wir nach der Auffahrt von der **Talstation der Sonnenkopfbahn (1)** zur **Bergstation (2)** entgegen dem Uhrzeigersinn am Spielsee entlang, halten uns an einer Verzweigung links (Beschilderung »Unt. Wasserstuben Alpe 2,2 km«) und folgen dem Kiesweg, der uns bald bergan führt. An einem großen silbernen Kreuz (etwas oberhalb ist hier eine weitere Station des Bärenlands) dreht der Weg nach links und führt nun schnurstracks (im Winter ist dies eine Schlepplifttrasse) über die Wiesen abwärts (Wegweiser »Ob. Wasserstuben A.«). Rechts des Weges laden auf einem Hügel große Holzliegen zu einer Ruhepause ein, während die kleineren Kinder an zwei gut gemachten, auf der Wiese stehenden Kunststoff-Rehen ihre Freude haben. Den kurz darauf links abzweigenden, kleineren Weg **(3)** über den Alpenblumenlehrpfad zur Bergstation merken wir uns für den Rückweg und marschieren geradeaus weiter abwärts. An der Talstation der **Riedkopfbahn (4)** (nur Winterbetrieb) dreht der Weg nach links und wird nun schmaler und schöner. An zwei Elektrozaundurchgängen ist etwas Vorsicht geboten, wir empfehlen, die zu öffnenden Querstäbe nur an den gelben Isolierungen anzufassen (Rest kann unter Strom stehen)! Mitte August kann man nun links des Weges immer wieder leckere Heidelbeeren naschen. Der Weg zieht in den Wald und bald wieder aus diesem heraus, quert einige kleine Bäche und führt uns nun mit Blick auf die Obere Wasserstubenalpe und den sich großartig durch das Wasserstuben-

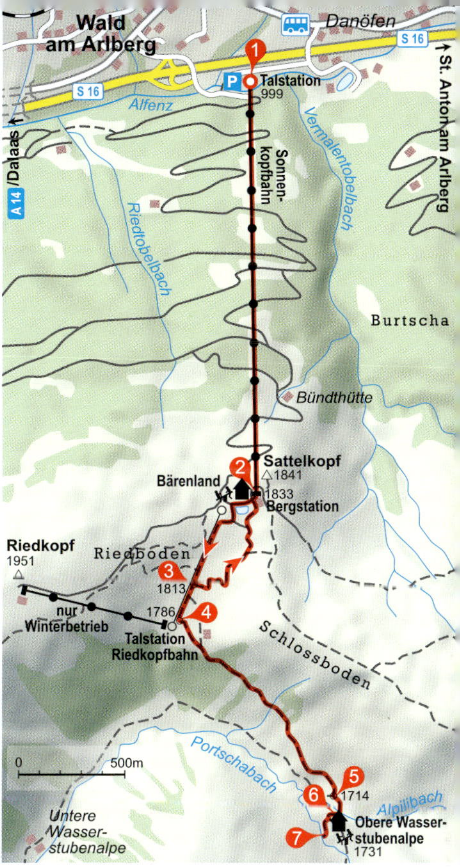

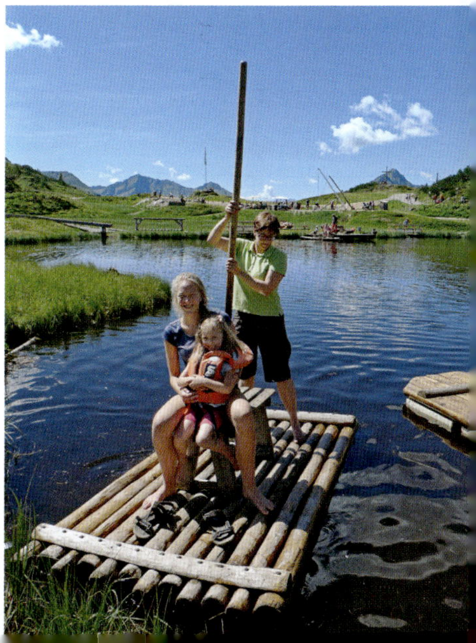

Kinder dürfen nur mit (bereitstehender) Schwimmweste auf das Floß.

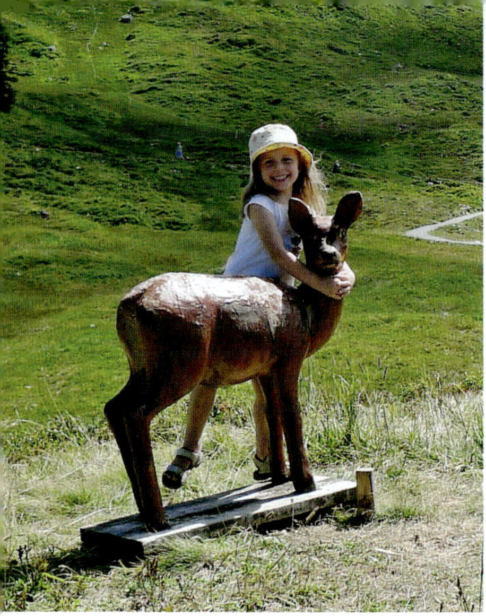

Dieses Reh lässt sich von jedem gern umarmen.

tal schlängelnden Portschabach gemächlich abwärts. Schließlich erreichen wir eine **Verzweigung (5)**. Rechts abwärts geht es in etwa 30 Minuten hinunter zur ebenfalls bewirtschafteten Unteren Wasserstubenalpe, wir wollen aber zur nur noch wenige Gehminuten entfernten Oberen Wasserstubenalpe und schlagen daher den links aufwärtsführenden Weg ein. Zu unserer Linken rauscht bald der **Alpilibach** den Hang hinunter, dann stehen wir bereits an der **Oberen Wasserstubenalpe (6)** mit ihrem für kleinere Kinder angelegten Spielplatz. Neben frischer Alpmilch kann man sich hier oben auch eine Brotzeit mit Käse und Butter aus eigener Herstellung schmecken lassen (beides gibt es auch zum Mitnehmen – Butter ist dann gefroren). Egal ob wir einkehren oder nicht, sollten wir aber unbedingt vom Spielplatz aus über die Wiesen zum **Portschabach (7)** hinuntersteigen. Um zur schönsten Stelle zu kommen, hält man sich links und überquert zur Freude der

An der Oberen Wasserstubenalpe gibt es auch einen Spielplatz.

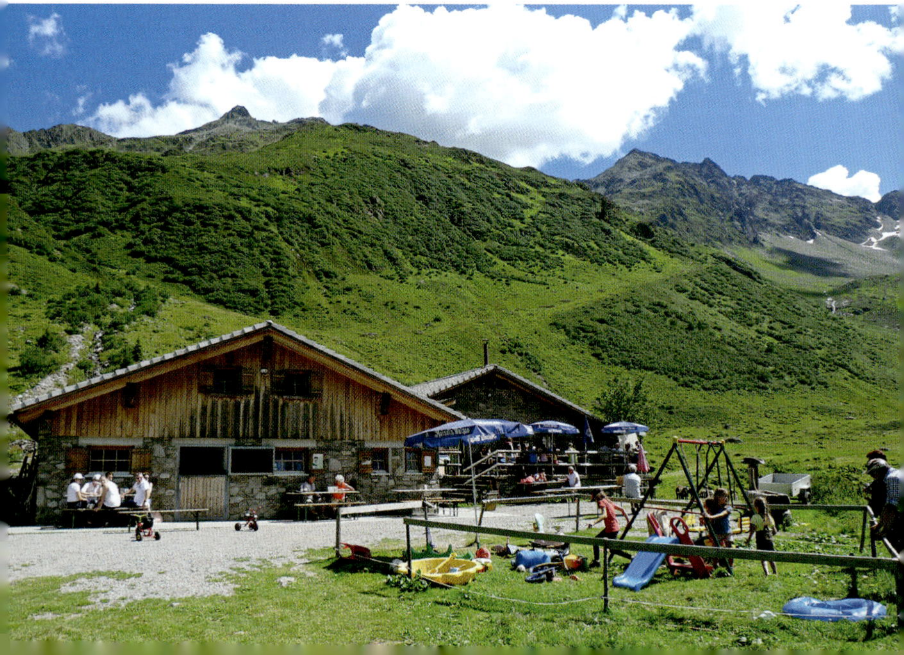

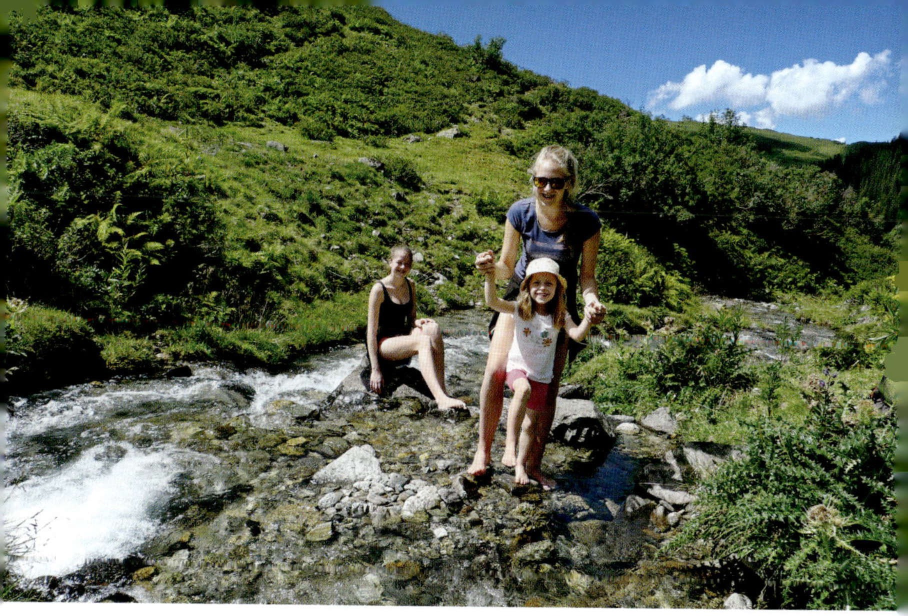

Der kristallklare Portschabach lädt zum Rasten und Spielen ein.

Kinder zwei kleine Bäche – am besten barfuß, das macht Spaß und bietet den Vorteil, dass die Schuhe trocken bleiben. Am Ufer des Baches bietet sich ein Picknick an, während sich das kristallklare Wasser sprudelnd neben uns seinen Weg ins Tal bahnt.

Unser Rückweg verläuft auf dem Hinweg bis zu der Stelle, an der von der Lifttrasse rechts der beschilderte **Alpenblumenlehrpfad (4)** abzweigt. Wir biegen in den nicht allzu breiten Kiesweg ein, treffen wiederum auf Heidelbeerfelder und staunen im Juli u. a. über die leuchtend roten Alpenrosen am Wegrand. An einer in einem Bach angelegten Kneippstelle erfrischen wir unsere Füße, bevor wir wenige Minuten später wieder auf die **Bergstation (2)** der Sonnenkopfbahn treffen und von dort – nach einer ausgiebigen Spielpause im Bärenland – mit der Gondel hinab zur **Talstation (1)** schweben.

HIGHLIGHTS

- ★ Auffahrt mit der Sonnenkopfbahn. Etwa jede zweite Gondel ist eine »Bärengondel« mit vielen Teddybären zum in den Arm nehmen und liebhaben.
- ★ Bärenland mit ca. 30 Stationen: u. a. Floßfahren (Kinder nur mit vor Ort vorhandenen Schwimmwesten und in Begleitung eines Erwachsenen), Wasserwippe, Riesenschaukel, große Tarzanbahn, Slackline, Schürffeld (siehe Hallo-Kinder-Kasten), Schaubrotbacken (nur zu gewissen Zeiten – siehe Internetseite) und vielem mehr.
- ★ Nicht allzu lange Wanderung zur bewirtschafteten Wasserstubenalpe mit ihrem Spielplatz und herrlichem Blick in das wasserreiche Wasserstubental.
- ★ Abstecher von der Wasserstubenalpe zum wildromantischen Portschabach über Almwiesen, dabei müssen – um zur schönsten Stelle mit schöner Picknickmöglichkeit zu gelangen – zwei kleine Bäche überquert werden.

11 Seewaldsee, 1135 m

Von Fontanella Säge

ab 4 J.

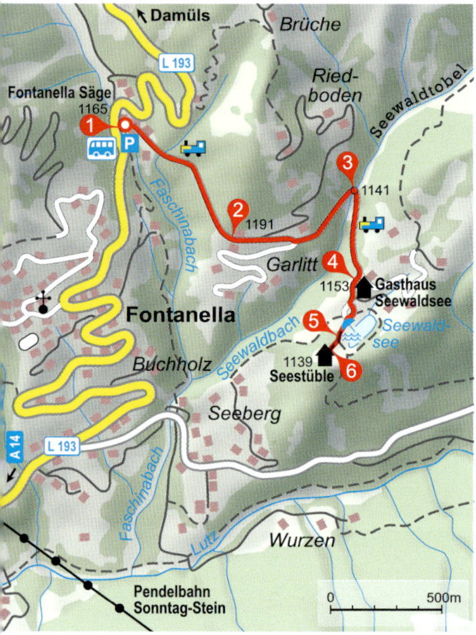

Badefreuden in einem natürlichen Bergsee

In nächster Nähe zum im Großen Walsertal gelegenen Bergdorf Fontanella wartet ein echtes Kleinod auf die Familien. Der pittoreske Seewaldsee mit seinem klaren Wasser eignet sich bestens für das Einlegen eines Badetages. Unser Weg führt von der Bushaltestelle und dem Parkplatz »Fontanella Säge« über eine nur für Anrainer zu befahrene Asphaltstraße im Auf und Ab und mit einem fantastischen Blick auf die Berge zu dem idyllischen Bergsee. Die Tour ist auch bestens für Familien geeignet, die mit Kinderwagen unterwegs sind. Wer es bequemer mag, kann Hin- und/oder Rückweg auch mit dem auf der Straße fahrenden Seewaldsee-Bummelzug bestreiten.

Der Weg überrascht mit einem herrlichen Bergblick.

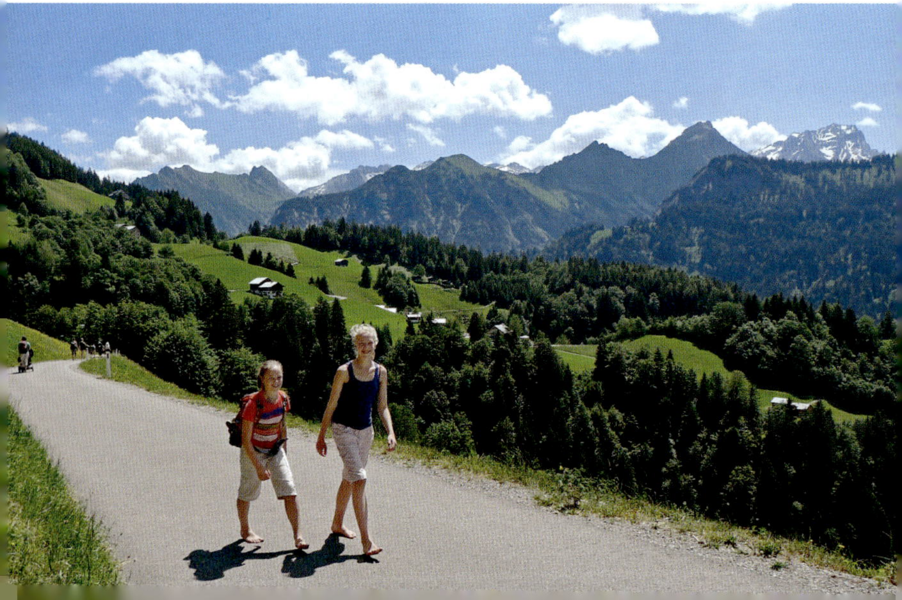

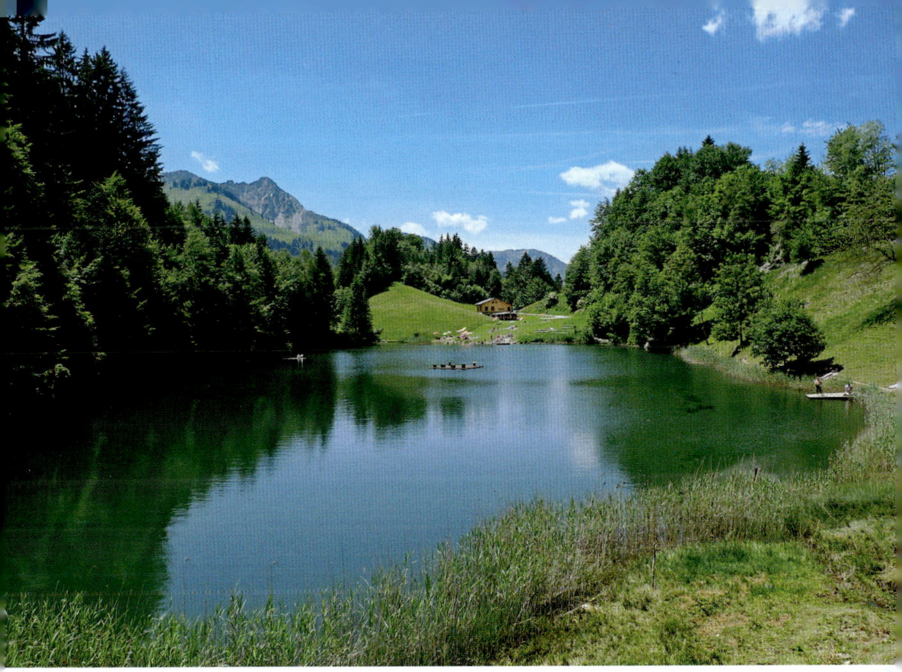

Der Seewaldsee mit seinem Seestüble hat auch eine Schwimminsel zu bieten.

KURZINFO

Ausgangspunkt: Parkplatz an der Bushaltestelle Fontanella Säge, 1165 m (Navi: A-6733 Fontanella, Säge).
Anfahrt: Von Damüls (Anfahrt dorthin siehe Tour 14, Damülser Mittagspitze) über Faschina zum Ausgangspunkt.
Mit Bahn und Bus: Vom Bahnhof Dornbirn mit Bus 40 bis Au Postamt und dort umsteigen in Bus 43 und bis Damüls Uga-Lift fahren. Dort in Bus 77 Richtung Thüringen umsteigen und weiter bis Fontanella Säge.
Gehzeit: 1.40 Std.
Distanz: 4,4 km.
Höhenunterschied: 130 m.
Ausrüstung: Für den Weg zum See kein besonderes Schuhwerk, für Pfad um den See gut profilierte Wanderschuhe erforderlich, Badesachen. Sonnenschirme können am See gegen Gebühr entliehen werden.
Anforderungen: Ab 4 Jahren. Einfache Wanderung auf für den allgemeinen Verkehr gesperrten Asphaltstraßen. Für Kinderwagen geeignet (Kondition erforderlich).
Einkehr: Gasthaus Seewaldsee (geöffnet Anfang Juni bis Anfang Oktober, im Juli und August kein Ruhetag, sonst Montag und Dienstag Ruhetag) und Seestüble.
Fahrplan Bummelzug: Von Ende Juni bis Anfang September täglich sowie an den Wochenenden im Juni und im September. Die Abfahrt erfolgt ab Fontanella Säge stündlich von 10.30 Uhr bis 14.30 Uhr, die Rückfahrt ab Seewaldsee stündlich von 11.15 Uhr bis 14.15 Uhr und um 15 Uhr, 16 Uhr und 17 Uhr (genauere Infos unter www.seewaldsee.at/seiten/seewaldseezuegle.htm).

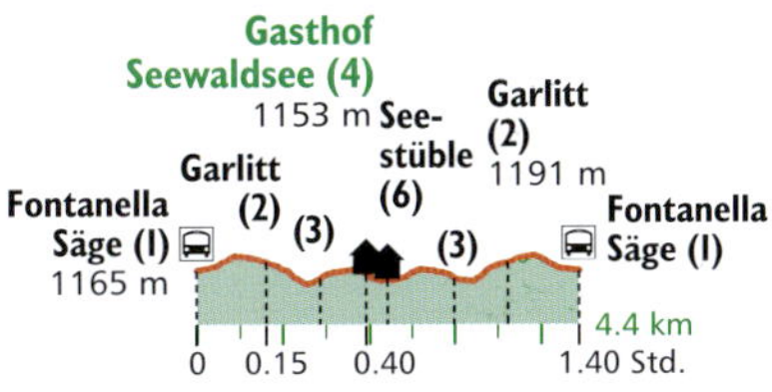

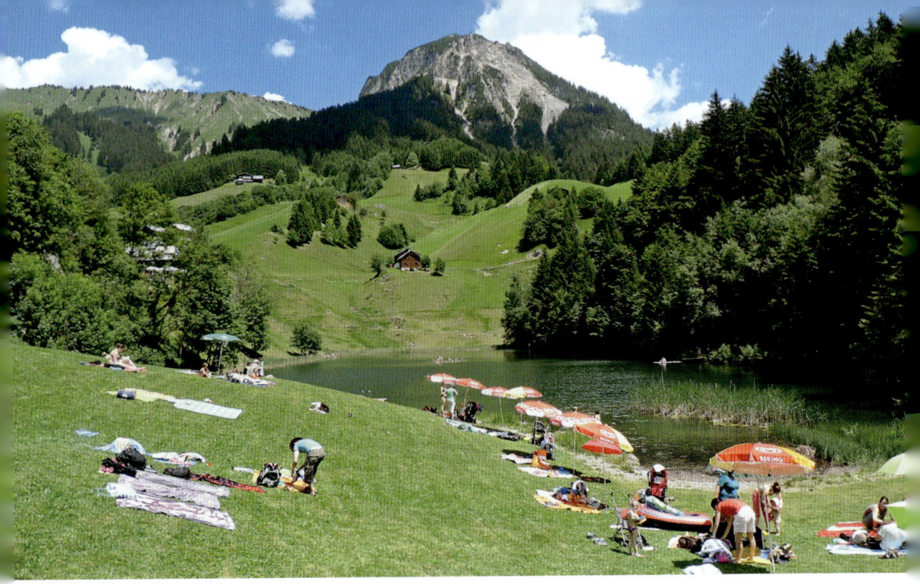

Sonnenschirme können im Seestüble gegen Entgelt ausgeliehen werden.

Vom **Parkplatz Fontanella Säge (1)** und dem Startpunkt des Seewaldsee-Bummelzuges folgen wir der asphaltierten, für den allgemeinen Verkehr gesperrten Straße, kommen am Sägahüsle mit seinem auf die Hausfront gemalten Mühlrad vorbei und wandern bald gemächlich ansteigend weiter. Wir spazieren an einem Schilderbaum (»Seewaldsee 35 Min.«) vorbei und staunen bald über das herrliche Gebirgspanorama vor uns. Wir passieren die Häuser der Parzelle **Garlitt (2)** und wenden uns am nächsten Schilderbaum rechts (»Seewaldsee 25 Min.«) in ein abwärtsführendes Sträßchen. In der ersten Rechtskurve biegen wir links in die weiter bergab führende Straße ein, überqueren nach fünf Minuten ein Bachtal, den sogenannten **Seewaldtobel (3)**, und folgen anschlie-

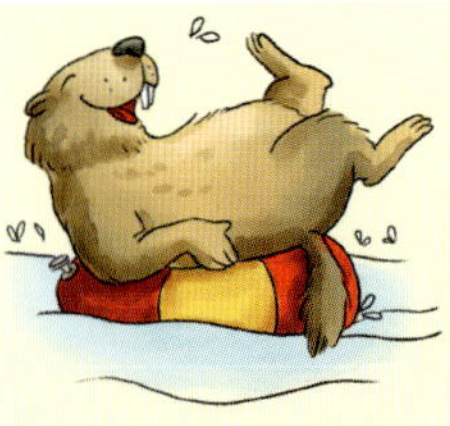

Hallo Kinder,

der während der letzten Eiszeit entstandene Seewaldsee ist ein herrlicher Platz zum Schwimmen und Planschen. Da der Wasserzufluss durch den kleinen Bach, der in den Seewaldsee mündet, sehr gering ist, erreicht dieser malerische Bergsee trotz seiner Lage auf über 1100 Metern im Sommer mit bis zu 25 Grad eine sehr angenehme Badetemperatur. Direkt am Badeplatz und in der Nähe der Bummelzug-Endhaltestelle gibt es jeweils eine Einkehrmöglichkeit mit Gerichten, die euch Kindern schmecken. In der Wirtschaft direkt am See wartet auch Steckerleis auf euch, während ihr euch im Gasthaus Seewaldsee leckeren Kaiserschmarren oder Apfelstrudel schmecken lassen könnt.

ßend der Straße wieder aufwärts. Weitere fünf Minuten später weist uns ein Schild in ein abwärtsführendes Sträßchen und wir erreichen schnell einen großen Schilderbaum beim **Gasthaus Seewaldsee (4)**. Wir wenden uns rechts und halten uns an der Wendestelle (Endhaltestelle) des »Seewaldsee-Bummelzuges« links.

Nun können wir entweder gleich wieder links in einen zum See führenden Pfad einbiegen und dann etwas abenteuerlich links oder rechts um den **Seewaldsee (5)** herumwandern, oder wir spazieren nach der Wendestelle auf einem Kiesweg geradeaus hinunter zum See, an dessen Ende eine recht große, geneigte Liegewiese wartet. Hier besteht auch eine Einkehrmöglichkeit im **Seestüble (6)**, wo auch Sonnenschirme gemietet werden können. Die kleinen Kinder freuen sich über das am südwestlichen Seeende flach abfallende Ufer, während größere Kinder, die bereits sichere Schwimmer sind (gegebenenfalls mit den Eltern) zu einer mitten im See befindlichen Holzplattform schwimmen können.

Nach einem entspannten Tag am See geht es dann auf dem Hinweg oder mit dem Seewaldsee-Bummelzug zurück zum **Parkplatz (1)**.

HIGHLIGHTS

- ★ Herrlich gelegener, natürlicher Badesee mit zwei Einkehrmöglichkeiten (u. a. Steckerleis) und Sonnenschirmverleih am See. Das Ufer am See fällt flach ab, für die größeren Kinder gibt es eine Schwimminsel.
- ★ Einfacher, kurzer Weg mit herrlicher Bergsicht über eine nur für Anrainer befahrbare Asphaltstraße (kinderwagengeeignet).
- ★ Kleiner Rundweg um den See auf überwiegend kleinen Pfaden.
- ★ Hin- und / oder Rückweg alternativ mit dem elektrischen Seewaldsee-Bummelzug.

Der Weg kann auch mit dem Seewaldsee-Bummelzug zurückgelegt werden.

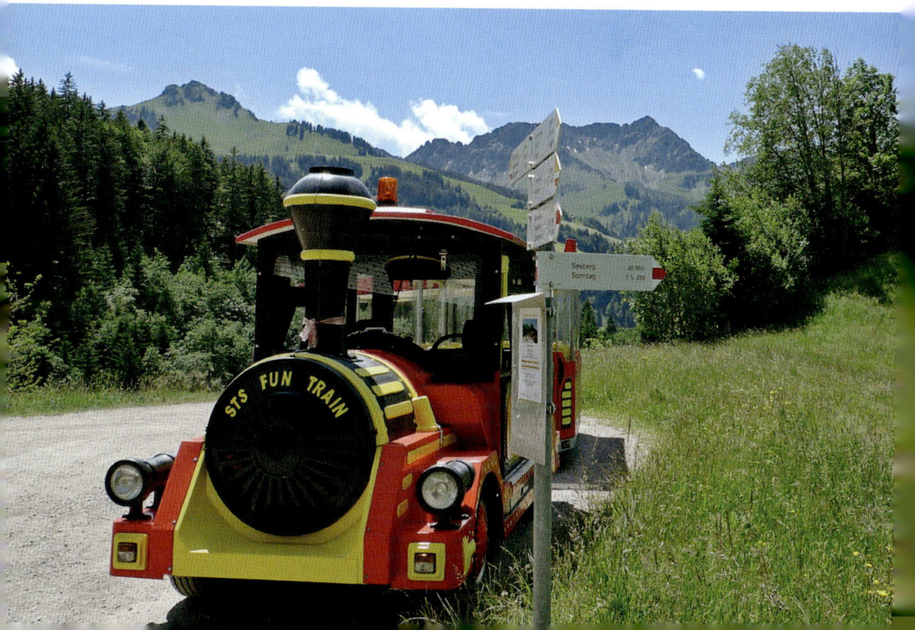

12 Staufenspitze, 1465 m

Von der Karrenbahn-Bergstation ab 11 J.

Aussichtsplattform und Wurzelweg

Die beliebte Karrenseilbahn bringt uns von der Gütlestraße in wenigen Minuten hinauf auf fast 1000 Meter Höhe zu einer tollen Aussichtsplattform mit viel Luft unter unseren Füßen – die Stahlkonstruktion ragt einige Meter freischwebend über den Abgrund hinaus. Von der Plattform oder dem direkt angeschlossenen Panoramarestaurant haben wir einen großartigen Bodenseeblick, ein Spielplatz sorgt zudem für Kurzweil für die kleineren Kinder. Mit Kindern ab 7 Jahren lässt sich von der Bergstation die Staufenspitze ohne größere Schwierigkeiten umrunden (siehe Variante), während der als »Nur für Geübte« gekennzeichnete Aufstieg zur Staufenspitze über einen steilen Wurzelweg Trittsicherheit und Schwindelfreiheit verlangt und ausschließlich bergerprobten Familien mit Kindern ab 11 Jahren vorbehalten bleibt.

KURZINFO

Ausgangspunkt: Parkplatz an der Karrenbahn in Dornbirn, 458 m (Navi: A-6850 Dornbirn, Gütlestraße 6).
Anfahrt: Von der Rheintal-Autobahn A 14 an der Ausfahrt Dornbirn Süd abfahren, den Kreisverkehr in Richtung Dornbirn-Zentrum auf der L 204 Lustenauer Straße verlassen, an der Kreuzung mit der L 190 geradeaus weiter in die Hintere Achmühlerstraße und nach der Brücke über die Dornbirner Ach rechts in die Gütlestraße. Die rechts der Straße liegende Karrenbahn mit Parkplätzen erreicht man nach 400 m.
Mit Bahn und Bus: Vom Bahnhof Dornbirn mit Landbus 47 oder mit Stadtbus 7 bis Haltestelle Karrenseilbahn.
Gehzeit: 3.30 Std.
Distanz: 7,5 km.
Höhenunterschied: 590 m.
Ausrüstung: Gut profilierte, knöchelhohe Bergschuhe (Rutschgefahr auf dem Wurzelpfad!).
Anforderungen: Ab 11 Jahren. Bei der Tour handelt es sich um die mit Abstand schwierigste des Buches. Der Aufstieg erfolgt auf einem weiß-blau (für schwierig) markierten, sehr steilen, wurzeligen, teilweise nur 2–3 m breiten Rücken, neben dem es steil in die Tiefe geht. Mit Kindern darf dieser Weg nur

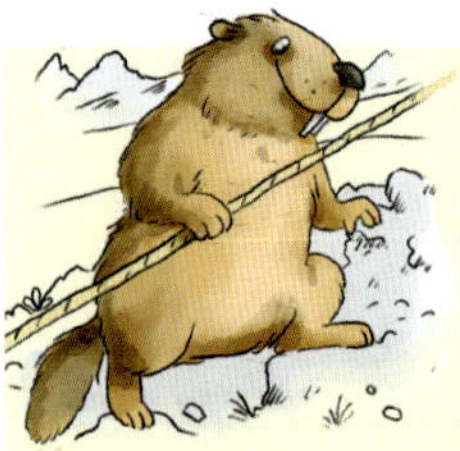

Hallo Kinder,

ich hoffe, ihr habt keine Höhenangst. Denn dann könnt ihr euch an der Bergstation der Karrenbahn auf die Aussichtsplattform wagen, die frei über den mehrere Hundert Meter tiefen Abgrund hinausragt. Wenn ihr euch zur Bergstation umdreht, könnt ihr ein kostenloses Foto von der automatischen Kamera machen lassen, das ihr euch dann am Abend oder auch noch Monate später auf der Internetseite der Karrenbahn herunterladen könnt (www.karren.at/besonderheiten/selfie-point).

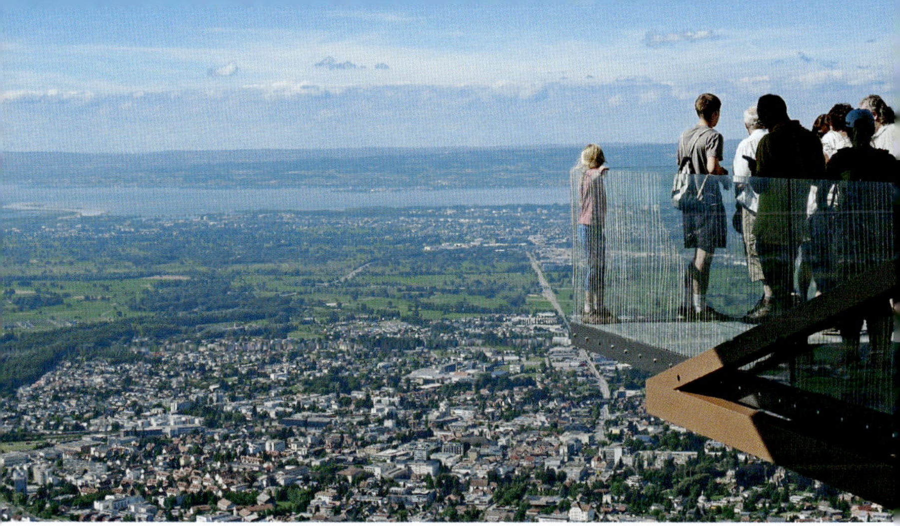

Toller Bodenseeblick von der frei über dem Abgrund schwebenden Plattform.

im Aufstieg begangen werden! Absolute Trittsicherheit und Schwindelfreiheit ist für Kinder wie begleitende Erwachsene erforderlich. Besonders bei Nässe besteht Rutschgefahr. Teilweise sind die Hände zum Kraxeln erforderlich. Für den Abstieg ist der rot-weiß markierte Pfad nach Schuttannen zu nehmen. Der vom Gipfel ebenfalls ausgeschilderte weiß-blaue Steig ist für Kinder zu gefährlich! Für Kinderwagen nicht geeignet.

Bergbahn: Karrenseilbahn, Sommerfahrzeiten Anfang Mai bis Anfang November, Mo.–Sa. 9–22 Uhr, sonntags 9–21 Uhr. Die Bahn fährt zu jeder vollen Viertelstunde. Diverse Familientarife siehe Internetseite (Tel. +43 5572 22140, www.karren.at).

Einkehr: Panoramarestaurant Karren, Alpen-Gasthaus Kühberg, Gasthof Schuttannen.

Variante: Mit Kindern ab 7 Jahren kann man die Staufenspitze umgehen (rote Tour, insgesamt ab und zur Bergstation Karrenbahn 230 Hm, 8,8 km, 2.45 Std.). Am Abzweig zum Wurzelpfad (4) folgen wir dazu geradeaus der Beschilderung »Staufenrunde, Staufenalpe 10 Min., Schuttannen 45 Min.«. Leicht ansteigend erreichen wir schnell die idyllisch gelegene Staufenalpe, in der man zur Almzeit gemütlich einkehren kann. Erst auf einem breiten Weg, dann auf einem Pfad wandern wir anschließend erst fast eben, später ansteigend weiter. Der Weg geht wieder in einen Forstweg über und wir erreichen – zuletzt abwärtsgehend – nach 40 Min. den Gasthof Schuttannen (6), von dem aus wir wie in der Hauptrunde beschrieben zur Bergstation der Karrenbahn zurückwandern.

Der Wurzelweg ist mitunter wesentlich steiler als das Foto vermuten lässt.

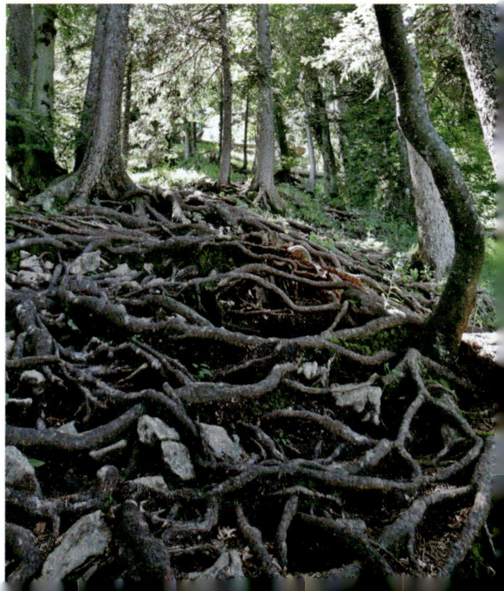

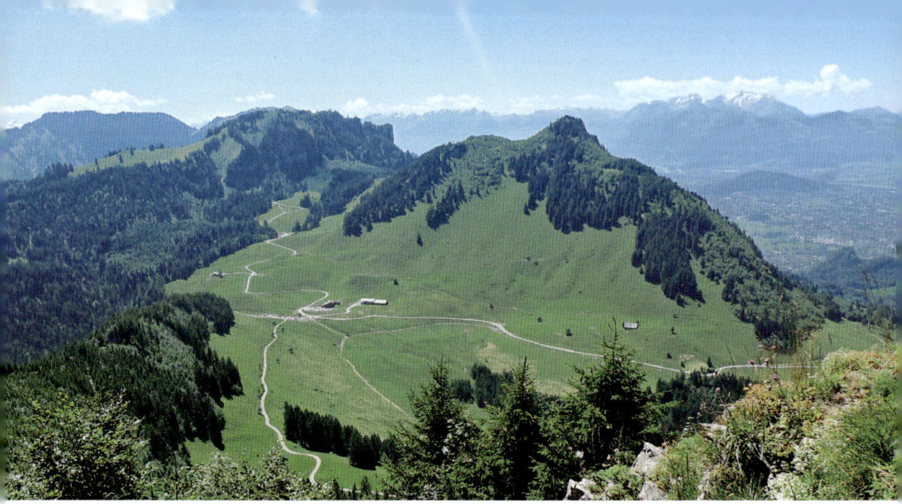

Blick vom Gipfel Richtung Säntis, links der Bildmitte der Gasthof Schuttannen.

Nach der Auffahrt mit der Großkabine von der **Talstation (1)** der Karrenbahn staunen wir schon an der **Bergstation (2)** über den fantastischen Blick – wer möchte, kann von der Aussichtsplattform auf Dornbirn und den dahinterliegenden Bodensee blicken. Wir gehen durch das Panoramarestaurant mit seinem für kleinere Kinder konzipierten Spielplatz und folgen am Schilderbaum bei der großen Wandertafel dem Wegweiser in Richtung Staufenspitze. Auf dem Kiesweg geht es erst einmal abwärts. An einer Verzweigung halten wir uns rechts und kommen ansteigend am **Alpen-Gasthaus Kühberg (3)** vorbei. Am nächsten Wegweiser wenden wir uns nach links (»Staufenspitze«) und wandern bald auf einem schmalen Bergpfad und über Stufen weiter. Kurz nachdem der Weg wieder breiter wird, zweigt rechts an einem Schilderbaum der fortan mit blau-weißen Schildern markierte **Pfad (4)** zur Staufenspitze ab. Auch wenn in der folgenden guten Stunde keine Drahtseile oder wirklich ausgesetzte Stellen auf uns warten, wird die Kennzeichnung »Nur für Geübte« diesem Weg sehr wohl gerecht. Der Weg ist fast durchweg sehr steil, ab und an müssen die Kinder mit ihren kürzeren Beinen die Hände zu Hilfe nehmen und sich an Wurzeln nach oben ziehen. Bitte Kinder darauf hinweisen, die Wurzeln auf Festigkeit zu prüfen! Auch gibt es nicht immer eine vorgegebene Wegführung, teilweise muss sich jeder selbst, die für sich beste Route suchen. In den ersten zwei Dritteln des Weges besteht keine Absturzgefahr rechts und links des Weges, es ist aber dennoch größte Vorsicht gebo-

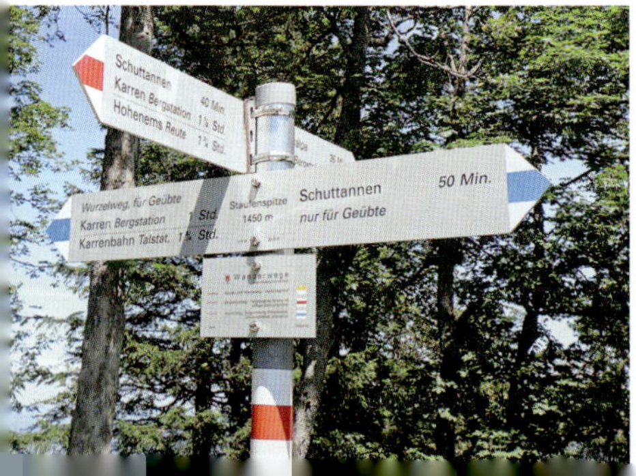

Der blau-weiße Steig hinunter zum Gasthof Schuttannen ist für Kinder zu gefährlich.

ten, da ein Ausrutschen dazu führen könnte, den steilen Anstiegsweg hinabzustürzen! Im letzten Drittel geht es dann am linken Wegrand zusätzlich senkrecht hinunter, der Wurzelpfad ist aber auch hier noch etwa 1.50–2 Meter breit, sodass man sich gut am rechten Rand halten kann. Eltern sollten beim Aufstieg über den Wurzelpfad unbedingt hinter den Kindern gehen.
Schließlich treten wir aus dem Wald und erreichen auf einem kleinen Pfad die mit einem Gipfelkreuz geschmückte **Staufenspitze (5)**. Die Aussicht ist fantastisch: Im Norden blickt man bis weit über den Bodensee ins Alpenvorland, vor uns breitet sich das Rheintal aus und im Osten grüßen die auch im Sommer noch schneebedeckten Gipfel des Altmann und Säntis im Alpsteingebirge.
Wem es auf dem kleinen Gipfel zu voll wird, kann ein paar Meter abwärtsgehen und auf einer kleinen Wiesenfläche Brotzeit machen. Dort steht auch ein Schilderbaum, an dem wir uns nach rechts in Richtung »Schuttannen 40 Min.« wenden und mit dem rot-weiß markierten Bergsteig den leichteren Abstiegsweg wählen. *(Hinweis: Der geradeausführende, mit »Nur für Geübte« gekennzeichnete Pfad nach Schuttannen ist ein Gratweg, auf dem auch Felsen überklettert und eine kleine*

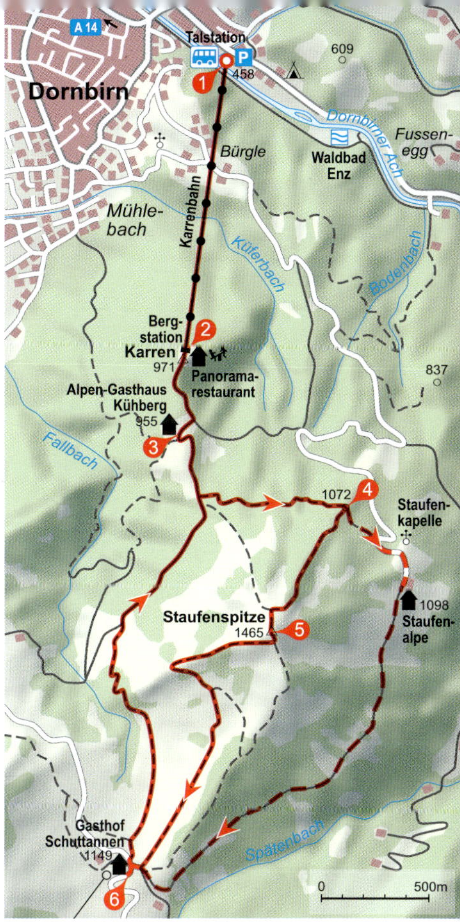

Leiter gemeistert werden müssen. Unseres Erachtens ist dieser Weg mit Kindern zu gefährlich!)
Auch bei dem leichteren Abstieg ist Vorsicht geboten, da dieser im obe-

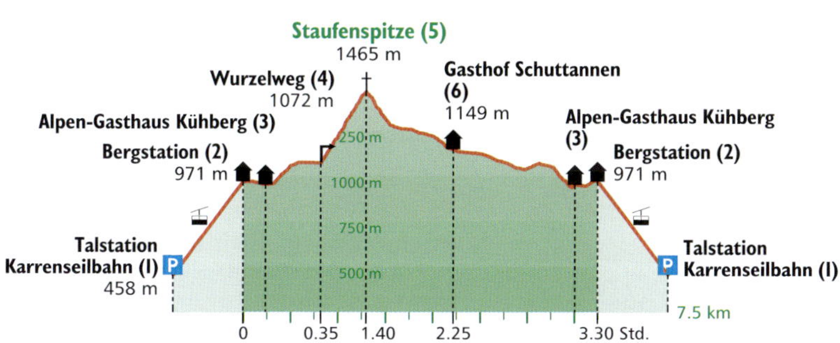

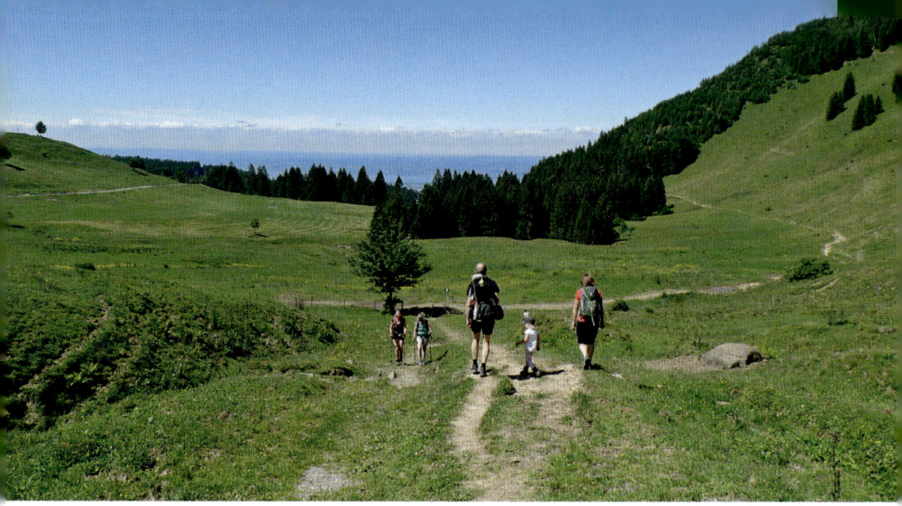

Schöner Wiesenweg auf der Schlussetappe zurück zur Karrenseilbahn.

ren Bereich ziemlich steil ist, mit Wanderstöcken tut man sich hier wesentlich leichter. Wichtig ist, dass die Eltern auf diesem Wegstück vor den Kindern gehen.
Nach etwa 25 Minuten stoßen wir auf einen breiteren, gemütlichen Weg, hier wenden wir uns links, kommen bald an zwei Rastbänken vorbei, schwenken nach rechts und erreichen über einen Kiesweg in 20 Minuten den **Gasthof Schuttannen (6)**.
Unser Rückweg beginnt unterhalb des Parkplatzes (Achtung, die Beschilderung ist hier ungünstig, da der Hinweis am ersten Schilderbaum, von der Staufenspitze kommend, kurz vor dem Gasthaus fehlt!) und führt nun auf barfußfreundlichem Untergrund über eine Wiesenfläche. Bald spazieren wir über einen kleinen Bach. Zehn Minuten später geht der Weg in einen Bergpfad über, der durch Wald schön abwärtsführt und schließlich in einen Kiesweg übergeht. An einer Verzweigung wandern wir geradeaus (»Kühberg«), der Weg steigt nochmals an, dann kommen wir wieder an die Stelle, an der wir auf dem Hinweg Richtung Staufenspitze abgebogen sind. Auf bekanntem Weg erreichen wir über das **Alpen-Gasthaus Kühberg (3)** die **Bergstation (2)**, von der wir wieder mit der Seilbahn hinunter zur **Talstation (1)** schweben.

HIGHLIGHTS

- ★ Toller Ausblick von der Bergstation der Karrenbahn (hier auch Panoramarestaurant und Spielplatz) auf den Bodensee, u. a. von einer frei über dem Abgrund schwebenden Aussichtsplattform.
- ★ Spannende Tour mit Kraxeleinlage auf einem sehr steilen Wurzelweg.
- ★ Nach der Tour: Baden im nahe gelegenen Waldbad Enz (ca. 800 m rechts der Karrenbahn-Talstation) mit Sportbecken mit Gegenstromanlage, Sprungbecken, Erlebnisbecken und Kleinkindbecken sowie 63-m-Wasserrutsche. Auf größere Kinder warten Beachvolleyball-Felder, Billard und Tischtennis. Geöffnet von Mitte Mai bis ca. 10. Sept. 8.30–19.45 Uhr (Gütlestraße 16, A-6850 Dornbirn, Tel. +43 5572 20850, www.waldbadenz.at).

Durch das Alploch zum Kirchle

Vom Gütle durch die Rappenlochschlucht

ab 7 J.

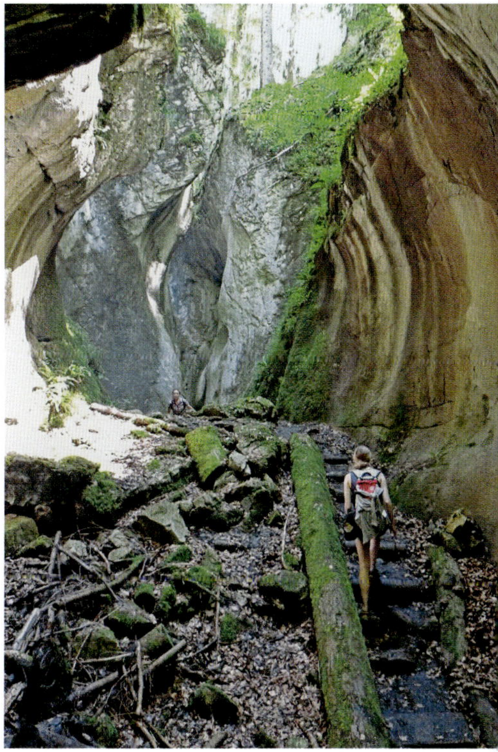

Vom Wasser glatt geschliffene Felsen kurz vor dem Kirchle.

Spannende Wanderung durch Schlucht und Klamm

Vom über 50 Meter hohen Mammutbaum am Gütle bei Dornbirn bietet sich besonders im Frühjahr und nach längeren Regenfällen wegen der dann großen Wassermengen eine kurzweilige Familienwanderung durch die Rappenloch- und die Alplochschlucht zum Kirchle an. Letzteres ist ein imposantes Naturdenkmal aus Fels, das am Ende der letzten Eiszeit vom Schmelzwasser eines Gletschers geschaffen wurde. Heute ist diese kleine Klamm nicht mehr von Wasser durchflossen und man kann hindurchwandern. Unterwegs lädt eine flache Stelle an der Dornbirner Ach zu einer schönen Rast ein. Mit kleineren Kindern kann man die Tour abkürzen und auf den etwas anstrengenden Anstieg zum Kirchle verzichten. Zurück geht es dann, unabhängig davon, ob man das Kirchle mitnimmt oder nicht, mit dem Bus, wobei man je nach Variante zwischen drei Abfahrtsstellen wählen kann. Mit größeren Kindern besteht auch die Möglichkeit, zu Fuß zum Gütle über die Amannbrücke zurückzuwandern. Am Ausgangspunkt kann man dann noch dem Rolls-Royce- oder dem Krippenmuseum einen Besuch abstatten, im Gasthof Gütle mit Gastgarten und Spielplatz gemütlich einkehren oder im Sommer an mehreren Stellen in der Kobelach oder der Dornbirner Ach ein erfrischendes Bad nehmen. An der Gütlestraße lockt aber auch das Waldbad Enz mit seiner 63-m-Wasserrutsche und vier Becken.

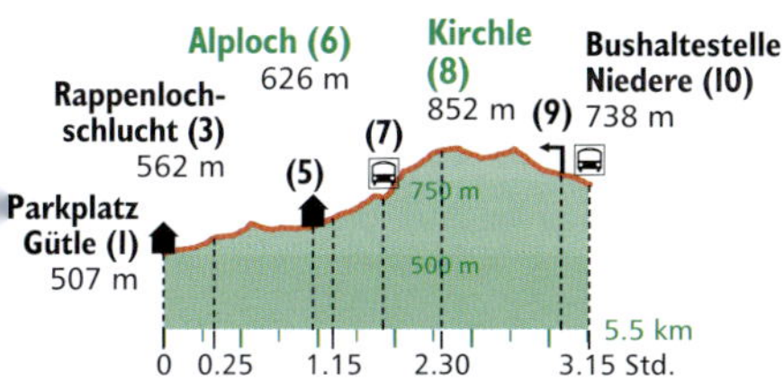

KURZINFO

Ausgangspunkt: Parkplatz Gütle, 507 m (Navi: A-6850 Dornbirn, Gütle 15).
Anfahrt: Auf der A 14 bis Ausfahrt Dornbirn Süd. Der Beschilderung zum Rolls-Royce-Museum folgen, indem man den Kreisverkehr auf der L 204 (Lustenauer Straße) verlässt, an der Kreuzung mit der L 190 geradeaus weiter in die Hintere Achmühlerstraße und nach der Brücke über die Dornbirner Ach rechts in die Gütlestraße fährt. An der Karrenseilbahn und am Waldbad Enz vorbei und kurz vor der Brücke über die Dornbirner Ach links zum Parkplatz Gütle.

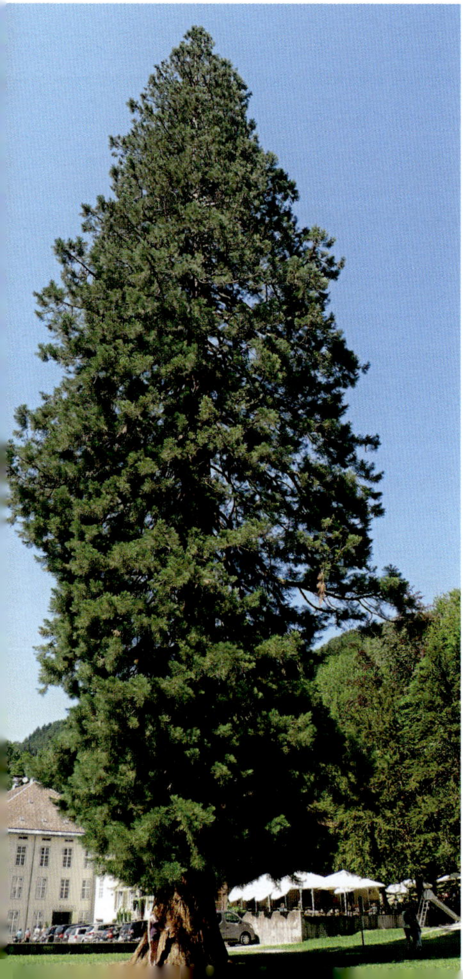

Mit Bahn und Bus: Vom Bahnhof Dornbirn mit Landbus 47 bis zur Haltestelle Gütle.
Gehzeit: 3.15 Std.
Distanz: 5,5 km.
Höhenunterschied: 420 m im Aufstieg, 190 m im Abstieg.
Ausrüstung: Gut profilierte Wanderschuhe, im Sommer eventuell Badesachen. Nach starkem Regen eventuell Regenschutz für das Alploch mitnehmen.
Anforderungen: **Ab 7 Jahren.** Nur Rappenlochschlucht und Alploch ab 6 Jahren. Der Weg oberhalb der Rappenlochschlucht verläuft auf einer Metall-Holzkonstruktion, der Weg durch das Alploch teilweise auf Holzstegen. Steiler Aufstieg zum Kirchle auf einem naturbelassenen Bergpfad. Nicht für Kinderwagen geeignet.
Einkehr: Gasthof Gütle, Rappenlochstadl, Jausenstation Kraftwerk Ebensand (Kiosk).
Variante: Wanderung mit Kindern ab 10 Jahren vom Schilderbaum an der Asphaltstraße (9) zurück zum Gütle (zusätzliche Gehzeit 1.30 Std., 3,8 km, blaue Tour). Hinweis: Bis auf die Amannbrücke hat diese Variante nicht allzu viel Abwechslung für Kinder zu bieten. Wir wenden uns am Schilderbaum rechts in die steil aufwärtsführende Straße (Beschilderung »Gütle«) und verlassen diese nach etwa 350 m nach links (beschildert) in einen Kiesweg. Eine halbe Stunde später folgen wir an einem Wegweiser (»Gütle über Amannbrücke«) dem Kiesweg (links könnte man hier auf einem bald zum schönen Bergpfad werdenden Weg hinunter zur Rappenlochbrücke wandern und von dort mit dem Bus 47 zurück zum Gütle fahren) und spazieren bald darauf über die überdachte Amannbrücke, eine sehenswerte Holzbrücke, die uns hier über die Kobelach führt. Nun geht es erst auf einem kleineren Weg weiter, danach weiterhin bestens ausgeschildert auf einem Kiesweg zurück zum Gütle.

Der imposante Mammutbaum am Gütle ist über 50 Meter hoch.

In der Alplochschlucht kann man Regensachen oft gut gebrauchen.

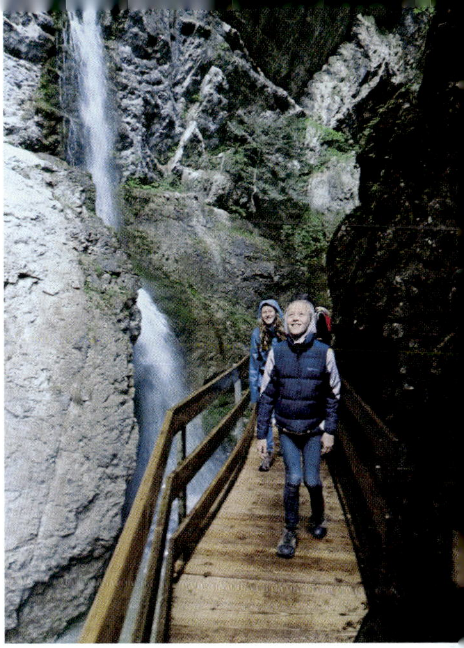

Vom **Parkplatz Gütle (1)** gehen wir zu dem imposanten Mammutbaum, staunen über seine Größe und seinen Umfang und spazieren weiter zu dem gleich danebenliegenden Brunnen. Dort wenden wir uns (vom Baum kommend) nach links, gehen ein paar Treppenstufen hinauf und schwenken mit der Beschilderung »Rappenlochschlucht 10 Min.« nach rechts. Der aufwärtsführende Kiesweg bringt uns auf eine Asphaltstraße, wir biegen rechts ein, verlassen diese aber bereits wieder nach 50 m nach rechts (»Rappenlochschlucht«) in einen entlang eines großen Wasserrohres verlaufenden Kiesweg. Nach wenigen Minuten marschieren wir am bewirtschafteten **Rappenlochstadl (2)** vorbei und wandern weiter auf einer schmalen Holzbrücke, die uns über die Kobelach führt. Im Hochsommer – bei Niedrigwasser – ist dieser Bach mit seinen Vertiefungen im Bachbett ein beliebter Badeplatz (vor der Brücke führt ein kleiner Pfad hinunter zum Wasser). Wir kommen an dem Wasserfall der Rappenlochschluchtsperre vorbei. Im Frühjahr und nach längerem Regen donnert hier das Wasser die Felsstufe hinunter, während im Hochsommer oft nur ein kleines Rinnsal übrig ist. Wir befinden uns nun in der **Rappenlochschlucht (3)** und überqueren auf einer Brücke die Dornbirner Ach. Nach der Brücke können wir links in drei Minuten einen Aussichtspunkt (Sackgasse) mit gutem Blick in die Schlucht erreichen. Der eigentliche Weg führt uns aber nach der Brücke rechts, da er nicht unten durch die Schlucht, sondern oben herumführt. Er steigt nun – teils gestuft – kräftig an, dreht dann nach

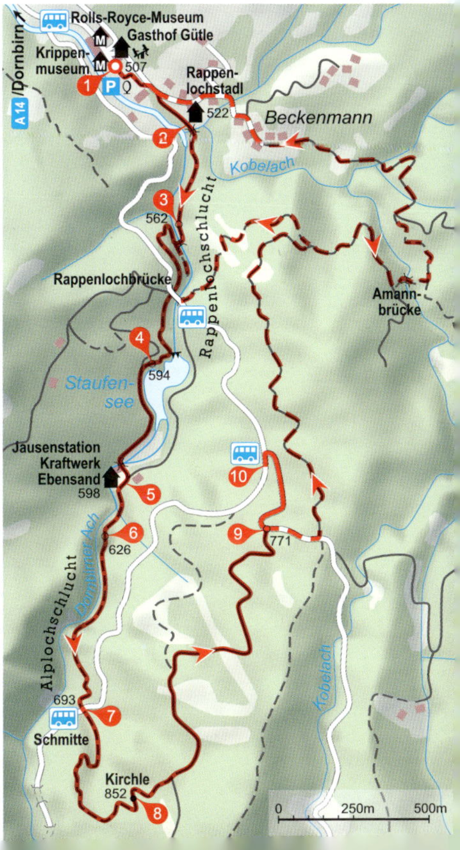

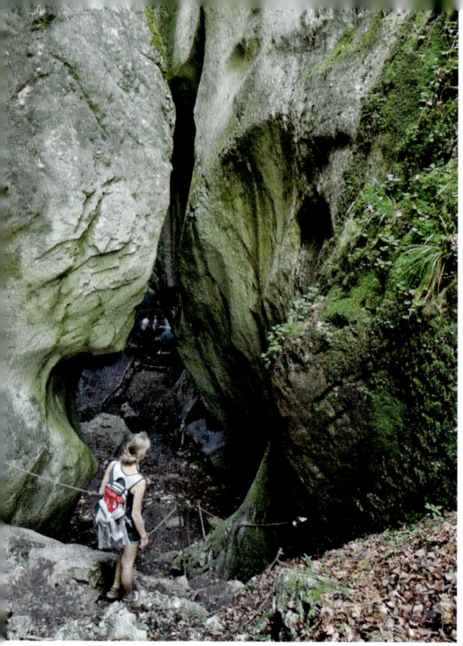

Drahtseilgesichert geht es ein paar Meter hinab zum Kirchle.

links und führt unmittelbar auf einer Metall-Holzkonstruktion an der oberen Schluchtwand entlang, bevor es wieder abwärtsgeht. An einer Verzweigung besteht die Möglichkeit, links einen Abstecher in die Schlucht zu einem weiteren Aussichtspunkt zu machen, weiter geht es aber nach rechts. Wir kommen zur Staumauer des Staufensees, unter der ein imposanter Wasserfall in die Tiefe rauscht, gehen aber nicht über die Brücke, sondern folgen am Schilderbaum dem Wegweiser geradeaus Richtung Alploch und Kirchle. Wir spazieren am künstlich aufgestauten **Staufensee (4)** (keine Bademöglichkeit!) entlang und wandern gut zehn Minuten später über eine Holzbrücke. Zu unserer Linken befindet sich hier eine flache Bachstelle mit Kiesbänken, die sich hervorragend zum Rasten und Spielen im und am Wasser eignet.

Nach der Brücke wartet die **Jausenstation Kraftwerk Ebensand (5)**, ein großer Kiosk mit Getränken, Eis und kleinen Speisen auf große und kleine Wanderer. Wir gehen am unmittelbar beim Kiosk befindlichen Kraftwerk Ebensand vorbei, halten uns rechts und befinden uns wenige Minuten später bereits in der besonders nach Regenfällen und im Frühjahr während der Schneeschmelze beeindruckenden **Alplochschlucht**

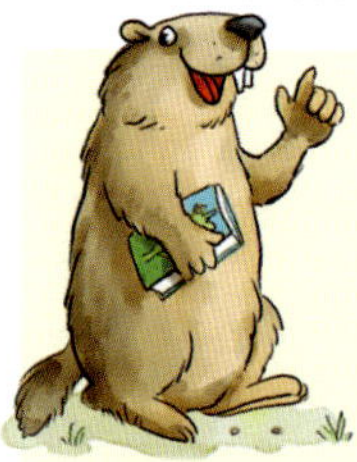

Hallo Kinder,

das sogenannte Kirchle ist kein Gotteshaus, sondern ein in der letzten Eiszeit durch Gletscherschmelzwasser ausgewaschenes, steinernes Naturdenkmal. Damals war das Kirchle eine richtige Klamm mit tosendem Wasser. Heute fließt jedoch kein Wasser mehr durch das Kirchle, sodass wir die kleine Klamm entlang des früheren Wasserdurchflusses durchwandern können. Dabei sieht man genau die Auswaschungen und kann mit den Händen den glatten Stein fühlen. Im hinteren Teil der Klamm verengen sich die Felsen und bilden einen halb offenen hohen Raum, der an ein Kirchengewölbe erinnert. So entstand der Name für dieses spannende Naturphänomen. Etwa 70 Meter oberhalb des Kirchle gibt es auch noch einen steinernen Bogen zu bestaunen, der vom Inneren des Kirchle sehr gut erkennbar ist. Wer von euch wird ihn wohl als Erster entdecken?

(6). Auf Holzstegen wandern wir über dem Wasser zwischen den engen, teilweise überhängenden Felswänden hindurch, von denen nach Regenfällen an mehreren Stellen kleine Wasserfälle in die Schlucht stürzen.

Zehn Minuten später ist das Spektakel vorbei, und wir wandern nun auf einem angenehmen Kiesweg in 15 Minuten hinauf zur **Bushaltestelle Schmitte (7)**. Wer die Tour hier bereits beenden möchte, überquert die Ebniter Straße und fährt von hier mit dem Bus 47 Richtung Dornbirn zurück zum Gütle. Die anderen folgen dem Wegweiser nach Überqueren der Straße zum Kirchle geradewegs auf einem schönen Pfad den Hang aufwärts. Der Weg führt steil bergan, hier kommen Kinder wie Erwachsene schnell ins Schwitzen. Nach etwa 35 Minuten wird der Weg plötzlich flacher und führt schließlich eindrucksvoll durch eine wasserlose Klamm mit ausgewaschenen Felswänden, durch die vor vielen Tausend Jahren das letzte Mal Wasser geflossen ist, mit einer Drahtseilsicherung hinab ins **Kirchle (8)**. Der imposante Felsenraum, der tatsächlich an eine Kirche erinnert, versetzt die ganze Familie in Staunen. Leider kommt es hier vereinzelt vor, dass rücksichtslose Zeitgenossen im Kirchle ein Feuer anzünden, wodurch sich erhebliche Mengen Rauch in dem Felsenareal bilden und anderen Wanderern ihr persönliches Kirchleerlebnis verleiden.

Wir gehen durch das Kirchle hindurch, verlassen es auf der anderen Seite und folgen nun erst etwas aufwärtsgehend, dann überwiegend abwärts einem breiten Kiesweg in

HIGHLIGHTS

- ★ Über 50 Meter hoher Mammutbaum am Ausgangspunkt.
- ★ Abwechslungsreiche Wanderung entlang der Rappenlochschlucht und durch das Alploch, teilweise auf Bretterstegen und mit Spielmöglichkeit am Wasser.
- ★ Spannender Aufstieg auf einem Bergpfad zum auch Kinder beeindruckenden Kirchle. Kurz vor dem Kirchle wandert man ein Stück durch eine ehemalige Klamm mit glatt geschliffenen Felswänden.
- ★ Spielplatz am Gasthof Gütle.
- ★ Bademöglichkeit im Sommer bei Niedrigwasser am Ausgangspunkt in den Vertiefungen der Kobelach oder der Dornbirner Ach.
- ★ Nach der Tour: Rolls-Royce-Museum und Krippenmuseum direkt am Parkplatz Gütle (www.rolls-royce-museum.at; www.krippenmuseum-dornbirn.at).
- ★ Nach der Tour: Besuch im Waldbad Enz (siehe Tour 12; erreichbar mit Bus 7 und 47).

35 Minuten bis zu einem Teersträßchen mit einem **Schilderbaum (9)**. Hier wenden wir uns links abwärts Richtung **Bushaltestelle Niedere (10)** *(Hinweis: Alternativ kann man rechts aufwärts einbiegen und zu Fuß zum Gütle zurückwandern; siehe Variante)* und können nach 10 Minuten von der Ebniter Straße mit dem Bus 47 zum **Gütle (1)** zurückfahren.

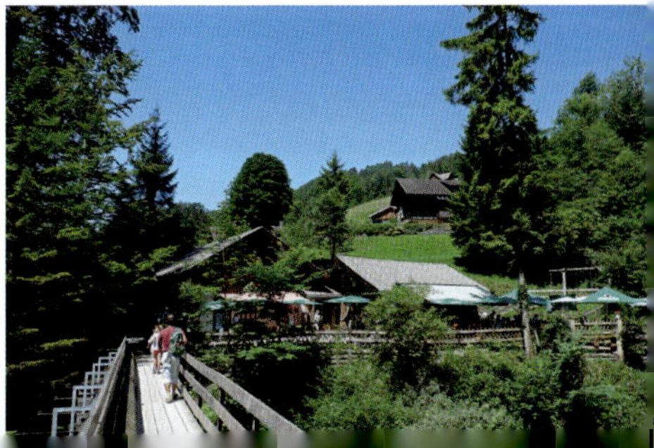

Der Rappenlochstadl liegt unmittelbar oberhalb der Kobelach.

14 Damülser Mittagspitze, 2095 m

Von Damüls

ab 8 J.

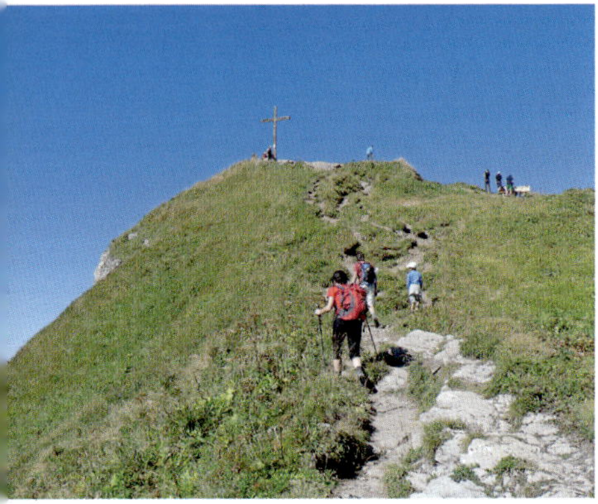

Schlussanstieg zum Gipfel.

Kletterspaß mit Seilsicherungen
Vom hoch gelegenen Bergdorf Damüls bietet sich eine schöne Gipfeltour auf die markante Damülser Mittagspitze über einen im oberen Bereich felsigen Bergsteig an, die man bereits mit bergerfahrenen Kindern ab 8 Jahren angehen kann. Der Steig ist weiß-blau markiert, was »Nur für Geübte« bedeutet, daher ist absolute Trittsicherheit und etwas Schwindelfreiheit vonnöten. Dank der guten Seilsicherungen handelt es sich eher um eine leichte schwarze Tour, die man allerdings mit Kindern nur bei trockenem Untergrund begehen sollte, da die Felsen bei Nässe rutschig sein können. Vom Anstiegsweg sieht man sehr schön die einzelnen Gesteinsschichten, aus denen das Felsmassiv besteht (siehe auch Hallo-Kinder-Kasten). Wir kürzen den Aufstieg durch die Auffahrt mit der 4er-Sesselbahn Uga-Express ab, den Abstieg bestreiten wir dann aber (im unteren Bereich über schöne Almweiden) komplett zu Fuß.

Die markante Damülser Mittagspitze ist von der Bergstation nicht zu verfehlen.

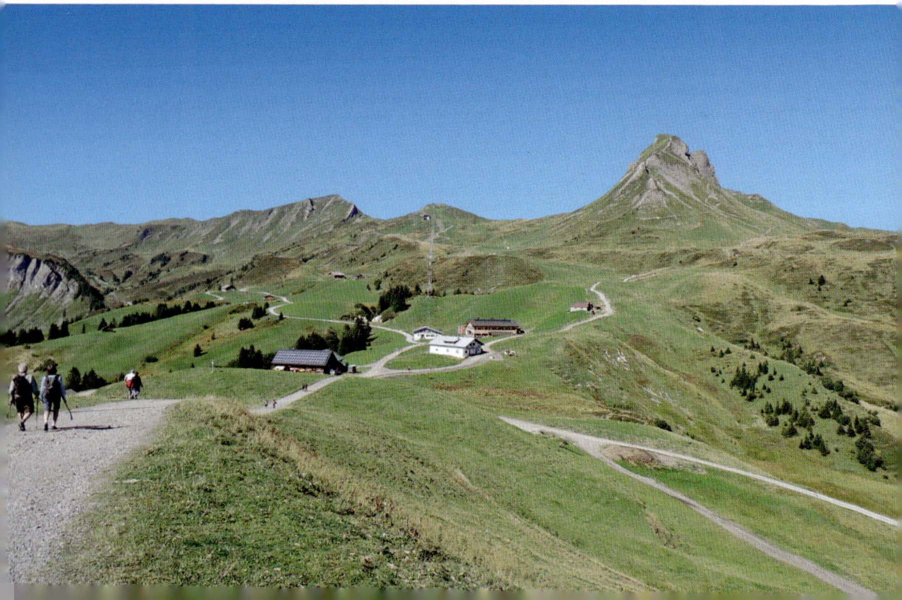

KURZINFO

Ausgangspunkt: Großer Parkplatz an der Talstation des Uga-Express, 1372 m (Navi: A-6884 Damüls, Damüls 74).
Anfahrt: Auf der A 14 bis Ausfahrt Dornbirn-Nord / Bregenzerwald und weiter durch den Achraintunnel nach Alberschwende. Weiter über die Bregenzerwaldstraße über Mellau nach Au und dort rechts über eine Bergstraße hinauf nach Damüls und zum ausgeschilderten Uga-Express.
Mit Bahn und Bus: Vom Bahnhof Dornbirn mit Bus 40 bis Au Postamt und dort umsteigen in Bus 43 und bis Damüls Uga-Lift fahren.
Gehzeit: 3.20 Std.
Distanz: 6,5 km.
Höhenunterschied: 270 m im Aufstieg, 720 m im Abstieg.
Ausrüstung: Gut profilierte knöchelhohe Bergschuhe, Sonnenschutz (der Anstiegsweg ab der Uga-Express-Bergstation liegt komplett in der Sonne).
Anforderungen: Ab 8 Jahren. Der weiß-blau (»Nur für Geübte«) markierte Anstieg zum Gipfel ist mitunter sehr steil und teilweise mit Seilsicherungen versehen. Absolute Trittsicherheit und Schwindelfreiheit erforderlich. Bei Nässe besteht Rutschgefahr! Der Weg zum Speichersee und der Abstieg von der Berg- zur Talstation ist leicht und bereits für Kinder ab 4 Jahren geeignet. Nicht kinderwagengeeignet.
Bergbahn: Uga-Express (4er-Sesselbahn) der Damülser Seilbahnen GmbH, täglicher Betrieb von Mitte Juni bis Anfang Oktober, ab Mitte Mai/im Oktober Wochenendbetrieb (bei gutem Wetter), 9–16.45 Uhr, Mo.–Fr. 12.35–13.30 Uhr Mittagspause (Tel. +43 5510 600-0).
Einkehr: Berggasthof Elsenalpstube, Michl's Sennhütte, Uga-Alp, Gasthaus Walisgaden.

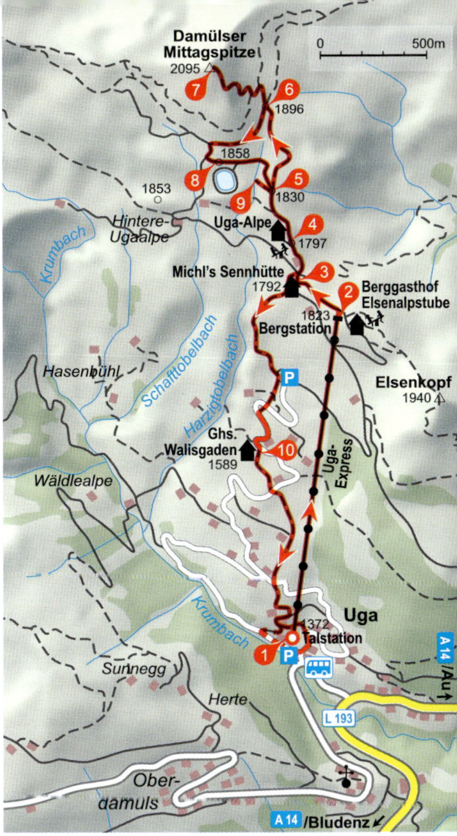

Nach der Auffahrt von der **Talstation (1)** mit dem Uga-Express (verlangsamte Fahrt bei Ein- und Ausstieg) zur **Bergstation (2)** mit dem großen Berggasthof Elsenalpstube (Kaninchengehege, Spielplatz) wenden wir uns links (»Mittagspitze für Geübte«). Auf einem breiten Kiesweg wandern wir nun in wenigen Minuten abwärts zur bewirtschafteten **Michl's Sennhütte (3)** und schwenken dort nach rechts. Wir kommen an einem Abzweig zur fast am Weg liegenden, bewirtschafteten **Uga-Alpe (4)** (Spielplatz, Trampolin) vorbei, gehen geradeaus weiter und verlassen am nächsten **Wegweiser (5)** den breiten Kiesweg in einen rechts abzweigenden schmaleren Weg, der uns bald direkt auf die Mittagspitze zuführt. An der nächsten Verzweigung halten wir uns am **Wegweiser (6)** halb links und folgen nun dem weiß-

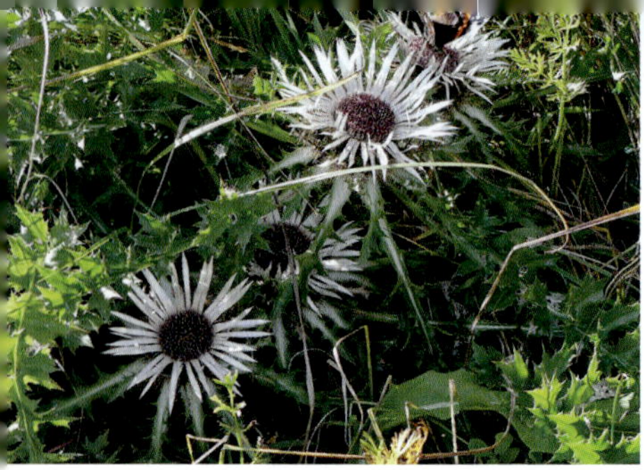

Silberdisteln sind geschützt.

blau-weiß markierten Weg, der sich schon nach wenigen Minuten in einen steil ansteigenden Bergsteig wandelt. Schnell wird es zur Freude der Kinder richtig felsig, teilweise muss man nun die Hände zu Hilfe nehmen, etwas weiter oben ist der mitunter schmale Steig dann mit einem dicken Seil zum Festhalten gesichert. Nach einem kurzen fast senkrechten Stück erreichen wir einen recht steilen, breiten, felsigen Grat, auf dem wir nun schnell an Höhe gewinnen. 15 Minuten später stehen wir bereits auf dem kreuzgeschmückten Gipfel der **Damülser Mittagspitze (7)**, den wir zuletzt über einen unproblematischen kleinen Pfad erreichen. Von hier oben genießen wir einen fantastischen uneingeschränkten Rundblick, bei sehr klarer Sicht kann man sogar im Norden den Bodensee erkennen.

Der Rückweg erfolgt erst einmal auf dem Hinweg, beim Abstieg gehen nun unbedingt die Eltern vor den Kindern. Bitte auf jeden Fall die Kinder dazu anhalten, sich an den Seilsicherungen festzuhalten und konzentriert einen Fuß vor den anderen zu setzen. Wir wollen nun noch dem vom Gipfel aus gut sichtbaren kleinen Speichersee einen Besuch abstatten und schwenken hierzu,

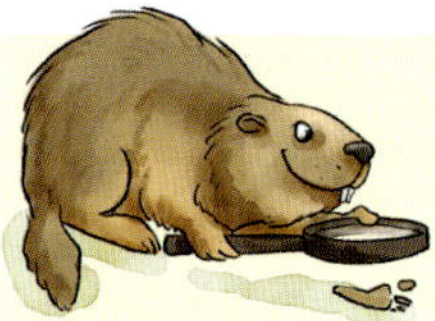

Hallo Kinder,

an der Damülser Mittagspitze kann man einen kleinen Blick in die Entstehungsgeschichte der Alpen werfen. Dort, wo heute die Alpen in die Höhe ragen, war früher ein großes, flaches Meer. In dem Meer lebten viele Tiere und Pflanzen, deren Ausscheidungen, kalkhaltige Schalen (z. B. Muscheln) und andere Überbleibsel auf den Meeresboden sanken. Diese Ablagerungen versteinerten mit der Zeit durch Druck und Hitze. Als vor etwa 50 Millionen Jahren unter dem Meer die afrikanische Platte immer stärker gegen die europäische Platte drückte, entstand ein so hoher Druck, dass sich aus den Ablagerungen des Meeres die Alpen auffalteten. Wenn ihr vom Anstiegsweg zur Damülser Mittagspitze, kurz bevor es richtig steil wird, nach links seht, könnt ihr an den dortigen Felsen verschiedene Gesteinsschichten entdecken, die in Form des Felsens gefaltet und gebogen sind, und vielleicht ein wenig die gewaltigen Kräfte erahnen, die hier gewirkt haben.

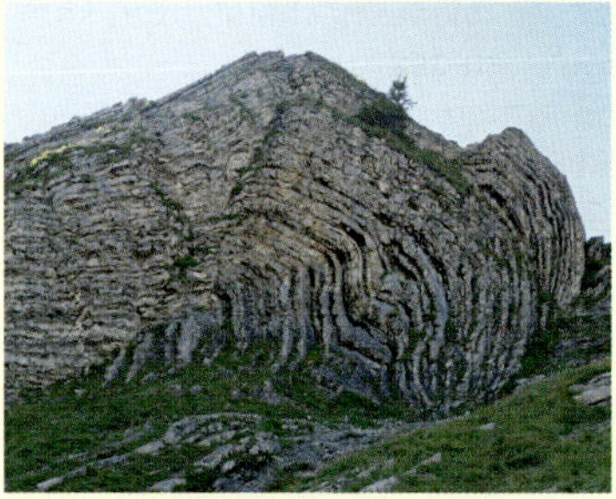

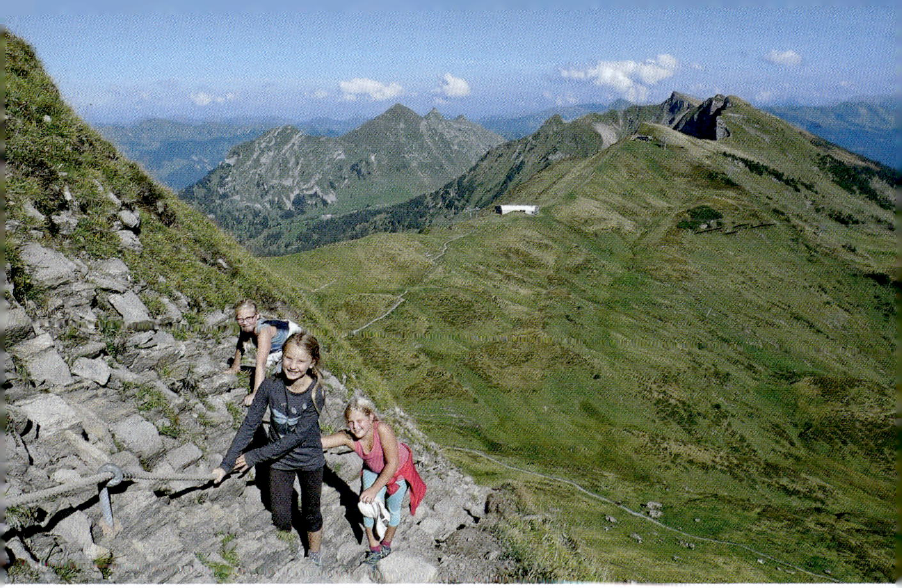

Der steile, felsige Bergsteig zum Gipfel ist mit einem Seil gesichert.

nachdem wir den felsigen Steig hinter uns gelassen haben, fast ganz unten am **Wegweiser (6)** rechts (allerdings ohne Schild) über die Wiese zu einem nach etwa 20 m beginnenden Pfad. *(Hinweis: Vom felsigen Bergsteig geht zweimal weiter oben scheinbar ein Pfad in Richtung des Speichersees ab. Beide Pfade führen aber lediglich um die Mittagspitze herum und nur auf einem größeren Umweg zum See.)*
Der Weg verläuft bald erhöht parallel zum See und führt uns auf einen Kiesweg. Hier wenden wir uns nach links und bei der nächsten Gelegenheit wieder nach links und kommen so an den künstlich angelegten **»Schneekanonensee« (8)**. Leider gibt es hier keinen Zugang zum Wasser. Wir folgen dem Weg im Uhrzeigersinn am See entlang, verlassen aber das Wasser an der nächsten Weggabelung, indem wir uns links und gleich wieder rechts halten. Der Weg führt über einen Bach und zieht nach rechts. Kurz bevor wir wieder auf den vom Hinweg bekannten **Wegweiser (5)** treffen, können wir rechts über die Wiese hinunter zu dem hier mit großen Natursteinen eingefassten **Bach (9)** gehen – ein schöner Spielplatz für die Kinder (Achtung, links fällt das Bachbett bald steil ab).
Zurück am **Wegweiser (5)** wandern wir auf dem Hinweg, vorbei an der **Uga-Alpe (4)**, zu **Michl's Sennhütte (3)** zurück und biegen kurz vor dieser nun rechts ein (Wegweiser am Schilderbaum gegenüber: »Walis-

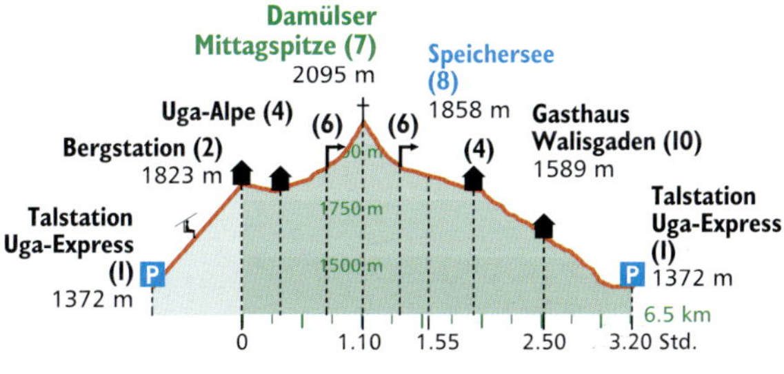

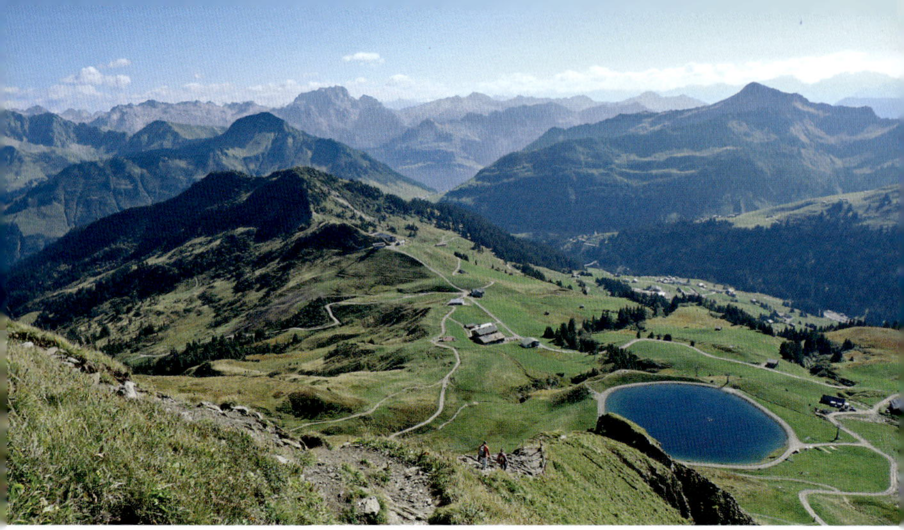

Blick auf den Speichersee und die Berge des Bregenzerwaldes.

gaden 30 Min., Talstation Ugalift 50 Min.«). Wir gehen unmittelbar neben dem Gebäude vorbei, dann wandern wir auf einem Karrenweg, der schnell in einen Wiesenweg übergeht, gemächlich abwärts. Kurz bevor wir die Bäume erreichen, nimmt uns links ein schmaler Weg auf, der uns zuletzt über einen breiteren Kiesweg zu einem kleinen Parkplatz führt. Dort biegen wir rechts in einen kleinen Pfad ein,

HIGHLIGHTS

- ★ Auffahrt mit der 4er-Sesselbahn Uga-Express.
- ★ Spannende Tour auf einem mit Drahtseilen gesicherten Bergsteig hinauf zu einem grandiosen Aussichtsberg mit Rundblick.
- ★ Mehrere Einkehrmöglichkeiten; Spielplätze am Berggasthof Elsenalpstube (hier auch Kaninchen und Ziegen) und der Uga-Alpe.
- ★ Teilweise barfußtauglicher Abstieg vom Gasthaus Walisgaden zur Talstation des Uga-Express überwiegend auf kleinen Pfaden und Wiesenwegen.

überqueren einen Kiesweg und die Asphaltstraße und wandern zuletzt auf der Asphaltstraße zum **Gasthaus Walisgaden (10)** mit schöner Panorama-Holzterrasse.

Unterhalb der Wirtschaft zweigt rechts von der Asphaltstraße wiederum ein kleiner Pfad ab, in den wir nun einbiegen. Der wunderschöne barfußgeeignete Wiesenpfad führt uns über die Kuhweiden abwärts, wobei wir zweimal die Asphaltstraße überqueren und schließlich auf einen Kiesweg stoßen. Wir folgen dem Wegweiser nach rechts, kommen an den Ferienwohnungen Flora Alpinea vorbei und folgen dem breiten Kiesweg abwärts. Um schnellstmöglich zur Talstation zu kommen, biegen wir unbeschildert am nächsten Haus (Nr. 53) links ab, gehen am Haus vorbei und wandern den dann erst sichtbaren Bergweg abwärts. Alternativ bleibt man auf dem breiten Kiesweg, kommt noch an einem kleinen Wasserfall vorbei und stößt dann auf das hintere Ende des Parkplatzes an der **Talstation des Uga-Express (1)**.

Diedamskopf, 2090 m

Von der Bergstation der Diedamskopfbahn

ab 6 J.

Drachenflieger und fantastisches Gebirgspanorama

Bei dieser mitten im Bregenzerwald gelegenen Wanderung sparen wir uns größtenteils den Aufstieg und beginnen unsere Tour mit einer Gondelfahrt hinauf zur Bergstation der Diedamskopfbahn. Auf dem Weg zum nahe gelegenen Gipfel können Groß und Klein dann ganz aus der Nähe den Gleitschirmfliegern beim Start zusehen. Vom Gipfel erwartet uns ein beeindruckender Rundblick, bevor wir erst über kleine Pfade, später über einen gemütlichen Kiesweg vorbei an zwei schönen, zum Spielen einladenden Bachstellen zur Mittelstation hinunterwandern, um von dort wieder mit der Gondel ins Tal zu schweben. Nach der Tour lockt noch ein Besuch im Waldbad Schoppernau oder im Freibad Au.

Die Bergstation der Diedamskopfbahn liegt über 2000 Meter hoch.

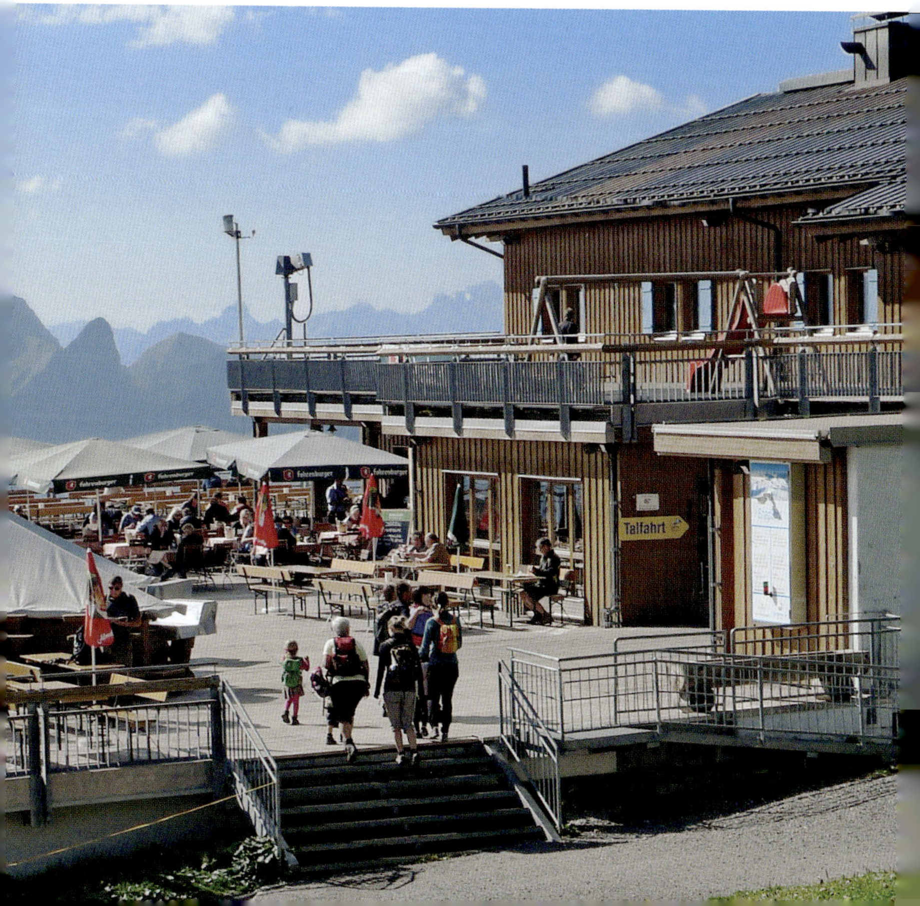

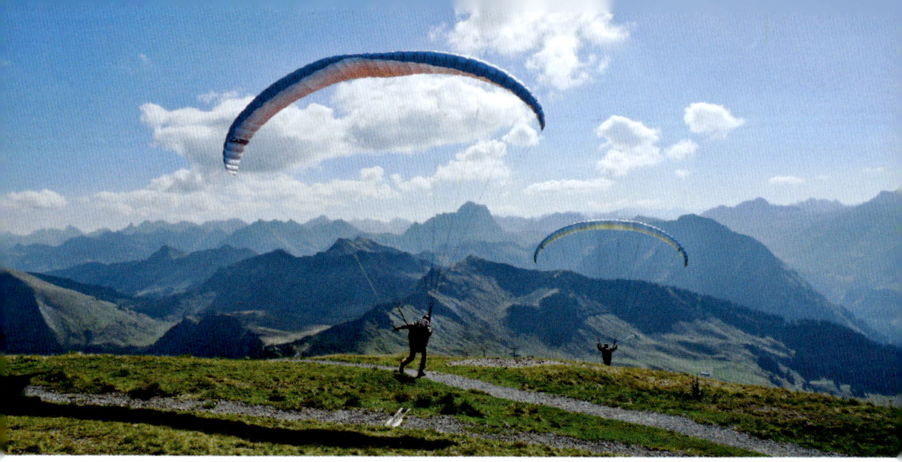

Gleitschirmfliegerstart unterm Gipfel im Minutentakt.

KURZINFO

Ausgangspunkt: Großer Parkplatz an der Diedamskopfbahn, 841 m (Navi: A-6886 Schoppernau, Halde 300).

Anfahrt: Auf der A 14 bis Ausfahrt Dornbirn-Nord / Bregenzerwald und weiter durch den Achraintunnel nach Alberschwende. Weiter über die Bregenzerwaldstraße bis Schoppernau und dort beschildert links zum Parkplatz.

Mit Bahn und Bus: Bis Bahnhof Dornbirn und weiter mit Bus 40 bis Schoppernau Diedamskopfbahn.

Gehzeit: 2.45 Std.

Distanz: 5,3 km.

Höhenunterschied: 100 m im Aufstieg, 450 m im Abstieg.

Ausrüstung: Gut profilierte Wanderschuhe.

Anforderungen: Ab 6 Jahren. Im oberen Bereich der Wanderung kleine Pfade in der Nähe der Abbruchkante. Dort, am steil abfallenden Gipfel und in der Nähe des Kreuzle kleinere Kinder an die Hand nehmen. Vorsicht bitte vor startenden Gleitschirmfliegern! Startbahn nur passieren, wenn gerade niemand startet. Ansonsten überwiegend einfache, breite Wege. Für Kinderwagen nicht geeignet.

Bergbahn: Gondelbahn Diedamskopf, geöffnet von Mitte Juni bis ca. 10. Oktober ab 8.45 Uhr. Ab Ende Mai bis Mitte Juni Wochenendbetrieb. Letzte Talfahrt ab Mittelstation um 16.30 Uhr, von Juli bis ca. 10. September um 17 Uhr (Tel. +43 5515 4110-0, www.diedamskopf.at).

Einkehr: Panoramarestaurant an der Bergstation, Kiosk Mittelstation (mit warmen Gerichten), Eis-Café an der Talstation (mit warmer Küche).

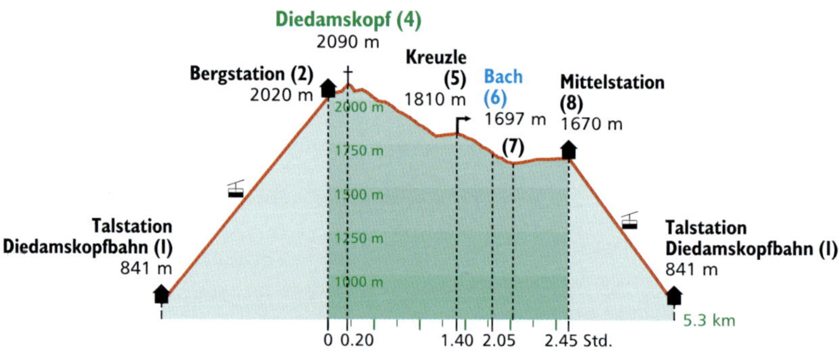

Nach der Auffahrt von der **Talstation (1)** in Schoppernau mit den Gondeln der Diedamskopfbahn zur **Bergstation (2)** können wir bereits auf der großen Holzterrasse mit ihrer Gipfelbestimmungstafel über das fantastische Gebirgspanorama staunen. Wir wollen jedoch noch höher hinaus und wenden uns daher nach Verlassen der Terrasse nach links Richtung Diedamskopf-Gipfel. Wir bleiben auf dem Hauptweg und erreichen nach einem steilen Aufstieg schnell die **Bergstation der Panoramabahn (3)** (nur Winterbetrieb), biegen nach links ein und steigen in wenigen Minuten hinauf zum kreuzgeschmückten Gipfel des **Diedamskopf (4)**. Von hier haben wir einen herrlichen Rundblick auf rund 300 Berggipfel der Alpen und den gesamten Bregenzerwald. Bei guter Sicht kann man sogar den Bodensee in der Ferne ausmachen. Unter uns sehen wir den Startplatz der Gleitschirmflieger, von hier erheben sich die waghalsigen Flieger quasi im Minutentakt in die Lüfte.

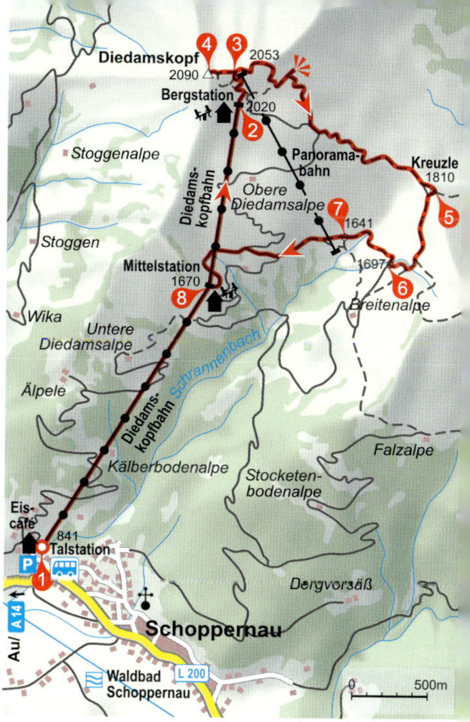

Vom Gipfel gehen wir wieder das kurze Stück hinunter zur **Panoramabahn-Bergstation (3)** schwenken aber bereits ein paar Meter oberhalb dieser nach links in einen kleinen Pfad. Wer etwas Besonderes erleben will, kann nun an einer Bank mit seinen Kindern die Schuhe an

Der kleine Vorgipfel des Diedamskopfs eignet sich sehr gut für eine Rast.

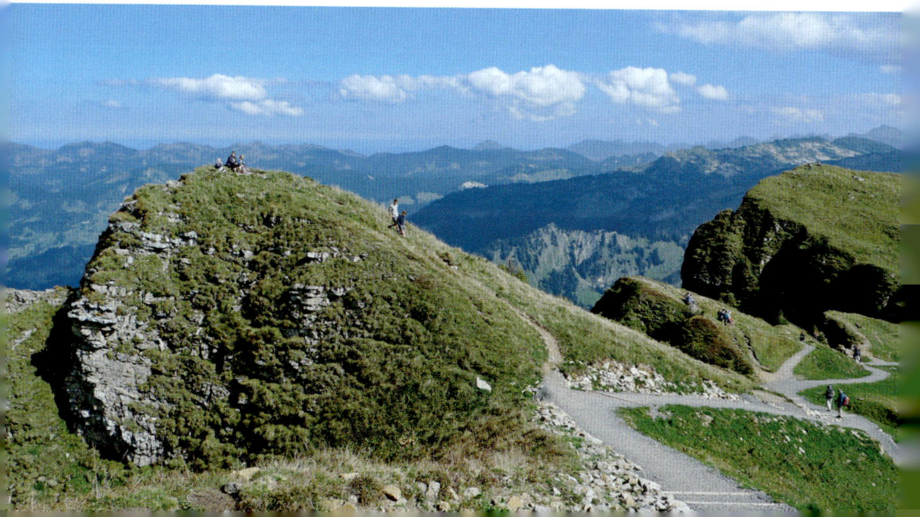

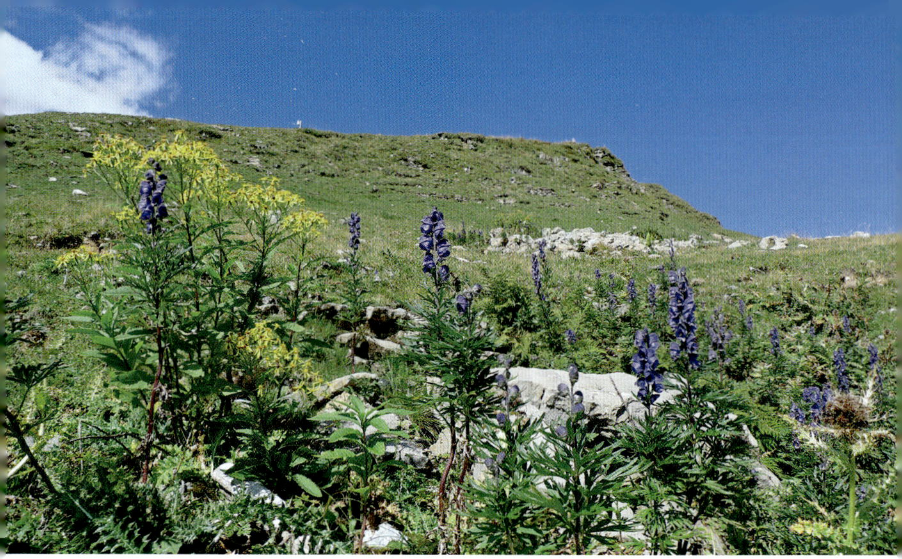

Blauer Eisenhut (giftig!) etwa 100 Meter unterhalb des Gipfels am Wegrand.

den Rucksack hängen und bei trockenem Boden auf blanken Sohlen (bei Nässe besteht barfuß Rutschgefahr) weiterwandern. Der Pfad quert einen Wiesenhang und führt dann unterhalb der markant geschwungenen und ausgefransten Hangspitze entlang (hier bitte unbedingt auf dem Pfad bleiben, hinter der Hangspitze geht es mehrere Hundert Meter senkrecht abwärts), bevor er nach rechts dreht und immer noch barfußfreundlich im Sommer/Frühherbst vorbei an einem Feld mit leuchtend blau blühendem Eisenhut abwärtsführt (Achtung, alle Teile dieser Pflanze sind extrem giftig! Siehe Hallo-Kinder-Kasten). Wir stoßen auf einen Kiesweg – hier empfiehlt es sich, die Schuhe wieder anzuziehen – wenden uns nach links und können an der nächsten Verzweigung geradeaus einen Abstecher zu einem Aussichtspunkt machen. Danach gehen wir wieder zur Verzweigung zurück, schwenken

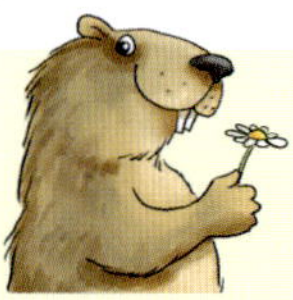

Hallo Kinder,

im oberen Bereich unserer heutigen Wanderung trefft ihr im Sommer am Wegrand auf den blauen Eisenhut, der mit seinen vielen dunkelblauen Blüten und einer Höhe von etwa einem Meter wunderschön anzusehen ist. Die Pflanze zählt allerdings zu den giftigsten Gewächsen Europas. Der Verzehr von nur wenigen Gramm der Pflanze führt bereits zu Atemstillstand und Herzversagen. Das in der Pflanze enthaltene Gift Aconitin wird sogar durch die unverletzte Haut aufgenommen und kann nur durch Berührung zu schweren Nesselausschlägen führen. Daher haltet bitte Abstand zu der Pflanze, was aber nicht heißt, dass ihr sie nicht in gebührendem Abstand nach Herzenslust bewundern dürft.

nach links und können bald den Kiesweg zweimal über einen links abzweigenden Pfad abkürzen. Wieder auf dem Kiesweg, stoßen wir auf einen breiten, von der Bergstation kommenden Weg, biegen links ein, verlassen diesen aber bereits wieder nach ein paar Metern nach links (Wegweiser »Kreuzle«) und wandern nun auf einem schmalen Kiesweg weiter abwärts. 25 Minuten später steigt der Weg für ein paar Minuten an, dann stehen wir am **Kreuzle (5)**. Der Weg führt rechts weiter. Es lohnt sich aber, erst noch einen Abstecher nach links zu machen. Hier erkennen wir eindrucksvoll, dass wir uns an einem (alten) Passübergang befinden, und können sehr schön über die Hochebene jenseits des Passes blicken.
Wieder auf unserem Weg folgen wir diesem weiter abwärts und queren bald einen Bach und wenig später einen zweiten, der sich für eine Spielpause eignet. Kurz darauf stoßen wir auf einen breiten Weg, wenden uns rechts (»Diedamsbahn Mittelstation«) und kommen kurz darauf zu einer weiteren schönen **Bachstelle (6)** (ca. 2 m breit, flaches Wasser). Etwa 100 m vor der **Talstation der Panoramabahn (7)** zweigt rechts ein Pfad ab, in den wir einbiegen und etwas abkürzen können. Wir stoßen auf den schmalen von der Panoramabahn kommenden Weg, wandern nun ansteigend entlang ausgedehnter Heidelbeerfelder (Erntezeit ab Mitte August) weiter und treffen nach 15 Minuten auf einen breiten Kiesweg. Hier wenden wir uns nach rechts (»Mittelstation«) und wandern nun erst noch weiter ansteigend, dann bergab auf diesem zur **Mittelstation der Diedamskopfbahn (8)** (kleiner Spielplatz), an der wir uns auf der schönen Aussichtsterrasse am Kiosk (warme Gerichte, Eis) noch einmal stärken können, bevor wir mit der Gondel wieder zurück zur **Talstation (1)** schweben.

HIGHLIGHTS

- ★ Auffahrt mit der Gondel zur Bergstation der Diedamskopfbahn und kurzer Aufstieg zum Diedamskopf mit fantastischer Rundsicht.
- ★ Beobachten der Starts der vielen Gleitschirmflieger.
- ★ Didi's Kinder-Erlebnisland im Obergeschoss der Bergstation für die jüngsten Gäste von 3 bis 8 Jahren: Auf über 300 m² können die Kinder (Erwachsene haben keinen Zutritt) unter Aufsicht spielen und basteln. Betreuung und Getränke gratis, Mittagessen nach Buchung. Vom 1. Juli bis 10. September täglich 10–15.30 Uhr geöffnet, übrige Zeit während des Sommerbetriebes nur Sa., So. und feiertags.
- ★ Kurzweilige, zu Beginn barfußtaugliche Wanderung hinunter zur Mittelstation mit zwei schönen Bachstellen zum Rasten und Spielen.
- ★ Heidelbeeren am Wegrand kurz vor der Mittelstation.
- ★ Nach der Tour: Waldbad Schoppernau mit Planschbecken, Kinderbecken (10 x 8 m) mit kleiner Rutsche, großem Schwimmbecken, Beachvolleyballplatz, Kiosk und Café-Restaurant. Geöffnet von Mitte Mai bis Anfang September je nach Wetterlage 9.30–19 Uhr (Gräsalp 350, A-6886 Schoppernau, Tel. +43 5515 2191).
- ★ Nach der Tour: Solarbeheiztes Freibad Au mit Breitrutsche und abgetrenntem Bereich zum Spielen und Planschen, Kiosk. Geöffnet von Ende Mai bis Anfang September je nach Wetterlage 9.30–19.30 Uhr (Neugrund 402, A-6883 Au, Tel. + 43 5515 2281).

16 Körbersee, 1656 m

Vom Hochtannbergpass

ab 6 J.

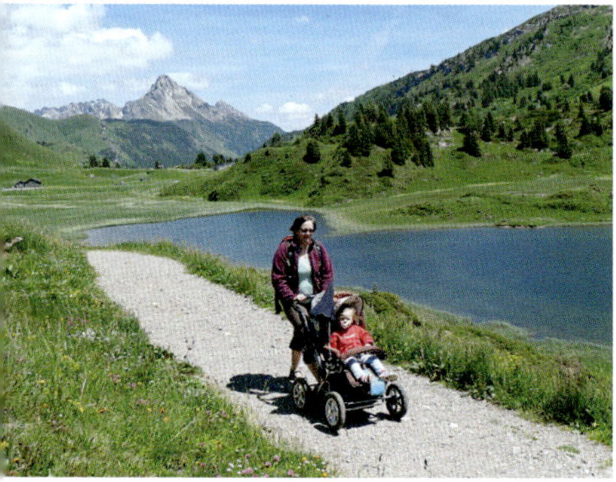

Der gemütliche Weg führt uns oberhalb des Kalbelesees entlang.

Eiskaltes Badevergnügen im malerischen Bergsee

Im Hinteren Bregenzerwald – unterhalb des Hochtannbergpasses – lockt eine wunderschöne Wanderung über den Kalbelesee zum malerischen Körbersee mit seinem gleichnamigen Berghotel, in dem wir auch einkehren können. Der Weg kann auch mit dem Kinderwagen befahren werden. Wer ohne Gefährt unterwegs ist, hat allerdings teilweise die Möglichkeit, den Hauptweg zu verlassen und auf kleineren Pfaden zu wandern. Am Ufer des idyllischen Körbersees warten dann wunderschöne Rastmöglichkeiten bei herrlichem Blick auf den Großen Widderstein und ein Sprung ins kühle Nass. Da es sich um eine Streckenwanderung handelt, bringt uns nach der Wanderung der Bus zurück zum Auto. Ist man früh aufgebrochen oder hat im Idealfall noch einen zweiten Tag zur Verfügung, empfiehlt es sich, auch noch dem Abenteuerpark Schröcken mit seinem Seilpark und einem atemberaubenden Flying Fox einen Besuch abzustatten (siehe Freizeittipp A1).

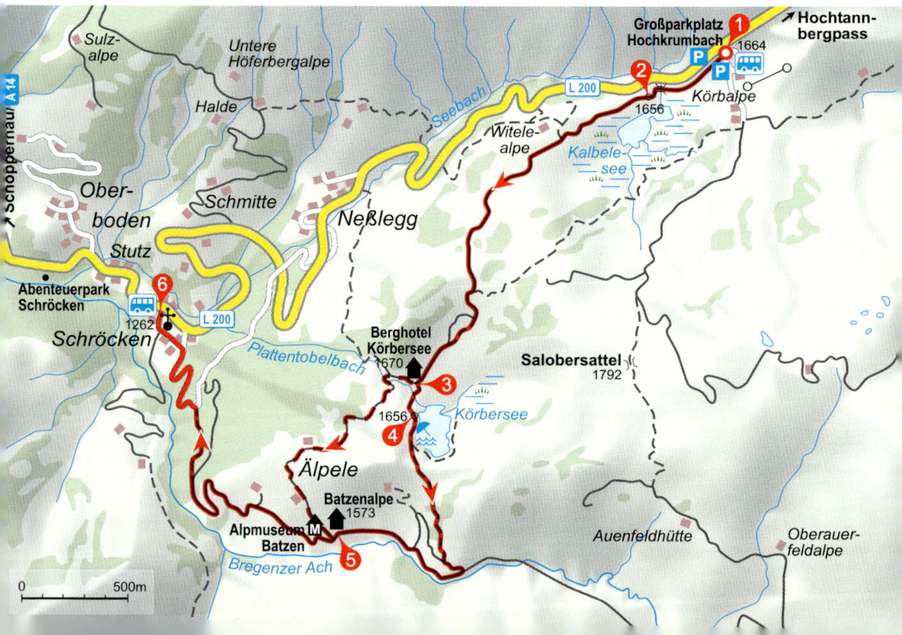

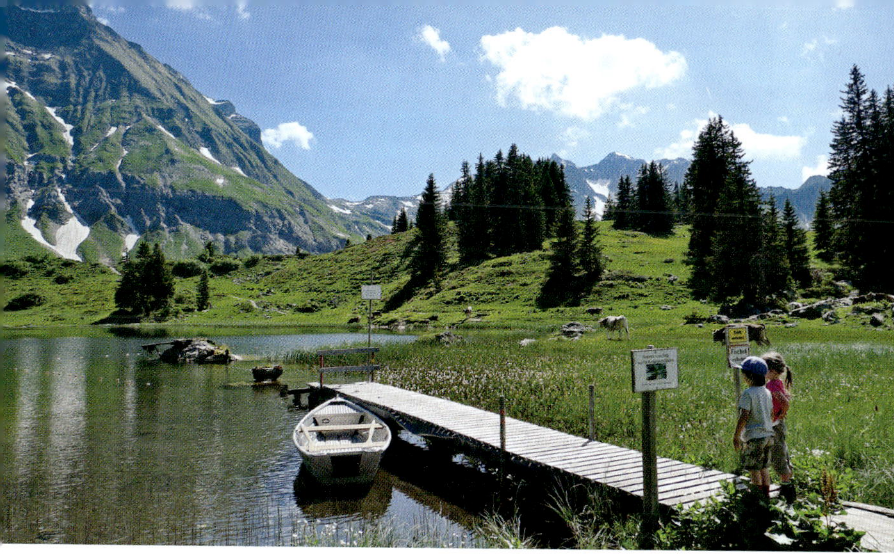

Am malerischen Körbersee kann man im Berghotel ein Ruderboot mieten.

KURZINFO

Ausgangspunkt: Großparkplatz Hochkrumbach am Hochtannbergpass, 1664 m (Navi: A-6767 Schröcken, Saloberlifte bzw. N47.268049, E10.127737).

Anfahrt: Auf der A 14 bis Ausfahrt Dornbirn-Nord / Bregenzerwald und weiter durch den Achraintunnel nach Alberschwende. Weiter auf der Bregenzerwaldstraße über Schoppernau hinauf zum Hochtannbergpass.

Mit Bahn und Bus: Vom Bahnhof Dornbirn mit Bus 40 bis Schoppernau und weiter mit Bus 40a Richtung Lech am Arlberg bis Haltestelle Hochkrumbach Saloberlifte. Rückfahrt von Schröcken Richtung Schoppernau mit Bus 40a und weiter mit Bus 40 nach Dornbirn.

Gehzeit: 3.00 Std.

Distanz: 6,6 km.

Höhenunterschied: 110 m im Aufstieg, 510 m im Abstieg.

Ausrüstung: Gut profilierte Wanderschuhe, Badesachen.

Anforderungen: Ab 6 Jahren. Die Tour verläuft überwiegend auf nicht allzu breiten Kieswegen ohne Absturzgefahr. Teilweise besteht Ausweichmöglichkeit auf kleine Pfade. Im Bereich des Körbersees gute Bergwanderwege. Auf dem Kiesweg nach der Batzenalpe besteht Rutschgefahr. Für Kinderwagen bedingt geeignet (für den Abstieg vom Körbersee zur Batzenalpe muss man den Güterweg wählen).

Einkehr: Berghotel Körbersee und Batzenalpe (geöffnet von Mitte Juni bis Anfang Oktober).

Vom **Großparkplatz (1)** an den Saloberliften Hochkrumbach folgen wir den Wegweisern »Kalbelesee, Körbersee« auf einem Gehweg neben der Passstraße. Nach wenigen Minuten führt der Fußweg etwas von der Straße weg. Wir überqueren auf einer Brücke einen Bach, halten uns anschließend links und wandern zwei Minuten später auf einem nicht allzu breiten Kiesweg nahe dem **Kalbelesee (2)** vorbei. Der kinderwagengeeignete Weg steigt nun leicht an und wir freuen uns über die besonders im Frühsommer üppig blühenden Blumen am Wegrand. Bald weist ein Schild darauf hin, dass wir uns nun in einem

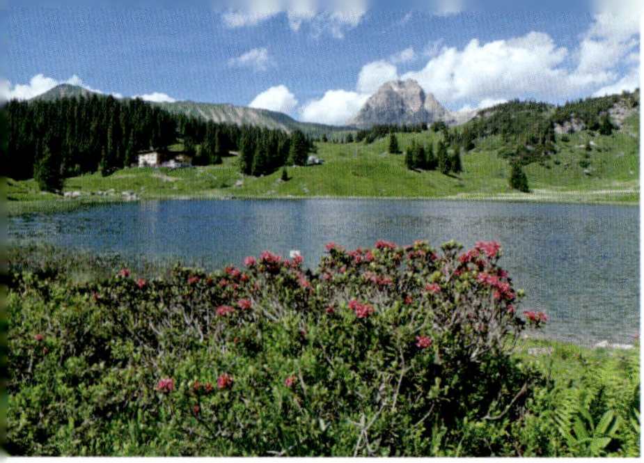

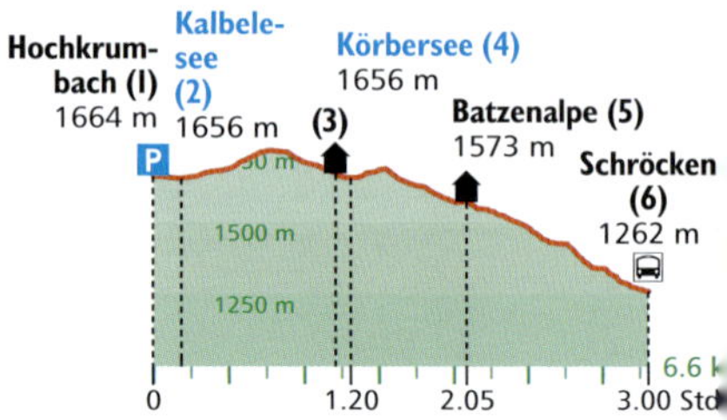

Pflanzenschutzgebiet befinden, in dem keine Pflanzen/Blumen gepflückt, entnommen oder zerstört werden dürfen. Zehn Minuten später nutzen wir rechts die Möglichkeit, den Kiesweg ein Stück auf einem für Kinder spannenderen Bergpfad zu umgehen. An einer Rastbank mit herrlichem Blick auf den Kalbelesee stößt unser Pfad wieder auf den Kiesweg. Bald haben wir den höchsten Punkt unserer Wanderung erreicht, nun führt der Weg abwärts und wir kommen an einen sehr schönen Rast- und Picknickplatz mit einigen großen, zum Klettern einladenden Findlingen. Ein danebenstehender, im unteren Bereich mit Steinen verwachsener Baum bietet eine schöne Klettermöglichkeit für die Kinder.

Der Weg führt weiter abwärts, nach einer Kehre schwenken wir nach links in einen unbeschilderten Pfad, der den Kiesweg etwas abkürzt. Wieder auf dem Weg ist es nun nicht mehr weit bis zum **Berghotel Körbersee (3)**. Wir wenden uns nach links (Beschilderung: »Batzenalpe Fußweg«) und wandern zum herrlich gelegenen **Körbersee (4)** hinunter. Am Ufer kann man sehr schön rasten und am Wasser spielen, im Sommer lockt eine Abkühlung in dem immer kalten Gewässer. Der See lässt sich auch entgegen dem Uhrzeigersinn halb umrunden, weitere sehr schöne Plätze und ein toller Blick über den See erwarten uns dort.

Weiter geht es aber geradeaus am Abzweig zur Seeumrundung vorbei. *(Hinweis: Mit Kinderwagen müssen wir zurück zum Berghotel Körbersee und dort den als solchen beschilderten »Güterweg« hinunter zur Batzenalpe nehmen.)* Der Weg steigt nun bald etwas an, an einer Verzweigung halten wir uns rechts. Kurz darauf geht es abwärts und wir

HIGHLIGHTS

- ★ Leichte Wanderung in herrlicher Berglandschaft über den Kalbelesee durch ein Pflanzenschutzgebiet zum malerischen Körbersee mit Bademöglichkeit, Bootsverleih und Einkehrmöglichkeit im Berghotel Körbersee.
- ★ Erkundung des Seeufers auf einem kleinen Pfad mit weiteren Rast- und Badeplätzen und großartigem Blick auf den Großen Widderstein.
- ★ Kühe auf der Weide.
- ★ Alpmuseum an der Batzenalpe, geöffnet von Juni bis Mitte Oktober jeden Freitag und Sonntag 13–16 Uhr. Kein Eintritt, freiwillige Spende willkommen.
- ★ Nach der Tour: Abenteuerpark Schröcken mit Seilpark und Flying Fox (siehe Freizeittipp A1).

Oben: Alpenrosen am Körbersee.
Rechts: Baumeroberinnen.

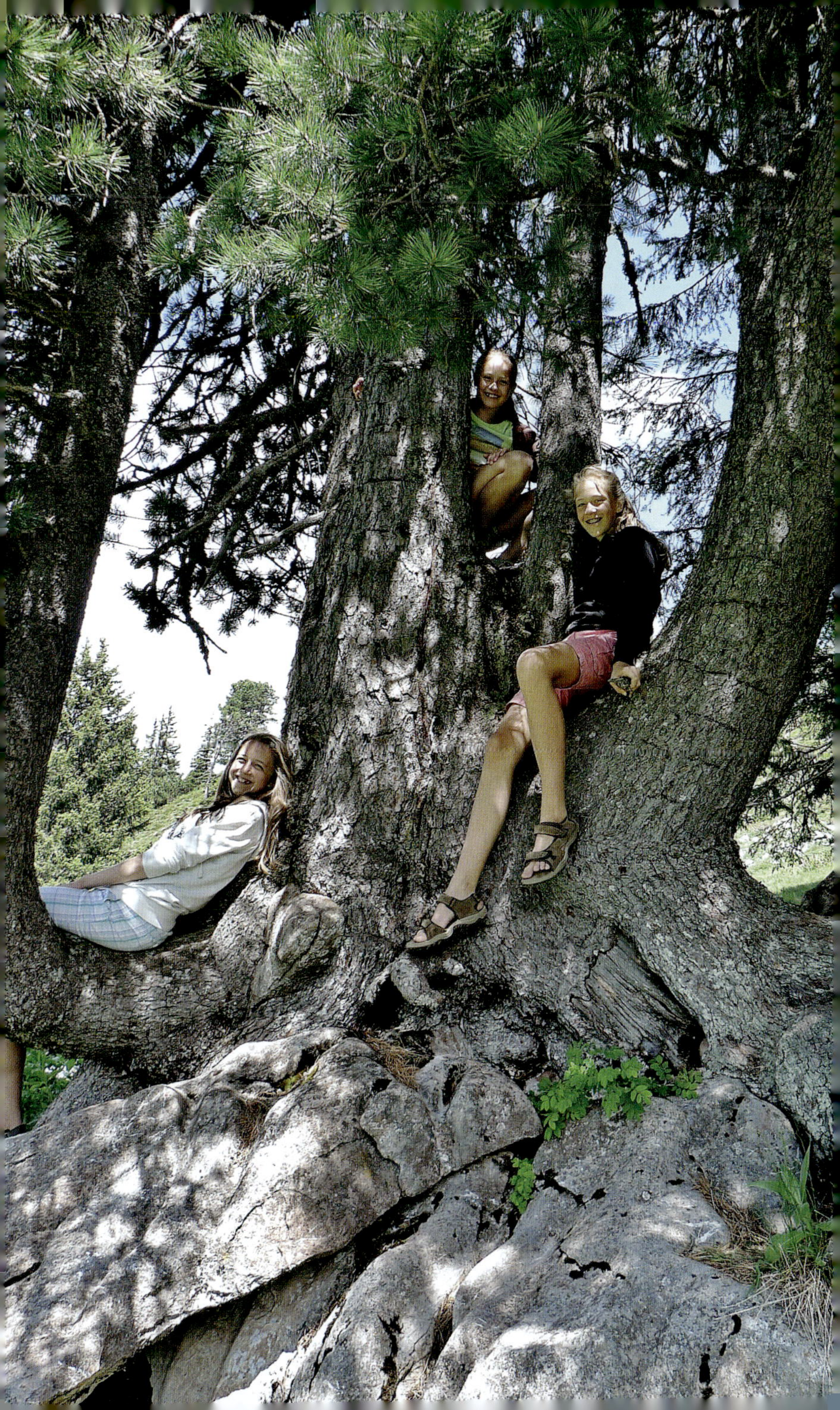

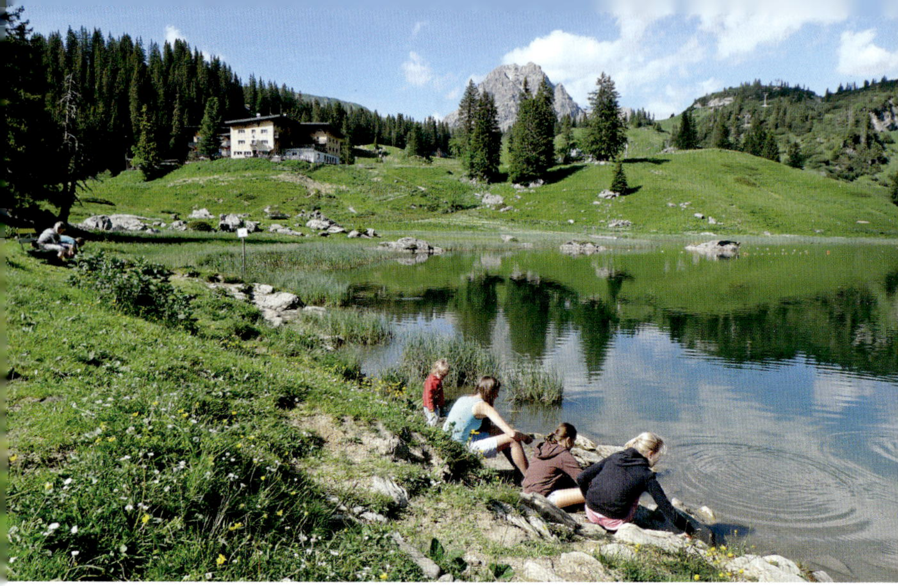

Links das Berghotel Körbersee, in der Bildmitte der Große Widderstein.

stoßen 15 Minuten später auf einen breiten Weg. Hier wenden wir uns nach links und 100 m später rechts und spazieren nun entlang der **Bregenzer Ach** in 15 Minuten zur **Batzenalpe (5)**. Wir wandern geradeaus weiter (»Schröcken«), kommen am kleinen **Alpmuseum Batzen** vorbei, marschieren am nächsten Schilderbaum geradeaus (»Schröcken«) und biegen zehn Minuten später links in eine Straße ein. Am Ortsanfang des kleinen Dorfs **Schröcken** halten wir uns links zur Kirche, in deren Nähe auch die **Bushaltestelle (6)** liegt. Von dort treten wir mit dem Bus die Heimfahrt an oder lassen uns vom Bus zurück zu unserem am **Großparkplatz (1)** abgestellten Auto fahren.

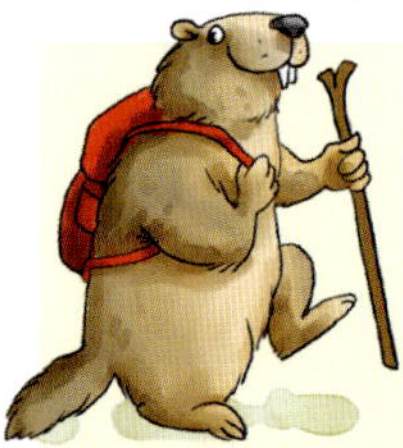

Hallo Kinder,

der Körbersee ist ein natürlich entstandener, etwa 1650 Meter hoch liegender Bergsee im Lechquellengebirge. Der unter Naturschutz stehende See ist bekannt für seine hervorragende Wasserqualität, in ihm leben viele Fische, wie zum Beispiel Forellen, und einige Wasserpflanzen. Rund um den See findet man seltene Pflanzen und Niedermoore. Aufgrund seiner Höhenlage bleibt der kleine See, der einen Durchmesser von 200 m hat und nur acht Meter tief ist, auch im Hochsommer mit einer maximalen Wassertemperatur von 14 Grad sehr kalt. Wer sich trotzdem ins Wasser traut, wird mit einem tollen Erlebnis belohnt und ist nachher herrlich erfrischt. Danach könnt ihr noch mit euren Eltern das im Wasser liegende Boot oben bei der Gaststätte mieten und eine Runde über den See rudern.

Höhlenpark Bezau

Rundweg vom Schmalspurbahnhof Bezau

ab 6 J.

Bergsturzhöhlen und Dampfzugfahrt

In Bezau im Bregenzerwald warten gleich zwei Attraktionen auf Familien mit Kindern. Besonders faszinierend ist der oberhalb des Ortsteils Kriechele liegende Höhlenpark. Die Höhlen entstanden vor etwa 500 Jahren durch einen gewaltigen Felssturz, bei dem teilweise haushohe Felsblöcke zu Tal stürzten und sich kurz vor Bezau auftürmten. Die so aus den eng nebeneinanderliegenden Felsblöcken entstandenen »Bergsturzhöhlen« sind ein Paradies für entdeckungsfreudige Kinder. Es ist allerdings gut profiliertes Schuhwerk und etwas Trittsicherheit in diesem spannenden Gebiet erforderlich. Die Wege sind naturbelassen, die ganze Familie kann hier eindrucksvoll erleben, wie sich die Natur nach den Felsstürzen ihren Raum wieder zurückerobert hat. Im unteren Bereich des Höhlenparks wurde auf einem riesigen Findling, dem sogenannten Klausenstein, bereits etwa im Jahr 1870 ein Aussichts-Pavillon, das Klausohüttle, errichtet und mit einem heute noch zugänglichen Eisensteg erschlossen. Im Höhlenpark befindet sich zudem ein Naturlehrwanderweg, der die Wanderer auf 45 Tafeln über die vielen unterschiedlichen Pflanzen am Wegrand informiert. Die zweite Attraktion ist die Fahrt von Schwarzenberg nach Bezau (oder andersherum) mit den meist von einer Dampflok gezogenen alten Eisenbahnwaggons des »Wälderbähnle« (siehe auch Hallo-Kinder-Kasten).

Auf Tuchfühlung: Dampflok des Wälderbähnle am Bahnhof Schwarzenberg.

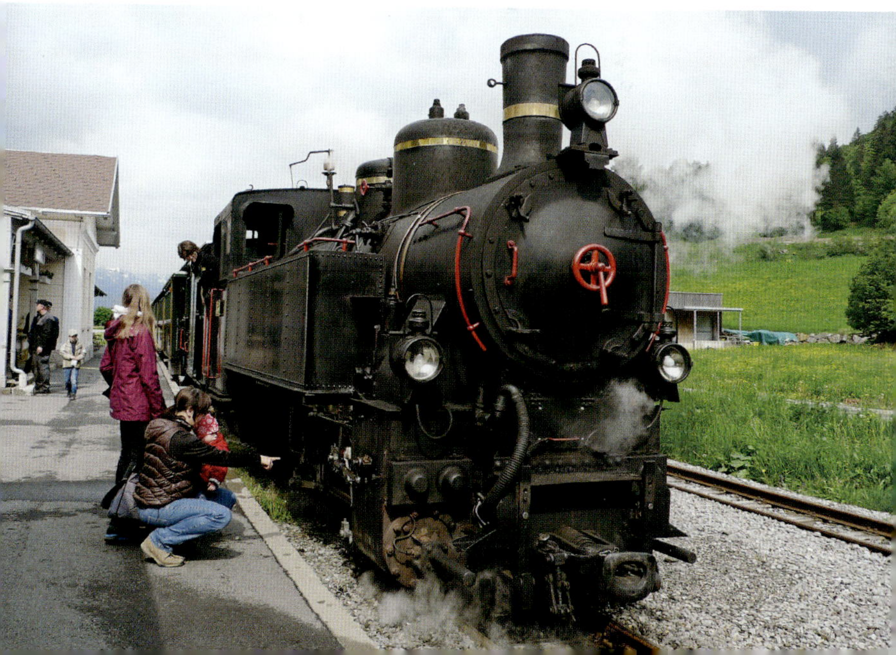

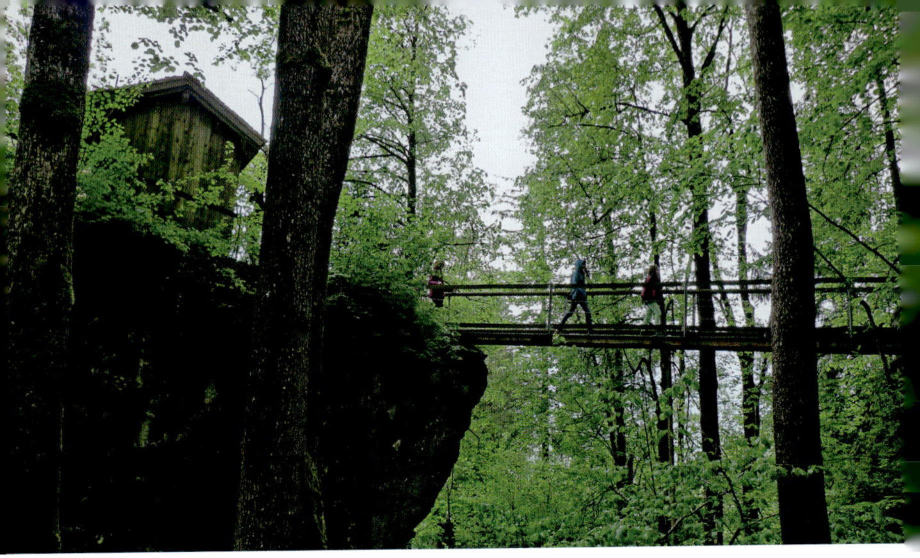

Eine Brücke führt auf den Klausenstein mit dem Klausohüttle.

KURZINFO

Ausgangspunkt: Parkplatz am Bahnhof Bezau, 642 m (Navi: A-6870 Bezau, Bahnhof 147). Bei vorheriger Fahrt mit der historischen Wälderbahn am Parkplatz am Bahnhof Schwarzenberg (Navi: A-6866 Andelsbuch, Bersbuch 349).
Anfahrt: Von der A 14, Ausfahrt Dornbirn Nord, kommend durch den Achraintunnel und weiter über Alberschwende auf der Bregenzerwaldstraße nach Bezau. Der Bahnhof liegt in der Nähe der weithin sichtbaren Kirche. Der Bahnhof Schwarzenberg liegt direkt an der Bregenzerwaldstraße etwa 4 km vor Bezau (von Dornbirn kommend).
Mit Bahn und Bus: Mit Bus 35 von Bregenz, oder Bus 40 von Dornbirn bis Haltestelle Bahnhof Bezau. Schwarzenberg erreicht man ebenfalls mit Bus 40 (Haltestelle Bersbuch Gasthof Ritter).
Gehzeit: 2.45 Std.
Distanz: 5,5 km.
Höhenunterschied: 220 m.
Ausrüstung: Gut profilierte Bergschuhe (vor allem bei Nässe besteht Rutschgefahr).
Anforderungen: **Ab 6 Jahren.** Wanderung überwiegend auf guten, nicht allzu breiten Kieswegen. Im Bereich des Höhlenparks wurzelige, mitunter rutschige Bergpfade. Kleinere Kinder bitte stellenweise an die Hand nehmen. Für Kinderwagen ist nur der Rundweg (ohne Höhlenpark) geeignet.
Einkehr: Unterwegs keine; Gasthäuser in Bezau.

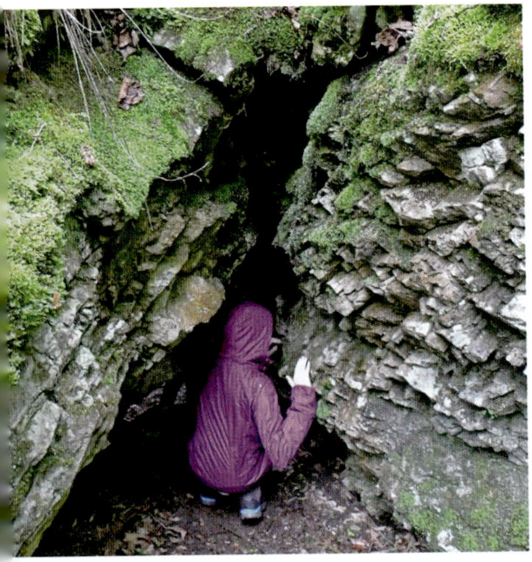

Die Kinder kommen auch in die engsten Zwischenräume.

Haushohe Felsblöcke haben einen Durchgang geschaffen.

Vom **Bahnhof Bezau (1)** kommend, biegen wir links Richtung Ortsmitte in die Bahnhofstraße ein. Bald geht diese in die Straße »Brugg« über. An einer Verzweigung gehen wir rechts auf der Straße »Platz« weiter, wandern an der links von uns liegenden Kirche vorbei, überqueren die sich verzweigende Straße auf einem Zebrastreifen und folgen der Straße nach rechts. Bereits nach 20 m biegen wir links in einen kleinen Weg ein und gehen nicht über die Brücke, sondern folgen dem Weg, der uns idyllisch am Dorfbach entlang führt. Nach etwa 500 m weist uns im Ortsteil Kriechere beim alten Sägewerk Dünser ein **Wegweiser (2)** an einer Rastbank nach links über die Brücke zum **Höhlenpark**. Der naturbelassene Weg führt uns nun, vorbei an den ersten Tafeln des Naturlehrweges, in zehn Minuten bergan zu dem großen Findling **Klausenstein**. Begeistert wagen sich allen voran die Kinder auf den schmalen Eisensteg, der uns hinauf auf diesen großen Felsblock zu einem Pavillon führt, dem sogenannten Klausohüttle, von dem man einen schönen Blick auf Bezau hat.

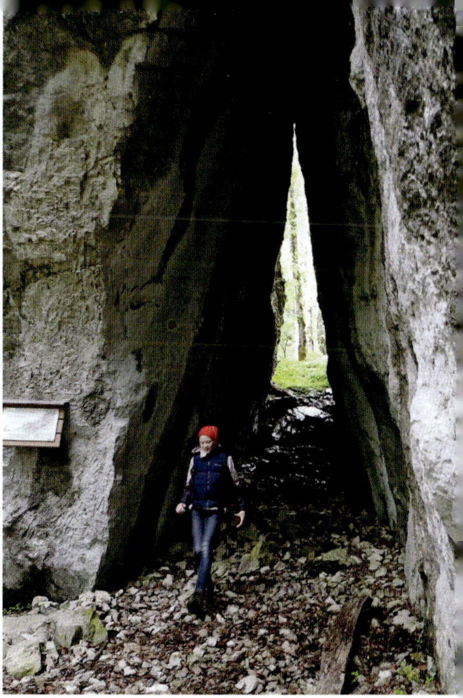

Wieder zurück auf dem Pfad haben die Kinder unmittelbar unter dem Eisensteg einen ersten ebenso schmalen wie spannenden Felsdurchgang entdeckt, der natürlich sofort erkundet werden muss. Wer findet wohl die nächste Höhle in diesem spannenden von der Natur geschaffenen Höhlenpark. Wir steigen weiter aufwärts bis zu einer unter einem riesigen Felsklotz liegen-

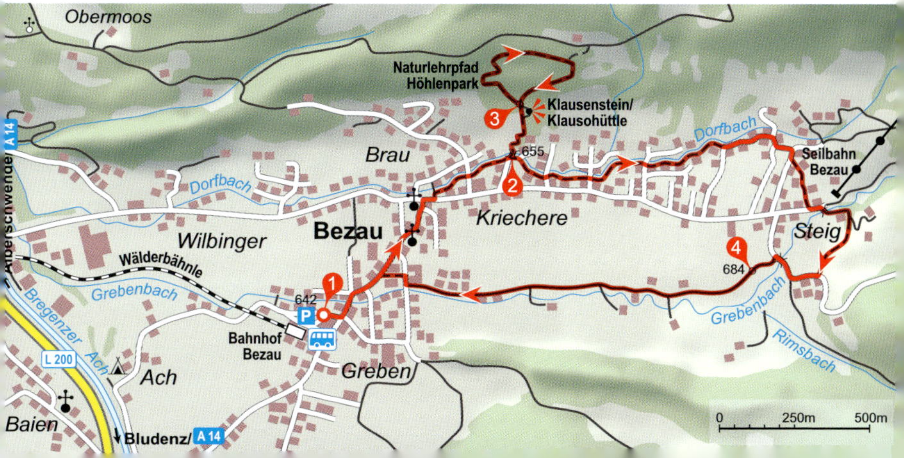

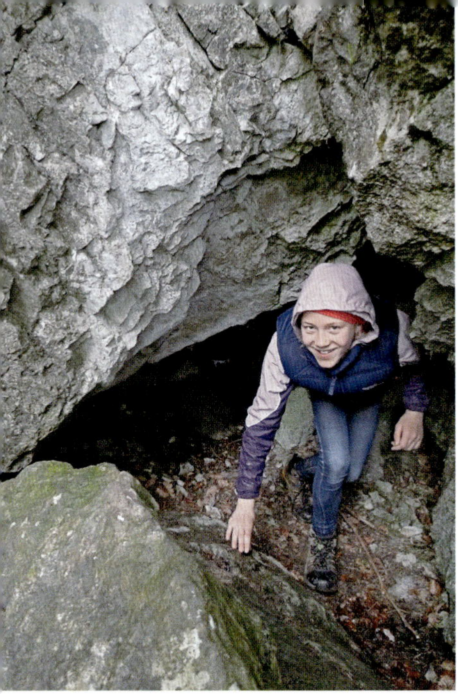

Immer wieder gibt es kleine Höhlen zu entdecken.

den **Rastbank (3)** und wandern nun auf einem Rundweg erst aufwärts, dann wieder hinunter durch dieses faszinierende Gebiet, in dem auch noch ein großer Felsdurchgang auf die Familien wartet. Nach dem Ende des Rundwegs steigen wir wieder auf dem bereits bekannten Weg zurück zum Abzweig am **Wegweiser (2)** beim Sägewerk Dünser und wenden uns links Richtung Bergbahnen Bezau. Der gelb-weiß markierte Weg führt uns bald sehr schön auf einem kleinen Kiesweg am Dorfbach entlang. Besonders im Frühling erfreuen uns die gelben und blauen Blüten der Steingartengewächse auf der Einfassung des Baches. Nach einer Viertelstunde weist uns ein Wegwei-

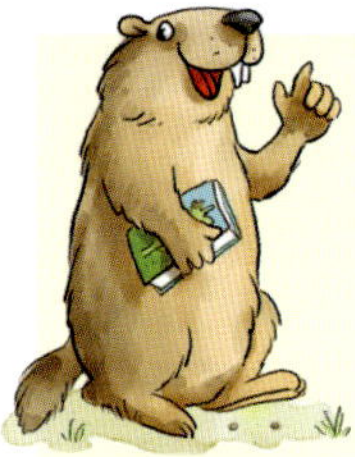

Hallo Kinder,

habt ihr schon einmal eine richtige Dampflok aus der Nähe gesehen? In Bezau habt ihr dazu beste Gelegenheit. Dort fährt eine Museumsbahn im Sommerhalbjahr an vielen Terminen zwischen Schwarzenberg und Bezau (Fahrtzeit einfach ca. 20–25 Minuten) mit einer Dampflok oder einer Diesellok jeweils mit historischen Waggons. Meist ist die Dampflok unterwegs. Die genauen Zeiten und welche Lok gerade fährt, erfahrt ihr unter www.waelderbaehnle.at oder Tel. +43 664 466 2330. Von 1902 bis 1980 verkehrte die Bregenzerwaldbahn auf einer Gesamtstrecke von 35 Kilometern auf der für Österreich typischen 760-mm-Schmalspurbahn als Verkehrsmittel von Bregenz nach Bezau. Im Jahr 1980 löste sich oberhalb der Strecke ein riesiger Felsen und verschüttete die Schienen mit großen Mengen Gestein. Das war der Anfang vom schrittweisen Ende der Bregenzerwaldbahn bis 1983. Wenige Jahre später wurde sie als Museumsbahn »Wälderbähnle« zwischen Bezau und Schwarzenberg wieder in Betrieb genommen. Bei einer Fahrt mit dem historischen Zug fühlt ihr euch in eine längst vergangene Zeit zurückversetzt, die Bahn fährt sehr langsam (früher dauerte die Fahrt von Bregenz nach Bezau mehrere Stunden), ihr könnt dabei zusehen, wie das zischende und dampfende Stahlross mit Wasser betankt wird und euch den Dampf um die Nase wehen lassen.

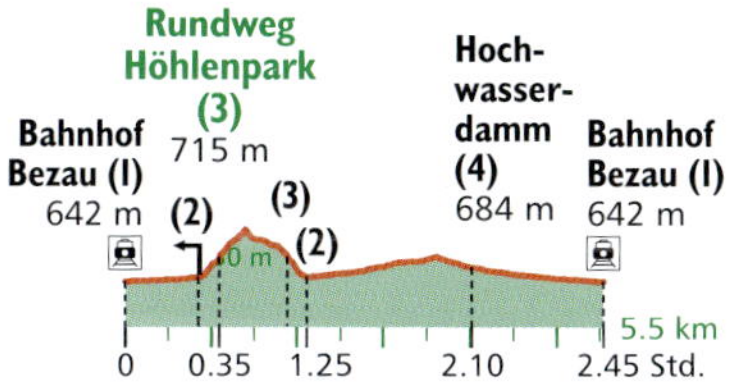

ser an einem Schilderbaum nach rechts zu den Bergbahnen Bezau. Bereits 25 m später biegen wir links in einen mit »Zur Seilbahn« beschilderten kleinen Kiesweg ein, der uns zu einer Straße führt. Hier wenden wir uns nach links und schwenken kurz vor der Bergbahn nach rechts über eine kleine Brücke in einen mit »Rundweg Oberbezau« beschilderten Kiesweg. An einer Verzweigung halten wir uns rechts in den kleinen Pfad, der uns bei herrlichem Blick auf Bezau und die dahinterliegenden Berge auf ein kleines Sträßchen führt. Wir wenden uns abermals nach rechts (»Rundweg Oberbezau, Bezau Ortsmitte«) und die nächste wieder rechts, überqueren einen Bach, schwenken unmittelbar danach an einem Schilderbaum nach links und wandern nun auf einem **Hochwasserdamm (4)** weiter. Bald führt der Weg unmittelbar rechts des Grebenbaches wunderschön über die weiten Wiesen zurück nach Bezau. Dort stoßen wir auf eine Straße, biegen rechts Richtung Ortsmitte ein und wenden uns bereits nach wenigen Metern an der Hauptschule links in einen Durchgangsweg an der Raiffeisenbank. Wir stoßen auf die Straße »Brugg«, die wir bereits vom Hinweg kennen, biegen links ein und erreichen nach wenigen Minuten wieder den Parkplatz am **Bahnhof Bezau (1)**.

HIGHLIGHTS

- ★ Spannender von der Natur geschaffener Höhlenpark, der den Entdeckerdrang und die Abenteuerlust der Kinder weckt. Die vom Berg gestürzten Findlinge sind teilweise haushoch.
- ★ Ein besonders großer Felsblock, der Klausenstein, ist mit einem Eisensteg erschlossen – oben auf dem Findling befindet sich ein Aussichtspunkt und ein Pavillon mit Holzbänken.
- ★ Naturlehrpfad mit 45 Tafeln im Höhlenpark.
- ★ Die kurzweilige Rundwanderung um Bezau führt längere Zeit an Bächen entlang und ist auch bei schlechtem Wetter empfehlenswert.
- ★ Fahrt mit der Museumsbahn »Wälderbähnle« (Dampf- oder Diesellok), die zu gewissen Zeiten zwischen Bezau und Schwarzenberg verkehrt (siehe auch »Hallo-Kinder-Kasten«).

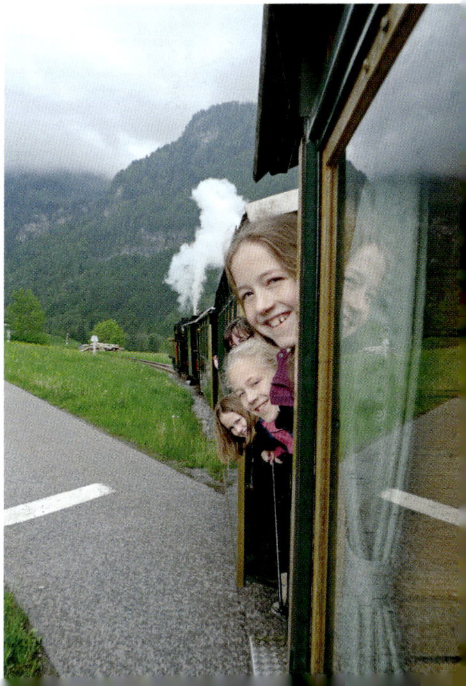

Die Fahrt mit dem Wälderbähnle macht allen Kindern Spaß.

18 Barfußweg Bizau

Rundweg von der Ortsmitte Bizau — ab 6 J.

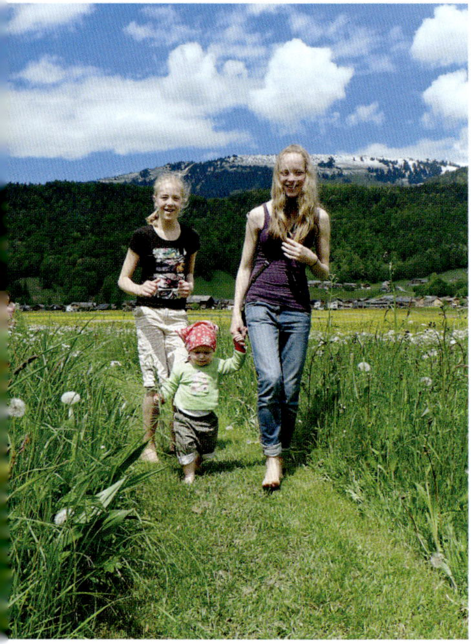

Barfußspaß und Spielplatz Oberberg

Im Bizauer Obermoos begegnet man einem jahrtausendealten Hochmoor, das wir heute barfuß entlang der mäandrierenden Ulve durchschreiten wollen. Mehrmals wechseln wir dabei von einem Ufer zum anderen, drei Halbinseln mit Ruhebänken ermöglichen uns eine entspannte Rast im Moos und laden zum Brotzeitmachen ein. Auf einer etwas größeren Runde wandern wir anschließend am Bizauer Bach entlang und über einen Waldpfad mit Kletterelementen zum liebevoll angelegten Spielplatz Oberberg (siehe Hallo-Kinder-Kasten), um von dort wieder zur Ortsmitte von Bizau zurückzukehren.

Ein gemähter Wiesenweg führt uns am Ufer der Ulve entlang.

KURZINFO

Ausgangspunkt: Parkplatz in der Dorfmitte von Bizau, 682 m (Navi: A-6874 Bizau, Kirchdorf 62).
Anfahrt: Auf der Autobahn A 14 bis Ausfahrt Dornbirn Nord, durch den Achraintunnel und weiter über Alberschwende auf der Bregenzerwaldstraße bis zum Abzweig nach Bizau. Im Ort an der Kirche vorbeifahren und die nächste Straße rechts zum Parkplatz.

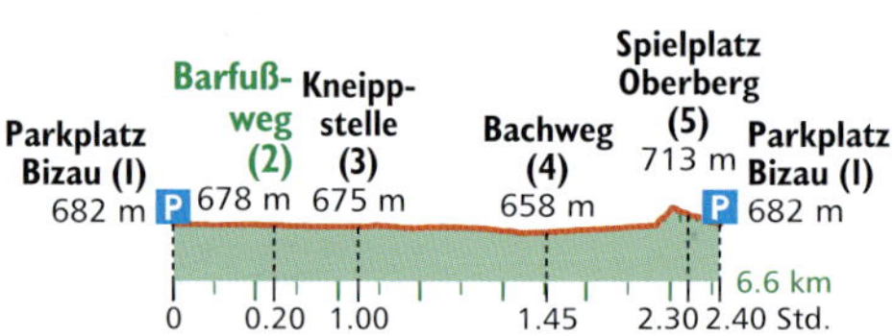

Mit Bahn und Bus: Mit Bus 35 von Bregenz oder Bus 40 von Dornbirn bis Haltestelle Bahnhof Bezau. Dort in den Bus 36 nach Bizau umsteigen und bis Haltestelle Bizau Kirchplatz fahren.
Gehzeit: 2.40 Std.
Distanz: 6,6 km.
Höhenunterschied: 90 m.
Ausrüstung: Keine besonderen Schuhe erforderlich. Eventuell Wechselsachen und Handtuch zum Füße abtrocknen.
Anforderungen: Ab 6 Jahren, auch für kleinere Kindern geeignet, wenn man sich auf den Barfußweg beschränkt. Wanderung auf kaum befahrenen Asphaltstraßen, einem herrlichen Wiesenweg entlang der Ulve, Kieswegen und einem Waldpfad. Für Kinderwagen nicht geeignet.
Einkehr: Unterwegs keine, Gasthäuser in Bizau.

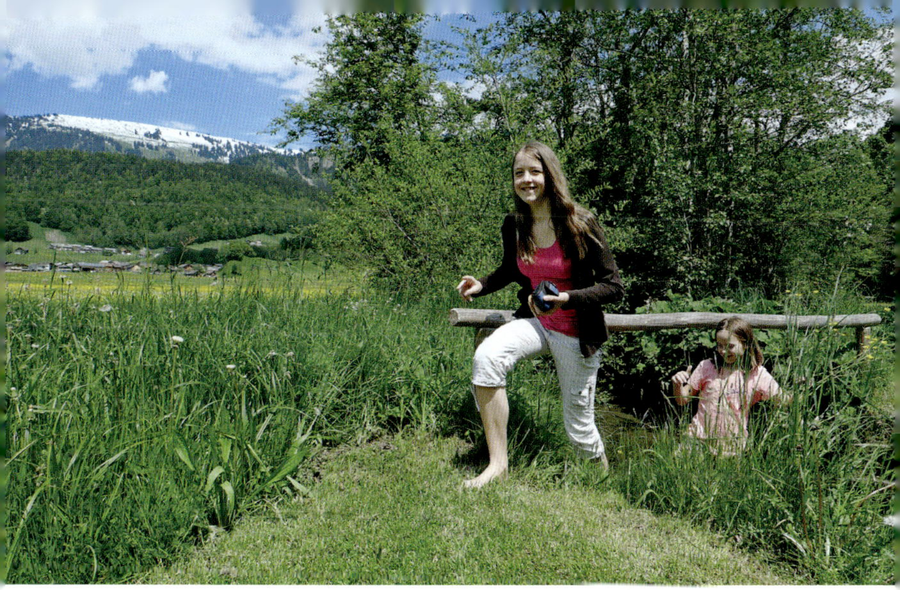

Zur Freude der Kinder wechselt der Weg mehrmals die Bachseite.

Vom **Parkplatz (1)** folgen wir der Beschilderung »Reuthe Ulfernbachweg« *(Hinweis: Auf den Schildern ist die Ulve noch als »Ulfernbach« bezeichnet)* auf der kleinen Straße Richtung Süden. Nach etwa 300 m wenden wir uns an der Kreuzung rechts, um an einem Schilderbaum gleich wieder links (»Moosrundweg«) in einen Wiesenweg einzubiegen. Der Weg führt auf eine Straße, wir biegen links ein, gehen am nächsten Schilderbaum geradeaus weiter (»Moosrundweg, Schnepfau«) und folgen dem breiten Weg etwa 700 m. Unmittelbar nach dem Überqueren der Ulve biegen wir rechts ein und kommen zum Beginn des **Barfußpfades (2)**. Hier erwartet uns eine Rastbank zum Schuhe ausziehen und gleich der erste Bachzugang. Das herrlich frische, flache Wasser erreicht man über eine kleine, mit einem Holzgeländer versehene Steintreppe. Nach dieser Abkühlung für unsere Füße wandern wir auf einem gemähten Wiesenweg parallel zum Bach los und über-

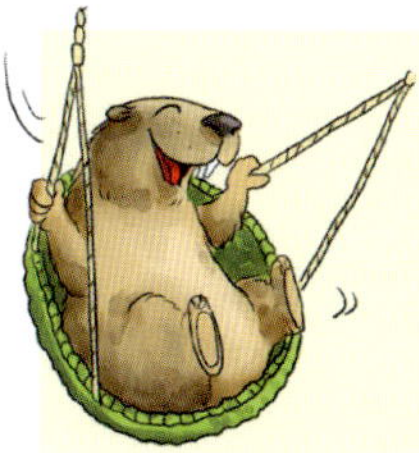

Hallo Kinder,

heute wartet nicht nur ein toller Barfußpfad an der Ulve mit vielen Möglichkeiten ans Wasser zu kommen, sondern auch noch ein spannender Waldpfad, der euch zum Spielplatz Oberberg führt. Am Waldpfad empfangen euch verschiedene Kletterelemente, zum Beispiel ein zwischen Baumstämmen befestigtes Riesenspinnennetz, Kletterseile oder eine Stammtreppe. Am Spielplatz Oberberg könnt ihr euch dann über eine schöne Wasserspielzone, eine große Nestschaukel und über die Seilbahn freuen.

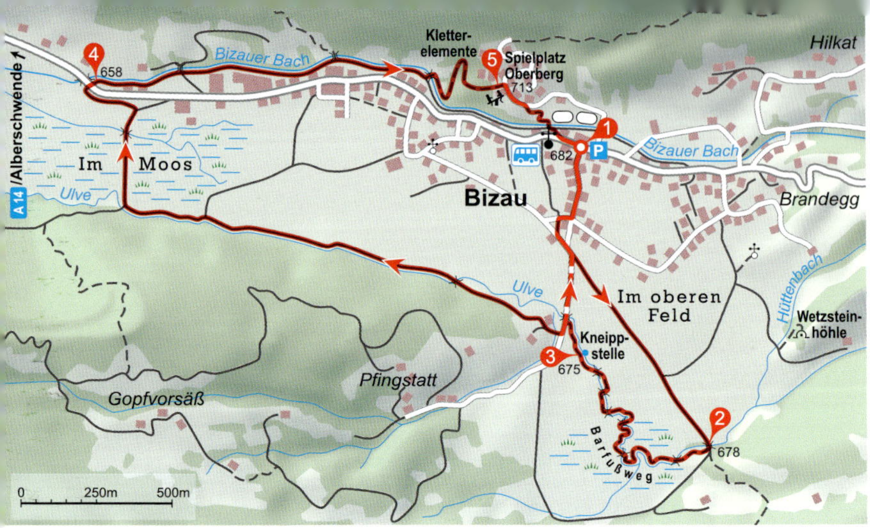

queren diesen zwei Minuten später entweder auf einer Holzbrücke oder indem wir direkt durch den Bach waten, was natürlich viel spannender ist. In der Folge wechseln wir noch mehrmals von einem Ufer der Ulve zum anderen, zwischendrin laden drei Halbinseln mit Ruhebänken zu einer Rast im Moor ein. Am Ende wartet noch eine **Kneippstelle (3)**, bei der man sich seine Fußsohlen von dem steinigen Untergrund auf einer ca. 10 m langen Strecke massieren lassen kann.

Von der Kneippstelle führt ein Wiesenpfad zu einem kleinen Teersträßchen. Wer hier schon den Rückweg antreten will, wendet sich rechts, geht über die Brücke und erreicht nach gut 200 m wieder den Hinweg. Wir wollen aber unsere Runde noch etwas ausdehnen und wenden uns daher – nun mit Schuhen – am Teersträßchen links, um gleich weni-

Auf dem Weg entlang des Bizauer Bachs kurz vor Bizau.

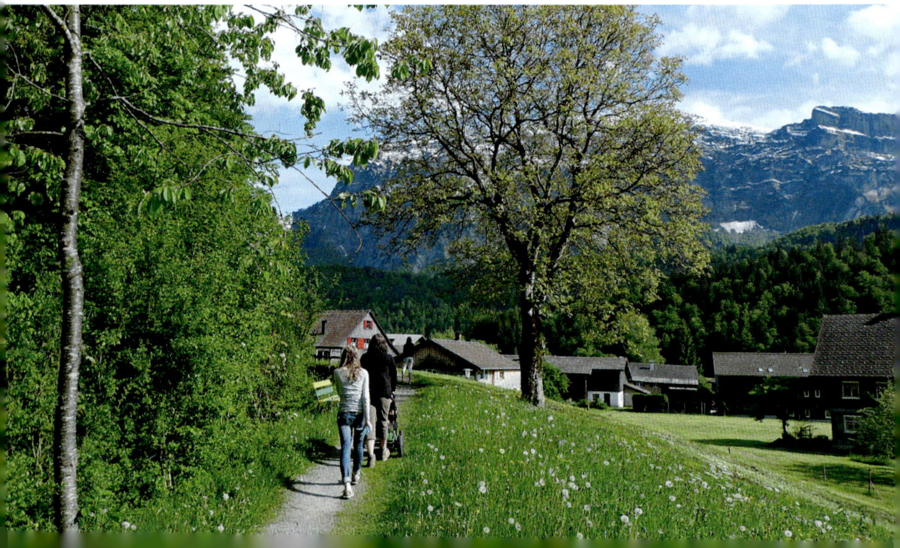

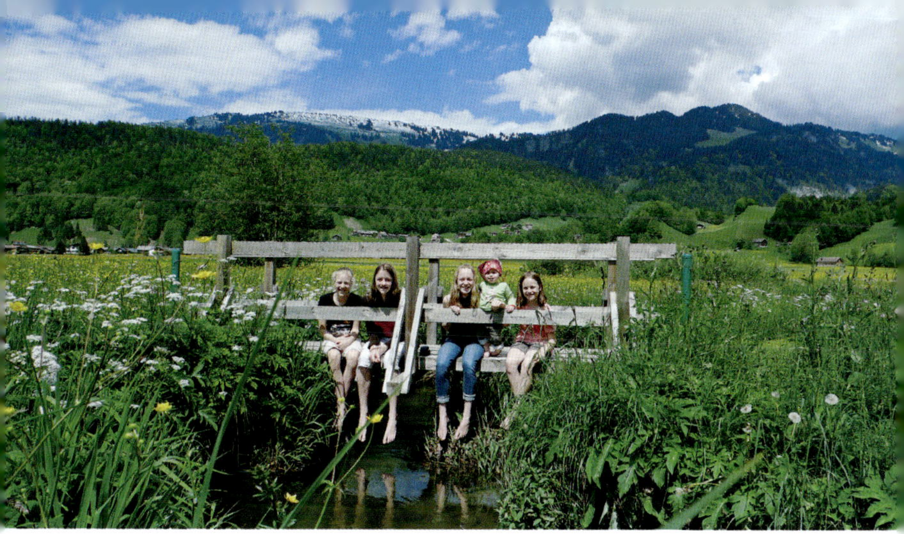

Rast am Barfußweg auf einer der über die Ulve führenden Brücken.

ge Meter später rechts (»Ulfernbachweg«) abzubiegen. Wir überqueren einen Bach, biegen unmittelbar danach rechts in einen Kiesweg ein, überqueren 400 m später die Ulve und wandern nun parallel zu dieser zwischen Wald, Bach und Wiesen weiter. An einer Abzweigung spazieren wir geradeaus weiter, um dann 300 m später an der nächsten Abzweigung nach rechts (»Bizau Bachweg«) abzubiegen. Wenig später stoßen wir auf einen Weg, biegen links ein und marschieren bald darauf ein kurzes Stück auf einem Kiesweg unmittelbar neben der Bizauer Straße weiter. Kurz vor einer Brücke (Wegweiser »Bizauer Bach«) überqueren wir die Straße und wandern auf der anderen Seite auf einem schmalen Kiesweg am **Bizauer Bach (4)** entlang Richtung Bizau. An der vierten Brücke überqueren wir den Bizauer Bach (Schild »Spielplatz Oberberg«) und folgen dem Weg nach rechts am Bach entlang. Nach 100 m dreht der Weg nach links und bringt uns in den Wald. Der neu angelegte Waldpfad führt uns bergauf und wartet zur Freude der Kinder mit einigen spannenden Kletterelementen auf. Schließlich führt der Weg bergab und bringt uns zum schönen **Spielplatz Oberberg (5)**. Schattige Sitzmöglichkeiten laden Erwachsene wie Kinder zum Rasten ein.

Um wieder zu unserem Parkplatz zu kommen, wenden wir uns nach dem Spielplatz rechts und marschieren die Straße ein Stück hinunter, bevor rechts ein Weg abzweigt, der uns den Bizauer Bach überquerend zum Gemeindehaus bringt. Hier halten wir uns links und gleich wieder rechts und sind schon wieder an unserem **Parkplatz (1)** angekommen.

HIGHLIGHTS

- ★ Spannender, entlang der Ulve führender Barfußpfad mit vielen Möglichkeiten, in den Bach zu steigen.
- ★ Waldweg mit Kletterelementen (sind von November bis April abgebaut), der uns hinauf zum Spielplatz Oberberg führt (siehe Hallo-Kinder-Kasten).

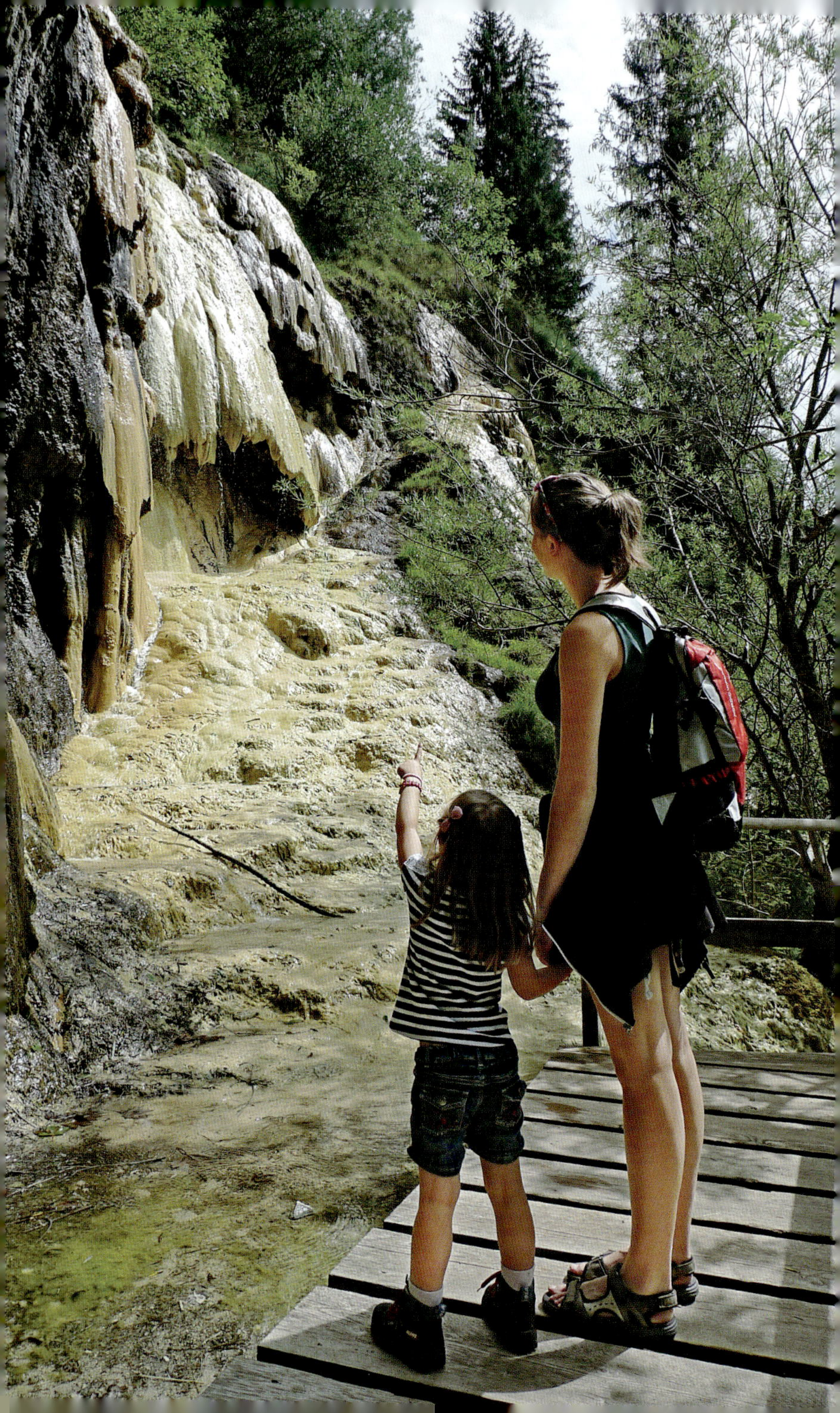

Quelltuffweg Lingenau

Rundweg vom Hallenbad

ab 5 J.

Faszinierendes Naturschauspiel und Drahtsteg Subersach

Im Bregenzerwald bei Lingenau wartet eine besonders auch für Familien geeignete kurze Wanderung zum wohl eindrucksvollsten und bedeutendsten europäischen Quelltuffhang nördlich der Alpen. Ein teilweise über hölzerne Treppen und Plattformen verlaufender geologischer Lehrpfad mit interessanten Schautafeln führt uns abwechslungsreich durch dieses wasserreiche, über der Schlucht der Subersach liegende Gebiet. Kleine Bäche haben hier an verschiedenen Stellen große und kleine Mengen Quelltuff abgelagert, der sich nicht nur über Felswände und Hänge ergießt, sondern auch tropfsteinartige Baldachine und Sinterbecken bildet. Abenteuerlustige Familien können unmittelbar nach dem Naturlehrpfad vom Weg aus noch einen Abstecher zu der über die Subersach führende Hängebrücke machen und dort austesten, ob auch alle schwindelfrei sind. Wer sich über die Brücke gewagt hat, kann zudem bei Normalwasser über einen steilen und bisweilen rutschigen Pfad (Kinder hier aus festem Stand an der Hand sichern) die paar Meter zum Kiesstrand der Subersach hinuntersteigen und dort schön Brotzeit machen oder mit den Kindern am Wasser spielen. Direkt am Ausgangspunkt lockt dann noch ein Besuch im Schwimmbad (Hallenbad und kleiner Gartenpool) des Vitalhotels Quellengarten oder im nahe gelegenen Freibad Hittisau mit 55-m-Wasserrutsche.

KURZINFO

Ausgangspunkt: Parkplatz gegenüber dem Hallenbad Vitalhotel Quellengarten in Lingenau, 669 m (Navi: A-6951 Lingenau, Am Holz 93).
Anfahrt: Auf der Autobahn A 14 bis Ausfahrt Dornbirn-Nord / Bregenzerwald und weiter durch den Achraintunnel nach Alberschwende. Weiter nach Müselbach, dort links nach Lingenau abbiegen. In Lingenau unmittelbar vor der St.-Anna-Kapelle links abbiegen und nach 250 m rechts zum Parkplatz.
Mit Bahn und Bus: Vom Bahnhof Dornbirn mit dem Landbus 41 bis Haltestelle Lingenau St. Anna.
Gehzeit: 2.00 Std.
Distanz: 3,3 km.
Höhenunterschied: 170 m.
Ausrüstung: Gut profilierte Wanderschuhe.
Anforderungen: Ab 5 Jahren. Die abwechslungsreiche, schöne Wanderung verläuft teilweise auf Holzstegen und steilen Holztreppen. Kleinere Kinder müssen hier an die Hand genommen werden. Der 10-m-Abstieg nach der Hängebrücke hinunter zur Subersach ist im oberen Bereich steil und rutschig. Kinder müssen im oberen Bereich aus festem Stand an der Hand hinuntergeleitet werden.
Einkehr: Unterwegs keine; Gasthäuser in Lingenau.

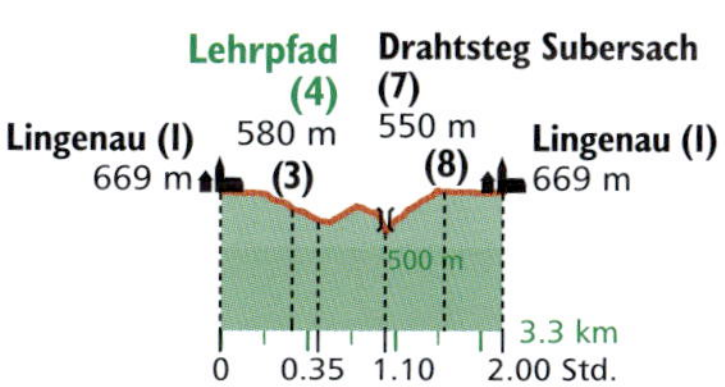

Eine Plattform befindet sich in direkter Nähe zu den Quelltuffablagerungen.

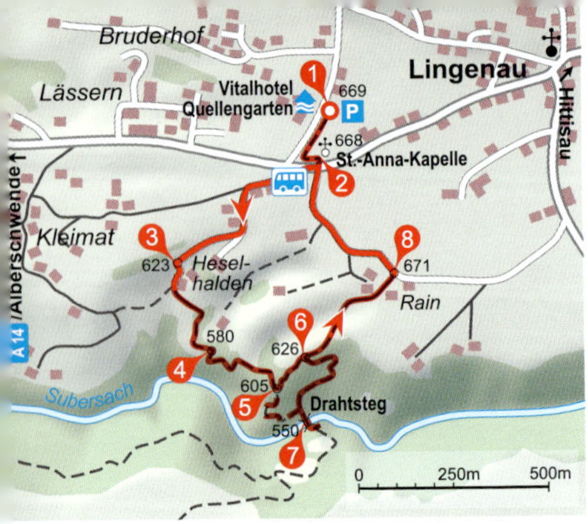

Vom **Parkplatz (1)** gegenüber dem Hallenbad in Lingenau wenden wir uns nach links, gehen auf dem Fußweg neben der Straße bis zur wenige Minuten entfernten **St.-Anna-Kapelle (2)** und überqueren dort auf dem Zebrastreifen, die nach Hittisau führende Straße. Wir wenden uns nach rechts – gehen also ein Stück zurück – und biegen nach 50 m links in eine kleine asphaltierte Straße mit dem Wegweiser »Lehrpfad Quelltuff« ein. An einer ersten Verzweigung schwenken wir mit dem Sträßlein nach links (»Quelltuff-Lehrpfad«) und halten uns wenig später an der Verzweigung der Straße – ebenfalls beschildert – rechts in die abwärtsführende kleine Straße. Bei **Heselhalden (3)** folgen wir weiter dem Wegweiser. Die Straße geht in einen Kiesweg über und wir steigen bald auf einer ersten Holztreppe an einem kleinen Bach entlang abwärts, an dem sich bereits die ersten Quelltuffablagerungen erkennen lassen. Nach einer Übersichtstafel u. a. mit dem Hinweis, dass man Kinder auf dem **Lehrpfad (4)** in dem steilen Gelände an die Hand nehmen soll, wird der Weg zum Pfad und geht schnell in einen Holzbohlenweg über. Gleich zu Beginn des Lehrpfades erwartet uns eine beeindruckende, mehrere Meter hohe Quelltuffwand, über die ein kleiner Bach fließt, der so über die Jahre die Kalkablagerungen weiter anwachsen lässt. Danach geht es über Holztreppen unmittelbar neben dem Bächlein mit weiteren eindrucksvollen gelben Kalkablagerungen steil abwärts. Wenige Minuten später erreichen wir eine Plattform, an der man den vom Wasser überflossenen Quelltuff mit den Händen berühren kann – ein eindrucksvolles Erlebnis für Kinder und Erwachsene gleichermaßen. Es geht weiter abwärts und wir kommen zu einer Aussichtsplattform, von der man einen schönen Blick auf die etwa 40 m unter uns verlaufende Subersach hat, in die das Quellwasser eines Baches auf ca. 30 m Breite über die Kalkablagerungen stürzt. Der tiefste Punkt des Lehrpfades ist nun er-

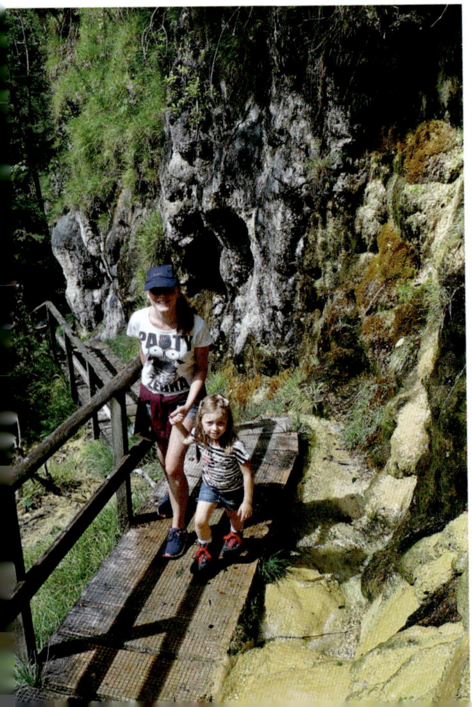

Der Weg verläuft teils über Holztreppen und -stege am Quelltuff vorbei.

Wo Quelltuff ist, läuft stets Wasser die Ablagerungen hinunter.

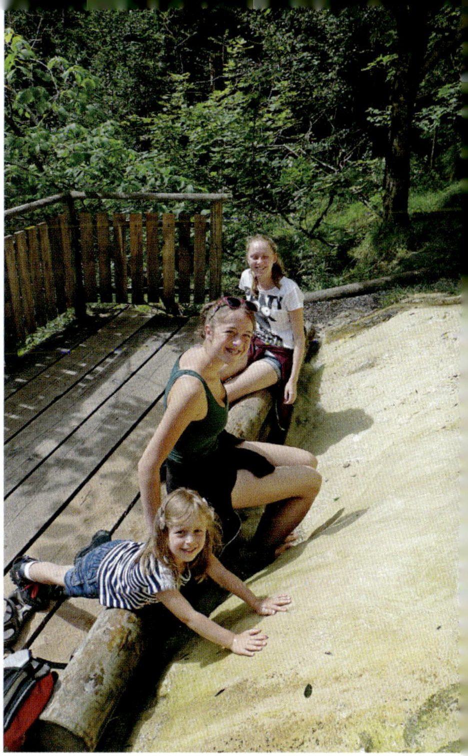

reicht, jetzt geht es wiederum über Holztreppen und später auf einem kiesigen Pfad – vorbei an weiteren beeindruckenden Quelltuffvorkommen und einigen kleinen sich über die Ablagerungen ergießenden Bächen – abwechslungsreich aufwärts. Etwa zehn Minuten später erreichen wir eine **Verzweigung (5)** mit dem Hinweis, dass der rechts abzweigende Pfad kein offizieller Wanderweg ist. *(Hinweis: Mit gut profiliertem Schuhwerk können etwas abenteuerlustige Familien auf diesem nicht offiziellen Wanderweg hinunter zum Drahtsteg an der Subersach abkürzen. Es ist etwas Vorsicht geboten, da der Weg nicht gepflegt wird und insbesondere im unteren Bereich oft sehr feucht und rutschig ist – mit kleineren Kindern ist der Weg*

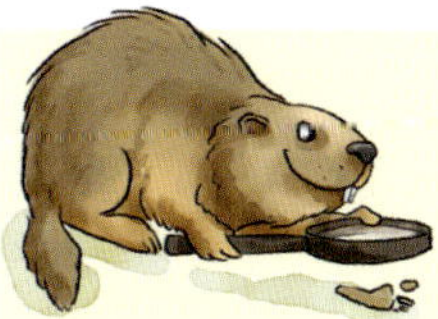

Hallo Kinder,

wisst ihr, wie der Quelltuff am Lingenauer Quelltuffhang entsteht? Das Wasser nimmt beim Durchfließen der Lingenauer Schotterterrasse große Mengen an Kalk auf, bevor es in Form vieler kleiner Quellbäche am Lingenauer Quelltuffhang wieder zutage tritt. Sobald sich das Wasser durch die Außenluft erwärmt, wird aus dem kalkhaltigen Wasser Kohlendioxid freigesetzt. Hierdurch entsteht eine Reaktion, die dazu führt, dass der Kalk wieder abgeschieden wird. Man sagt: Der Kalk fällt aus. Moose, Algen und Bakterien an den Quellaustritten können dem kalkhaltigen Wasser ebenfalls Kohlendioxid entziehen, auch dadurch kommt es zum Ausfallen von Kalk und Ablagerung von Quelltuff. Aber ist Kalk nicht eigentlich weiß? Doch, eigentlich schon. Die schöne honigfarbene Färbung des Kalks am Lingenauer Quelltuffhang kommt von Eisenoxiden, die sich hier ebenfalls im Wasser befinden. Und noch etwas Interessantes habe ich für euch: Wenn ihr nach der ersten Plattform die Holztreppen hinuntergeht, dann seht euch mal ganz genau den Quelltuff links neben euch an. Ihr werdet sehen, dass Blätter und Äste, die auf den Quelltuff gefallen sind, auch nach und nach vom Kalk bedeckt und schließlich vollständig vom Kalk überwachsen werden.

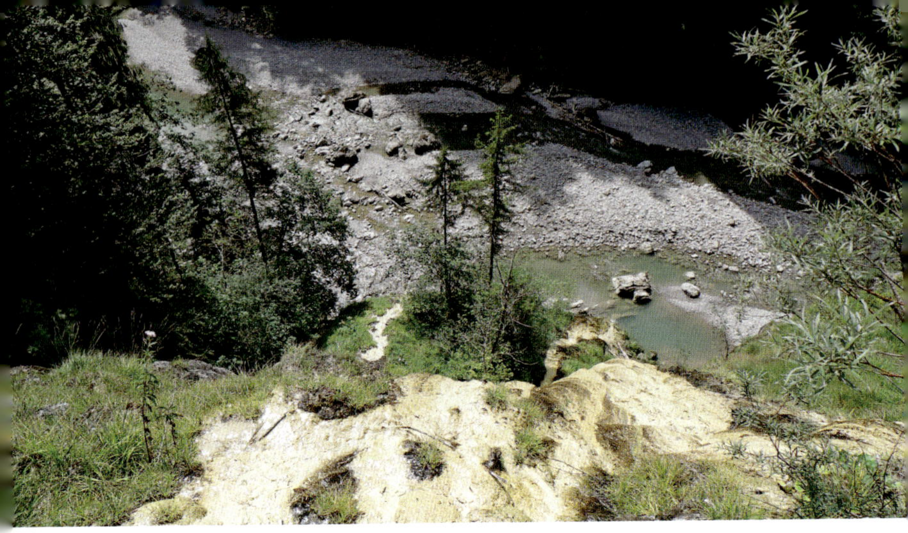

Blick vom Weg hinunter zur Subersach.

HIGHLIGHTS

- ★ Sehr interessante, kurzweilige Wanderung auf einem geologischen Lehrpfad über Holzstege und Treppen durch das bedeutendste Quelltuffgebiet Europas nördlich der Alpen.
- ★ Spannender Drahtsteg Subersach mit Spiel- und Picknickmöglichkeit am Bach.
- ★ Das 25-m-Hallenbad mit separatem Kinderbecken, Sauna, kleinem beheizten Gartenpool (Frühling bis Herbst) mit Sprudelliegen und Whirlpoolecke sowie Liegewiese im Vitalhotel Quellengarten ist auch für Tagesgäste täglich 8–22 Uhr geöffnet (Sauna siehe www.quellengarten.at/de/wellness-und-gesundheit/day-spa, Tel. +43 5513 64610, Am Holz 93, A-6951 Lingenau).
- ★ Freibad Hittisau mit 55-m-Wasserrutsche und Breitrutsche, schönem Kinderplanschbecken, Spielplatz und Kiosk mit kleinen Gerichten, geöffnet von Ende Mai bis Anfang September, bei entsprechender Witterung täglich 9.30–19.30 Uhr (A-6952 Hittisau, Platz 370, Tel. +43 5513 20721).

daher nicht empfehlenswert. Diese Abkürzung ist im Kartenausschnitt zur Tour rot gestrichelt eingezeichnet.) Wir halten uns an der Verzweigung links, steigen noch etwa fünf Minuten steil aufwärts und erreichen eine Rastbank und einen **Schilderbaum (6)**. Wir wenden uns rechts (»Subersach Drahtsteg«) und wandern nun auf einem guten Bergpfad vorbei an weiteren Quelltuffvorkommen und einem kleinen Bach in zehn Minuten hinunter zum sogenannten **Drahtsteg (7)**, einer wackeligen über die Subersach führenden Hängebrücke, die immer nur von einer erwachsenen Person betreten werden darf (kleinere Kinder hingegen auf keinen Fall alleine auf die Brücke lassen, sondern an die Hand nehmen). Für die Kinder ist die Brücke ein kleines Abenteuer. Von der Mitte der soliden, aber etwas wackeligen Konstruktion hat man einen schönen Blick auf das Bachbett der Subersach mit seinen Felsblöcken. Mit gutem Profil unter den Schuhen, Trittsicherheit und etwas

Die Brücke über die Subersach ist eine wackelige Angelegenheit.

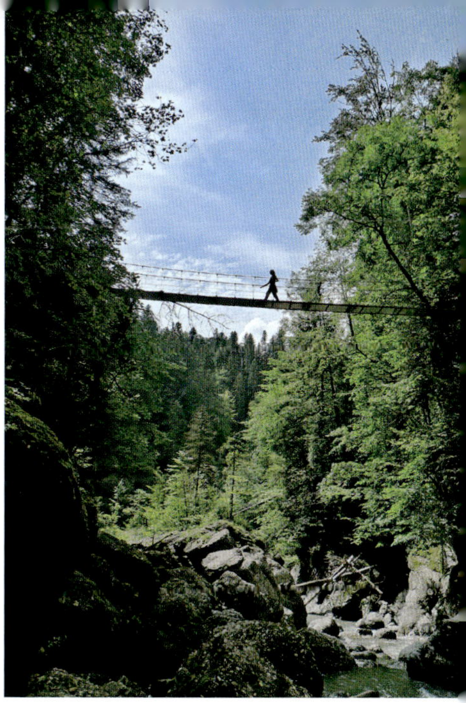

Abenteuerlust (Begehung auf eigene Gefahr!) kann man nach Überschreiten der Brücke links den im oberen Bereich etwas rutschigen Hang zur Subersach hinuntersteigen. Mit kleineren Kindern ist es hier am besten, wenn sich zwei Erwachsene einen sicheren Stand an unterschiedlichen Stellen auf dem Hang verschaffen und dann das Kind an der Hand von einem Erwachsenen zum anderen führen. Unten wartet bei Normalwasser – sonst keinesfalls hinuntersteigen! – eine Kiesbank, die sich perfekt zum Spielen und zum Brotzeitmachen eignet. Hinweisschilder an der Brücke warnen davor, dass das Wasser plötzlich ansteigen kann. Für unseren Rückweg spazieren wir auf dem Hinweg über den Drahtsteg wieder zurück zum **Schilderbaum (6)** und halten uns rechts Richtung »Rain – Lingenau«. Ein Kiesweg führt uns in wenigen Minuten hinauf zum Weiler **Rain (8)**. Nach den Höfen wenden wir uns am Schilderbaum nach rechts (»St.-Anna-Kapelle«) und erreichen nach zehn Minuten auf einem ebenerdigen Asphaltsträßchen wieder die St.-Anna-Kapelle. Von dort spazieren wir auf dem bekannten Weg wieder zurück zum **Parkplatz (1)** gegenüber dem kleinen Hallenbad.

Nach der Tour: Besuch im Freibad Hittisau mit seiner 55-m-Wasserrutsche.

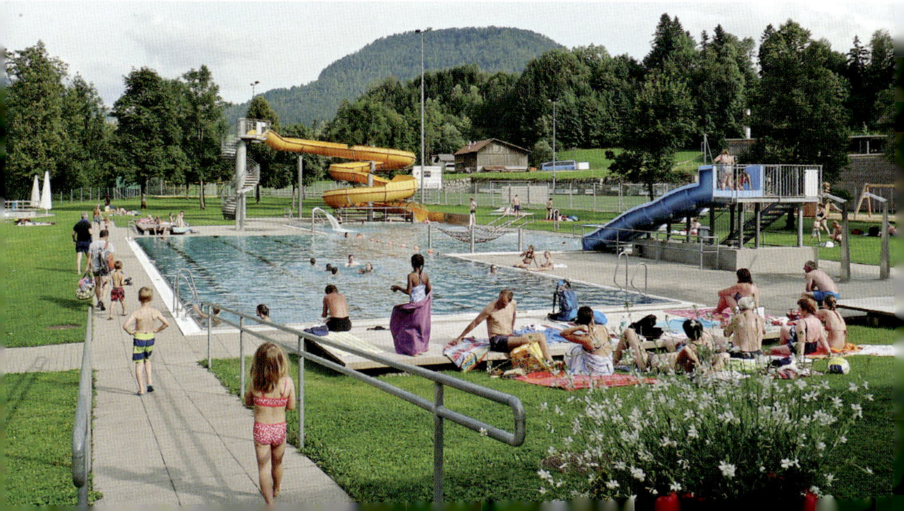

20 Engenlochschlucht

Von der Ortsmitte in Hittisau

ab 6 J.

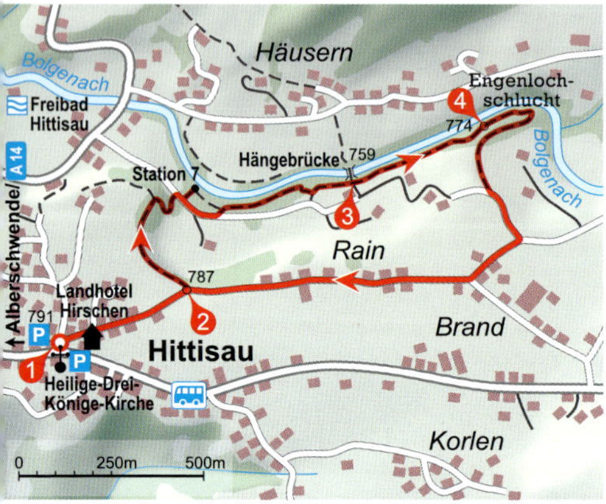

Auf dem Wasserwanderweg

Direkt vom Hittisauer Ortszentrum bietet sich eine kurzweilige Tour in die spannende Engenlochschlucht an. Der abwechslungsreiche Rundweg verläuft teilweise entlang des Wasserwanderweges, neben interessanten Tafeln und einem spannenden Wasserzugang zur Bolgenach warten hier auch zwei tolle interaktive Stationen auf die Kinder. Als weiteres Highlight besteht die Möglichkeit, sich auf eine Hängebrücke zu wagen. Nach der Tour lockt dann noch eine Abkühlung im Hittisauer Freibad oder im Vitalbad Quellengarten im nahe gelegenen Lingenau. Mit gehfreudigen Kindern bietet sich diese kurze Wanderung auch als »Zugabe« zu Tour 21 an.

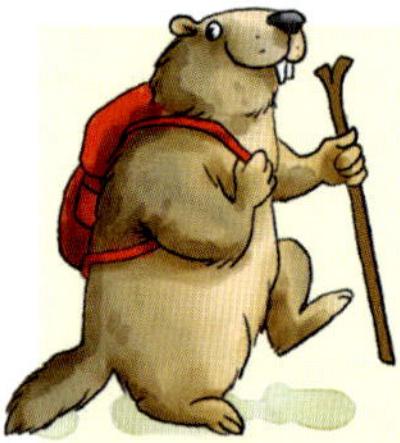

Hallo Kinder,

die heutige Wanderung verläuft ein ganzes Stück entlang der Bolgenach, die teilweise ein richtig wilder Gebirgsfluss ist. Die Bolgenach entspringt in Deutschland, ist 29 Kilometer lang und mündet schließlich in die Weißach. Bei Hittisau führt entlang des Flusses der Wasserwanderweg mit einigen Stationen. Wir steigen in diesen bei Station 7 ein und können dort auch gleich einen Abstecher zu Bolgenach machen, ein schöner Platz zum Verweilen und Spielen. Seid aber bitte vorsichtig, die Bolgenach fließt hier sehr schnell und ist sehr reißend! Vor der spannenden Engenlochschlucht könnt ihr euch dann noch auf eine Hängebrücke wagen, herausfinden, wie man das Mini-Sägewerk in Betrieb nimmt und mit Spritzpistolen in Wassereimer zielen. Wer von euch kann wohl seinen Eimer am schnellsten füllen? Nach der Wanderung wartet auf euch dann noch das schöne Freibad Hittisau mit einer coolen 55-m-Wasserrutsche und einer Breitrutsche, schönem Kinderplanschbecken für die Kleinen sowie einem Spielplatz. Bei schlechtem Wetter könnt ihr auch dem Hallenbad im Vitalhotel Quellengarten im nahe gelegenen Lingenau (siehe Tour 19) mit Sprudelliegen und Whirlpoolecke einen Besuch abstatten.

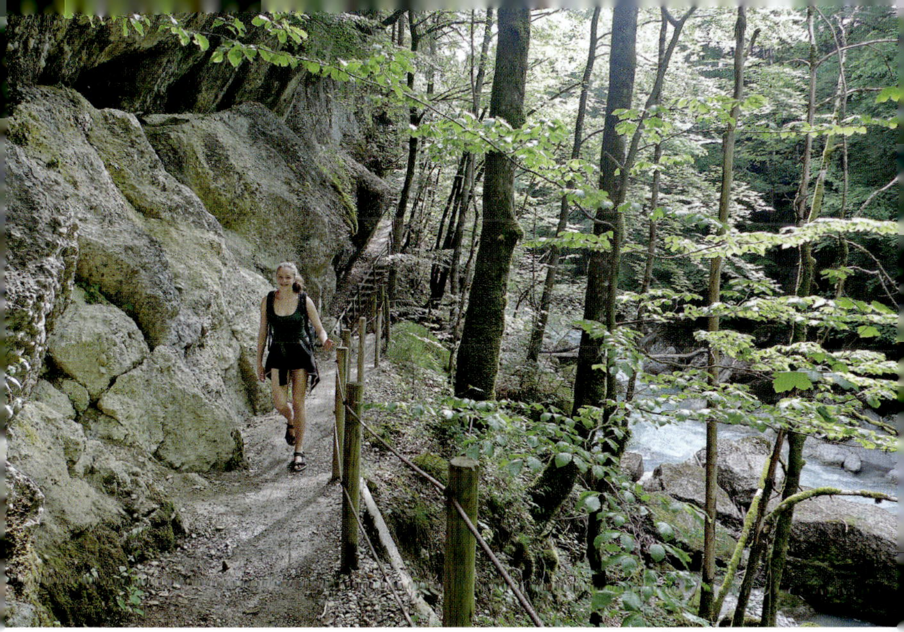

In der Engenlochschlucht verläuft der Weg stets oberhalb der Bolgenach.

KURZINFO

Ausgangspunkt: Parkplätze in der Ortsmitte von Hittisau an und in der Nähe der Heilige-Drei-Könige-Kirche, 791 m (Navi: A-6952 Hittisau, Platz 247).
Anfahrt: Auf der Autobahn A 14 bis Ausfahrt Dornbirn-Nord / Bregenzerwald und weiter durch den Achraintunnel nach Alberschwende. Weiter nach Müselbach. Dort in die B 205 abbiegen und weiter bis Hittisau zur direkt an der Durchgangsstraße liegenden Kirche Heilige-Drei-Könige. Alternativ erreicht man Hittisau von Deutschland aus von Oberstaufen oder Balderschwang.
Mit Bahn und Bus: Vom Bahnhof Bregenz mit Bus 25 bis Haltestelle Hittisau Gemeindeamt.
Gehzeit: 1.30 Std.
Distanz: 3,7 km.
Höhenunterschied: 60 m.
Ausrüstung: Gut profilierte Wanderschuhe, eventuell Wechselkleidung, Badesachen für Schwimmbadbesuch nach der Tour.
Anforderungen: Ab 6 Jahren. Der Weg durch die Engenlochschlucht verläuft auf einem schmalen, teilweise gestuften Pfad, der stellenweise rutschig ist. Für Kinderwagen nicht geeignet.
Einkehr: Unterwegs keine; Gasthäuser in Hittisau, z. B. Gasthof Krone oder Landhotel Café Hirschen direkt am Ausgangspunkt.

Vom **Platzbrunnen (1)** gegenüber der Heilige-Drei-Könige-Kirche nehmen wir die zwischen Gasthof Krone und Landhotel Café Hirschen verlaufende Straße, kommen am Gasthof Goldener Adler und einem Lebensmittelgeschäft vorbei und erreichen fünf Minuten später einen **Holzlagerplatz (2)**. An dem unmittelbar daneben angrenzenden Turm, von dem Stromleitungen abgehen, biegen wir links beschildert (»Hängebrücke, Engenlochschlucht«) in einen kleinen Pfad ein. Nach fünf Minuten zweigen wir an einem Wegweiser rechts ab und wandern über

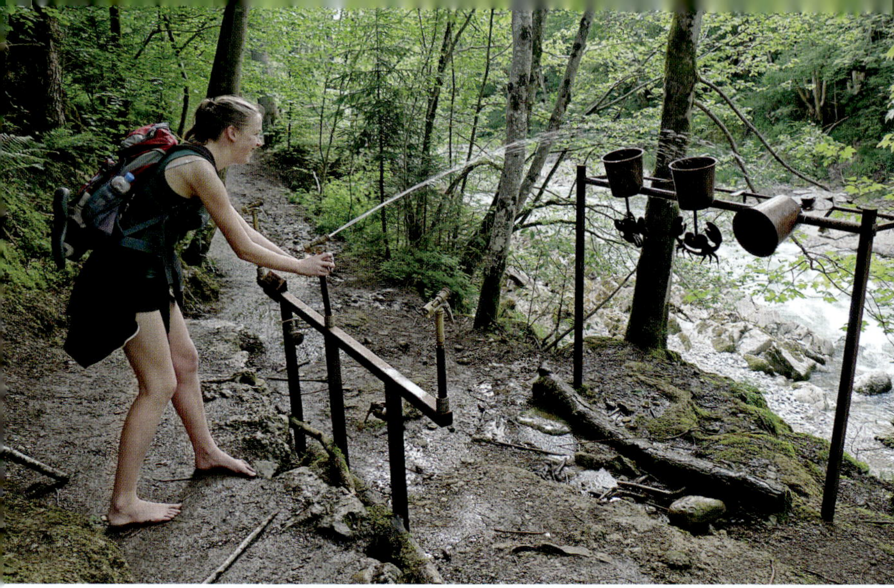

Es ist gar nicht so leicht, mit der Wasserspritze die Eimer zu füllen.

Stufen – vorbei an einigen Dachsbauten – abwärts. Unten weist uns ein Schilderbaum zur Engenlochschlucht nach rechts in ein kleines Asphaltsträßchen. Wir machen aber erst noch einen Abstecher auf der anderen Straßenseite zu Station 7 (»Grundwasser und Wassermolch«) des hier verlaufenden Wasserwanderweges und weiter geradeaus auf einem Pfad bis zur Bolgenach. Hier gibt es einen schönen Platz zum Verweilen und Spielen in einer Einbuchtung des Flusses. Eltern müssen hier aber bitte aufpassen, dass sich die Kinder nicht zu weit in die dann reißende Strömung wagen.

Wir gehen wieder zurück zu dem Asphaltsträßchen, folgen diesem nun flussaufwärts (also vom Wasser kommend nach links), passieren Station 8 des Wasserwanderweges und zweigen kurz darauf von dem Sträßchen mit der Beschilderung »Wasserwanderweg« nach links in einen Pfad ein. Auf mit Wurzeln durchzogenem, barfußgeeignetem Waldboden spazieren wir nun in Ufernähe weiter, überqueren an Station 10 einen Zufluss zur Bolgenach, wandern weiter am Wasser entlang und erreichen eine **Hängebrücke (3)**.

HIGHLIGHTS

- ★ Kurze, abwechslungsreiche Wanderung auf einem Treppenweg durch die spannende Engenlochschlucht mit teilweise überhängenden Felswänden.
- ★ Einige interaktive Stationen entlang des Weges (u. a. Wassereimerzielen) und Abstecher auf eine Hängebrücke über die Bolgenach.
- ★ Nach der Tour: Besuch im Freibad Hittisau oder im Hallenbad Vitalbad Quellengarten (siehe Highlights Tour 19).

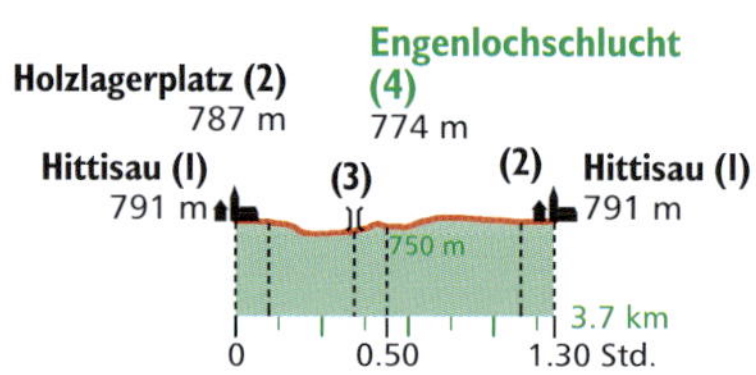

Auch wenn wir hier geradeaus weitergehen müssen, machen wir natürlich erst mit den Kindern einen Abstecher auf die etwas wackelige Hängebrücke. Gleich neben der Brücke entdecken die Kinder ein Wasserbecken, bei dem man das gestaute Wasser ablassen und so eine kleine Säge antreiben kann, die sogleich beginnt, einen Baumstamm weiter der Länge nach durchzusägen. Das wollen alle Kinder natürlich (mehrmals) ausprobieren, dann geht es weiter auf einem Uferpfad an der Bolgenach entlang. Wenig später erwartet uns die nächste Attraktion: Nun gilt es, mittels einer Wasserspritze im Wettbewerb mit ein oder zwei Mitstreitern möglichst schnell einen 2 m entfernten Eiseneimer mit Wasser zu füllen, der, sobald er voll ist, umkippt und das Wasser wieder freigibt.
Sollten wir barfuß gegangen sein, ziehen wir spätestens jetzt wieder unsere Schuhe an. Der Pfad steigt nun an, nach kurzer Zeit geht es im Auf und Ab über mitunter rutschige Treppenstufen durch die beeindruckende **Engenlochschlucht (4)** mit ihren teilweise über den Pfad reichenden Felsüberhängen. An einigen Stellen laufen kleine Rinnsale die Felswand hinunter.
Schließlich steigt der Pfad fortwährend an, wir verlassen die Engenlochschlucht und wandern kurz darauf durch eine hügelige Wiesenlandschaft. Wir passieren ein Drehkreuz, erreichen eine Asphaltstraße, biegen links ein und kommen ansteigend zu einem Schilderbaum. Wir halten uns rechts (»Hittisau Ortsmitte 20 Min.«), spazieren in 15 Minuten über eine fast nicht befahrene Asphaltstraße zu dem bereits bekannten **Holzlagerplatz (2)** und von dort in wenigen Minuten zur Ortsmitte von Hittisau und dem Parkplatz am **Platzbrunnen (1)** zurück.

In der Schlucht warten überhängende Felswände und viele Treppenstufen.

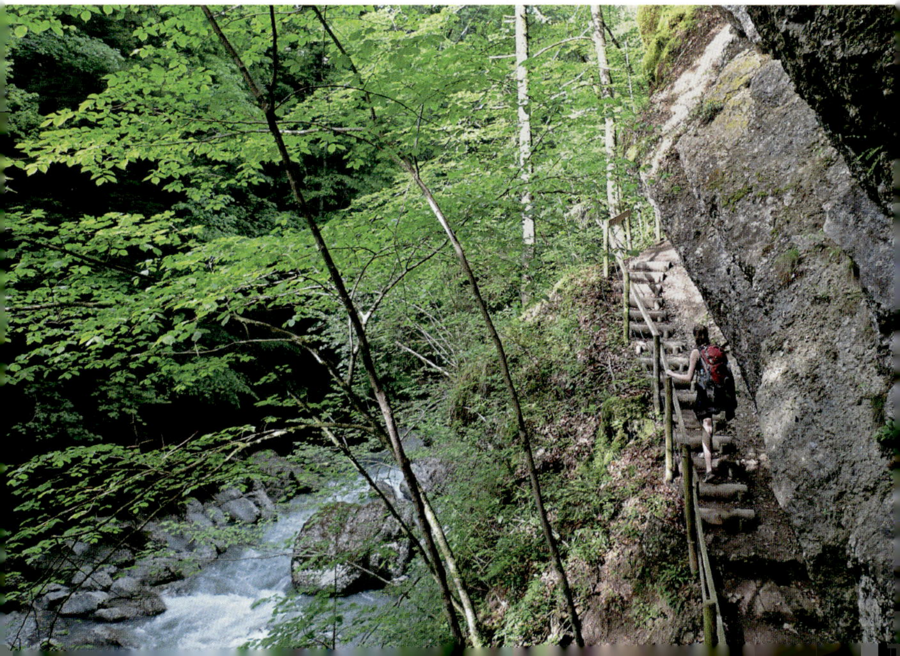

21 Neuschwandalpe und Leckner See

Rundwanderung über die Helmingenalpe ab 6 J.

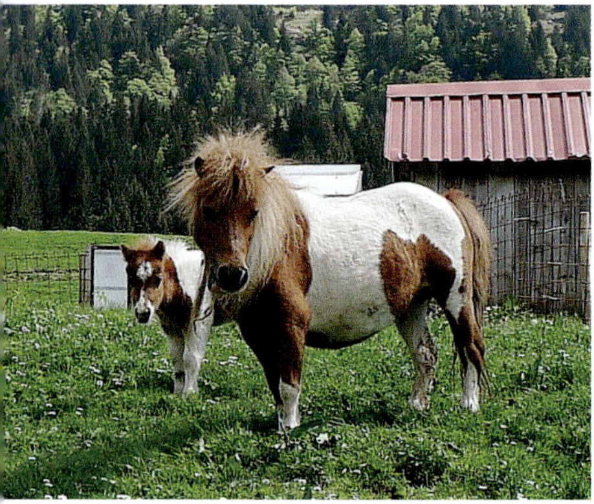

An der Neuschwandalpe lassen neben dem Spielplatz Zwergpferde …

Barfußweg und Almspielplatz

Das beschauliche, von Alpwirtschaft geprägte Lecknertal lädt zu einer kurzweiligen, auch für kleinere Kinder geeigneten Familienwanderung in wunderschöner Landschaft ein. Bei unserer Tour durch das oberhalb von Hittisau gelegene Tal, das teils zu Österreich und teils zu Deutschland gehört, wandern wir vom in Vorarlberg gelegenen Parkplatz am Ende der Mautstraße auf teils wunderbar barfußtauglichen Wegen zur auf deutschem Grund befindlichen Helmingenalpe mit ihren Almziegen. Auf dem Rückweg kommen wir an der wieder in Österreich gelegenen Jausenstation Neuschwand mit ihrem schönen Spielplatz und ihren Tieren (u. a. Zwergpferde) vorbei und spazieren weiter zum malerischen Leckner See, der sich allerdings nicht zum Baden, sondern nur zum Rasten und einer Erfrischung im Wasser eignet (siehe Hallo-Kinder-Kasten).

… und ein Kaninchengehege die Herzen der Kinder höherschlagen.

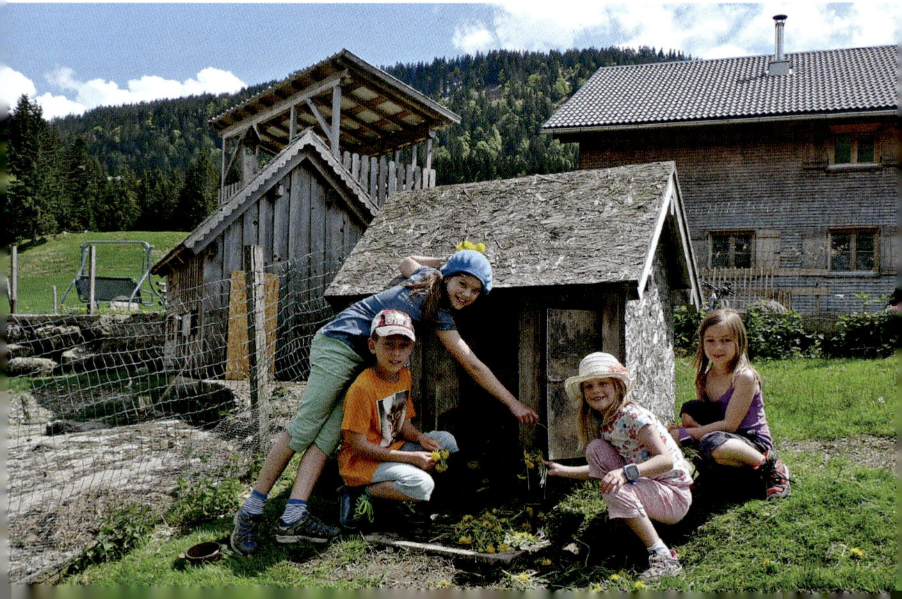

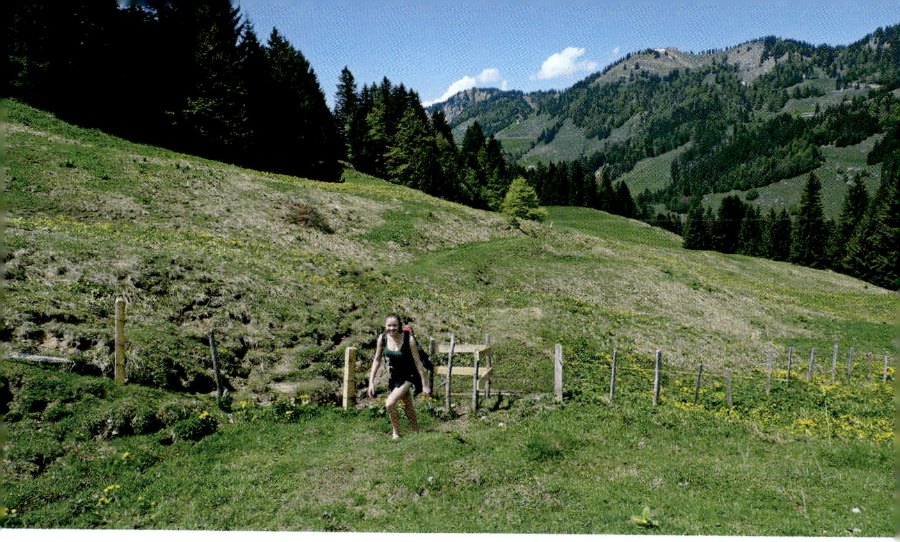

Weiche Wiesenwege laden beim Aufstieg zum Barfußwandern ein.

KURZINFO

Ausgangspunkt: Wanderparkplatz Lecknertal/Leckner See, 981 m (Navi: 6952 Bolgenach, Leckach; N 47.472868, E 10.024158).
Anfahrt: Nach Hittisau siehe Tour 20. In Hittisau der Beschilderung nach Bolgenach folgen und von dort auf der bald mautpflichtigen Straße (3 €) ins Lecknertal bis zum kostenfreien Wanderparkplatz fahren.
Gehzeit: 3.00 Std.
Distanz: 7,5 km.
Höhenunterschied: 280 m.
Ausrüstung: Gut profilierte Wanderschuhe, Badesachen (Leckner See ist allerdings nur zur Abkühlung, nicht zum Schwimmen geeignet).
Anforderungen: Ab 6 Jahren. Leichte Wanderung ohne Absturzgefahr über gute Kies- und Almwege sowie im Mittelteil über einen bestens zum Barfußwandern geeigneten Wiesenpfad. Hinweg zur Helmingenalpe wegen zwei zu engen Zaundurchlässen und einem Graben nur bedingt kinderwagengeeignet (Kinderwagen muss zu zweit darübergehoben werden), Rückweg kinderwagengeeignet.
Einkehr: Helmingenalpe, Jausenstation Neuschwandalpe (Di. Ruhetag), Alpengasthof Höfle.

Vom **Parkplatz (1)** folgen wir der asphaltierten Straße noch ein Stück taleinwärts Richtung Leckner See durch das Lecknertal. Nach etwa 200 m biegen wir an einem Schilderbaum rechts ein (Beschilderung »Ob. Koppachalpe«) und wandern nun auf einem gekiesten Almfahrweg bergan. Wir kommen an den Koppachalpen vorbei, überqueren einen Bach und erreichen knapp zehn Minuten später einen Wegweiser. Hier biegen wir links in einen schönen, zuerst etwas undeutlich zu sehenden **Erd-/Wiesenweg (2)** (»Äuele-

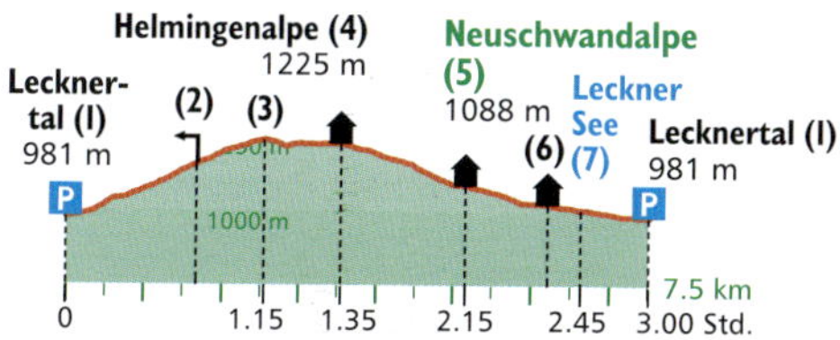

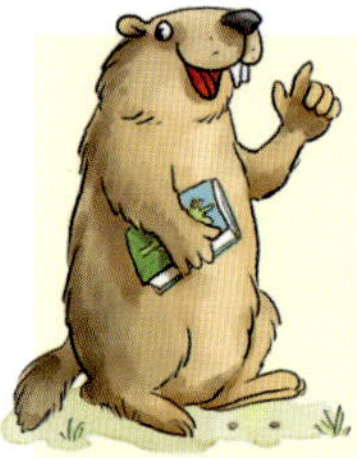

Hallo Kinder,

der Leckner See ist ein kleiner Gebirgssee, der von der Leckner Ach durchflossen wird und daher auch im Sommer eiskalt ist. Bei heißen Temperaturen kann man sich aber in dem flachen, maximal drei Meter tiefen See herrlich abkühlen oder seine Füße erfrischen – so richtig zum Baden ist er aber wegen der Wasserpflanzen und der geringen Tiefe nicht geeignet. Gemäß einer Sage ist der auf 1000 Meter Höhe liegende See im Jahr 1817 nach einer Naturkatastrophe entstanden, als es zwei Tage wie aus Kübeln geschüttet hatte und sich anschließend eine braune Bahn durch das Lecknertal zog. Wo sich früher saftige Wiesen befanden, war damals ein großer See entstanden, aus dem nur noch die Spitzen der Tannen schauten. Heute ist der malerische See jedoch viel kleiner und lädt uns zu einer letzten Rast ein, bevor wir wieder nach Hause oder in unser Quartier zurückfahren.

alpe, Helmingenalpe«) ein. Bei warmen Temperaturen können wir nun zur Freude der Kinder die Schuhe an den Rucksack hängen und barfuß weiterwandern – die nächsten 25 Minuten bewegen wir uns auf einem herrlich weichen Wiesenweg durch bisweilen sumpfiges Gelände. In einem Bachgraben staunen wir gemeinsam mit den Kindern über unzählige, gelb blühende Sumpfdotterblumen, überqueren einen Bach und kommen zur unbewirtschafteten **Äuelealpe (3)**, dem höchsten Punkt unserer Wanderung. Von dort führt ein Almweg mit Wiesenmittelstreifen abwärts. Zweimal läuft – zumindest im Frühjahr zur Schneeschmelze und nach Regenfällen – ein Bach direkt über den Weg. Hier ist man im Vorteil, wenn man auf blanken Sohlen unterwegs ist (das Wasser ist aber nur wenige Zentimeter tief). Der Weg steigt nun wieder etwas an und wir stoßen auf eine kleine Straße. Wir wenden uns nach rechts und erreichen nach wenigen Minuten die bereits sichtbare, hier nicht ausgeschilderte, bewirtschaftete **Helmingenalpe (4)** und das etwas oberhalb auf einem Nagelfluhfelsen liegende Marterl mit Brot-

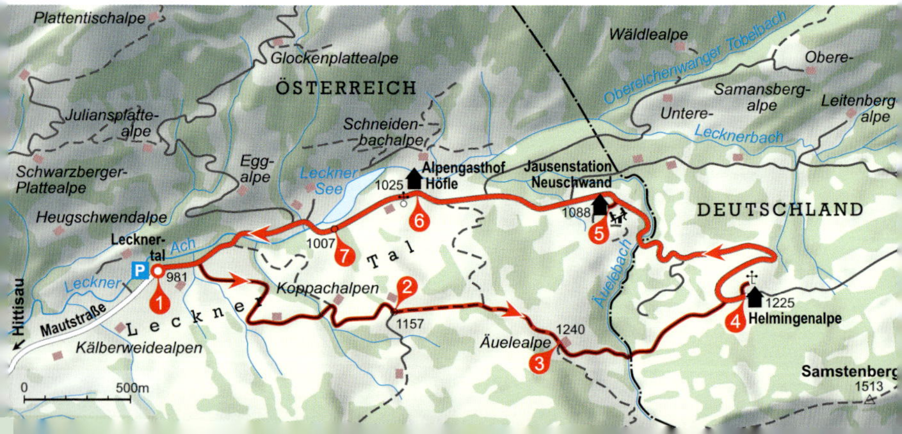

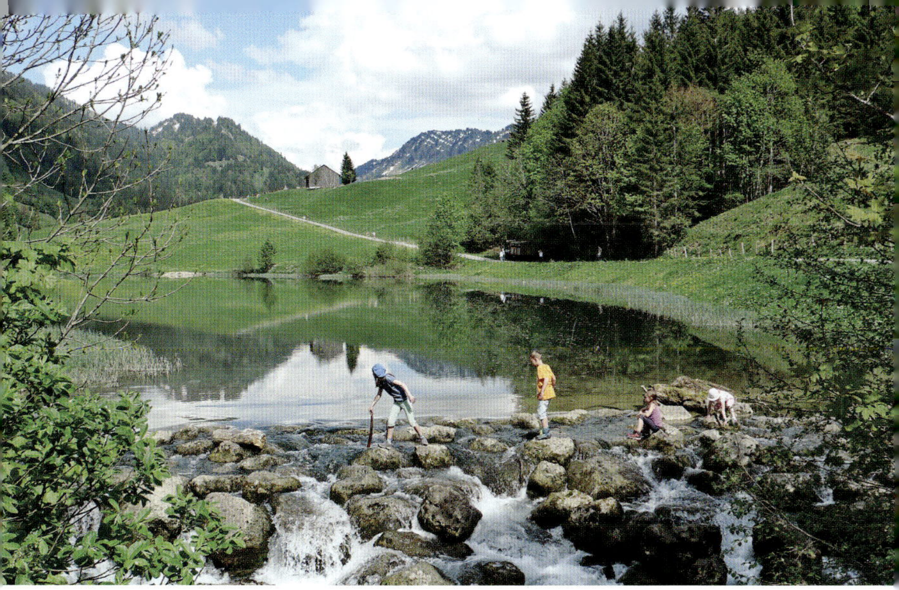

An den Stromschnellen am Leckner See ist Vorsicht geboten!

zeittisch. Auf der Rückseite des Felsens findet man im Frühjahr das blau blühenden »Schusternagerl«, eine Enzianart.

Nach der Rast wandern wir nun wieder zur Einmündung des von der Äuelealpe kommenden Weges zurück und spazieren nun der Beschilderung »Leckner See« folgend auf dem Sträßlein abwärts. Bald kommen wir zu einem zum Spielen einladenden Platz, an dem zwei Bäche zusammenfließen, 15 Minuten später stehen wir bereits an der **Jausenstation Neuschwandalpe (5)** mit ihren Tieren und einem Spielplatz. Neben leckerem Kuchen gibt es hier auch kleine Gerichte und Brotzeiten.

Für den Weiterweg folgen wir der Straße weiter über den **Alpengasthof Höfle (6)** (hier auch Eis) abwärts bis zum malerischen **Leckner See (7)**, an dem drei Rastbänke zu einer Pause einladen. Für ein Bad dürfte der kleine See zu flach sein, man kann aber herrlich seine Füße in dem eiskalten Wasser erfrischen. Beim Spielen auf den Steinen im Wasser am Ende des Sees ist aber Vorsicht geboten: Unmittelbar nach den ersten Steinen nimmt das Wasser Fahrt auf, um dann über die kleine Leckner Ach Richtung Bolgenach (Ort und Fluss) abzufließen.

Vom Leckner See erreichen wir auf der Straße schließlich in zehn Minuten wieder den **Parkplatz (1)**.

HIGHLIGHTS

- ★ Schöne teilweise barfußtaugliche Rundwanderung mit mehreren Einkehrmöglichkeiten im bezaubernden Lecknertal.
- ★ Freilaufende Ziegen und schöner Brotzeitplatz an der Helmingenalpe.
- ★ Zwergpferde, Ziegen, Kaninchen und Spielplatz an der Jausenstation Neuschwand.
- ★ Abkühlmöglichkeit mit Spielmöglichkeit am idyllischen Leckner See (Vorsicht, für kleinere Kinder sind die Stromschnellen im Bereich der Brücke zu gefährlich!).

22 Walderlebnispfad Möggers

Vom Schönsteinhof

ab 4 J.

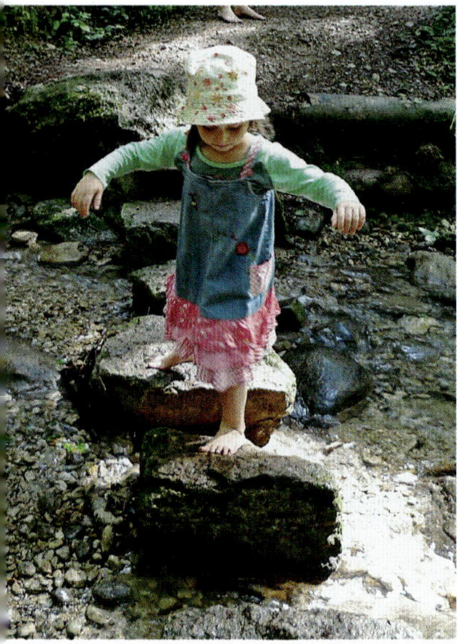

Balanceakt bei der Bachüberquerung.

Abenteuerlicher Walderlebnispfad mit vielen Tieren

Unmittelbar hinter der deutsch-österreichischen Grenze befindet sich im vorarlbergischen Möggers ein aufwendig gestalteter Walderlebnispfad mit Tiergehegen und Einkehrmöglichkeit am Schönsteinhof (Imbiss). Besonders schön ist der vom Walderlebnispfad als Zusatzrunde für abenteuerlustige Familien konzipierte »Inspirationsrundweg«, dort tauchen wir in ein wildromantisches Bachtal ein, in dem der Weg sogar unmittelbar unter einem Wasserfall hindurchführt und einige spannende Elemente bereithält (siehe Hallo-Kinder-Kasten). Für diesen Weg, der nur bei trockenem Boden begehbar ist, benötigen wir sehr gut profilierte Wander- oder Trekkingschuhe. Sowohl der Inspirationsrundweg als auch der Walderlebnispfad sind nicht mit dem Kinderwagen befahrbar. Diesen Ausflug kann man sehr gut mit dem Besuch des (kostenpflichtigen) Baumwipfelpfades mit seinen mannigfaltigen Attraktionen im nahen, auf deutscher Seite gelegenen Scheidegg verbinden (siehe Freizeittipp F4). Mit kleineren Kindern empfiehlt es sich aber dann, insgesamt zwei Tage für beide Ausflüge einzuplanen. In Scheidegg gibt es mit dem Alpenfreibad auch eine schöne Bademöglichkeit.

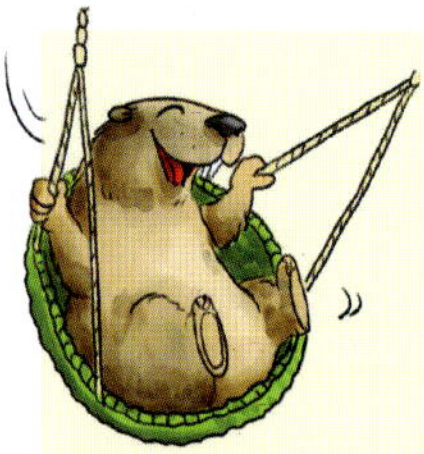

Hallo Kinder,

der Walderlebnispfad in Möggers hat für abenteuerlustige Kinder und Familien mit dem Inspirationsrundweg eine ganz besonders tolle Extra-Runde zu bieten. Wer von euch traut sich, mit einem Seil über einen Bach zu schwingen, sich auf der anderen Seite mittels Seil einen steilen Abhang hinaufzukämpfen, auf einem Drahtseil das Wasser zu überqueren oder auf einem wirklich schmalen Holzstamm einen Abgrund zu überwinden? Aber keine Angst, alle Attraktionen kann man auch umgehen und unter dem Abgrund befindet sich ein großes Fangnetz. Der kleine Pfad führt uns sogar direkt unter einem Wasserfall hindurch.

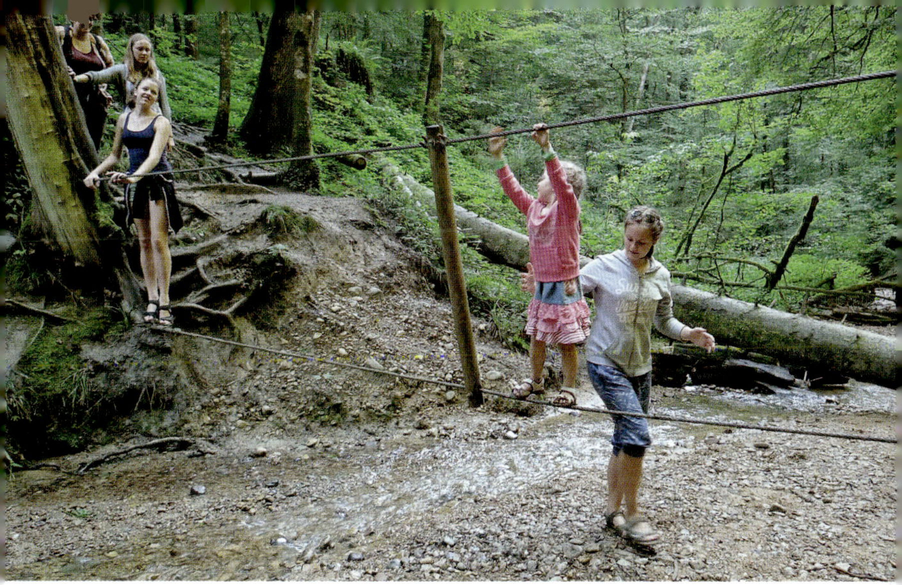

Bachüberwindung mittels Drahtseil auf dem Inspirationsrundweg.

KURZINFO

Ausgangspunkt: Parkplatz Walderlebnispfad, 770 m (Navi: A-6900 Möggers, Schönstein 58a).
Anfahrt: Auf der A 14 bis Ausfahrt Sigmarszell und auf der B 308 bis Scheidegg. Von der Ortsmitte auf der Zollstraße über die Grenze und weiter nach Möggers. Nach dem Gemeindeamt bei der dritten Möglichkeit rechts (Beschilderung »Walderlebnispfad«) in die Schönsteinstraße und nach 400 m links zum Parkplatz.
Mit dem Bus: Vom Bahnhof Lochau mit Landbus 14a nach Lindau. Dort fährt der Bus als Linie 12 weiter. Ausstieg Möggers, Haltestelle Rucksteig.
Gehzeit: 2.30 Std. (bei kurzem Aufenthalt an den Stationen).
Distanz: 3,2 km.
Höhenunterschied: 90 m.
Ausrüstung: Gut profilierte Wanderschuhe.
Anforderungen: Ab 4 Jahren. Der Walderlebnispfad weist einige Stufen auf und führt auf Steinen über das Wasser, sonst Kiesweg. Inspirationsrundweg gemäß Schild schwer begehbar und nur bei trockenem Boden zu empfehlen. Bei Nässe ist der Inspirationsrundweg besonders im Bereich des Wasserfalls (keine Umgehungsmöglichkeit) extrem rutschig. Für Kinderwagen nicht geeignet.
Einkehr: Schönsteinhof.
Hinweis: Erhöhter Lärmpegel am Pfad-Eingang wegen der in der Nähe liegenden Motocross-Strecke (So. 10–12 Uhr und Mi. 17–19 Uhr).

Wir verlassen den **Parkplatz (1)** nach links in eine Asphaltstraße und erreichen nach etwa 200 m den Schönsteinhof (hier auch gebührenpflichtige Toiletten), an dem die Kinder in einem mit »Lebendige Krippe Stadt Bregenz« überschriebenen Stall Hühner mit ihren Küken bewundern können. Gehen wir weiter, kommen wir zum Ausschank des **Schönsteinhofes (2)** mit seinen vielen Holztischen. Hier gibt es Bratwurst aus eigener Herstellung, einen Brotzeitteller oder Eis zu kaufen. Hinter dem Ausschank freuen sich die Kinder über ein großes Wild-

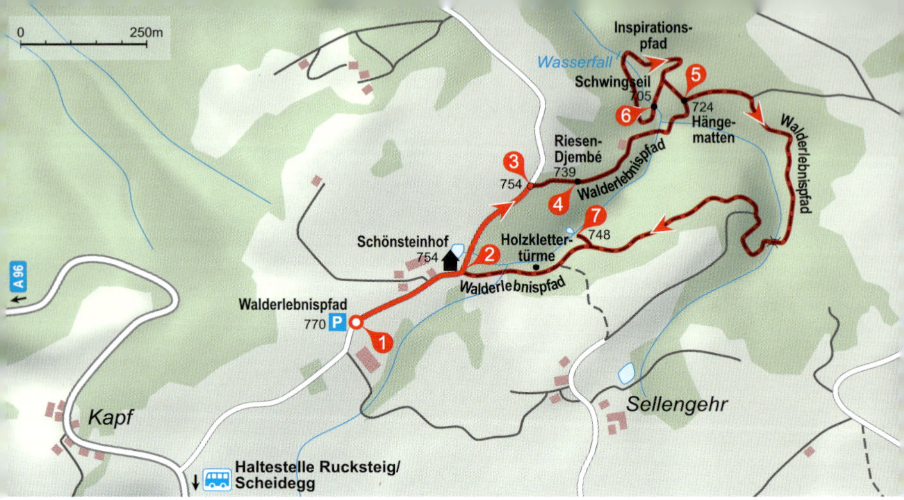

schwein- und Schafgehege, ein Ziegengehege, einen Weiher mit Enten und Schwänen sowie Eseln, auf denen die Kinder nach Anmeldung am Ausschank auch reiten können.
Gegenüber der Einkehrmöglichkeit weist uns ein Schild zum Walderlebnispfad erst die Asphaltstraße entlang. Bereits nach 200 m folgen wir dann dem Wegweiser nach rechts in einen **Kiesweg (3)**, der uns in den Wald führt. Wir kommen schnell zur ersten Station des **Walderlebnispfades (4)**. Am Rand einer offenen Hütte erwartet uns unter anderem eine Riesen-Djembé; begeistert trommeln hier nicht nur die Kindern mit den flachen Händen auf einer Membran, die über einen ausgehöhlten Baumstamm gespannt wurde. Wenig später werden wir an einem Schild um eine kleine Spende zur Erhaltung und Erweiterung dieses schönen Walderlebnispfades gebeten. Es folgt ein interessanter Blick in den Bodenaufbau des Waldes, bevor es über einen gestuften Weg steil nach unten zu einem Bach geht, den wir mittels Steinblöcken überwinden. Nach einer weiteren

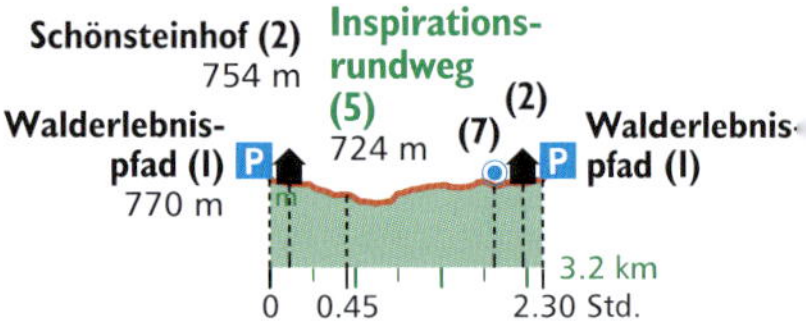

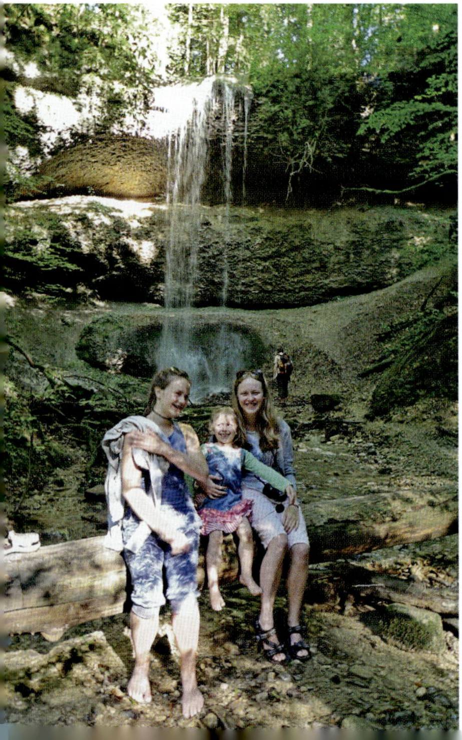

Gemütliche Rast auf einem Baumstamm im Bachbett.

Bachüberquerung wandern wir auf einem Waldpfad hinauf zu einigen zwischen Bäumen gespannten **Hängematten**. Unmittelbar dahinter zweigt links (beschildert) der **Inspirationsrundweg (5)** ab, den wir – bei trockenen Bodenverhältnissen und etwas Sinn für Abenteuer – unbedingt ausprobieren sollten. Nach wenigen Minuten auf diesem Weg halten wir uns an einer Verzweigung links, kommen bald abwärtsgehend in ein idyllisches Bachtal, überqueren den seichten Bach mittels **Schwingseil (6)** (oder waten hindurch), klettern auf der anderen Seite den Abhang hinauf, halten uns links und spazieren mit dem Weg nach rechts drehend unter einem Wasserfall hindurch (Achtung, große Rutschgefahr bei feuchtem Boden!). Schließlich kommen wir zurück zu den **Hängematten (5)**, wenden uns nach links und folgen nun dem jetzt breiten Hauptweg aufwärts. An der nächsten Station dürfen sich die Familien in einem riesigen Liegestuhl entspannen und gemeinsam mittels Rundhölzern die Raumaufteilung einer Hütte gestalten. Bald darauf weist uns ein Schild nach rechts. Wir kommen an einem Wasserfall vorbei, spazieren über eine Hängebrücke, rätseln, was sich hinter einer Klappe wohl verbergen mag, und erreichen zwei große, mittels einer Hängebrücke miteinander verbundene Holzklettertürme (nur für Kinder begehbar). Anschließend passieren wir noch eine Klangstation mit Köhlerhüttte und machen einen Abstecher zu einer **Quelle (7)**. Nun ist es nicht mehr weit und unser Rundweg schließt sich am Ausschank des **Schönsteinhofes (2)**, von dem wir auf bekanntem Weg in wenigen Minuten zum **Parkplatz (1)** zurückgelangen.

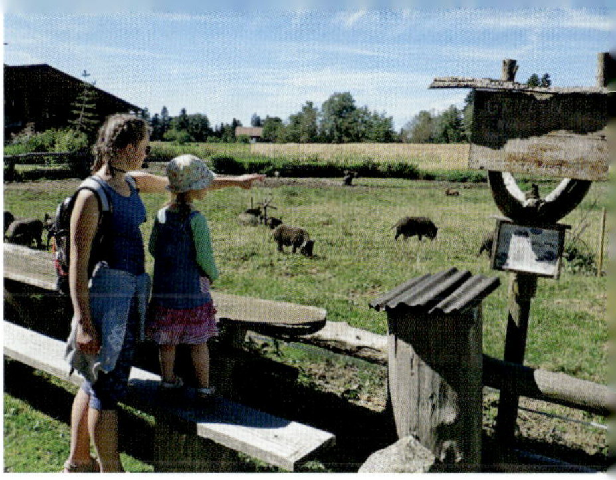

Am Wildschweingehege auf dem Schönsteinhof.

HIGHLIGHTS

- ★ Toller Walderlebnispfad mit vielen Mitmachstationen. Besonders spannend ist der Inspirationsrundweg mit abenteuerlichen Attraktionen (z. B mit dem Seil über einen Bach schwingen, unter einem Wasserfall hindurchgehen, Überwinden eines Abgrunds auf einem Holzstamm oder Balancieren auf einem Drahtseil übers Wasser).
- ★ Viele Tiere (Wildschweine, Schafe, Ziegen, Esel, Hühner mit Küken, Enten und Schwäne) und Einkehrmöglichkeit (Imbiss) am Schönsteinhof.
- ★ Eselreiten am Schönsteinhof.
- ★ Nach der Tour: Besuch des Alpenfreibads Scheidegg. Hier schwimmt man in einem von Quellwasser gespeisten Naturbecken mit herrlicher Bergsicht. Zwei kreisrunde, beheizte Kinderbecken mit Mini-Rutsche und ein Spielplatz lassen bei den Kleinsten die Herzen höher schlagen. Für die Größeren stehen eine Tischtennisplatte und ein Billardtisch bereit. Mit Kiosk/Bistro und großer Liegewiese. Geöffnet von Ende Mai bis Anfang September bei guter Witterung 9–19 Uhr. Familienkarte 8 €, Ermäßigung mit der Allgäu-Walser-Card (Forst 113, 88175 Scheidegg, Tel. +49 8381 1440).

23 Pfänder, 1064 m

Über den Gschliefweg

ab 8 J.

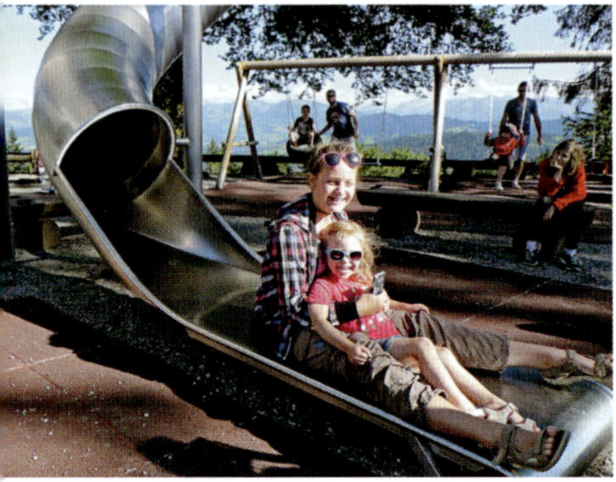

Röhrenrutsche an der Bergstation.

Bodenseeblick mit Wildpark und Spielplatz

Wer im Dreiländereck Bodensee Urlaub macht, sollte – gerade auch wenn man mit Kindern unterwegs ist – unbedingt dem »Hausberg« von Bregenz einen Besuch abstatten. Der Weg auf den Pfänder über den Gschliefweg ist abwechslungsreich, schon beim Aufstieg hat man einen großartigen Blick auf den uns direkt zu Füßen liegenden Bodensee und oben einen fantastischen Blick auf über 200 Alpengipfel. Die Kinder freuen sich an der Bergstation der Pfänderbahn über den großen Spielplatz, das Bungeetrampolin und natürlich den kleinen kostenlosen Wildpark, in dem es neben Hasen, Wildscheinen und Hängebauchschweinen auch Murmeltiere und Steinböcke zu bestaunen gibt. Im Wildpark wartet auch eine Riesenwaldrutsche auf die Kinder. Bei Abfahrt mit der Gondel kann man nach der Tour mit älteren Kindern noch einen Stadtbummel durch Bregenz machen. In der Vorarlberger Landeshauptstadt findet man in der Fußgängerzone viele Geschäfte, die zu einem Einkaufsbummel einladen. Sehenswert ist auch die historische Oberstadt.

Vom Anstiegsweg hat man einen großartigen Blick auf den Bodensee.

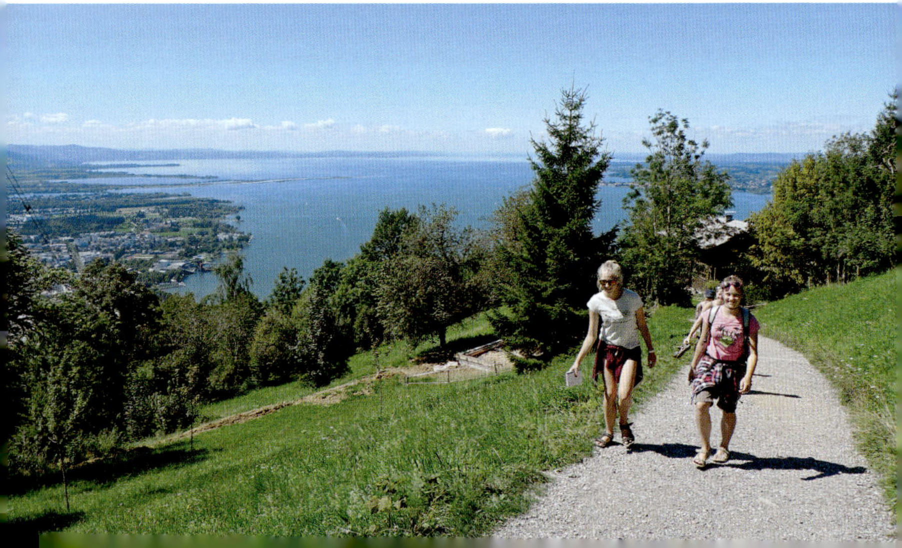

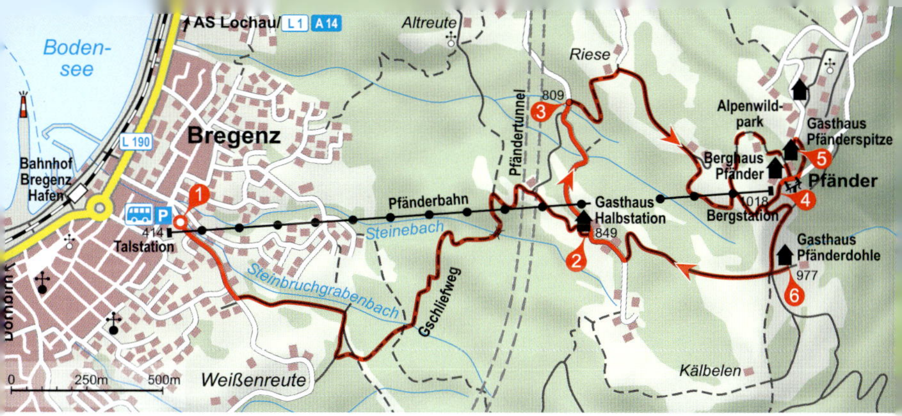

KURZINFO

Ausgangspunkt: Talstation der Pfänderbahn, 414 m, mit 60 Parkplätzen (P6) (Navi: A-6900 Bregenz, Steinbruchgasse 4). Weitere Parkplätze im Parkhaus Pfänderbahn P 15 (Navi: A-6900 Bregenz, Schillerstraße 3).

Anfahrt: Auf der Autobahn A 14 bis Ausfahrt Lochau und weiter auf der L 1 4 km bis Bregenz. Dort ist die Pfänderbahn ausgeschildert.

Mit Bahn und Bus: Vom Hauptbahnhof Bregenz mit der Buslinie 1 bis zur Haltestelle Pfänderbahn.

Gehzeit: 4.50 Std., bei Talfahrt mit Pfänderbahn 3.00 Std.

Distanz: 8,6 km, bei Talfahrt mit Pfänderbahn 5 km.

Höhenunterschied: 690 m.

Ausrüstung: Gut profilierte Bergschuhe.

Anforderungen: Ab 8 Jahren, bei Abfahrt mit Pfänderbahn ab 6 Jahren. Die Wanderung verläuft im unteren Bereich auf breiten Kieswegen, später auf einem meist breiten, aber mitunter sehr steilen Bergweg. Teils auch auf kleinen Pfaden mit Geländersicherung. Im oberen Bereich sind die Wege asphaltiert. Nicht kinderwagengeeignet.

Bergbahn: Pfänderbahn, ganzjährig 8–19 Uhr geöffnet, Betriebsruhe zwei Wochen im November und von Mitte Februar bis Anfang/Mitte April, Familienkarten (Steinbruchgasse 4, A-6900 Bregenz, Tel. +43 5574 42160, www.pfaenderbahn.at).

Einkehr: Gasthaus Halbstation (Mo. Ruhetag), Berghaus Pfänder, Gasthaus Pfänderspitze, Alpengasthof Schwedenschanze, Gasthaus Pfänderdohle.

Wir starten unsere Tour an der Rückseite des Eingangs zur Talstation der Pfänderbahn am dortigen **Parkplatz (1)**. An der Straße weist uns ein Wegweiser nach rechts Richtung Pfänder die Steinbruchgasse hinauf. Auf Kopfsteinpflaster gewinnen wir schnell an Höhe, bevor wir nach knapp zehn Minuten einem Wegweiser nach links in einen Kiesweg folgen. Einige Minuten später stoßen wir auf einen Kiesweg mit einem Schilderbaum und wenden uns hier nach rechts Richtung Gschliefweg und Pfänder. Nach 40 m zweigt links ein Weg ab, hier könnten wir abkürzen. Der offizielle Weg führt aber noch kurz geradeaus weiter, bis wir bei der nächsten Möglichkeit links in den Wald einbiegen. Kurz darauf treffen wir auf die Abkürzer und steigen weiter bergan. Wir befinden uns auf dem **Gschliefweg**, einem guten und steilen mit Wurzeln und Felsen durchsetzten Wanderweg, der Kindern wie Erwachsenen gleichermaßen Spaß macht. Ob wohl nachts zwischen den großen Findlingen im Wald Kobolde ihr Unwesen treiben?

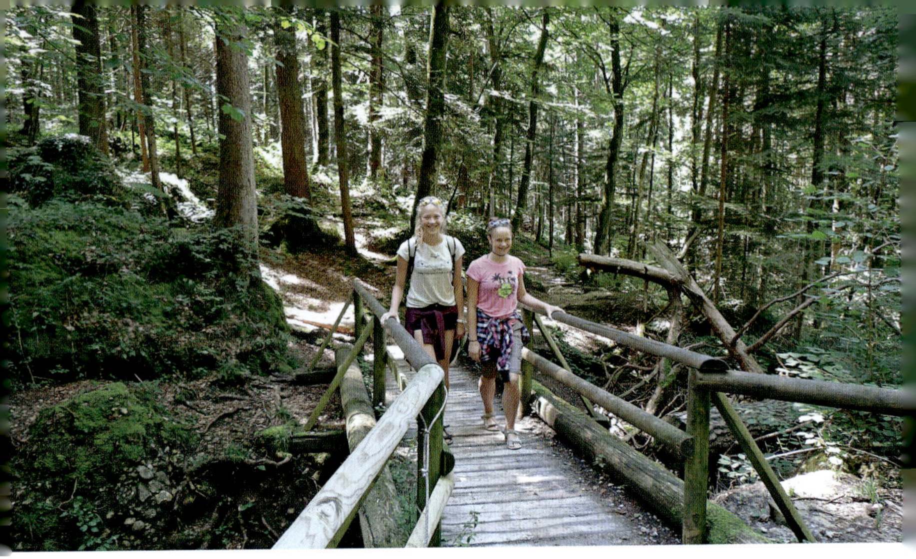

Unterwegs auf dem abwechslungsreichen Gschliefweg.

Wir überqueren einen Bach auf einer Holzbrücke und unterqueren zwei Minuten später das erste Mal die Drahtseile der Pfänderbahn. Kurz darauf halten wir uns an einem Wegweiser rechts (»Pfänder«) und können nun linker Hand (besonders, wenn wir etwas die Wiese hinuntergehen) wunderschön auf den Bodensee und die Lindauer Insel hinunterblicken. Wenig später tritt der Weg aus dem Wald, nun liegt uns, wenn wir uns umdrehen, die riesige Fläche des Bodensees direkt zu Füßen. Wir unterqueren die Seilbahn wenig später erneut und erreichen fünf Minuten später das **Gasthaus Halbstation (2)**, das uns daran erinnert, dass hier in früheren Zeiten tatsächlich noch die damalige Pfänderbahn einen Zwischenhalt vornahm. Allerdings befinden wir uns hier nicht erst – wie der Name der Einkehr vermuten lässt – auf halber Höhe zum Pfänder, sondern haben nun bereits zwei Drittel des Weges geschafft. Nun müssen wir uns entscheiden, ob wir geradeaus weiter auf breiten Wegen über die Pfänderdohle (das ist unser Rückweg) in einer halben Stunde aufsteigen wollen, oder bereit sind – allerdings verbunden mit einem zwischenzeitlichen Verlust an bereits gewonnenen 50 Höhenmetern – die Tour um 20 Minuten zu verlängern (dann teilweise über Bergpfade). Wir entscheiden uns für Letzteres und biegen daher nach dem Gasthaus links in Richtung Lochau in das abwärtsführende Asphaltsträß-

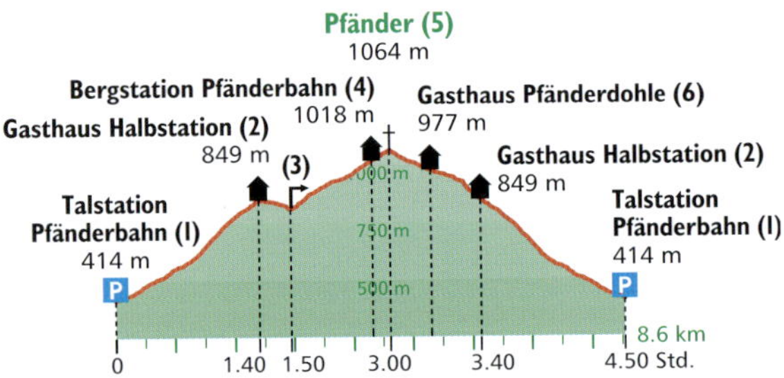

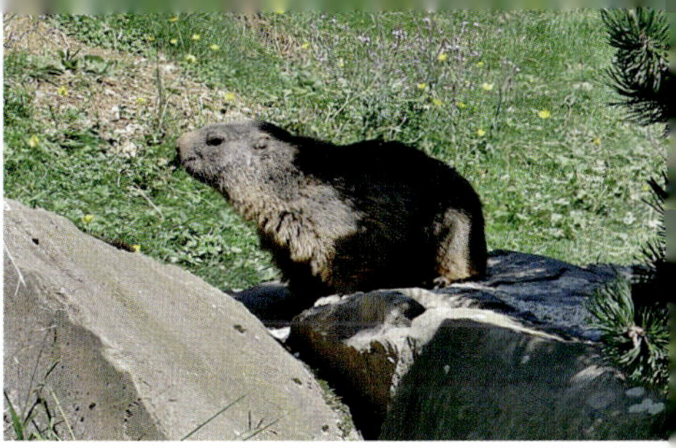

Der Wildpark an der Bergstation wartet sogar mit Murmeltieren auf.

chen ein. Wir ignorieren nach etwa fünf Minuten einen abzweigenden Pfad (dieser ist im weiteren Verlauf gesperrt) und wandern weiter abwärts bis zum nächsten **Schilderbaum (3)**. Hier biegen wir rechts (»Riese«) ein und steigen nun erst auf einem Kiesweg, später über einen mit einem Geländer gesicherten Bergpfad bis zum Weiler Riese auf. Dort wenden wir uns nach rechts (»Wildpark, Pfänder Bergstation«) und wandern auf einem breiten Kiesweg weiter. An einer Verzweigung weist uns ein Schild nach rechts, der Weg führt nun erneut unter der Seilbahn hindurch und wird zu einem mit Geländer versehenen Bergpfad, der uns nochmal ins Schwitzen bringt. Kurz bevor es ein weiteres Mal unter der Bergbahn hindurchgeht, ignorieren wir einen nach rechts abzweigenden Wurzelpfad und treffen wenig später auf den asphaltierten Rundweg des kostenlosen Wildparks. Wir halten uns rechts *(Hinweis: Die links befindliche Adlerwarte mit ihren Flugshows wurde nach Verschärfung des Tierschutzgesetzes im Jahr 2015 geschlossen)* und steigen nun am Rothirsch- und später am Murmeltiergehege vorbei in wenigen Minuten hinauf zur **Bergstation der Pfänderbahn (4)** mit ihrem großen Kinderspielplatz. Zwei der drei Aussichtsstationen verfügen über große Gipfelbestimmungstafeln, man genießt bei gutem Wetter einen fantastischen Blick von den Allgäuer und Lechtaler Alpen bis zum Schweizer Alpsteingebirge mit dem Säntis. Der schönste Platz aber befindet sich auf der großen Aussichtsterras-

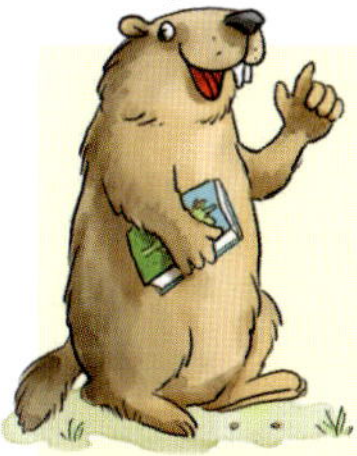

Hallo Kinder,

wisst ihr, warum meine Artgenossen und ich Murmeltiere heißen? Der Name hat nichts mit »murmeln« oder einer »Murmel« zu tun, sondern kommt von dem althochdeutschen Wort »murmunto«, das wiederum auf das lateinische »mus montis« (Bergmaus) zurückgeht. Wir Murmeltiere sind aber viel größer als eine Maus, mit Schwanz können wir bis zu 85 Zentimeter lang werden und wiegen bis zu sieben Kilogramm. Wie die Mäuse bauen Murmeltiere unterirdische Gänge, wobei es immer einen Dauerbau, verschiedene Fluchtröhren und »Einbahnstraßengänge« gibt, die als Toiletten benutzt werden. Die meisten Murmeltiere leben in Kolonien zusammen und begrüßen sich, indem sie die Nasen aneinanderreiben und die Köpfe zusammenstecken. Sie sind tagaktiv und halten mehrere Monate Winterschlaf. Besucht doch mal meine Verwandten, die Alpenmurmeltiere in dem Wildpark unterhalb der Pfänderbahn-Bergstation. Da könnt ihr die putzigen Gesellen ganz aus der Nähe betrachten.

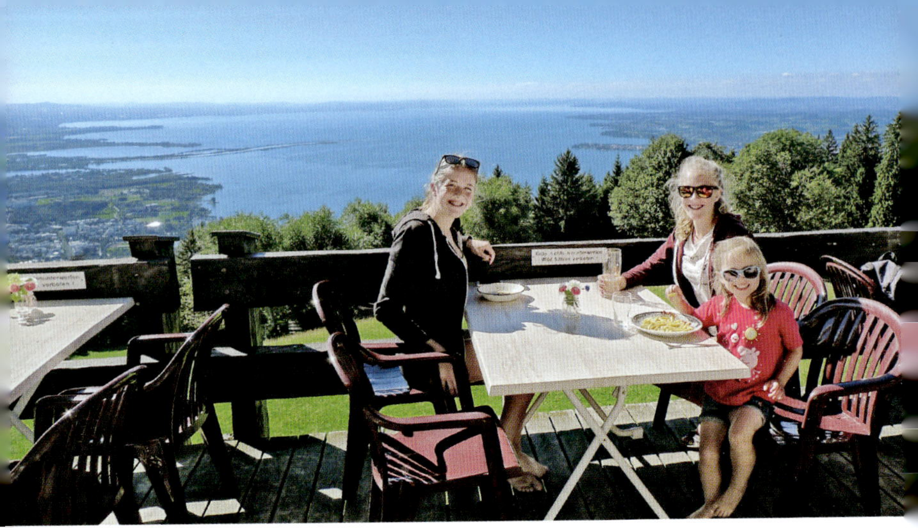

Auf der Terrasse des Berggasthauses Pfänder liegt uns der Bodensee zu Füßen.

se des **Berggasthauses Pfänder** mit seinem perfekten Bodenseeblick. Hier muss man an schönen Tagen schon etwas Glück haben, um noch einen Tisch in der ersten Reihe zu ergattern. Zwei weitere Gasthäuser befinden sich am **Pfändergipfel (5)** (Aussicht hier etwas eingeschränkt), den man in fünf Minuten erreicht, wenn man links vom Spielplatz den beschilderten Weg einschlägt. Hinter dem Bungeetrampolin in Spielplatznähe liegt auch der Eingang zum Wildpark, in dessen Nähe sich fast alle Tiere befinden, die wir beim Aufstieg noch nicht gesehen haben. Folgt man ein Stück dem Wildparkweg, gelangen wir zur Riesenwaldrutsche, von der die Kinder begeistert sein werden.

Den Rückweg bestreiten wir entweder mit der Gondel (familienfreundliche Preise; schöne Aussicht aus der gläsernen Bergbahn auf den See) oder wir gehen ein paar Meter auf dem Hinweg zurück und biegen nun nach der Bergstation links (vom Spielplatz kommend) in den gemütlichen, asphaltierten Weg Richtung »Pfänderdohle, Pfänderbahn Talstation« ein. An den folgenden drei beschilderten Abzweigungen halten wir uns jeweils rechts – eine weitere Einkehrmöglichkeit besteht unterwegs im **Gasthaus Pfänderdohle (6)** – und kommen so in einer knappen halben Stunde wieder zum **Gasthaus Halbstation (2)**, von wo aus wir auf dem Hinweg zur **Talstation der Pfänderbahn (1)** zurückwandern.

HIGHLIGHTS

- ★ Aufstieg auf abwechslungsreichem Weg hinauf zur Bergstation der Pfänderbahn mit einem fantastischen Blick über den Bodensee und auf über 200 Alpengipfel.
- ★ Kostenloser Wildpark mit Hirschen, Hasen, Ziegen, Steinböcken, Murmeltieren, Wild- und Hängebauchschweinen sowie einer Riesenwaldrutsche.
- ★ Großer Spielplatz mit Röhrenrutsche an der Bergstation.
- ★ Abfahrtsmöglichkeit mit der Pfänderbahn mit Blick auf den Bodensee.

Lindauer Waldlehrpfad

Rundweg durch den Motzacher Wald

ab 3 J.

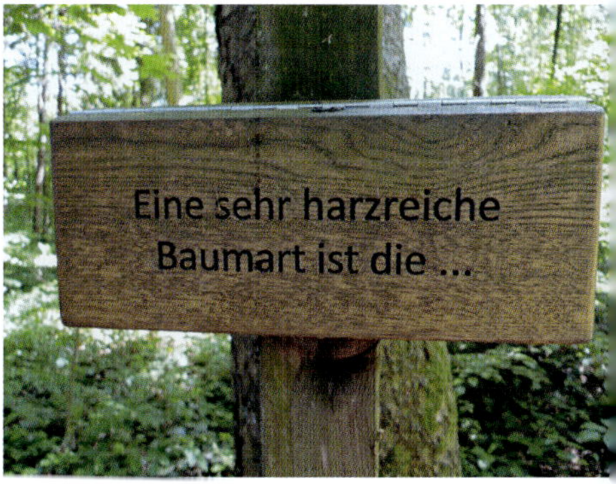

Der Waldlehrpfad hat auch viele interessante Klapptafeln zu bieten.

Kurzweiliger Spaziergang mit Rate- und Spielstationen

Der im Motzacher Wald gelegene Lindauer Waldlehrpfad ist besonders geeignet als Zwischenstation am An- oder Abreisetag oder als Ausflug an heißen Tagen. Es ist faszinierend zu erleben, wie das Ökosystem Wald selbst bei Temperaturen weit über 30 Grad im Schatten im Wald ein angenehm kühles Klima schafft. Durch den Lehrpfad führt uns ein bunter Specht zu interessanten, teilweise interaktiven Stationen. Gleich zu Beginn wartet ein großes Holztier und ein an einem Drahtseil hängendes Holzschiff, in dem die Kinder ein Stück durch den Wald schweben können. Die dortige Brotzeithütte ist leider von einem riesigen Ameisenhaufen eingenommen, gleich nebenan bietet aber die Hütte des Lauftreffs Sitzgelegenheiten und zwei Tische. Diese kurze Tour kann gut mit dem Besuch der Insel Lindau (siehe Freizeittipp F5) kombiniert werden.

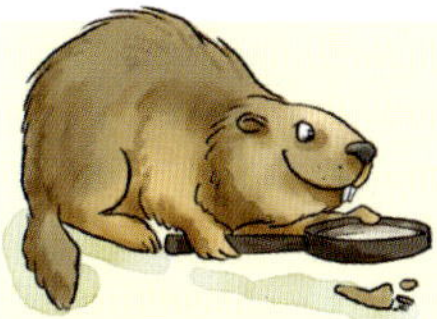

Hallo Kinder,

bei unserem heutigen Ausflug in den Wald werdet ihr sicher am Boden einige längliche Zapfen entdecken. Früher dachte ich immer, dass das Tannenzapfen sind. Aber stimmt das überhaupt? Tannenzapfen stehen immer nach oben auf dem Zweig. Wenn die Samen darin gereift sind, fallen die Schuppen des Zapfens ab und die geflügelten Samen können nach unten gleiten. Der Strunk hingegen, bleibt stehen. Fichtenzapfen hängen am Ast nach unten und öffnen ihre Schuppen, damit die ebenfalls geflügelten Samen vom Wind nach unten getragen werden können. Später fallen die Zapfen dann als Ganzes ab. Daher sind längliche Zapfen, die ihr auf dem Boden findet, immer Fichtenzapfen und keine Tannenzapfen! Oft haben sich die Schuppen der am Boden liegenden Fichtenzapfen nicht richtig geöffnet und die Samen befinden sich noch im Zapfen. Dann könnt ihr versuchen, an die Samen zu kommen und sie zuhause einzupflanzen. Vielleicht wächst ja dann bei euch im Kinderzimmer bald eine richtige Fichte aus dem Samen.

KURZINFO

Ausgangspunkt: Parkplatz am Waldlehrpfad Lindau, 480 m (Navi: N47.572644, E9.707435).

Anfahrt: Von der Autobahn: Die A 96 an der Ausfahrt Sigmarszell verlassen und rechts auf der B 31 Richtung Lindau. Nächste Abfahrt rechts Richtung Lindau nehmen, diese führt auf die B 12. Hier rechts, geradeaus über den Kreisverkehr und nach 100 m von der B 12 (Kemptener Straße) links in den Wald einbiegen. Nun zweimal rechts halten und zum Parkplatz.
Anfahrt von Lindau: Auf der Kemptenerstraße (B 12) stadtauswärts bis kurz vor den Kreisverkehr an der B 31 fahren und etwa 100 m davor rechts in den Wald abbiegen und dort zweimal rechts halten.
Mit Bahn und Bus: Vom Lindauer Hbf (Lindau Insel) mit Stadtbus 1 oder 2 zum Zentralen Umsteigepunkt (ZUP) und von dort weiter mit Stadtbus 4 bis Haltestelle Motzacher Wald.

Gehzeit: 1.15 Std. inklusive Aufenthalt an den Stationen.

Distanz: 1,2 km.

Höhenunterschied: 10 m.

Ausrüstung: Keine besonderen Schuhe erforderlich.

Anforderungen: Ab 3 Jahren. Schattiger Waldspaziergang auf guten, breiteren und schmäleren Wegen und Pfaden. Feuchte Stellen werden mit Holzstegen überbrückt. Nicht kinderwagengeeignet.

Einkehr: Unterwegs keine, Gasthäuser in Lindau.

Am **Parkplatz (1)** gehen wir zu der großen Übersichtstafel des Waldlehrpfades mit der Wegübersicht. Dort führt ein Weg in den Wald, der uns ganz schnell zur Lauftreffhütte und zu einem großen **Holztier (2)** führt. Das am Drahtseil hängende Holzboot befindet sich ein ganzes Stück rechts davon (vom Parkplatz kommend) zwischen den zwei zur Lauftreffhütte führenden Wegen. Am Holztier weist uns ein Wegweiser mit einem Specht nach links (vom Parkplatz kommend). Der breite Kiesweg läuft bald mit dem vom Parkplatz kommenden Zufahrtsweg zusammen. 25 m später zweigt rechts ein Pfad ab, in den wir einbiegen. Wer möchte, kann nun ein Stück barfußlaufen. Rateklapptafeln zu den im Motzacher Wald wachsenden Bäumen säumen jetzt den Weg, und wir stoßen bald auf einen Waldpfad. Hier biegen wir rechts ein und wandern durch den schönen Wald. Feuchte Stellen werden mit kleinen Holzstegen überbrückt, der

Infotafeln zu den einzelnen Baum- und Straucharten säumen den Weg.

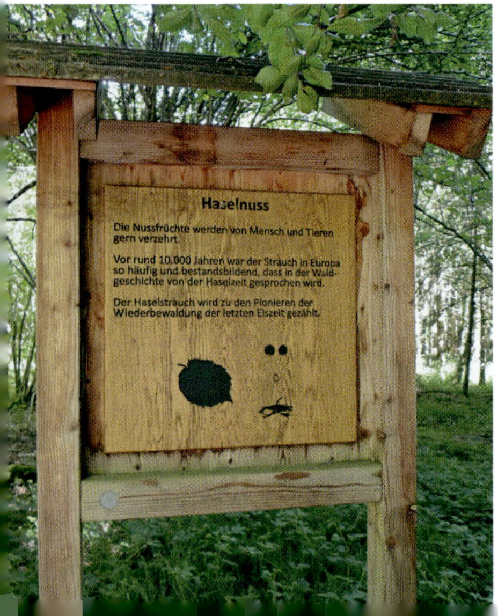

HIGHLIGHTS

- ★ Kurzweiliger Waldspaziergang mit Stationen zum Raten und Mitmachen.
- ★ Ein großes Holztier lädt zum Balancieren und Klettern und ein an einem Seil hängendes Boot zu einer Fahrt durch den Wald ein.

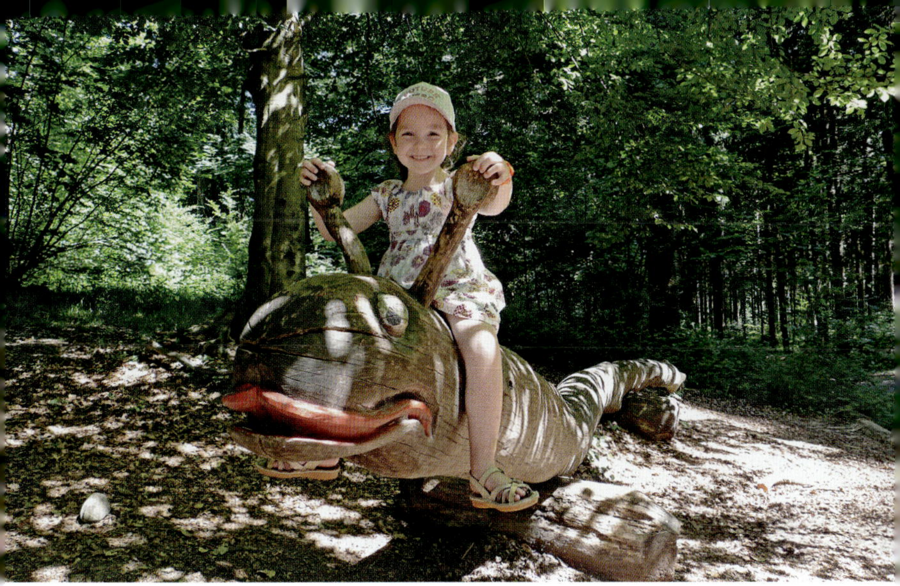

Das große Holztier ist bei allen Kindern sehr beliebt.

Weg wird noch schmaler und führt schließlich zu einem Kiesweg, in den wir rechts einbiegen. An der folgenden Wegkreuzung folgen wir dem Specht nach links und kommen schnell zum **Wald- und Seekindergarten Lindau (3)**, vor dem wir rechts abbiegen müssen. Wir gelangen an die Station »Stoffkreislauf«, an der wir versuchen, einen Kreis aus Holzstümpfen und Balken balancierend zu meistern ohne herunterzufallen. Nach einer Klangstation erreichen wir einen Geheimgang durch den Wald. Wer sich traut, diesen bis zum Ende zu durchlaufen, kommt ein Stück weiter vorne wieder auf den Kiesweg. Am nächsten Abzweig biegen wir rechts ein, kommen an der Station Weitsprung vorbei, an der man versuchen kann, mit vorher gesuchten Fichtenzapfen, die dort stehenden Metalltiere zu treffen. Nun ist es nicht mehr weit bis zur Lauftreffhütte, von der es auf dem Hinweg links wieder zum **Parkplatz (1)** zurückgeht.

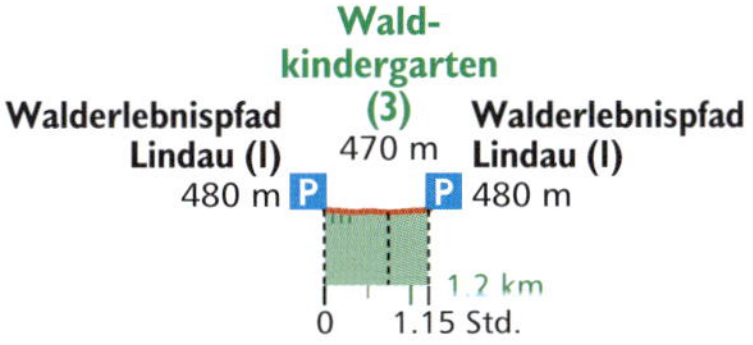

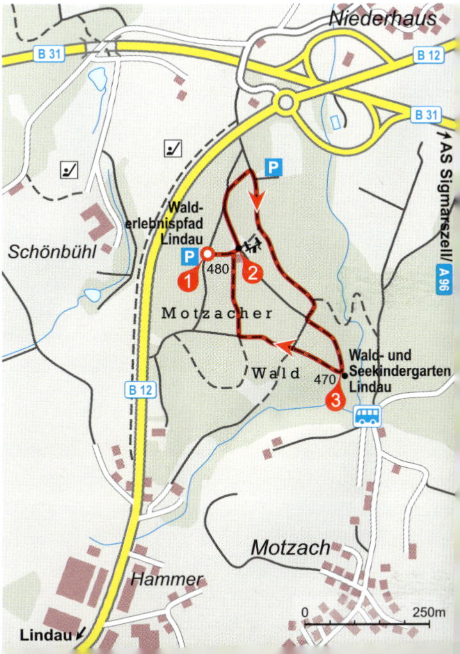

25 Hausbachklamm

Von Vorderschweinhöf nach Weiler

ab 8 J.

Idyllische Bachwanderung mit Tarzanbahn

Eine ideale Tour für warme oder heiße Tage findet sich gut versteckt zwischen dem verschlafenen Vorderschweinhöf und dem Markt Weiler im Westallgäu. Praktisch die gesamte Wegstrecke verläuft im Schatten und größtenteils am Hausbach entlang durch die gleichnamige Klamm. Dabei darf man von letzterer nicht zu viel erwarten, eine große Klamm, wie die Starzlach- oder Breitachklamm im Oberallgäu, wird man hier nicht finden. Vielmehr besticht diese Tour durch ihren idyllischen Verlauf meist am Wasser entlang durch intakte, herrliche Natur. Immer wieder bestehen Möglichkeiten, zum Bach hinunterzusteigen und dort zu spielen. Besondere Highlights für die Kinder sind im ersten Teil der Wanderung die rasante Tarzanbahn, die in der Oberen Hausbachklamm direkt über den Bach führt, der angeschlossene Spielplatz und der dortige perfekte Bachzugang. Den Bereich der Unteren Hausbachklamm muss man allerdings auf einem steilen, abschüssigen Bergwanderpfad umgehen. Aus diesem Grund empfehlen wir die komplette Wanderung erst für Kinder ab 8 Jahren. Mit Kindern ab 4 Jahren besucht man besser nur den oberen, ungefährlichen Teil und geht auf demselben Weg wieder zurück (dann blaue Tour). Wichtig zu wissen ist noch, dass es sich bei der Tour um eine Streckenwanderung handelt, bei der man sein Auto in Weiler abstellt und dann mit dem Bus zum Ausgangspunkt fährt. Zu Ferienzeiten und am Wochenende verkehrt der Bus aber teilweise nur ein- bis zweimal täglich, man muss also pünktlich an der Haltestelle sein. Familien mit kleinen Kindern parken am Wanderparkplatz in Schnellers; hier empfiehlt es sich, früh dran zu sein, da der Parkplatz nicht besonders groß ist.

Der Weg führt größtenteils direkt am Hausbach entlang.

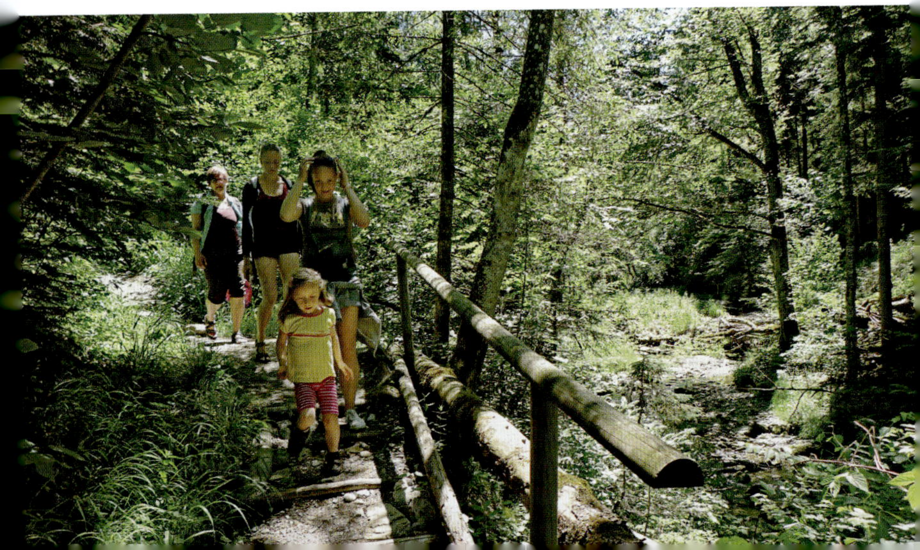

KURZINFO

Ausgangspunkt: Bushaltestelle in Vorderschweinhöf, 895 m (Nähe D-88171 Weiler-Simmerberg), ohne direkte Parkmöglichkeit. Da es sich um eine Streckenwanderung handelt, ist die Anfahrt mit dem Bus von Weiler erforderlich.
Endpunkt: Busbahnhof Weiler.
Anfahrt: Von Oberstaufen oder Lindenberg auf der B 308 kommend am Kreisverkehr Richtung Weiler. Dort im Ortszentrum von der Hauptstraße rechts in die Bahnhofstraße einbiegen und dieser bis zum Busbahnhof folgen. Dort unmittelbar an kleinem Parkplatz (Navi: D-88171 Weiler, Jakob-Lang-Straße 2) oder an dem neu errichteten Parkplatz in etwa 50 m Entfernung (Navi: D-88171 Weiler, Friedrich-Heim-Straße 5) parken. Weiter mit der Buslinie 18 (Achtung, verkehrt Mo.–Fr. nur einmal vormittags und einmal mittags und Sa./So./feiertags nur einmal am Vormittag! Fahrplan unter www.bodo.de) in 15 Min. bis zur Haltestelle Oberreute/Vorderschweinhöf. An bayerischen Schultagen fährt zusätzlich der Bus 181 von Weiler nach Schnellers (Fahrplan unter www.bodo.de). Wer mit zwei Autos unterwegs ist oder mit kleinen Kindern nur bis zur Tarzanbahn wandert, kann (mit einem Auto) am Wanderparkplatz Schnellers (Navi: D-88179 Oberreute, Schnellers 3) parken und von dort der Beschilderung zur Hausbachklamm folgend die Tour beginnen. Ein weiterer kleiner Parkplatz befindet sich etwa in der Mitte des Weges am Grillplatz (Anfahrt über Untertrogen; Navi: N47.564588, E9.923211).
Mit Bahn und Bus: Am Wochenende besteht vormittags eine Busverbindung von Lindau Bahnhof nach Weiler mit Bus 18. Dort kann man im Bus sitzen bleiben und weiter nach Vorderschweinhöf fahren. Rückfahrmöglichkeit am Nachmittag von Weiler (Fahrplan unter www.bodo.de)
Gehzeit: 2.20 Std.
Distanz: 5,8 km.
Höhenunterschied: 50 m im Aufstieg, 320 m im Abstieg.
Ausrüstung: Gut profilierte Bergschuhe.
Anforderungen: Ab 8 Jahren. Wanderung fast ausschließlich entlang des Hausbachs, auf Kieswegen und kleinen Bergpfaden. Neben letzteren geht es sehr steil abwärts; Kinder hier zur Vorsicht mahnen und eventuell an die Hand nehmen. Trittsicherheit ist unbedingt erforderlich! Am Weg gibt es einen Hinweis des Marktes Weiler-Simmerberg, dass zahlreiche Hänge am Hausbach abrutschgefährdet sind und es insbesondere nach Regenfällen zu abgerutschten Wegen/Stegen und umgestürzten Bäumen kommen kann. Für Kinderwagen nicht geeignet.
Einkehr: Unterwegs keine Einkehr; Gaststätten am Endpunkt in Weiler.

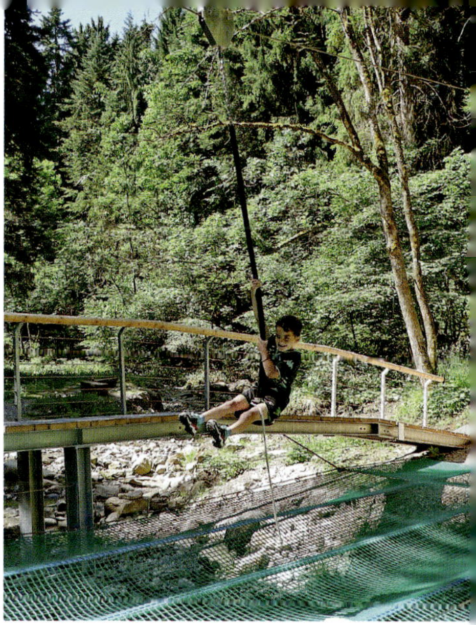

Kleine Mutprobe: Gut gesicherte Tarzanbahnfahrt über den Bach.

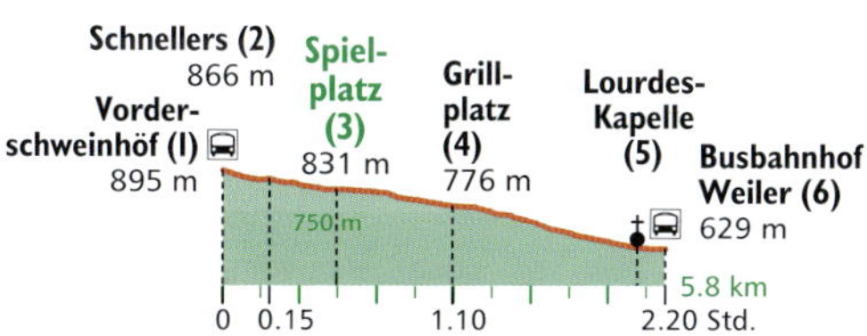

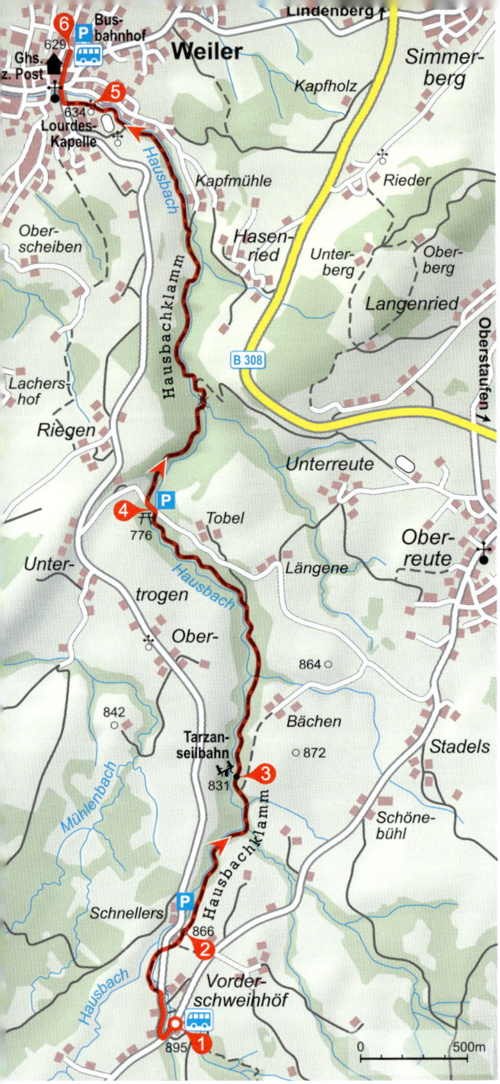

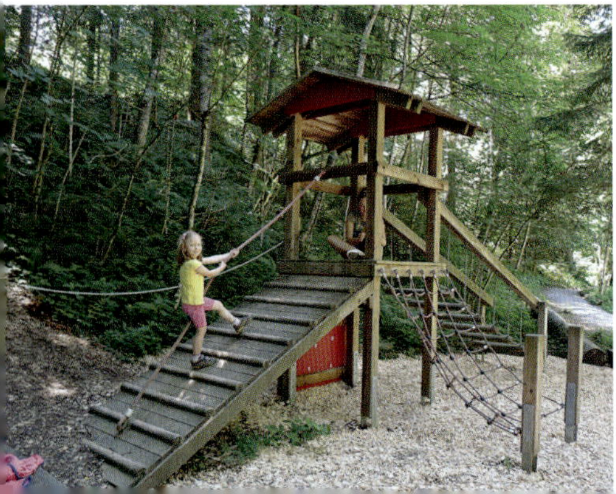

Nachdem wir im Ort **Weiler** geparkt haben, fahren wir von dort mit dem Bus bis zur **Haltestelle Vorderschweinhöf (1)**, folgen noch wenige Meter der Straße in Fahrtrichtung des Busses und biegen dann rechts in die abwärtsführende Straße in Richtung Schnellers ein. Leider gibt es hier keinen Gehweg, sodass wir für etwa 250 m vorsichtig am linken Straßenrand an der wenig befahrenen Straße entlanggehen müssen. Nach kurzer Zeit stößt von rechts der vom Wanderparkplatz Hinterschweinhöf kommende Pfad auf die Straße, hier folgen wir – wie auch zukünftig an allen Verzweigungen – der Beschilderung zur Hausbachklamm und nach Weiler und wandern am Straßenrand weiter. Kurz vor einer Straßenbrücke biegen wir links in einen kleinen Pfad ein, der uns nun von der Straße wegführt und bald im Wald idyllisch über den Hausbach führt. Wenig später überqueren wir vorsichtig die Straße nach Schnellers, folgen auf der anderen Seite unmittelbar nach dem Ortsschild von **Schnellers (2)** dem weiterführenden Pfad aufwärts, kommen wieder fast an die Straße und biegen rechts (beschildert) ein. Ein gemütlicher Kiesweg nimmt uns auf und wir wandern nun wunderschön unmittelbar an dem munter neben uns plätschernden Hausbach entlang. Nach einer Weile wird der Weg schmaler und ist nun teilweise mit Wurzeln durchsetzt. Immer wieder führt der Weg auch über

Erprobung der Kletterkünste am Spielplatz bei der Tarzanbahn.

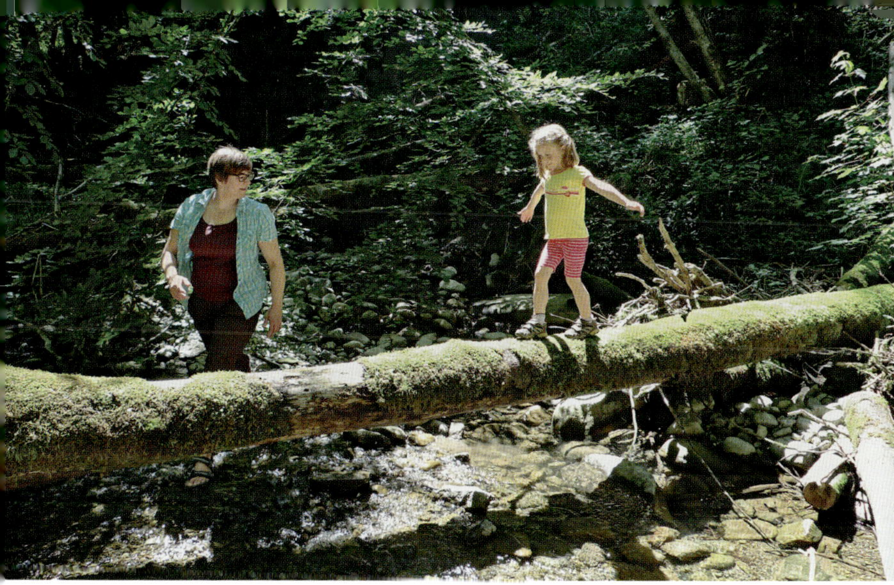

Balance halten auf einem umgestürzten Baum im Hausbach.

kurze Holzstege. Wir passieren eine Kneippstelle im Bach mit einem Seilgeländer zum Festhalten. Nachdem wir etwa 20 Minuten am Bach entlangspaziert sind, treffen wir auf einen großen Schilderbaum, u. a. mit dem Hinweis, dass der nächste Wegteil in der Oberen Hausbachklamm nur für Fußgänger erlaubt ist. Wir kommen wieder ans Wasser und erreichen nach wenigen Minuten den **Spielplatz (3)** mit der über den Bach führenden Tarzanseilbahn. Für kleine Kinder verlangt die rasante Fahrt schon etwas Mut. Der Weg über den Bach ist mit einem Fangnetz gesichert. Nach einer ausgiebigen Rast am Wasser oder am bereit-

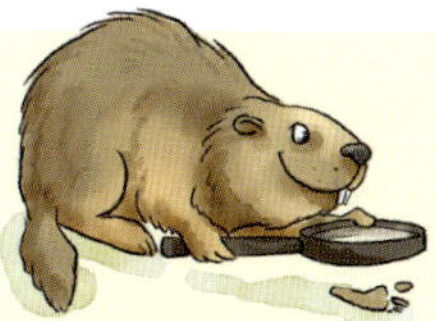

Hallo Kinder,

auch wenn der Hausbach von der Quelle bis zu seiner Mündung in die Rothach nur etwa fünf Kilometer lang ist, handelt es sich bei ihm doch um einen ganz besonders spannenden Bach. In seinem Mittelteil, im Bereich der Klamm, gibt es einen tollen Spielplatz mit einer über den Bach führenden Tarzanbahn. Aber die Klamm ist auch geologisch interessant. Der Hausbach hat sich hier über die Jahrtausende bis hinunter zu einer verfestigten Sandschicht ins Gelände eingeschnitten. Diese Sandschicht war vor vielen Millionen Jahren der Grund eines flachen Meeres. Daher wurden in der Klamm sogar schon Überreste von Haizähnen gefunden, die der Bach aus dem ehemaligen Meeresboden gespült hat. Das Wasser des Hausbachs fließt übrigens ins Meer: Es gelangt über die Rothach und die Bregenzer Ach in den Bodensee, von wo der Rhein das Wasser in die Nordsee mitnimmt.

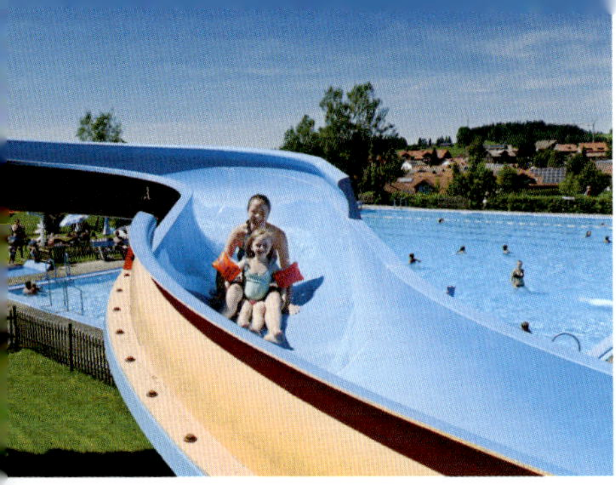

Rutschspaß im zehn Autominuten entfernten Freibad Oberreute.

stehenden Brotzeittisch geht es auf einem Wanderpfad abwechslungsreich weiter am Bach entlang. An einer Verzweigung wenden wir uns links (»Untere Hausbachklamm, Weiler«), wenig später lädt eine Kiesbank zu einer weiteren Rast ein. Über umgestürzte Bäume im Bachbett können die Kinder beim Balancieren ihren Gleichgewichtssinn erproben. Bald steigen wir nun über Stufen erst ein Stück hinauf, um dann wiederum über Stufen zum Bach zurückzukommen, bevor wir einen öffentlichen **Grillplatz (4)** erreichen. Für dessen Benutzung (für Gruppen ab 5 Personen) muss man allerdings im Vorfeld eine Genehmigung beim Verkehrsamt Weiler-Simmerberg einholen. Am Grillplatz befindet sich auch eine weitere Parkmöglichkeit (Anfahrt über Untertrogen).

Wir kommen auf ein Asphaltsträßchen, biegen links ein, spazieren über den Hausbach und halten uns sogleich am Schilderbaum rechts Richtung Weiler. Ein Waldpfad führt nun steil aufwärts und quert schließlich den Hang. Hier ist nun Vorsicht geboten, da es auf der rechten Seite des Weges ungesichert steil nach unten geht. Nach 15 Minuten führt der Wanderpfad wieder abwärts und wir überqueren mittels eines Stegsystems an einer Bachstufe erneut den Hausbach, an dem wir nun abwechslungsreich weiterwandern. Der Weg ist nun teilweise rutschig; an besonders feuchten Stellen ist er mit auf dem Weg befestigten Holzleitern oder einem Geländer zum Einhalten gesichert. 15 Minuten später überqueren wir wiederum den Hausbach, wandern nun weiterhin sehr schön an der anderen Bachseite abwärts, halten uns 30 Minuten später nach der **Lourdes-Kapelle (5)** links aufwärts und folgen der Beschilderung zur Ortsmitte von Weiler. Wir biegen rechts in die Schulstraße ein, überqueren in der Ortsmitte zum letzten Mal den Hausbach und danach die Hauptstraße und spazieren geradeausgehend auf der Bahnhofstraße vorbei am **Gasthaus** und der **Brauerei »Zur Post«** in zehn Minuten zu unserem Parkplatz am **Busbahnhof Weiler (6)**.

HIGHLIGHTS

- ★ Sehr schöne, idyllische Wanderung entlang des naturbelassenen Hausbachs und durch die Hausbachklamm mit Spiel- und Balanciermöglichkeiten auf umgestürzten Bäumen am Bach.
- ★ Toller Spielplatz in der Oberen Hausbachklamm mit einer über den Hausbach führenden Tarzanbahn, Rutsche und Kletterturm.
- ★ Nach der Tour: Besuch des 10 Autominuten entfernten Freibades in Oberreute mit großem beheiztem Schwimmbecken, 40-m-Riesenrutsche, Babybecken, Beachvolleyballplatz, Slackline, Spielplatz, großer Liegewiese und Kiosk mit kleinen Gerichten und Eis (Freibadweg 5, D-88179 Oberreute, Tel +49 8387 3119).

Grenzerpfad Oberreute

Vom Wanderparkplatz Hinterschweinhöf ab 6 J.

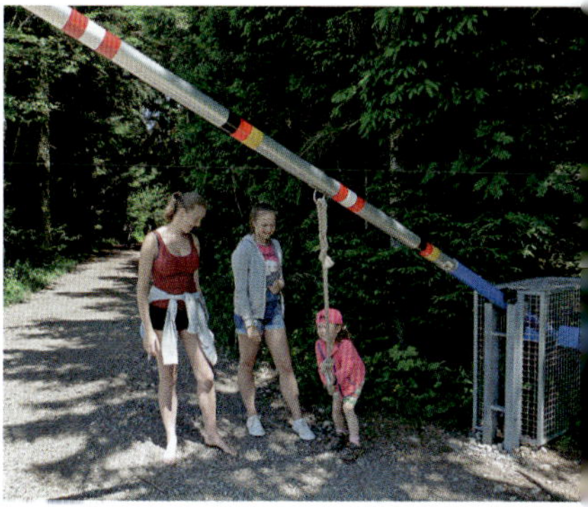

Spannender deutsch-österreichischer Erlebnisweg

Die deutsch-österreichische Grenze verläuft in der Mitte zwischen dem in Österreich gelegenen Ort Sulzberg und dem in Deutschland befindlichen Oberreute. Bis zum Jahr 1995 gingen an dieser grünen Grenze noch deutsche und österreichische Zöllner nach einem genau festgesetzten Dienstplan Streife, um illegalen Waren- und Personenverkehr zu unterbinden. Heute erinnert der für Familien konzipierte Grenzerpfad, auf dem uns der »Schmugglerpeter« an zehn, teils interaktiven Stationen begleitet, an diese Zeit. Zusätzlich lassen liebevoll gestaltete Ratetafeln die Wanderzeit kürzer erscheinen. Dabei führt uns die Tour auch auf einem Bohlenweg durch das Wildrosenmoos mit seinem malerischen Moorsee. Der Grenzerpfad lässt sich von Oberreute, Sulzberg, Schnellers und Hinterschweinhöf auf ausgeschilderten und teils mit Ratetafeln (Oberreute, Sulzberg) versehenen Zubringerwegen gut erreichen. Wir haben uns für den kürzesten Zubringerweg von Hinterschweinhöf entschieden, hier befindet sich allerdings auch der kleinste Parkplatz (nur gut zehn Autos). Es empfiehlt sich daher, früh dran zu sein oder gegebenenfalls auf einen anderen Startpunkt (siehe Kurzinfo) auszuweichen.

Rast am großartigen Moorweiher im Wildrosenmoos.

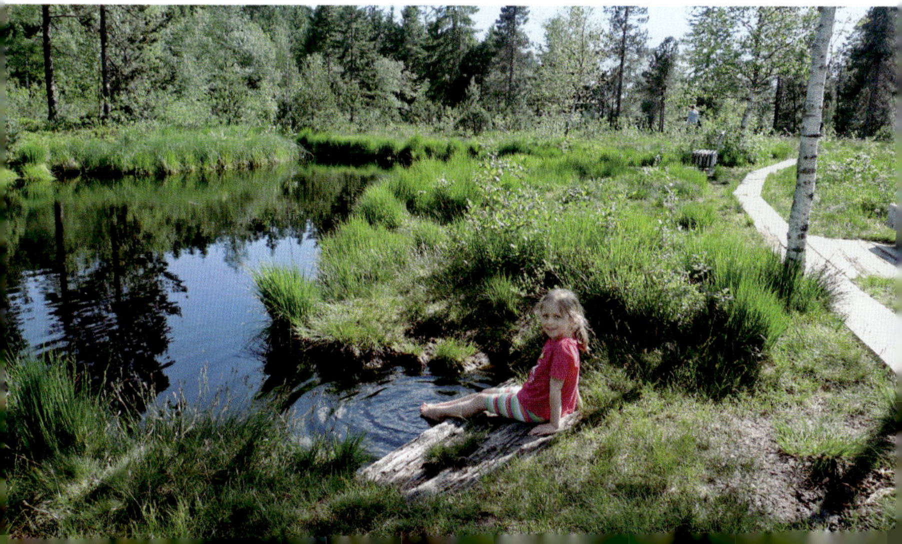

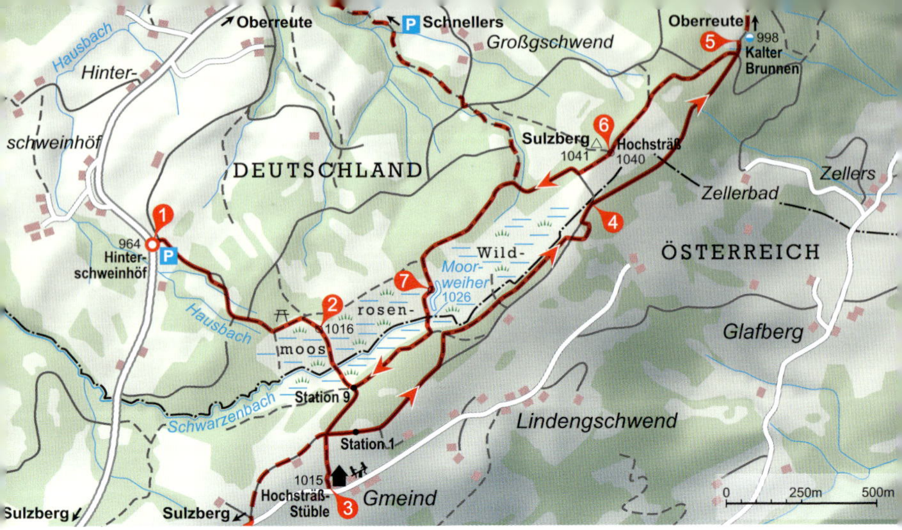

KURZINFO

Ausgangspunkt: Wanderparkplatz Hinterschweinhöf, 964 m, an der Verbindungsstraße zwischen Oberreute und Sulzberg gelegen (Navi: N47.534849, E9.919870). Alternativ bestehen Parkmöglichkeiten am Parkplatz Schnellers (Navi: D-88179 Oberreute, Schnellers 3), am Freibad Oberreute (D-88179 Oberreute, Freibadstraße 4) und in Sulzberg (Navi: A-6934 Sulzberg, Dorf 264).
Mit Bahn und Bus: Hinterschweinhöf, Oberreute, Sulzberg und der Wanderparkplatz Schnellers (Haltestelle Vorderschweinhöf) werden u. a. vom Bus 18 der Bodensee-Allgäu-Linie angefahren (Fahrplan unter www.bodo.de).
Gehzeit: 2.45 Std.
Distanz: 6,6 km.
Höhenunterschied: 160 m.
Ausrüstung: Keine besondere Ausrüstung erforderlich, Badesachen bei Besuch des Freibades in Oberreute.
Anforderungen: Ab 6 Jahren. Die Wanderung verläuft auf breiten Kieswegen und kleinen Pfaden ohne Absturzgefahr. Für Kinderwagen nicht geeignet.
Einkehr: Hochsträß-Stüble (Mo. Ruhetag), Gasthäuser in Sulzberg und Oberreute.

Unterwegs laden Bänke, wie hier im Wildrosenmoos, zu einer Pause ein.

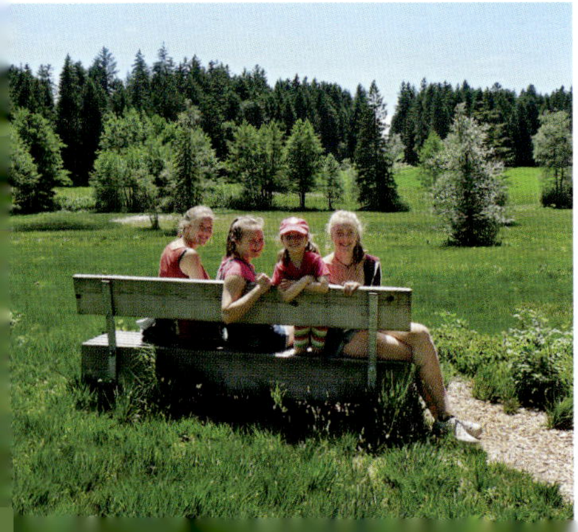

Am **Wanderparkplatz Hinterschweinhöf (1)** folgen wir dem Wegweiser Richtung Sulzberg und Wildrosenmoos mit dem kleinen Symbol des Schmugglerpeter, kommen an der roten Schautafel des Grenzerpfades vorbei und wandern den leicht bergan führenden, breiten Kiesweg aufwärts. Der Weg läuft bald in den Wald. Hier besteht rechts die Möglichkeit, auf einen schönen Waldpfad auszuweichen, der uns wenige Minuten später wieder auf den Kiesweg bringt. An einer Verzweigung halten wir uns

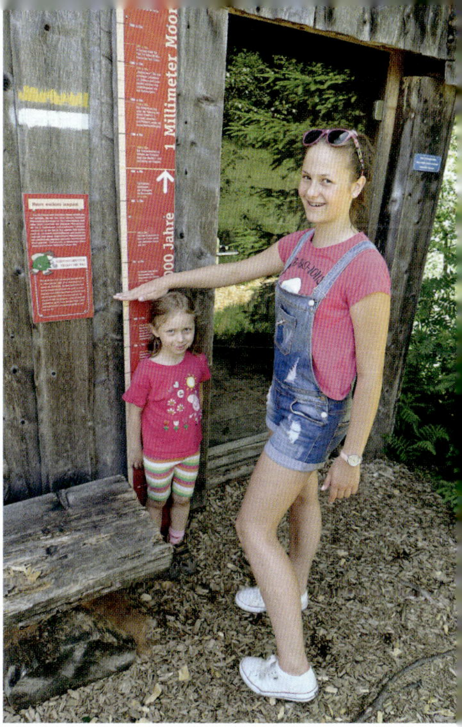

Das Moor wächst viel langsamer als man selbst.

links, ignorieren kurz darauf einen links abzweigenden Weg und wandern schön durch Wald bis zum Rand des Wildrosenmooses. Hier marschieren wir nicht auf dem geradeaus abwärtsführenden Pfad weiter, sondern folgen dem gelb-weißen, kleinen Wegweiser nach links. Wir kommen nach einem kurzen Stück auf Holzbohlen an einem schattigen Brotzeitplatz vorbei und wenden uns am nächsten Schilderbaum Richtung Sulzberg nach rechts. Nach wenigen Minuten erreichen wir die Station 10 des Grenzerpfades mit dem Thema Wachstum des Moores. An einer Art Messlatte wird verdeutlicht, wie langsam das Moor über die Jahrhunderte wächst. Hinter der Hütte wartet nicht nur ein toller Ausblick aufs Moor und eine Rastbank, sondern auch eine Schatztruhe. Ob der Schmugglerpeter, hier wohl etwas versteckt hat, was andere Kinder noch nicht entdeckt haben?

Wir wandern weiter auf dem Pfad durchs **Wildrosenmoos (2)**, stoßen auf einen Karrenweg, biegen rechts ein und kommen zu einem Schilderbaum, der sich neben der Station 9 befindet. Hier folgen wir der Beschilderung »Grenzerpfad, Sulzberg Ortsmitte« nach rechts und tauchen nach einer Rastbank in den Wald ein. Der Weg wird breiter, wir können aber wiederum rechts auf Waldboden ausweichen. Wir stoßen auf einen breiten Kiesweg, an dem wir auch eine Übersichtstafel zum Grenzerpfad finden. Wenn wir einkehren wollen, können wir den Kiesweg überqueren und auf einem abwärtsführenden Wiesenpfad (gemäht) mit Blick auf die Berge einen Abstecher zum nur wenige Minuten entfernten **Hochsträß-Stüble (3)** mit seinem kleinen Spielplatz machen. Ansonsten wenden wir uns an dem breiten Kiesweg nach links (»Grenzerpfad, Oberreute«) und erreichen nach etwa 150 m die offizielle Station 1 des Grenzerpfades. Die Kinder (und natürlich auch die Erwachsenen) können hier kostenlos durch ein fest installiertes Fernglas blicken. Wir folgen weiter dem Kiesweg, kommen an einer der zwischen den Stationen angebrach-

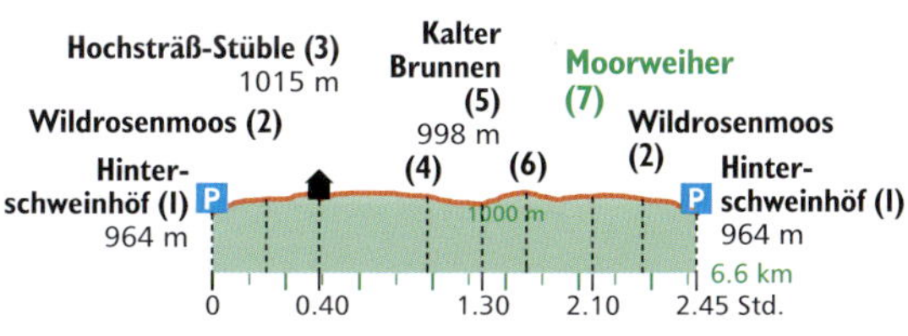

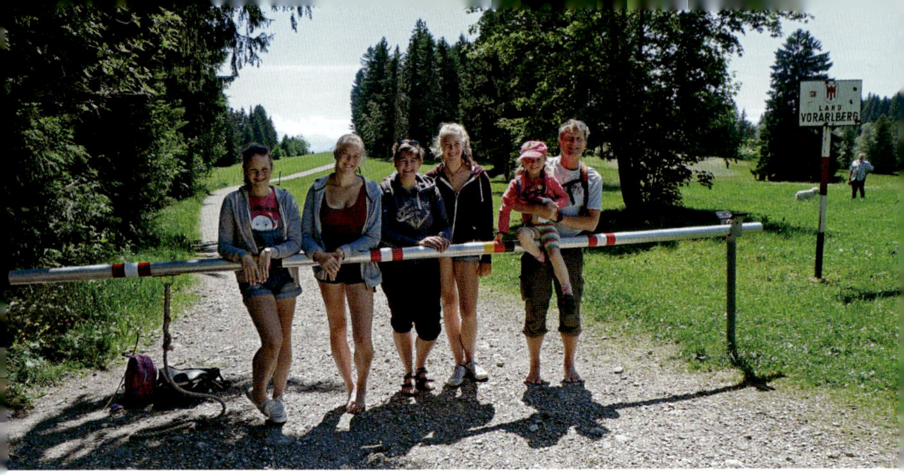

An der grünen Grenze zwischen Deutschland und Österreich.

ten, sehr interessanten Ratetafeln vorbei und erreichen wenige Minuten später Station 2, an der wir links abbiegen müssen. Neben einem Hörrohr warten hier auch eine Hängematte und ein hölzerner Liegestuhl auf die Besucher. Der Weg führt durch Wald, wir überqueren einen Weg und stoßen bald auf Station 3. Nach zehn Minuten kommen wir wieder auf den Kiesweg, gehen über einen Wiesenpfad zu Station 4 und weiter auf einem Pfad wiederum zum Kiesweg. Dieser führt bald über Wiesen zu einem geöffneten **Schlagbaum (4)** an der Grenze zwischen Deutschland und Österreich.

HIGHLIGHTS

- ★ Kurzweilige Wanderung auf dem spannenden, im deutsch-österreichischen Grenzgebiet verlaufenden Grenzerpfad mit 10 Stationen (u. a. mit Fernrohr, Schlagbaum, Hängematten, Riesenspinnennetz, Schatztruhe) und vielen Ratetafeln.
- ★ Wildrosenmoos mit schönem Rastplatz an einem malerischen Moorweiher.
- ★ Nach der Tour: Besuch des Freibades Oberreute (siehe Tour 25).

An der mit einem Gewicht versehenen Schranke ist ein Seil zum Herunterziehen befestigt, sodass die Kinder hier Grenzwärter spielen können. Direkt nach dem Schlagbaum folgen wir dem weiß-gelben Pfeil nach rechts und kommen unmittelbar vor Erreichen des Kalten Brunnens an einen Schilderbaum, zu dem wir nachher wieder unbedingt zurück müssen. Am **Kalten Brunnen (5)** und der dortigen Station 5 warten ein Wassertrog, Hängematten, eine Balancierstrecke sowie ein zwischen zwei Bäumen gespanntes Riesenspinnennetz. Würden wir nun geradeaus weiterwandern, kämen wir nach Oberreute. Wir kehren aber zum Schilderbaum zurück und biegen nun rechts (»Wildrosenmoos, Hochsträß« – das kleine Symbol des Schmugglerpeter ist hier leicht zu übersehen) in einen erst nicht sehr deutlichen, durch den Wald führenden Weg ab. Dieser führt uns auf dem Rücken des Sulzbergs am Waldrand entlang zu Station 6, einem ehemaligen Zöllnerhäuschen. Wir befinden uns nun am höchsten Punkt der Wanderung, dem **Hochsträß (6)**. Nun geht es zunächst abwärts, dann weisen uns Wegweiser erst rechts, dann links zum Wildrosenmoos und zum Moorweiher. Wir kommen an Station 7 mit ihren Klangstäben vorbei und werden fünf Minuten später nach einer Holzhütte nach links zum Moorweiher im Wildrosenmoos geleitet. Unmittelbar nach Station 8 beginnt ein zum Barfußlaufen einladender Holzbohlenweg durch das Wildrosenmoos, der uns in wenigen Minuten zu einem wunderschönen **Moorweiher (7)** führt. Hier gibt es mehrere Sitzbänke, sodass sich diese Stelle bestens für eine Rast anbietet. Im Anschluss wandern wir über Hackschnitzel zu einem querenden Weg, biegen rechts ein und erreichen knapp zehn Minuten später wieder Station 9, die wir bereits

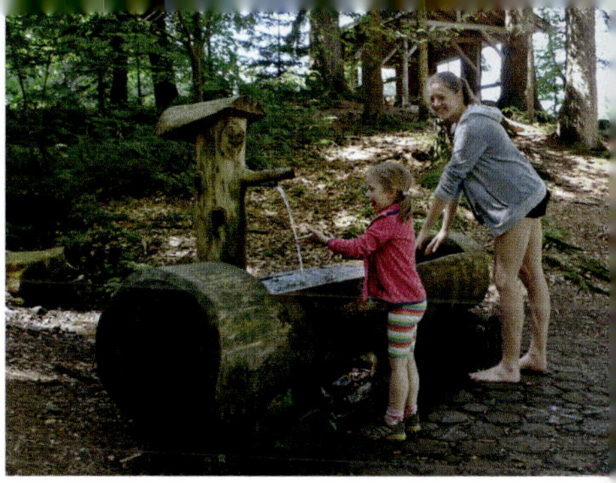

Erfrischung am – im wahrsten Sinne des Wortes – »Kalten Brunnen«.

vom Hinweg kennen. Wir biegen rechts in den Wiesenpfad und wenige Meter später in den Karrenweg ein und marschieren wiederum an Station 10 vorbei auf dem Hinweg zurück zum **Wanderparkplatz Hinterschweinhöf (1)**.

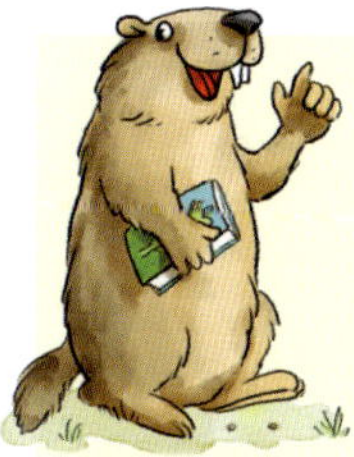

Hallo Kinder,

heute treffen wir auf den Schmugglerpeter, der uns an jeder Station des Grenzerpfades eine kleine Aufgabe stellt. Aber wisst ihr überhaupt, was ein Schmuggler ist? Waren sind in der Regel in dem Land am billigsten, in dem sie hergestellt werden, da die Lieferwege vom Hersteller zum Händler kurz sind. Zudem erhebt jedes Land auf Produkte und Lebensmittel unterschiedlich hohe Steuern, das sind Abgaben an den Staat. Teilweise entstehen so sehr große Preisunterschiede für ein ähnliches oder gleiches Produkt in zwei Nachbarländern. Um diese Preisunterschiede auszugleichen, gibt es den Zoll. Dieser verlangt für die eingeführten Waren Geld an der Landesgrenze. Und jetzt kommen die Schmuggler ins Spiel. Diese versuchen, die Waren am Zoll vorbei ins andere Land zu schmuggeln und sich so die hohen Abgaben zu sparen. Das ist natürlich verboten. Viele hielten das aber immer schon für ein Kavaliersdelikt, also für eine verzeihliche Sünde. So schmuggelten früher Frauen auf dem jährlichen kirchlichen Bittgang von Oberreute nach Sulzberg auf dem Rückweg Kaffee von Österreich nach Deutschland, indem sie ihn unter ihren Kleidern versteckten. Heute gibt es keine Zölle mehr innerhalb der Europäischen Union (EU), sodass auch keine Zöllner mehr zwischen Deutschland und Österreich benötigt werden. Die Schweiz gehört aber nicht zur EU, sodass hier bestimmt noch der ein oder andere Schmugglerpeter unterwegs ist.

27 Alttrauchburg, 908 m

Rundwanderung vom Parkplatz am Kneippbecken ab 4 J.

Ruine und Burggaststätte

Nicht weit von Wengen im Allgäu lohnt ein Besuch der Burgruine Alttrauchburg und der direkt unterhalb liegenden Burggaststätte. Die Ruine ist zwar auch direkt mit dem Auto erreichbar, viel schöner ist es aber, den Parkplatz an der Zufahrtsstraße anzusteuern und von dort in 45 Minuten auf gepflegten Wegen und Pfaden zur Ruine aufzusteigen. Dort klären interessante Schautafeln über die Entstehung und Bedeutung der Burg auf. Unterhalb der Gaststätte wartet zudem eine nachgebaute Burgmauer, auf der größere Kinder (bitte durch Erwachsene sichern) ihre Kletterkünste erproben können. Diese kurze Wanderung kann gut mit der nur wenige Kilometer entfernten Tour 28 zum Schwarzen Grat kombiniert werden.

KURZINFO

Ausgangspunkt: Parkplatz an der Zufahrtsstraße zur Alttrauchburg, 779 m (Navi: N47.660986, E10.110592).

Anfahrt: Von Buchenberg auf der St 2055 kommend, etwa 3 km nach Wengen links abbiegen (»Alttrauchburg«). Den Parkplatz erreichen wir 600 m später in der zweiten Linkskurve der Zufahrtsstraße.

Mit Bahn und Bus: Vom Bahnhof Kempten/ZUM Kempten mit Bus 50 bis Letz/Abzw. Alttrauchburg. Von dort der Zufahrtsstraße 600 m bis zum Ausgangspunkt folgen.

Gehzeit: 1.15 Std.

Distanz: 2,2 km.

Höhenunterschied: 130 m.

Ausrüstung: Gut profilierte Wanderschuhe.

Anforderungen: **Ab 4 Jahren.** Die Tour verläuft auf guten Wegen und Pfaden. Beim Aufstieg ist ein Abhang mit einem Holzgeländer gesichert, das jedoch nicht kleinkindsicher ist. Kleine Kinder müssen hier an die Hand genommen werden. Für Kinderwagen nicht geeignet.

Einkehr: Burggaststätte Alttrauchburg, geöffnet von Karfreitag bis Allerheiligen, Montag und Dienstag Ruhetag.

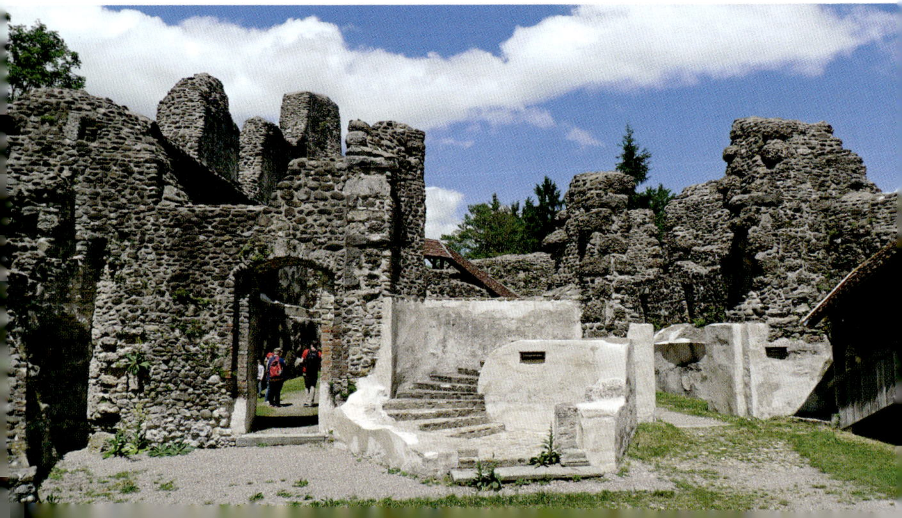

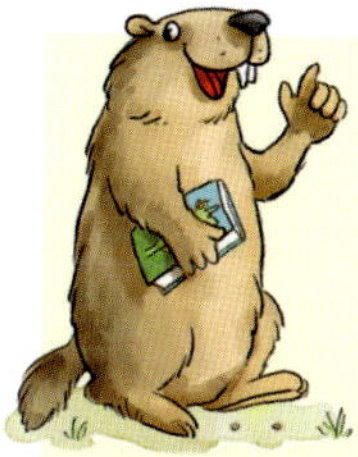

Hallo Kinder,

die Alttrauchburg gehört zu den am besten erhaltenen Burgruinen im Allgäu. Berthold von Trauchburg errichtete an der Stelle der späteren Burg vor etwa 800 Jahren erst einmal ein sogenanntes Festes Haus – ein Gebäude mit besonders starken Mauern – oder einen Wohnturm, das weiß man nicht mehr so genau. Später wurde dieses Gemäuer erweitert und überbaut und im Süden eine geräumige Vorburg mit dem vorgeschobenen starken Viereckturm errichtet. Weitere Vergrößerungen folgten über die Jahrhunderte und in der Hauptburg entstanden zwei Treppentürme. Vor etwa 400 Jahren war die Alttrauchburg dann eine protzige Vorzeigeburg. Im Jahr 1690 siedelten die Burgherren aber in ihr Schloss nach Kißlegg um. Die einst so schöne Burg stand danach leer, verfiel und diente später nur noch als Steinbruch für den Bau zweier Schlösser. Im Jahr 1985 begann der Markt Weitnau damit, die Reste zu sichern und für Besucher zugänglich zu machen.

Direkt am **Parkplatz (1)** gegenüber einer in die Jahre gekommenen Kneippanlage markiert ein hölzerner Durchgang mit Hinweisschild den Beginn des Weges hinauf zur Alttrauchburg. Auf einem bald mit Wurzeln durchsetzten Pfad geht es nun aufwärts bis zu einem querenden Kiesweg. Ein paar Meter rechts befindet sich eine Brotzeithütte mit Holztisch und zwei Tafeln über essbare und giftige Pilze des Waldes. Wir müssen allerdings nach links in den Kiesweg einbiegen (»Ruine Alttrauchburg 20 Min.«) und folgen diesem gut fünf Minuten durch den schönen Wald. Kurz nachdem wir

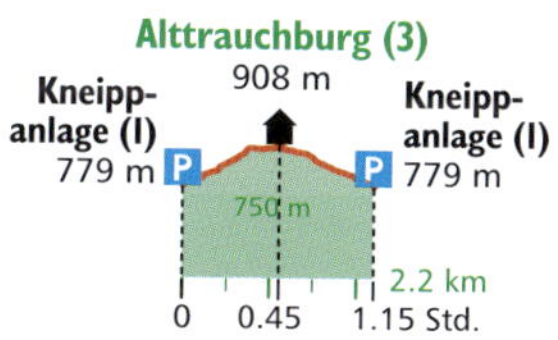

Die Alttrauchburg geht auf ein im 13. Jahrhundert errichtetes »Festes Haus« zurück.

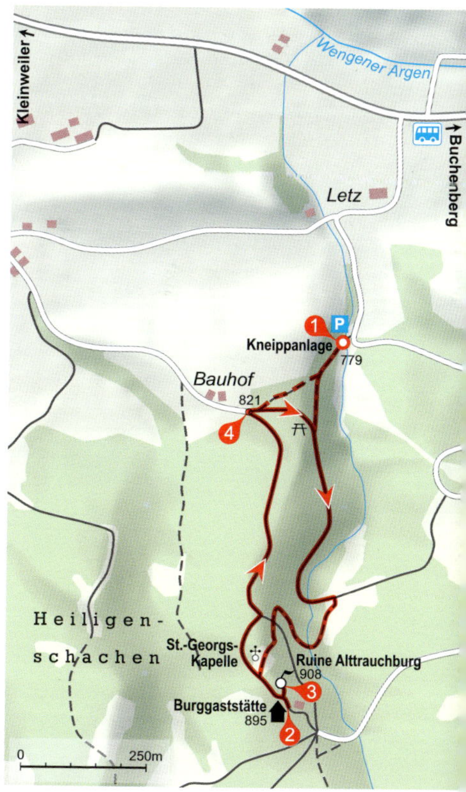

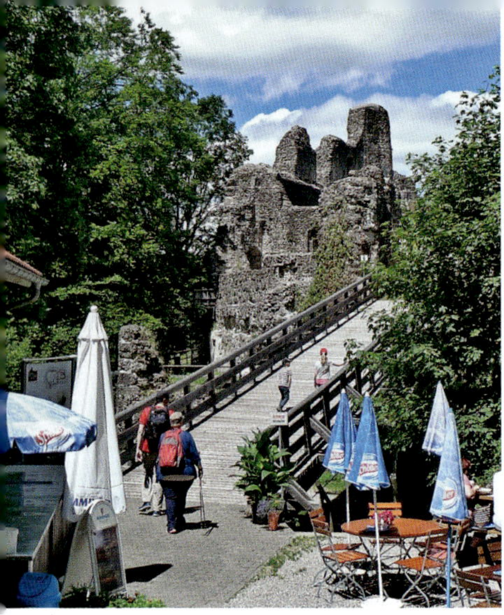

Blick von der Burggaststätte hinauf zur Ruine.

wieder ins Licht gekommen sind, biegen wir rechts in einen kleinen beschilderten Pfad Richtung Ruine Alttrauchburg ein, der uns nun steil aufwärtsführt. Der Pfad quert einen Bach, danach geht es rechts des Weges steil abwärts. Der Wegabschnitt ist zwar mit einem Holzgeländer gesichert, dieses ist aber nicht kleinkindsicher. Kleine Kinder müssen hier an die Hand genommen werden. Kurz darauf überqueren wir einen Kiesweg und steigen auf der anderen Seite über Stufen weiter aufwärts. Schnell erreichen wir eine Lichtung unterhalb der Burg mit Lehrtafeln zu den im Allgäu beheimateten Vogelarten. Wir spazieren an der dortigen, kleinen St.-Georgs-Kapelle vorbei, gehen rechts um die Burgmauern herum und unter dem hölzernen Aufgang zur Burg hindurch zur **Burggaststätte (2)** mit ihrem Gastgarten (Selbstbedienung; hier auch Steckerleis). Unterhalb der Gaststätte können die Kinder an einer eigens dafür nachgebauten Burgmauer ihre Kletterkünste erproben.

Nach Besichtigung der **Ruine Alttrauchburg (3)** gehen wir wieder unter dem Burgaufgang ein Stück auf dem Hinweg zurück, marschieren nun aber kurz vor der Lichtung mit der St.-Georgs-Kapelle geradeaus weiter, in dem wir dem Schild »Kleinweiler 20 Min.« folgen. An der folgenden Gabelung wählen wir den linken Weg und wandern nun auf einem gemütlichen Schotterweg schön durch Wad abwärts. Bereits fast unten biegen wir im spitzen Winkel in einen ebenfalls von oben kommenden Weg ein **(4)** (Wegweiser etwas unterhalb: »Alttrauchburg 20 Min.«). Nun entweder nach wenigen Metern links etwas abenteuerlich (Weg nicht gepflegt) in einen unbeschilderten und unmarkierten Trampelpfad, der etwas oberhalb des Kneippbeckens in unseren Hinweg mündet. Oder aber wir wählen die fünf Minuten längere Variante und folgen dem aufwärtsführenden Weg etwa fünf Minuten bis zu der bereits vom Hinweg bekannten Brotzeithütte mit den Infotafeln zu den Pilzen. Wenige Meter später biegen wir dann links in den Hinweg ein und erreichen nach fünf Minuten ebenfalls wieder die Kneippanlage und den **Parkplatz (1)**.

HIGHLIGHTS

- ★ Besichtigung der gut erhaltenen Ruine Alttrauchburg mit Lehrtafeln zur Entstehung usw. im Inneren der Burg. Auf die Kinder wartet eine Klettermauer und eine Stechbahn mit einem pedalangetriebenen Pferd.
- ★ Einkehr in der unmittelbar am Fuß der Burg befindlichen Burggaststätte Alttrauchburg (hier auch Steckerleis).

Schwarzer Grat, 1118 m

Von der Wenger-Egg-Alpe

ab 4 J.

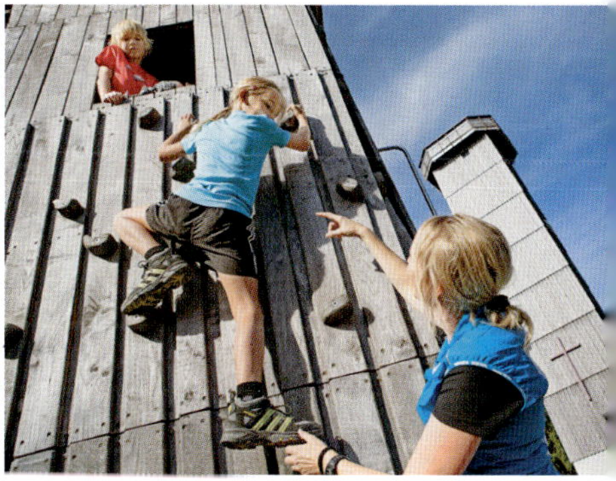

Alperlebnis und Aussichtsturm mit Spielplatz

Eine Wanderung auf dem Schwarzen Grat hört sich gefährlich an – ist es aber nicht, denn weder einen Grat noch eine schwarze Tour wird man auf dem mittelgebirgsartigen Höhenzug der Adelegg finden. Der Aufstieg von Wengen ist zwar möglich und auch ausgeschildert, aber leider wenig attraktiv, sodass wir besser gleich über die schmale Mautstraße zur Wenger-Egg-Alpe mit dem Auto hinauffahren und dort unsere kleine Wanderung beginnen. Neben der bewirtschafteten Alpe (ausschließlich Brotzeiten und Eis) erwarten uns ein kurzer Abstecher zum Raggenhorn mit einer tollen Aussicht sowie oben am Schwarzen Grat – der höchsten Erhebung Baden-Württembergs – eine sonnige Lichtung mit einem fast 30 Meter hohen, hölzernen Aussichtsturm und einem großzügig angelegten Spielplatz.

Am Aussichtsturm empfängt uns ein großzügig angelegter Spielplatz.

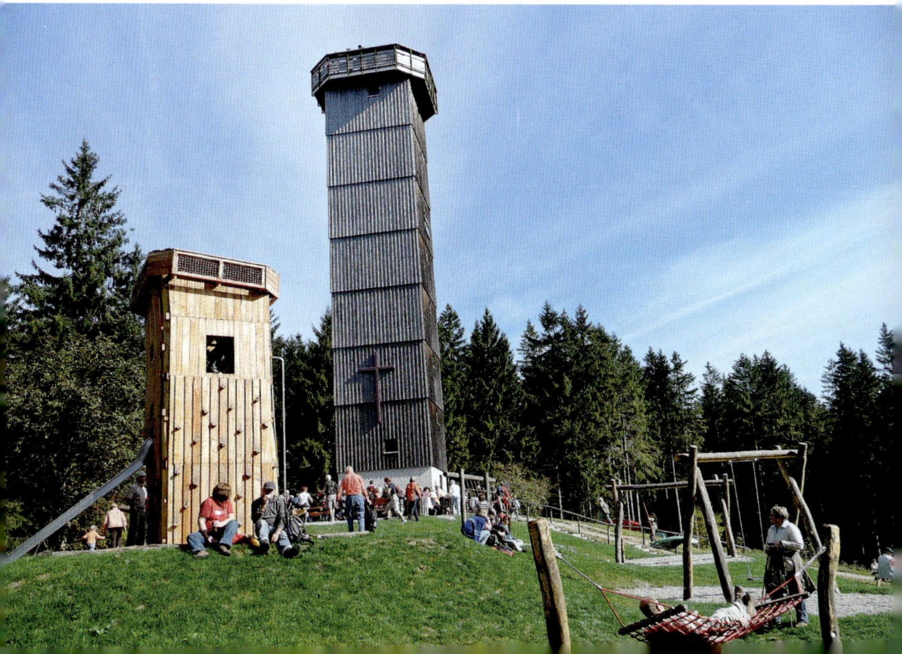

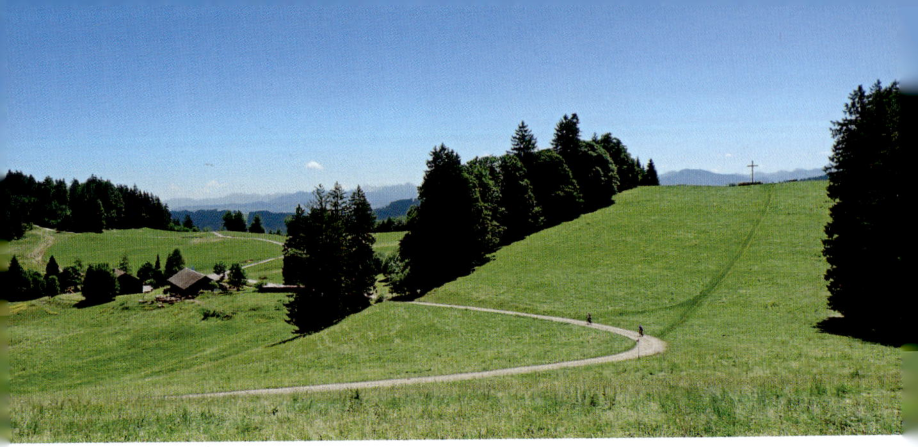

Wenger-Egg-Alpe (links) und das kreuzgeschmückte Raggenhorn (rechts).

KURZINFO

Ausgangspunkt: Parkplatz an der Wenger-Egg-Alpe, 1023 m (Navi: N47.686601, E 10.134118).
Anfahrt: Von Buchenberg auf der St 2055 kommend, in der Ortsmitte von Wengen rechts in den Alpe-Egg-Weg und weiter auf der einspurigen Mautstraße (Automat 3 €) vorbei an der Wenger-Egg-Alpe hinauf zum Parkplatz.
Gehzeit: 1.15 Std.
Distanz: 2,5 km.
Höhenunterschied: 100 m.
Ausrüstung: Gut profilierte Wanderschuhe.

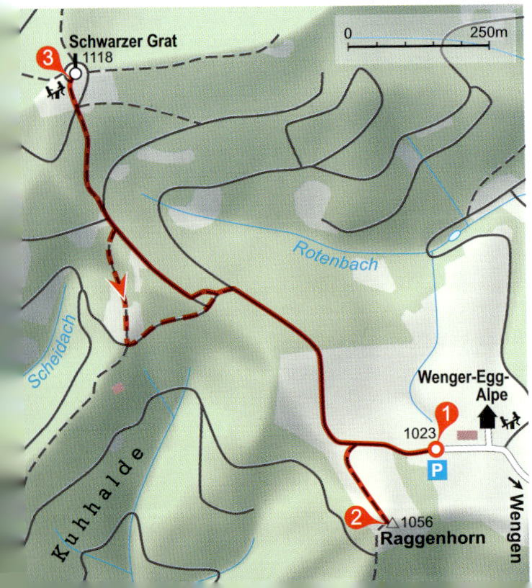

Anforderungen: Ab 4 Jahren. Die Tour verläuft überwiegend auf breiten Kieswegen. Aufstieg zum Raggenhorn auf Wiesenweg, das letzte Stück zum Schwarzen Grat auf einem Bergpfad durch den Wald über viele Wurzeln. Mit kleinen Kindern geht man auf dem Hinweg zurück, mit größeren (ab 7 Jahren) kann man auch den in der Variante beschriebenen Pfad wählen. Für Kinderwagen nicht geeignet.
Einkehr: Wenger-Egg-Alpe (geöffnet täglich von Mitte Mai bis Mitte Oktober), Kiosk im Aussichtsturm Schwarzer Grat (geöffnet nur sonn- und feiertags bei guter Witterung von Mai bis Ende Oktober).
Variante: Mit Kindern ab 7 Jahren kann man vom Schwarzen Grat kommend, nach dem Waldsteig erst an der breiten Abzweigung vorbeigehen und unmittelbar danach rechts in einen schmalen Pfad einbiegen. Hier ist etwas Vorsicht geboten, da es rechts mitunter steil abwärtsgeht! Man stößt nach 5 Min. auf einen Kiesweg, wendet sich links und trifft, bald aufwärtsgehend, auf den Anstiegsweg.

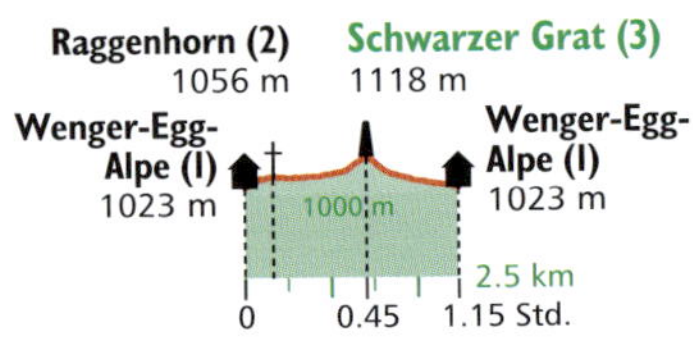

Vom Parkplatz an der **Wenger-Egg-Alpe (1)** folgen wir dem breiten, leicht bergan führenden Kiesweg in Anfahrtsrichtung. Bereits nach fünf Minuten zweigt links ein Wiesenpfad ab, der uns über eine Kuhweide in weiteren fünf Minuten hinauf zum kreuzgeschmückten **Raggenhorn (2)** mit mehreren Sitzbänken und einer guten Aussicht auf die Allgäuer Berge führt.

Anschließend wandern wir auf demselben Weg wieder abwärts zum Kiesweg, wenden uns auf diesem nach links Richtung »Schwarzer Grat« und wandern bald in lichtem Wald. An einer Wegteilung halten wir uns gemäß dem Wegweiser links, biegen kurz darauf rechts in einen abkürzenden Waldpfad ein, stoßen sogleich auf einen Kiesweg und biegen rechts ein. Fünf Minuten später wandern wir an einer Verzweigung mit Schilderbaum geradeaus weiter. Nach wenigen Metern wird der Weg zum Bergpfad und führt uns nun über Wurzeln den Berghang hinauf. Schließlich überqueren wir einen Kiesweg und erreichen schnell die sonnige Lichtung mit dem Aussichtsturm und dem großzügigen Spielplatz nebst Toilette (siehe Hallo-Kinder-Kasten) am **Schwarzen Grat (3)**. Bevor wir die Kinder auf den Spielplatz entlassen, bietet es sich an, mit der ganzen Familie die vielen Stufen des hölzernen Turmes (kostenlos) hinaufzusteigen. Von oben haben wir einen tollen Blick auf die Allgäuer Berge. Sonntags bei guter Witterung ist unten im Turm ein Kiosk geöffnet.

Den Rückweg bestreiten wir auf dem Hinweg, wobei wir nun noch am **Parkplatz (1)** vorbeimarschieren und in der Wenger-Egg-Alpe mit kleinem Spielplatz einkehren können.

HIGHLIGHTS

- ★ Wenger-Egg-Alpe (Brotzeiten/Eis) mit vielen Kühen.
- ★ Fast 30 m hoher, hölzerner Aussichtsturm am Schwarzen Grat mit Kioskverkauf an Sonntagen.
- ★ Großer, weitläufiger Spielplatz am Schwarzen Grat mit Kletterturm, Rutsche, Hängematte, Schaukeln, Wippe und Grillplatz.
- ★ Nach der Tour: Bademöglichkeit im 15 Autominuten entfernten herrlich gelegenen Eschacher Weiher nahe dem zu D-87474 Buchenberg gehörenden Eschach (Navi: N47.700322, E10.189801)

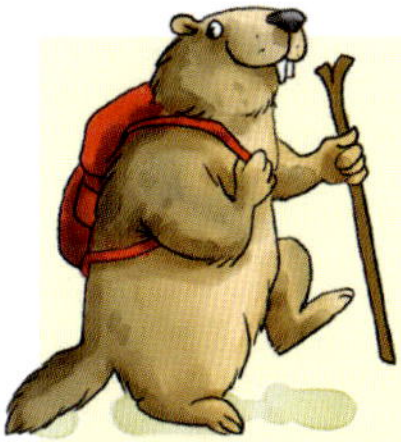

Hallo Kinder,

wusstet ihr, dass vor 100 Jahren in Deutschland viele Leute noch keine Toilette mit Wasserspülung hatten. Dies lag auch daran, dass damals noch nicht alle Häuser an eine Wasserleitung angeschlossen waren. In den Bergen ist das auch heute noch so. Meist sammelt man dann das Regenwasser und verwendet es für die Toilettenspülung. Auf dem Schwarzen Grat gibt es zwar eine richtige Toilette, aber auch keinen Wasseranschluss. Hier läuft das Regenwasser vom Dach des Häuschens über eine Regenrinne in eine außerhalb stehende Tonne. Wenn ihr mit Wasser spülen wollt, müsst ihr es mit einem Schöpfer aus der Regentonne in einen Eimer füllen. Aber denkt daran, das am besten vor der Toilettenbenutzung zu machen …

29 Badwirtschaft Malleichen

Rundwanderung bei Gestratz

ab 4 J.

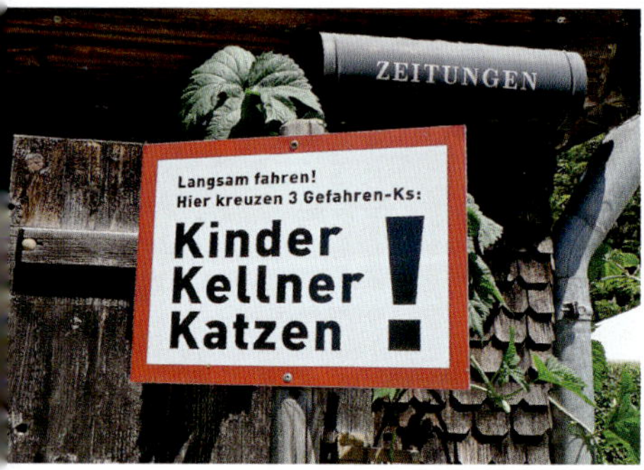

Abwechslungsreiche Wanderung mit Bachzugang

Bei Gestratz im Westallgäu lockt eine kurze Rundwanderung überwiegend über Wiesenpfade und Waldwege, die man gut auch mit kleinen Kindern machen kann. Am Marktobelbach, der die Grenze zu Baden-Württemberg darstellt, bietet sich eine gute Rastmöglichkeit, da hier die Kinder im seichten Wasser spielen können. Im Gastgarten der gerade noch in Bayern gelegenen und weithin bekannten Badwirtschaft Malleichen im Argental mit ihrem kleinen Spielplatz besteht dann zum Abschluss noch eine gemütliche Einkehrmöglichkeit.

KURZINFO

Ausgangspunkt: Kleiner Wanderparkplatz Nähe Badwirtschaft Malleichen (Navi: N47.652922, E9.974682) oder Parkplatz vor der Badwirtschaft Malleichen (Navi: D-88167 Gestratz, Malleichen 41).
Anfahrt: Von Isny auf der B 12 Richtung Wangen fahren und ca. 3 km nach Isny links Richtung Gestratz abbiegen. Nach Brugg nicht nach Gestratz abbiegen, sondern geradeaus auf der St 2378 weiter. Auch am Abzweig nach Altenburg vorbeifahren und nach 3 km – kurz vor der Brücke über die Obere Argen – rechts abbiegen und der Straße ca. 1,5 km bis zum kleinen Wanderparkplatz (ca. 400 m vor Badwirtschaft) folgen.
Gehzeit: 1.30 Std.
Distanz: 3 km.
Höhenunterschied: 120 m.
Ausrüstung: Gut profilierte Wanderschuhe, eventuell Wechselsachen.
Anforderungen: Ab 4 Jahren. Die Tour verläuft überwiegend auf kleinen Wald- und Wiesenpfaden. Teilweise barfußtauglich. Für Kinderwagen nicht geeignet.
Einkehr: Badwirtschaft Malleichen (Di. Ruhetag).

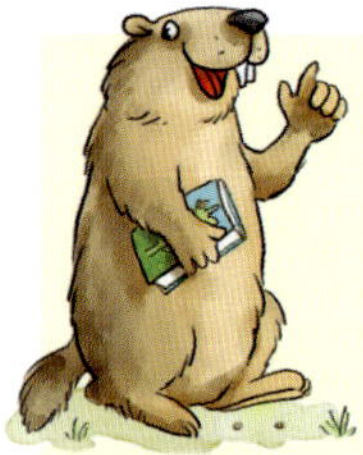

Hallo Kinder,

die Badwirtschaft ist ein sehr altes Gasthaus. Bis zum Jahr 1930 hatte die Badwirtschaft Malleichen ein Mineralbad, dessen Wasser vor allem bei den Männern als Wunderwasser galt. Und so gönnten sich besonders gern der Lehrer und der Pfarrer ein solch warmes Bad im Holzzuber, zu dem der Badwirt ihnen ein Bier servierte. Auf euch warten dort ein kleiner Spielplatz mit Babyschaukel, Schaukelseil und Karussell (gegen Gebühr) sowie zwei Esel.

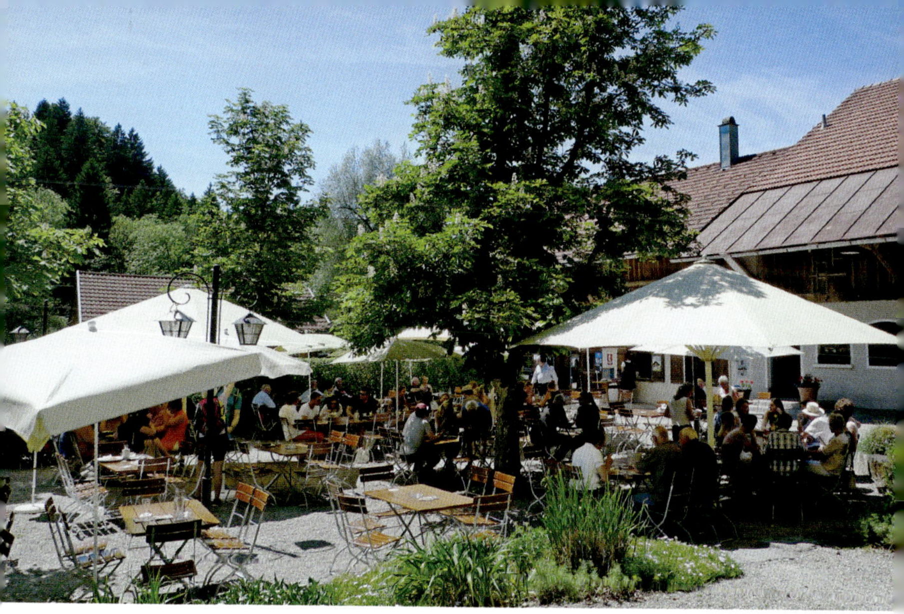

Der Gastgarten der Badwirtschaft bietet auch viele schattige Plätze.

Direkt am kleinen **Wanderparkplatz (1)** folgen wir dem Wegweiser am Schilderbaum Richtung Brugg und Hochglend, indem wir durch den schwenkbaren Zaundurchlass gehen und die Wiese auf einem kleinen Pfad geradewegs hinaufmarschieren. Nach wenigen Minuten führt der Pfad auf einer Brücke über den Hochtobelbach und nun im lichten Wald weiter bergan. Nach einem Zaundurchlass ignorieren wir den links abgehenden, breiten Weg, und wandern geradeaus durch einen weiteren Zaundurchlass – jetzt am Waldrand entlang aufwärts. Der weiß-rot-weiß markierte Wanderpfad zieht an einer Rastbank vorbei und steigt über Wurzeln im Wald weiter an. Schließlich kommen wir durch einen Zaundurchlass hinauf zum Weiler **Ehrlach (2)** und stoßen dort auf eine Asphaltstraße. Wir wenden uns nach

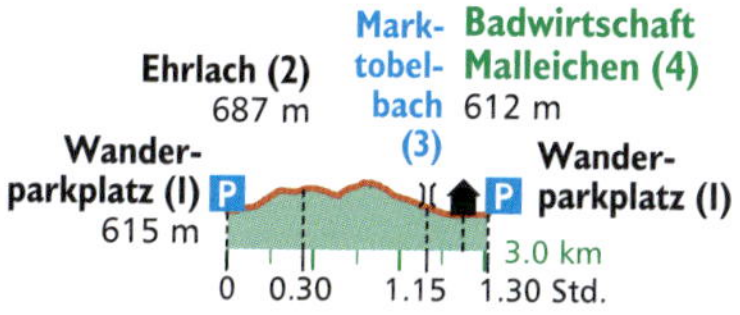

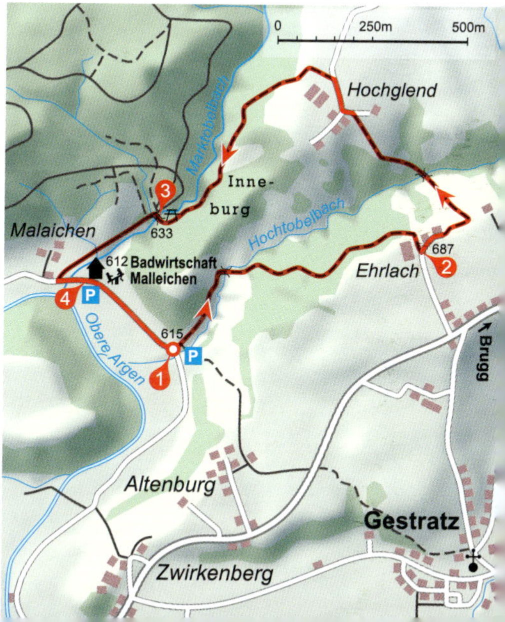

HIGHLIGHTS

- ★ Kurze, abwechslungsreiche Rundwanderung überwiegend über Wald- und Wiesenpfade.
- ★ Einkehrmöglichkeit in der Badwirtschaft Malleichen mit großem Gastgarten, kleinem Spielplatz, Eseln, Steckerleis.
- ★ In den Pfingstferien und im August führt im Kegelhaus der Badwirtschaft einmal in der Woche das Wangener Puppentheater für Kinder ab 3 Jahren eine Geschichte vom Kasperl auf (Termine unter www.malleichen.de/offen.html).

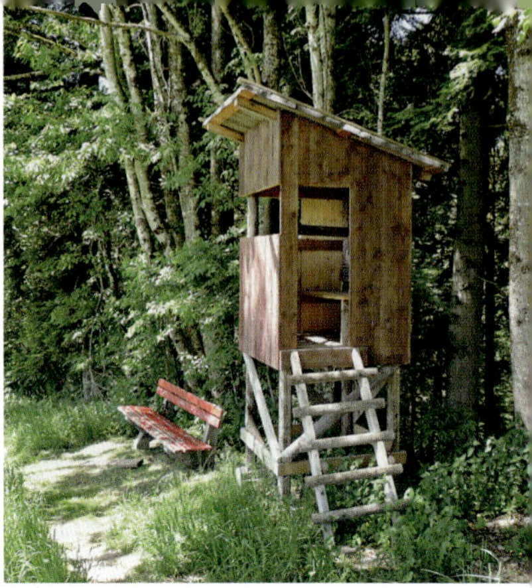

Niedriger Hochstand.

links (»Hochglend, Malleichen«) und folgen bald einem Schild, das den Weiterweg auf der Wiese, unmittelbar an der Einfriedung eines Hauses entlang weist. Nach rechts haben wir nun bei guter Sicht einen herrlichen Ausblick auf die Berge. An einer Rastbank weist uns ein kleines Schild mit gelb-weißer Markierung in einen zwischen zwei Weidezäunen abwärtsführenden Wiesenpfad. Nach wenigen Minuten kommen wir in den Wald, spazieren auf einer Gitterrostbrücke erneut über den Hochtobelbach und wenden uns am Ende eines Zaunes von dem jetzt breiteren Weg rechts in einen aufwärtsführenden Pfad, der uns entlang eines Weidezaunes in Richtung eines Hauses führt. Wir stoßen auf ein Asphaltsträßchen, biegen links (»Malleichen«) und gleich darauf an einem alten Bauernhaus rechts ein und kommen an einer Firma vorbei. Kurz darauf biegen wir links ab, ein Karrenweg nimmt uns auf, führt in den Wald und wird zu einem mit Wurzeln durchsetzten Waldweg. Bald treffen wir auf den **Marktobelbach**, überqueren ihn und wandern an ihm entlang. Nach Überquerung einer kleinen Brücke erreichen wir einen schönen Platz im lichten Wald mit Rastbank **(3)**, an dem die Kinder bestens im Bachbett mit seinem seichten Wasser spielen können.

Nach der Rast treffen wir bald auf einen querenden Weg, biegen links ein (»Malleichen«), kommen schnell aus dem Wald und spazieren auf einem Weg mit Wiesenmittelstreifen leicht abwärts bis zu einer Asphaltstraße. Hier biegen wir links ein und können nun in der **Badwirtschaft Malleichen (3)** mit ihrem schönen Gastgarten und einem kleinen Spielplatz einkehren, bevor wir der Straße weiter folgen und schnell wieder unseren **Parkplatz (1)** erreichen.

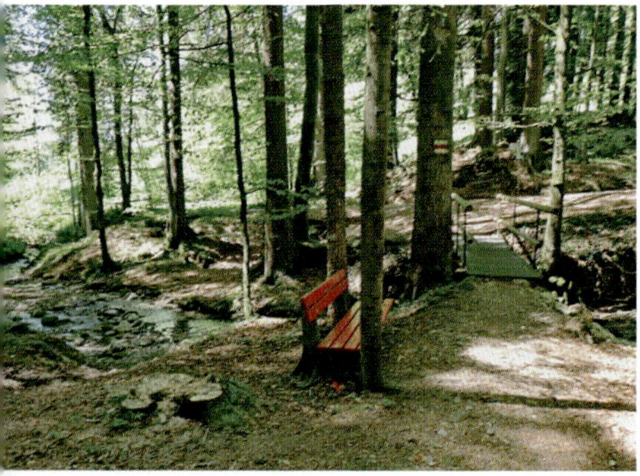

Perfekte Bachstelle.

Dreiländerblick, 1086 m

Rundweg von Schindelberg

ab 6 J.

Barfußtaugliche Almrunde mit Spielplätzen

Unsere heutige Wanderung vom kleinen in Deutschland gelegenen Schindelberg bei Steibis führt uns über herrlich barfußfreundliche Wiesenpfade hinauf zur Wiesenkuppel des kreuzgeschmückten Dreiländerblicks. Von zwei Rastbänken aus haben wir einen wunderschönen Blick auf die teils zu Bayern, teils zu Vorarlberg gehörende liebliche Landschaft. Im Hintergrund ragt das Schweizer Alpsteingebirge mit dem Säntis und dem links daneben stehenden, ebenfalls über 2000 Meter hohen Altmann auf. Im zweiten Teil der Tour wandern wir teils über Trittspuren zum Berggasthaus Vordere Fluh mit seinem tollen Spielplatz. Wer genügend Zeit eingeplant hat und rechtzeitig unterwegs ist, kann zur Freude der Kinder auf dem Rückweg in der Hochsaison noch dem neben dem Restaurant Alpe Hohenegg liegenden Hochseilgarten von Sport Hauber einen Besuch abstatten, bevor es in einer knappen Stunde zum Ausgangspunkt mit Einkehrmöglichkeit im Café Starennest mit Spielplatz und Tiergehegen zurückgeht.

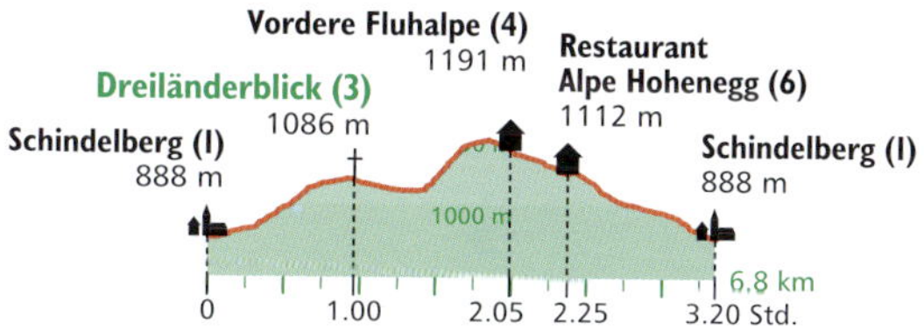

Abhebemanöver am Aussichtspunkt Dreiländerblick.

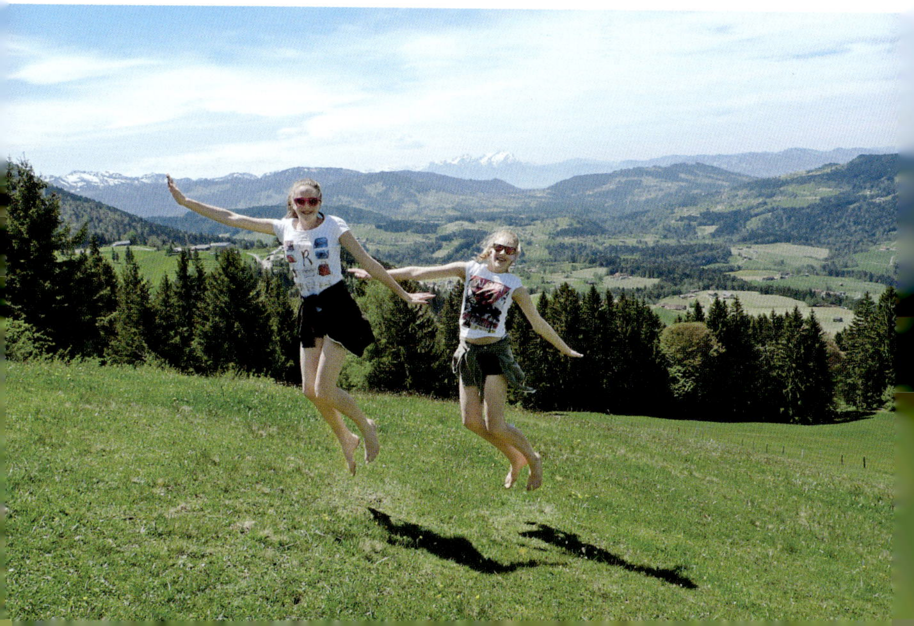

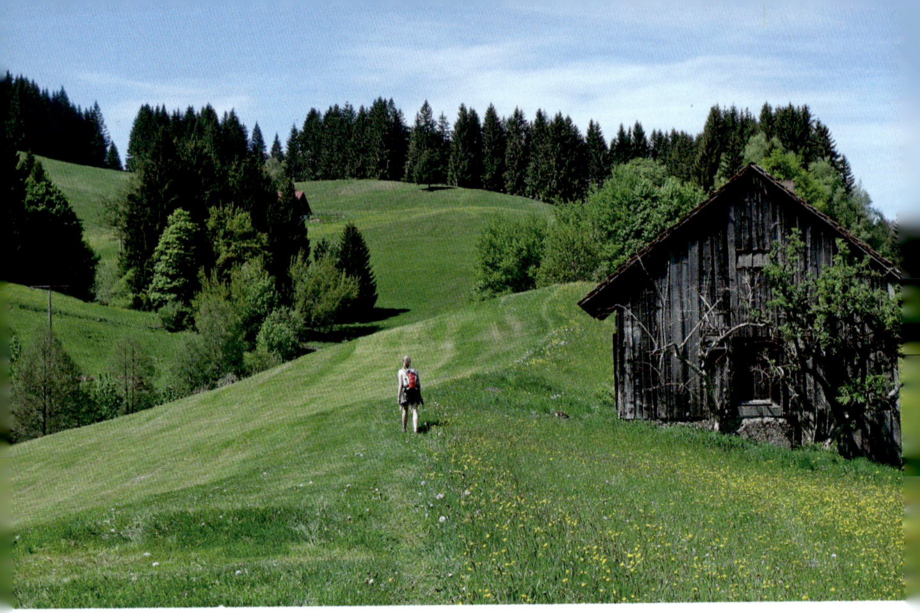

Der Aufstieg verläuft teilweise auf undeutlichen Wiesenpfaden.

KURZINFO

Ausgangspunkt: Kleiner Wanderparkplatz (wenige Kfz) in Schindelberg, 888 m (Navi: D-87534 Schindelberg-Oberstaufen, Fluhstraße 10). Von Oberstaufen auf der St 2005 und nach der Weißachbrücke links abbiegend auf der OA 25 hinunter nach Steibis fahren. Dort vor der Kirche rechts in die Straße Unterdorf einbiegen und weiter bis Schindelberg. An der St.-Rochus-Kapelle vorbeifahren und links zum Parkplatz.
Gehzeit: 3.20 Std.
Distanz: 6,8 km.
Höhenunterschied: 390 m.
Ausrüstung: Gut profilierte Wanderschuhe.
Anforderungen: Ab 6 Jahren. Almrunde auf barfußtauglichen Erd-/Wiesenpfaden und Kieswegen. Der steile Aufstieg zur Vorderen Fluh Alpe verläuft auf einem besonders zu Beginn bisweilen schlecht zu erkennenden Pfad – hier ist etwas Orientierungssinn hilfreich. Für Kinderwagen nicht geeignet
Einkehr: Hotel-Restaurant Schindelberg, Berggasthaus Vordere Fluh, Restaurant Alpe Hohenegg, Café Starennest.

Vom kleinen **Wanderparkplatz (1)** in Schindelberg gehen wir ein paar Meter die Zufahrtsstraße zurück und biegen unmittelbar vor der kleinen **St.-Rochus-Kapelle (2)** links in den St.-Rochus-Weg ein (Beschilderung »Dreiländerblick 40 Min.«). Bereits nach etwa 50 m zweigen wir am linken Straßenrand in einen kleinen Pfad ein (»Dreiländerblick«), der uns nach einem Zaundurchlass, mehr oder weniger deutlich – je nachdem ob kürzlich gemäht wurde oder nicht – über eine herrliche Bergwiese führt. Nach einem weiteren Zaundurchlass wandern wir geradeaus weiter auf eine Stromleitung zu und schwenken unmittelbar vor dieser mit dem Wiesenpfad nach rechts. Nun wandern wir auf dem Rücken eines Hügels wiederum abhängig von der Höhe des Grases

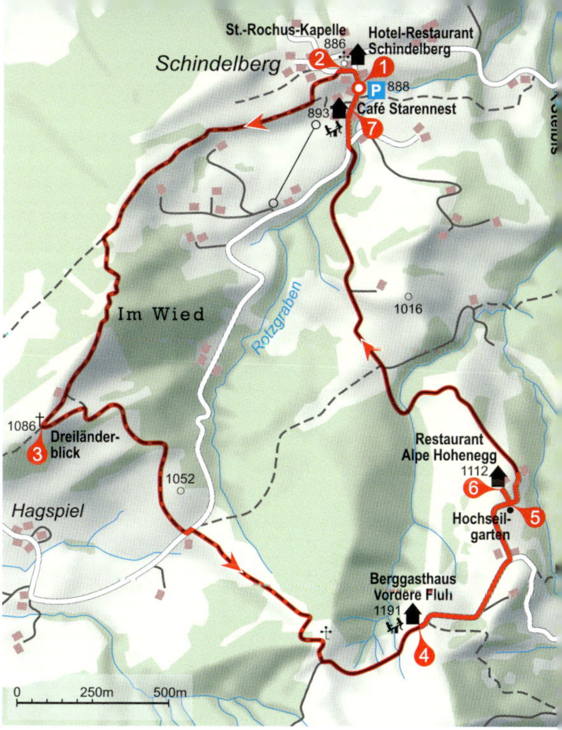

auf einem mehr oder weniger ausgeprägten Wiesenpfad geradeaus auf ein kleines Waldstück zu, tauchen in dieses auf einem Pfad ein und steigen wenig später erneut auf einem Rücken auf einem Wiesenweg weiter auf. Zehn Minuten nach Verlassen des kleinen Waldstücks weist uns ein Wegweiser an einer Bank zum Dreiländerblick nach halb links. Der Pfad führt in den Wald, es wechseln sich nun barfuß angenehm zu begehende Waldstücke mit dazwischenliegenden Wiesenflächen ab. Nach einem Stück entlang des Waldrandes, kommen wir nochmals in den Wald und blicken wenig später auf eine etwas tiefer liegende Wiesenfläche. Wir gehen ein paar Meter bergab und spazieren bald darauf erst ebenerdig, dann leicht ansteigend zu einem Wegweiser vor einem Haus. Jetzt sind es geradeaus auf einem Wiesenpfad nur noch wenige Minuten bis zum kreuzgeschmückten **Dreiländerblick (3)**.

Die sanften Hügel erinnern an eine Mittelgebirgslandschaft.

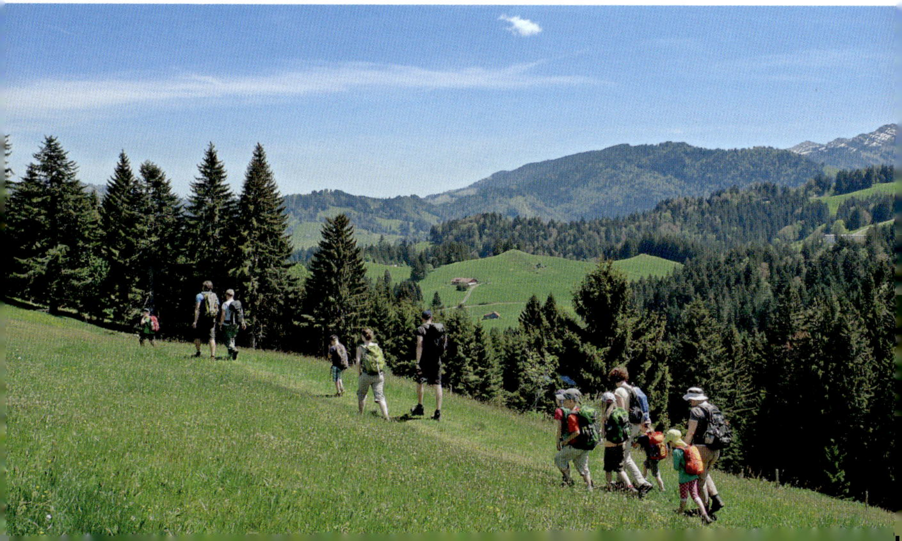

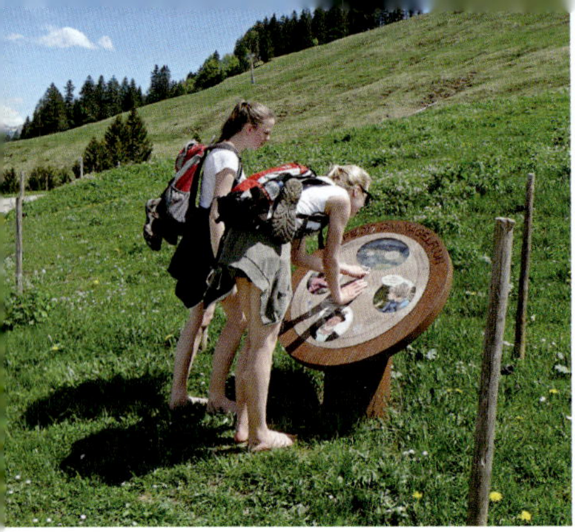

Eine Drehtafel am Wegrand zeigt, u. a. welche Berge zu sehen sind.

Nach einer ausgiebigen Rast gehen wir vom Kreuz ein paar Meter zurück und wenden uns dann in einen rechts abzweigenden unbeschilderten Wiesenpfad, der uns nach einem Zaundurchlass auf den vom Haus kommenden Karrenweg führt. Wir biegen rechts ein und folgen nun dem gemächlich abwärtsführenden Weg. Nach einer Viertelstunde treffen wir auf ein Sträßchen mit einem Wegweiser, biegen links ein, um sogleich nach wenigen Metern rechts in einen kleinen zwischen zwei abgezäunten Weiden verlaufenden Pfad zu schwenken (»Vordere Fluhalpe 40 Min.«). Nach einem Weidedurchgang müssen wir nun sehr gut aufpassen, da der Weg schlecht zu erkennen und nicht beschildert ist. Unmittelbar nach dem Weidedurchgang wenden wir uns links und wandern auf einem undeutlichen Wiesenkarrenweg bis zum 14. Holzpflock der eingezäunten Weide. Dort verlassen wir den Karrenweg in einen schlecht zu erkennenden Wiesenpfad nach rechts und wandern nun geradewegs auf Trittspuren den Wiesenhang hinauf. Nach einigen Minuten zeigt uns eine rote Markierung an einem Findling, dass wir noch richtig sind. Es geht weiter über die Bergweide aufwärts, schließlich stoßen wir auf ein Waldstück, passieren ein Viehgatter, wenden uns rechts und wandern im Schatten der immer wieder mit roten Punkten markierten Bäume am Rand des Waldstreifens weiter. Schließlich zieht der Pfad nach links und führt uns über eine Wiese zu einem großen Holzkreuz mit Rastbank an einem querenden Kiesweg. Wir biegen links ein (»Vordere Fluh-Alpe«), kommen an einer Drehtafel für Kinder vorbei, die uns anschaulich vermittelt, welche Berge wir von hier aus sehen können und erreichen nach zehn Minuten das Berggasthaus **Vordere Fluh (4)** mit seinem großen Spielplatz.

Weiter geht es geradeaus an einem Schafgehege und der Front des

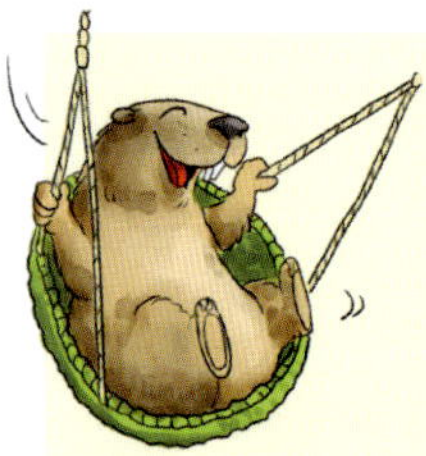

Hallo Kinder,

am Berggasthaus Vordere Fluh wartet nicht nur ein schöner Spielplatz mit einem aus Sesselliftteilen zusammengebauten Drehkarussell, sondern sogar ein kleines Fußballfeld mit Toren auf euch. Da jedoch immer wieder Fußbälle über den ca. 2,50 Meter hohen Zaun geschossen wurden und dann den Hang auf Nimmerwiedersehen heruntergerollt sind, muss man nun seinen eigenen Ball mitbringen. Manchmal hat man aber Glück und Übernachtungsgäste haben einen Ball am Platz zurückgelassen.

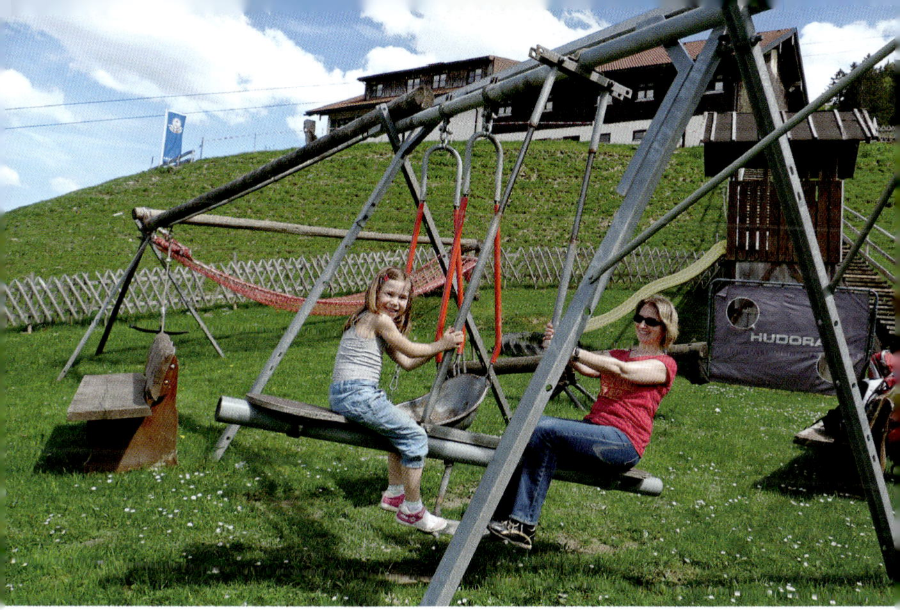

Spannender Spielplatz an der Vorderen Fluh Alpe.

Gasthauses vorbei Richtung Hohenegg Alpe auf einem Teersträßchen abwärts. Nach gut fünf Minuten weist uns ein Wegweiser nach links und wir erreichen nach weiteren fünf Minuten den **Hochseilgarten von Sport Hauber (5)** mit Spielplatz und Trampolin und das etwas unterhalb liegende Restaurant **Alpe Hohenegg (6)** mit großer Panoramaterrasse (hier auch Steckerleis).

Wir folgen nun dem Wegweiser Richtung Schindelberg erst auf einem breiten Kiesweg, passieren dann ein kurzes Waldstück und kommen schließlich auf einem angenehmen Karrenweg zu einer Wegverzweigung mit Schilderbaum in einer hügeligen Wiesenlandschaft. Hier wenden wir uns links (»Schindelberg, Café Starennest«) und stoßen nach 20 Minuten – zuletzt durch Wald – auf eine asphaltierte Straße. Wir biegen rechts ein, kommen am **Café Starennest (7)** mit Spielplatz, Trampolin und Schaf- und Hühnergehege vorbei und erreichen in wenigen Minuten wieder unseren **Wanderparkplatz (1)** in Schindelberg.

HIGHLIGHTS

- ★ Schöne Almwanderung auf zum Teil zum Barfußlaufen einladenden Erd-/Wiesenpfaden mit schönem Blick bis zum Alpsteingebirge und Einkehrmöglichkeiten.
- ★ Kühe auf der Weide zur Almsaison.
- ★ Ideenreicher Spielplatz mit aus Sesselliftteilen errichtetem Drehkarussell und Fußballfeld (Ball bitte selbst mitbringen) sowie Schafen an der Vorderen Fluh Alpe.
- ★ Kostenpflichtiger Hochseilgarten von Sport Hauber. Geöffnet ausschließlich in der Hochsaison 9.30–17 Uhr, Tel. +49 8386 991 078, www.sport-hauber.de
- ★ Spielplatz des Cafés Starennest mit Trampolin und Schaf- und Hühnergehege am Ende der Tour.

31 Alperlebnispfad am Imberg

Rundweg von der Bergstation

ab 6 J.

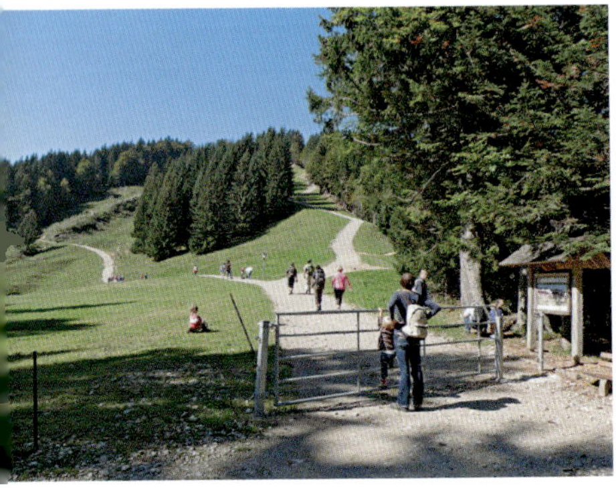

Die Wege sind größtenteils gut mit dem Kinderwagen befahrbar.

47 spannende Stationen im Lanzenbachtal

Auf gut gepflegten Kieswegen verläuft der 6,7 Kilometer lange Alperlebnispfad mit seinen zahlreichen, zum Teil sehr ideenreichen, interaktiven Stationen von der Bergstation der Imbergbahn auf einem Rundkurs durch das moorige Lanzenbachtal. Es gibt zwei Abkürzungsmöglichkeiten auf dem Erlebnispfad; wer eine von diesen Varianten wählt, verringert die Wegstrecke auf 2,3 bzw. 5,3 Kilometer. Auch für das leibliche Wohl ist unterwegs bestens gesorgt, nicht weniger als fünf Alpen und Gasthäuser befinden sich direkt am Weg. Da dieser fast ausschließlich in der Sonne liegt, ist im Hochsommer allerdings von einer Begehung abzuraten.

Drahtseilerprobung an der Kletterstation.

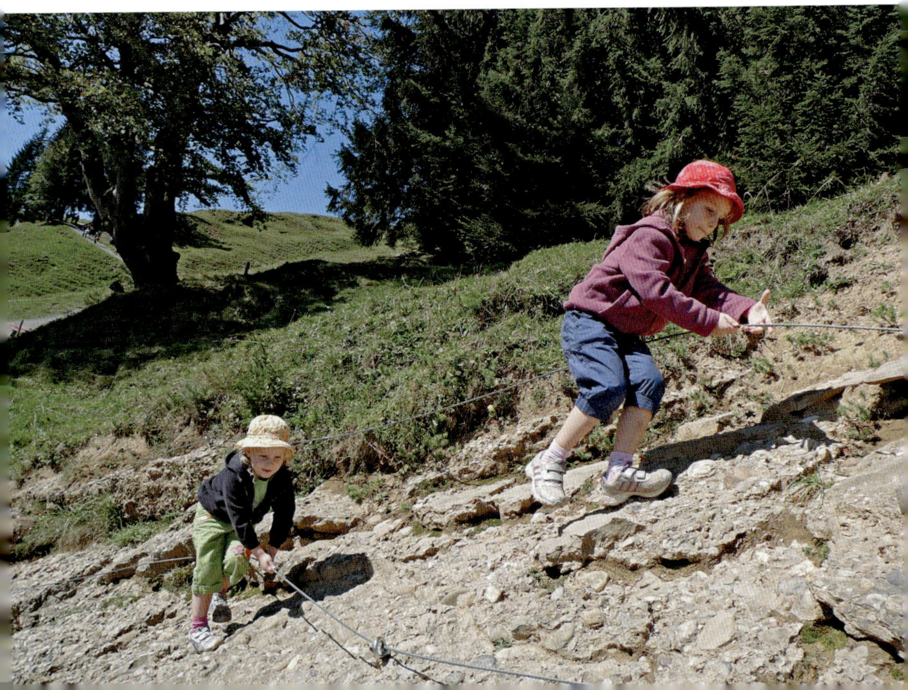

KURZINFO

Ausgangspunkt: Kostenloser Parkplatz an der Imbergbahn-Talstation, 908 m (Navi: D-87534 Oberstaufen, In der Au 4).
Anfahrt: Von Immenstadt auf der B 308 kommend, verlässt man die Bundesstraße auf der Höhe von Oberstaufen nach links Richtung Steibis. Nun kurvenreich abwärts, nach dem Ortsteil Weißach links abbiegen, durch Steibis hindurchfahren und am Ortsende rechts zur Imbergbahn-Talstation.
Mit Bahn und Bus: Vom Bahnhof Oberstaufen mit der Buslinie 95 bis Imbergbahn.
Alternativer Ausgangspunkt: Auffahrt von Österreich mit dem Auto zum gebührenpflichtigen Parkplatz Hochhäderich (Navi: A-6943 Riefensberg, Hochhäderich 300). Von Oberstaufen kommend, in Riefensberg nicht in das Zentrum fahren, sondern an der Kreuzung Ortseinfahrt rechts der Beschilderung zum Almhotel Alpenarena Hochhäderich folgen und nach ca. 3 km vor dem Gasthof Engel links auf einer Bergstraße 6 km bis zum Parkplatz Hochhäderich.
Gehzeit: 3.00 Std.
Höhenunterschied: 210 m.
Distanz: Große Runde 6,4 km, kann auf 2,3 oder 5,3 km abgekürzt werden.
Hinweis: Von Mitte Mai bis Oktober kann man auch von der Bushaltestelle in der Nähe der Alpe Hochwies und direkt von der Alpe Hochbühl mehrmals täglich mit dem Bus zurück zur Imbergbahn-Bergstation fahren.
Ausrüstung: Gut profilierte Wanderschuhe, eventuell Wechselkleidung (Bach, Barfußmoorpfad).
Anforderungen: Ab 6 Jahren. Runde ohne Absturzgefahr über Kies- und Asphaltwege mit stellenweise steilen Auf- und Abstiegen. Für Kinderwagen geeignet.
Einkehr: Imberghaus, Alpe Häuslers Gschwend, Alpe Glutschwanden, Alpe Hochwies, Berggasthof Alpe Hochbühl.
Bergbahn: Imbergbahn, geöffnet in der Sommersaison vom 1.Mai bis Anfang November 9–16.30 Uhr, bei guter Wetterlage eventuell auch an weiteren Novemberwochenenden (Infos hierzu unter Tel. +49 8386 8112 und www.imbergbahn.de). Kinderwagen werden kostenlos transportiert und brauchen nicht zusammengeklappt zu werden (auch Doppelkinderwagen), die Türöffnungen sind ausreichend groß.

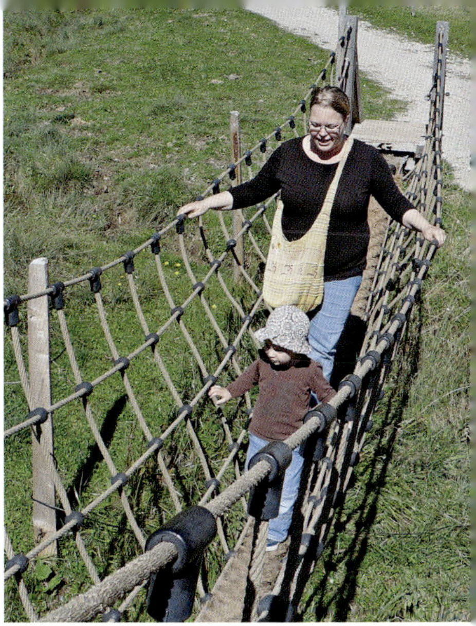

Schon den Kleinsten macht diese Hängebrücke Spaß.

Variante: Vom Parkplatz Hochhäderich über den Alperlebnispfad (blaue Tour, 220 Hm, 3.30 Std, 8,2 km): Vom Parkplatz zurück zum Almhotel Hochhäderich gehen, dieses passieren und links den Weg Richtung Imberghaus/Alpe Hochwies einschlagen. Nach ca. 1 km trifft man, ca. 250 m vor der Alpe Hintere Hochwies, auf den Erlebnisweg. Weiter wie in der Hauptroute beschrieben über die Alpe Hochwies und den Berggasthof Alpe Hochbühl – ohne den Abstecher zur Imbergbahn – und weiter über die Alpen Häuslers Gschwend und Glutschwanden zur Hängebrücke am Häderichbächle. Von dort ein Stück zurück zur letzten Wegverzweigung, links einbiegen und über die Moosalpe zurück zum Parkplatz.

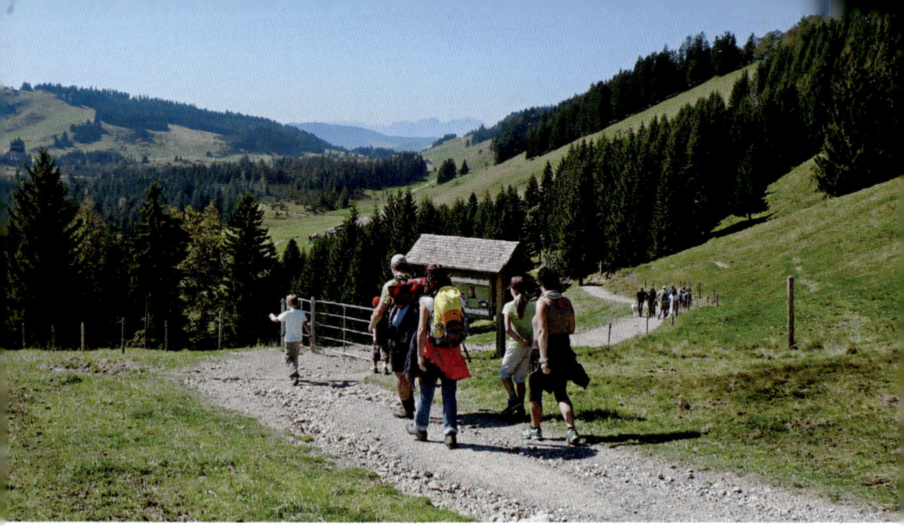

Der Weg verläuft im Auf und Ab durch die schöne Landschaft.

Nach der Auffahrt von der **Talstation (1)** zur **Bergstation (2)** wenden wir uns nach rechts, folgen an der nächsten Wegeinmündung dem Schild »Alperlebnispfad« nach links und kommen bald zur ersten Station, einer interessanten Drehtafel, die uns nicht nur die gegenüberliegenden Berge benennt, sondern auch erklärt, woher die parallel verlaufenden Linien auf Buralpkopf, Rindalphorn oder Hochgrat stammen. Bald geht es nun durch angenehm kühlen Wald. Links und rechts des Weges sind die Böden feucht – wir wandern durch ein Moorgebiet. An einer Wegverzweigung wählen wir links den mittleren Weg (auf dem unteren kommen wir auf dem Rückweg). Wir gehen durch ein Eisengatter, das mit einem ebenso einfachen wie sicheren System geöffnet und geschlossen werden kann, und wandern leicht bergan. Der Weg wird steiler und wir kommen schnell zu einer weiteren Mit-

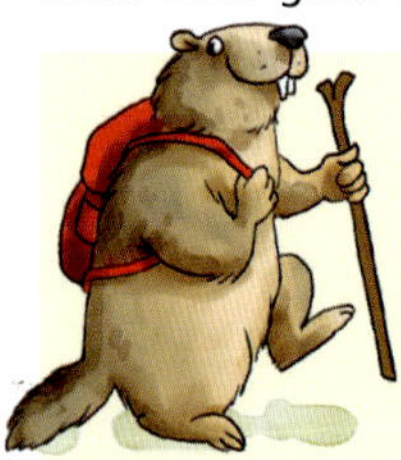

Hallo Kinder,

auf dem Alperlebnispfad warten auf euch einige spannende Stationen, die euch sicherlich gefallen werden. So dürft ihr mit einem richtigen Hammer und Meißel ein Stück aus einem Fels herausschlagen, entlang eines Drahtseils am Fels entlangkraxeln oder mit einer richtigen Säge zu zweit einen Holzscheit durchsägen. Auf einem dicken Seil geht es auf einer Hängebrücke über einen Bach und ihr könnt einen Barfußabstecher in das batzige Moor machen. Eine Station aber ist nur für eure Eltern oder Großeltern vorbehalten: Hier können die Erwachsenen zeigen wie stark sie sind, indem sie versuchen mittels eines anzuhebenden Steines das Gewicht eines Kalbes nach oben zu stemmen. Ob sie das wohl schaffen?

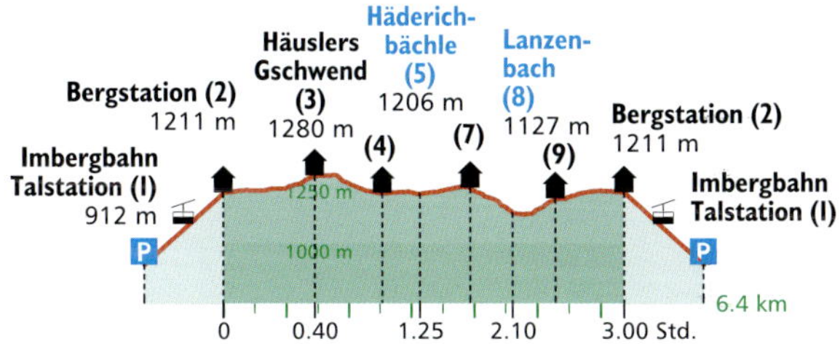

machstation, an der die größeren Kinder Hammer und Meißel in die Hand nehmen (bitte die bereitliegende Schutzbrille aufsetzen) und versuchen können, ein Stück aus dem harten Nagelfluhgestein herauszumeißeln. Wem das gelingt, der darf sich das Stück als Andenken mit nach Hause nehmen. Der Weg wird jetzt eben und wir kommen nach wenigen Minuten zur nächsten Attraktion – nun gilt es, die Kletterkünste (Kinder ab 4 Jahren) im Fels an einem Übungsdrahtseil zu erproben. Direkt dahinter könnte man links den ersten Abkürzungsweg einschlagen, der steil hinunter zur Alpe Hochbühl führt. Wir wenden uns indes nach rechts, nun steigt der Weg ein Stück steil an, dann führt er eben am Berghang, an unzähligen Silberdisteln vorbei, weiter. Bald erreichen wir die nur von Anfang Juni bis Anfang September bewirtschaftete Grenzhütte **Alpe Häuslers Gschwend (3)**, können uns kurz darauf im Melken an einer lebensgroßen Plastikkuh versuchen und kommen auf dem jetzt ausschließlich in der Sonne liegenden Weg zu einer schönen Wiese, auf der man herrlich picknicken kann.

Nach der Rast geht es auf einem Kiesweg bei angenehmem Gefälle und einem schönen Blick ins Hoch-

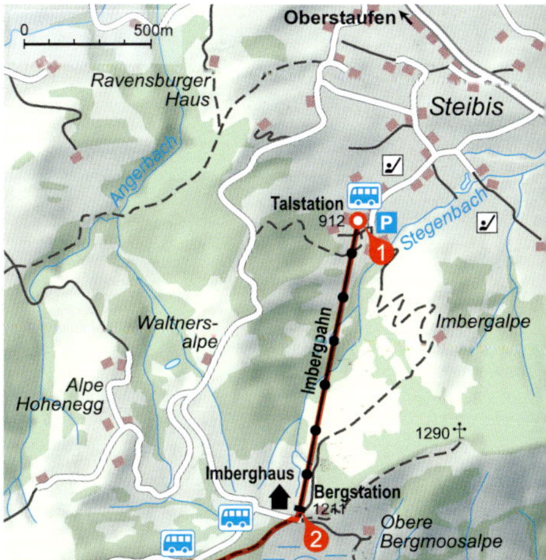
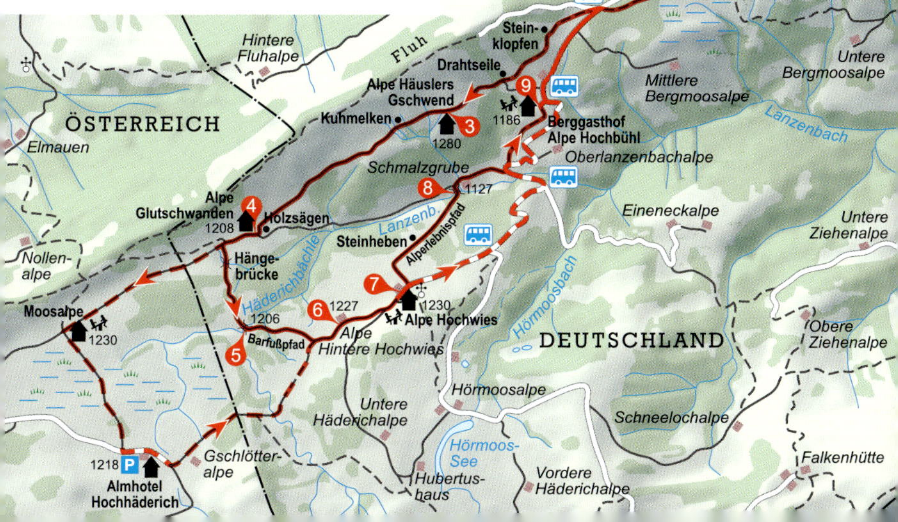

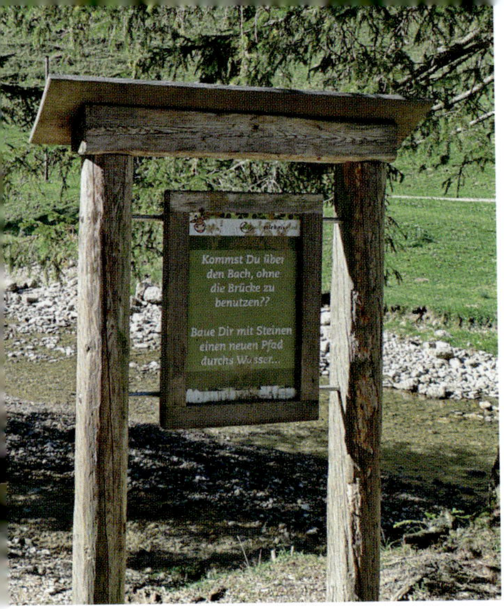

Die großen Tafeln halten Aufgaben für die Familien bereit.

gebirge hinunter zur **Alpe Glutschwanden (4)**, an der es auch Eis und eine Holzsägestation gibt. Direkt hinter der Alpe besteht die Möglichkeit, wiederum nach links abzukürzen, was aber schade wäre, da man dann zwei interessante Mitmachstationen verpasst. Wir wandern deshalb geradeaus weiter, schwenken aber bereits nach etwa 200 m nach links. *(Hinweis: Geradeaus könnte man einen 15-minütigen Abstecher zur schön in den Filzen gelegenen Moosalpe mit kleinem Spielplatz machen; das ebenfalls geradeaus ausgeschilderte »Steinerne Tor« lohnt den Aufstieg nicht, da es wenig spektakulär ist.)*

Entlang eines kleinen Baches, an dem man ebenfalls schön rasten kann, gehen wir hinunter und können diesen nun auf einer schmalen Hängebrücke überqueren. Da man sich auf dem dicken Seil rechts und links gut festhalten kann, werden auch schon die kleineren Kinder nicht müde, immer wieder die Bachüberquerung begeistert zu wagen. Weiter geht es durch eine Moorlandschaft, wir überqueren das **Häderichbächle (5)** und können nach der nächsten Kurve barfuß in das batzige Moor steigen (Fußwaschmöglichkeit am Häderichbächle in einer kleinen Wanne).

Wir stoßen auf den Weg, der von rechts vom ca. 1 km entfernten Parkplatz Hochhäderich kommt (siehe Variante), biegen links ein und

Einfach herrlich – Schuhe ausziehen und barfuß die Rutsche an der Alpe Hochbühl hinuntersausen.

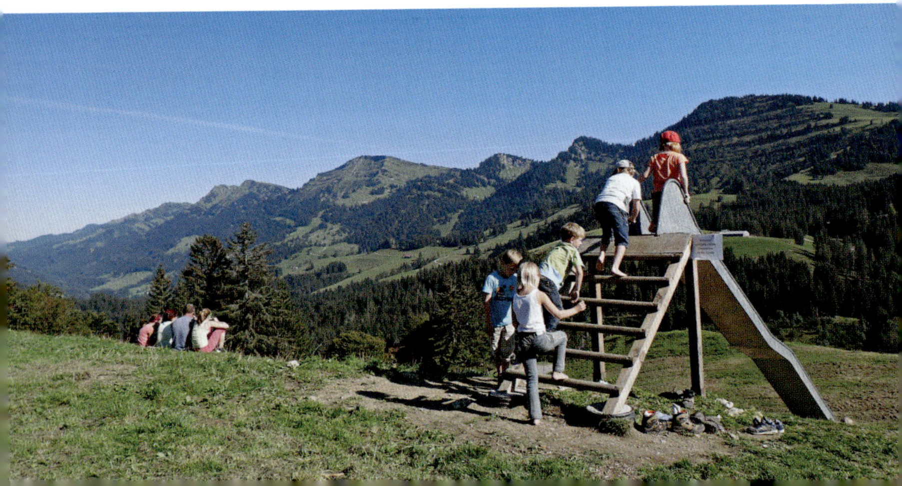

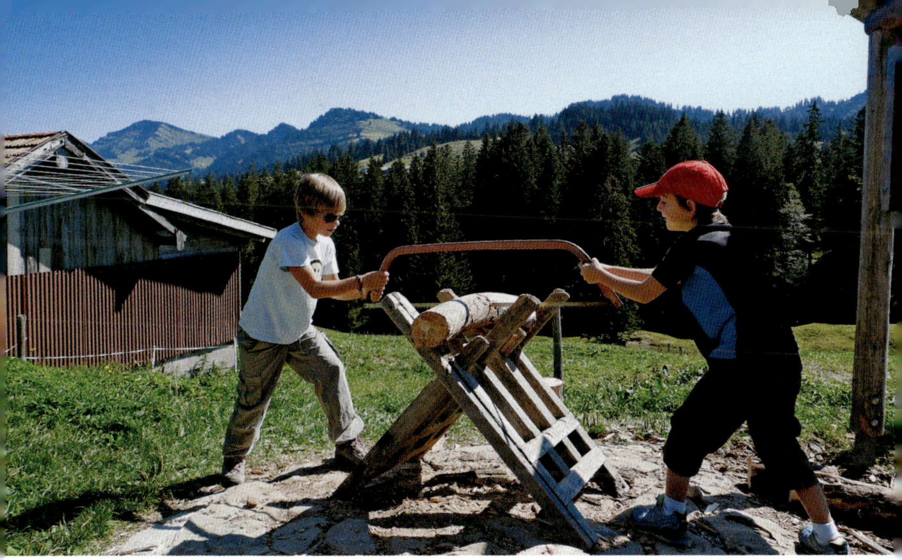

Kraftakt an der Alpe Glutschwanden an der Sägestation.

wandern nun etwas ansteigend vorbei an der unbewirtschafteten **Alpe Hintere Hochwies (6)**, um gleich darauf zur **Alpe Hochwies (7)** zu gelangen. Hier kann man hinter dem Haus im Wirtsgarten sitzen, im vorderen Bereich gibt es einen kleinen Spielplatz und ein Hasengehege. 50 m nach der Alpe zweigt links – unbeschildert – der Alperlebnispfad durch ein kleines Weidetor ab, man kann aber auch geradeaus auf dem etwas weniger steilen Teersträßchen weitergehen (hier kommt man auch zur Bushaltestelle; siehe »Hinweise« in der Kurzinfo). Beide Wege laufen unten wieder zusammen. Haben wir uns für den abzweigenden Kiesweg entschieden, können Papa oder Mama an einer Station ihre Kräfte unter Beweis stellen (siehe Hallo-Kinder-Kasten). Kurz darauf gilt es zu raten, in welches Meer der **Lanzenbach** fließt, den wir auf einer Holzbrücke überqueren **(8)**. Kurz nach dem Zusammentreffen beider Wege, biegen wir links in einen steil aufwärtsführenden Kiesweg ein (mit Kinderwagen bleiben wir besser auf der Straße), der uns direkt zur **Alpe Hochbühl (9)** mit Rutsche, Trampolin und einigen Tieren führt und folgen von dort der Straße aufwärts. Oben an der Bushaltestelle schwenken wir rechts und gehen auf dem Hinweg zur **Bergstation der Imbergbahn (2)** zurück, wo wir noch die Esel bestaunen und uns auf der Holzterrasse des Imberghauses vor der Fahrt mit der Gondel hinunter zur **Talstation (1)** stärken können.

HIGHLIGHTS

★ Spannender Erlebnisweg mit 47 Stationen (u. a. Holzsägen, Barfußpfad, Kletterübungen am Drahtseil).
★ Auf- und Abfahrt mit der Gondel.
★ Kühe auf den Weiden, Esel am Imberghaus.
★ Mehrere Einkehrmöglichkeiten am Weg.
★ Spielplatz und kleiner Wildpark am Berggasthof Alpe Hochbühl.

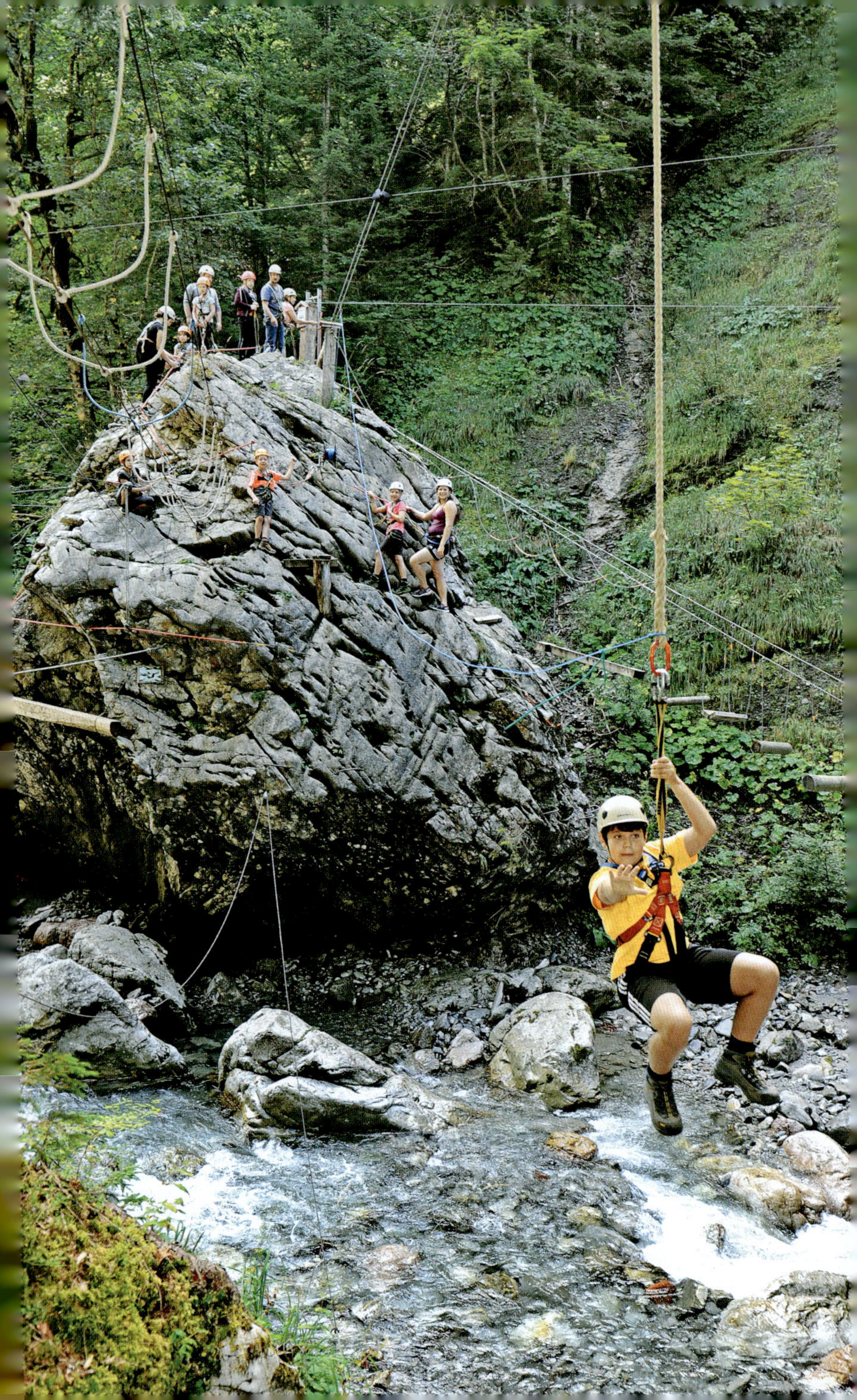

Freizeit- und Schlechtwettertipps

Hochseilgärten

- Erlebniswald Mainau (s. Tour 1).
- Seilpark Kronbergbahn (s. Tour 2)
- Hochseilgarten Sport Hauber (s. Tour 30)

A1 Abenteuerpark Schröcken

Im Bregenzerwald in einmaliger und idyllischer Lage inmitten der Natur warten viel Spaß und Abenteuer auf kleine und große Kletterer ab 6 Jahren. Der Hochseilgarten mit seinen 42 Parcours ist aufgeteilt in die drei Bereiche »Wasser« (ab 6 Jahren), »Wald « (ab 6 Jahren) und »Himmelreich« (schwierig; ab 12 Jahren und 1,40 m Körpergröße). Besonders außergewöhnlich sind dabei die Wasserparcours, da diese teilweise unmittelbar über reißende Wildbäche und über natürliche Felsen führen. Auch die »Flying Fox Safari« mit sechs rasanten Seilrutschen in 20 bis 90 Meter Höhe und der »Mega Swing« sorgen für Adrenalinkicks. Sicheres, geschlossenes Schuhwerk und passende Outdoorbekleidung sind Pflicht. Erst nach einer gründlichen Einweisung durch die Mitarbeiter und der Absolvierung des Testparcours darf in Eigenregie geklettert werden.

Öffnungszeiten: Von Ende Mai bis Anfang Oktober, genauere Infos siehe Internetseite.

Adresse: Unterboden, A-6888 Schröcken, Tel. +43 664 2525200; www.abenteuerpark.net

Anfahrt: Auf der Bregenzerwaldstraße B 200 von Au kommend nach den Tunneln in Schröcken im Ortsteil Unterboden rechts abbiegen Richtung Kapelle (beschildert) und bei der Kläranlage links zum Parkplatz. Fußweg zum Abenteuerpark ca. 8 Minuten.

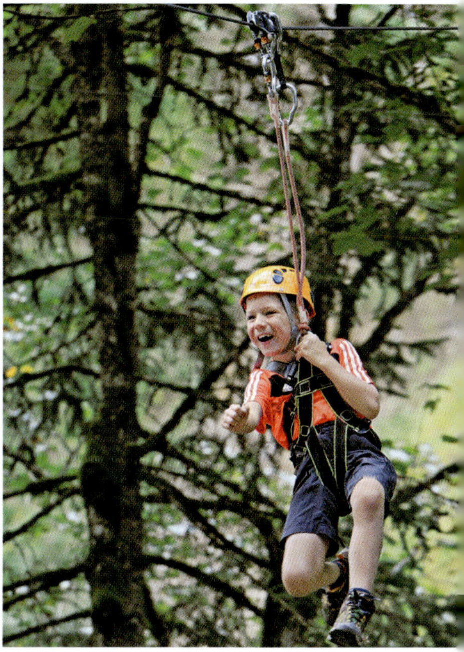

Mit Bahn / Bus: Mit Bus 40 von Dornbirn Bahnhof nach Schoppernau, dort in Bus 40a umsteigen und bis Haltestelle Schröcken Unterboden.

A2 Abenteuerpark Kressbronn

Sieben Parcours mit über 100 Elementen und zunehmender Schwierigkeit und Altersfreigabe in 4 bis 8 Meter Höhe gilt es im Abenteuerpark Kressbronn zu meistern. Vier davon sind für Kinder ab 5 Jahren und je einer ab 7, 10 und 12 Jahren zugelassen. Für Kinder ab 3 Jahren stehen zwei zusätzliche Kids-Par-

Links und oben: Das Besondere am Abenteuerpark Schröcken sind die Wasserparcours und die langen Seilrutschen.

cours mit insgesamt 30 Stationen mit dem Motto Dschungel zur Verfügung. Dabei begleiten die Eltern ihre Kinder vom Boden aus. Bei den übrigen Parcours dürfen Kinder unter 10 Jahren nur in Begleitung eines Erwachsenen klettern (Verhältnis: ein Erwachsener auf drei Kinder, außer Parcours 6, dort gilt das Verhältnis 1:2). Mit mehreren Seilrutschen. Das durchgehende Sicherungssystem Saferoller bietet einen hohen Sicherheitsstandard ohne erforderliche Handgriffe auf den Plattformen. Nach dem Abenteuerpark lockt ein Besuch im nahe gelegenen Strandbad.

Öffnungszeiten: Von Anfang/Mitte April bis Ende der baden-württembergischen/bayerischen Herbstferien (Anfang November), an Wochenenden, Feiertagen, Brückentagen und in den baden-württembergischen/bayerischen Schulferien täglich 10–19 Uhr. Übrige Zeiten siehe Internetseite.

Adresse: Im Eichert 6, 88079 Kressbronn, Tel. +49 7543 9669573, www.apk.abenteuerpark.com

Anfahrt: Auf der A 96 bis Ausfahrt Sigmarszell und auf der B 31 Richtung Friedrichshafen. Am Abzweig nach Kressbronn hineinfahren und von der Ortsmitte über See- und Bodanstraße zum gebührenpflichtigen Parkplatz des Strandbades.

Mit der Bahn: Vom Bahnhof Kressbronn Richtung See und bald am Nonnenbach entlang zu Fuß zum Abenteuerpark.

Sommerrodelbahnen

▶ Sommerrodelbahn Kronbergbahn (s. Tour 2)

B1 Sommerrodelbahn Laterns (s. Tour 8)

Direkt an der Talstation der Sesselbahn Gapfohl in Innerlaterns lockt die Sommerrodelbahn Laterns mit permanent eingerichteter Geschwindigkeitsmessstrecke. Groß und Klein werden bereits im Rodel sitzend mit einem Lift hochgezogen, automatisch ausgeklinkt und in die Blechwanne der Rodelbahn geleitet.

Der Abenteuerpark Kressbronn punktet mit einem durchgehenden Sicherungssystem.

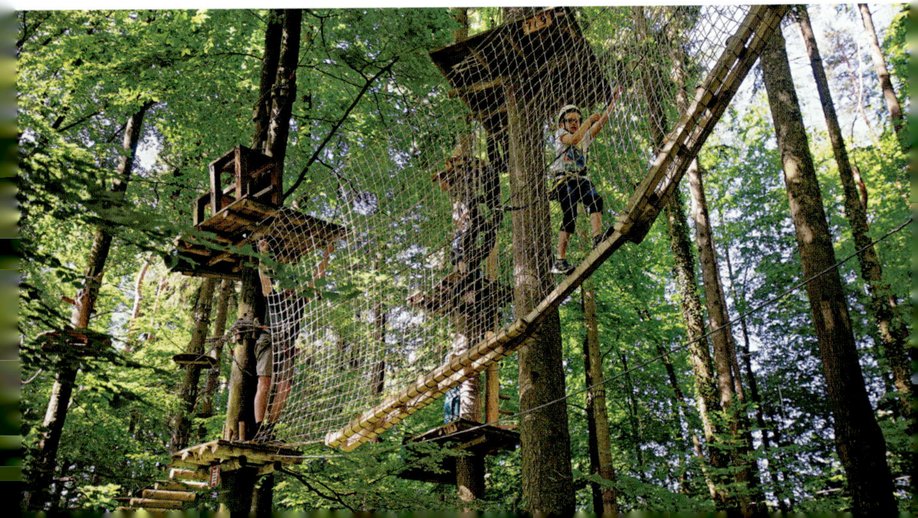

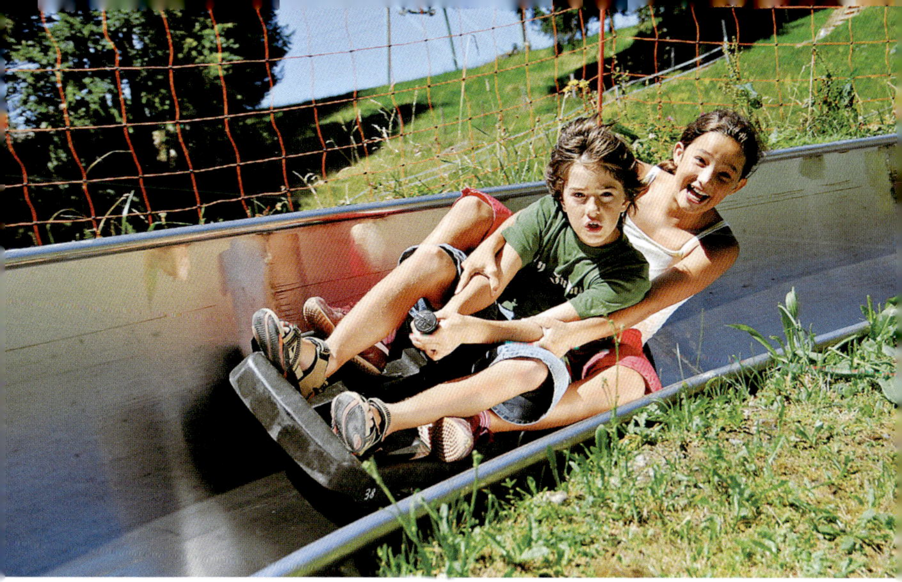

Rasante Abfahrt: Die Sommerrodelbahn Laterns begeistert mit ihrer Geschwindigkeitsmessstrecke.

Mehrere Kurven, Jumps und Über-/Unterführungen sorgen für spannenden Fahrspaß. Kinder ab 8 Jahren dürfen alleine fahren. Kinder- und Jugendkarten sowie Punktekarten erhältlich (Punktekarten gelten nur eine Sommersaison). An der Talstation befindet sich auch ein (Wasser-)Spielplatz sowie eine Trampolin- und eine Minigolfanlage.

Öffnungszeiten: Von Anfang Juli bis Anfang September täglich. Vorher (ab ca. Mitte/Ende Mai) und nachher (bis Anfang Oktober) nur an den Wochenenden geöffnet. Genauere Infos für das jeweilige Jahr siehe Internetseite. Betriebszeiten 10–18 Uhr. Bei Regen und Nässe kein Betrieb möglich.

Adresse: Kühboden 7, A-6830 Laterns, Tel. +43 5526 252, www.laterns.net

Anfahrt: Die Rheintal-Autobahn A 14 an der Ausfahrt Rankweil verlassen, gut beschildert (»Laternser Tal«) durch Rankweil und der L 51 durch Laterns, Bonacker und Innerlaterns folgen. Nach dem Ortsende von Innerlaterns links in die Liftstraße einbiegen und hinauf zum großen Parkplatz an der Talstation der Sesselbahn Gapfohl fahren.

Mit Bahn / Bus: Vom Bahnhof Rankweil mit Bus 65 bis zur Haltestelle Innerlaterns Skilift.

Auffahrt in der schienengeführten Sommerrodelbahn am Kronberg.

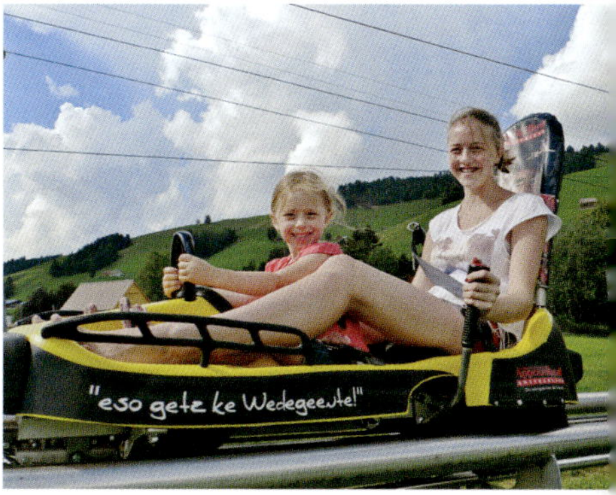

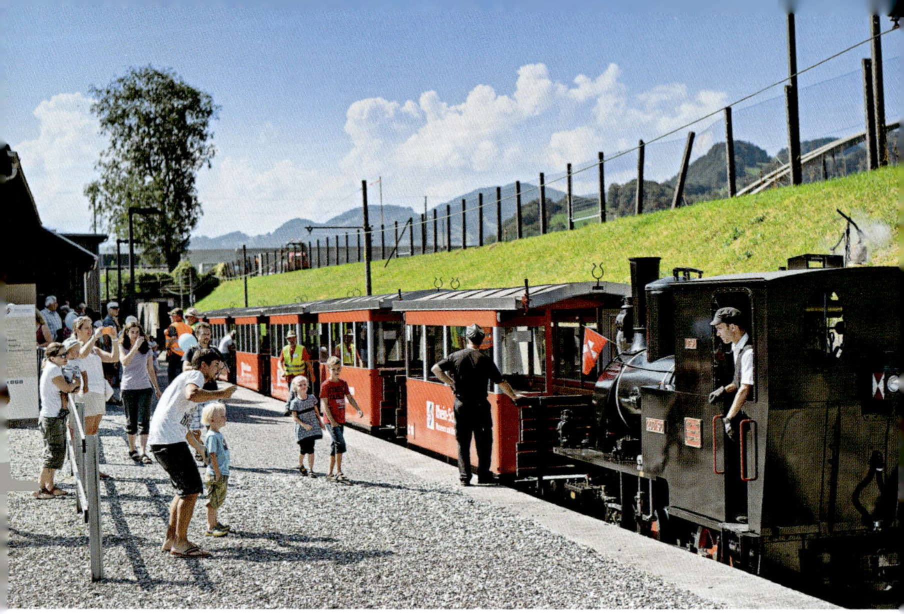

Vom Museum Rheinschauen fährt zu bestimmten Zeiten ein von einer Dampflok gezogener Zug zur Rheinmündung.

Museen

C1 Museum Rheinschauen

Im Lustenauer Museum Rheinschauen erwartet die Familien, die ins Museum »reinschauen« in drei Hallen alles zum Thema Rheinregulierung im Dreiländereck. Geboten wird eine interessante Ausstellung, Technik zum Anfassen und eine Fahrt mit der von einer E-Lok oder – seltener – von einer der beiden Dampflokomotiven aus den Jahren 1910 oder 1920 gezogenen Museumsbahn zur Rheinmündung oder zur Ausstellung der Internationalen Rheinregulierung beim Rheinunternehmen Widnau. Für die Zugfahrten ist eine Anmeldung je nach Termin, ein- bis zwei Tage vorher erforderlich. Anmeldung und Fahrplan unter www.rheinschauen.at/museumbaehnle/fahrplan. Ebenfalls unter dieser Internetadresse finden sich die Termine und Anmeldemöglichkeit für die jeden ersten Donnerstag im Monat stattfindende Kinderveranstaltung »Ein Tag als Lokführer«. Dieser Tag startet um 13.30 Uhr in der Lokremise, wo die Kinder einen Einblick in die Tätigkeiten und Aufgaben eines Lokführers gewinnen. Nach dem Erzählen von besonderen Erlebnissen eines Lokführers folgt das Besichtigen der historischen Lokomotiven, bevor um 15 Uhr an die Rheinmündung gefahren wird. Am Ende des Tages erhält jedes Kind eine Lokführer-Urkunde.

Öffnungszeiten: Von Ende April bis Ende Oktober Donnerstag bis Sonntag jeweils 13–17.30 Uhr. Fahrtzeiten der Museumsbahn siehe Homepage.

Adresse: Höchster Str. 4, A-6890 Lustenau, Tel.: +43 5577 20539, www.rheinschauen.at

Anfahrt: Von der A 14 Ausfahrt Bregenz der Beschilderung Richtung Schweiz folgen und weiter auf der

B 202 bis Hard. Kurz vor dem Rhein, links in die B 203 einbiegen und auf der Rheindammstraße bis Bahnhof Lustenau. Von hier der Beschilderung zum Museum folgen.
Mit Bahn / Bus: Vom Bahnhof Bregenz mit Landbus 16 bis Bahnhof Lustenau oder vom Bahnhof Dornbirn mit Landbus 50 bis Lustenau Bahnhofstraße/Bundesstraße.

C2 inatura – Erlebnis Naturschau Dornbirn

In dem außergewöhnlichen Natur- und Technik-Mitmachmuseum für die ganze Familie laden viele interaktive Stationen und Versuchsaufbauten in den Lebensräumen Gebirge, Wald und Wasser zum Ausprobieren, Erleben, Begreifen und Spielen ein. Besonders spannend ist auch der Einblick in unseren Körper, hier können Groß und Klein Schritt für Schritt die einzelnen Körperfunktionen des Menschen erforschen. In sogenannten »Science Zones« zwischen den Erlebnisbereichen beleuchten interessante Experimente kindgerecht den Zusammenhang zwischen Natur und Technik. Mit Kletterwand, lebenden Kleintieren (z. B. Mäusen, Bienen, Ameisen) und großem Aquarium mit Fischen aus Rhein und Bodensee.
Öffnungszeiten: Täglich 10–18 Uhr, 25. Dezember und 1. Januar geschlossen, 24. und 31. Dezember 10 bis 15 Uhr. Familienkarten erhältlich.
Adresse: Jahngasse 9, A-6850 Dornbirn, Tel. +43 5572 232350, www.inatura.at
Anfahrt: Auf der Rheintal-Autobahn A 14 bis Ausfahrt Dornbirn Süd und weiter in Richtung Stadtzentrum. Beim Krankenhaus nach links in die Hatlerstraße einbiegen und der Beschilderung zum inatura folgen.
Mit Bahn / Bus: Vom Bahnhof Dornbirn mit Stadtbus 7 (Richtung Hatler Kirche) bis zur Haltestelle inatura.

Im Mitmachmuseum »inatura« gibt es viel zu entdecken.

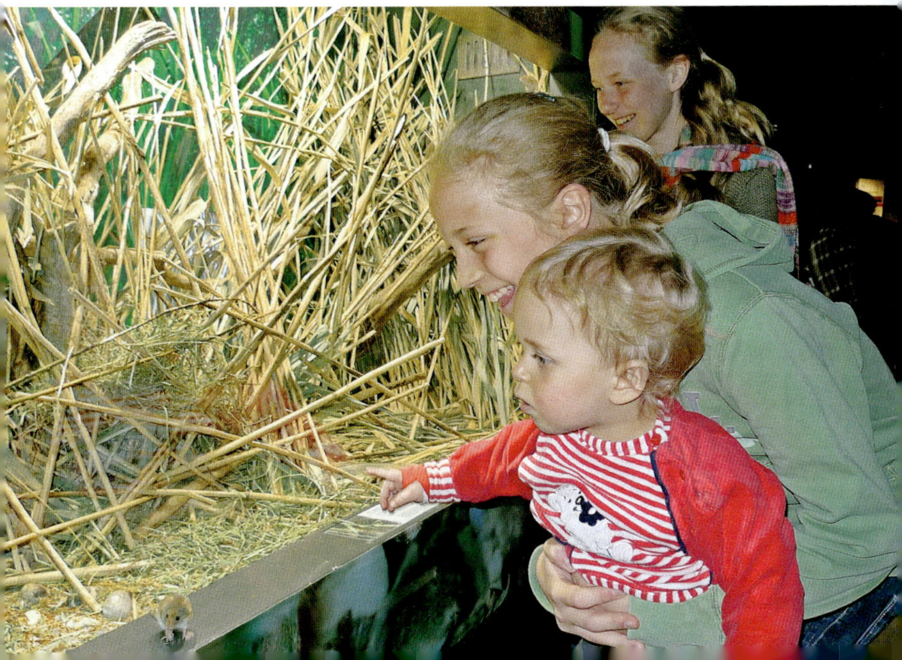

Baden

- ▶ Schwimmbad Rotenwies (s. Tour 6)
- ▶ Waldbad Enz (s. Tour 12 und 13)
- ▶ Waldbad Schoppernau (s. Tour 15)
- ▶ Freibad Au (s. Tour 15)
- ▶ Freibad Hittisau (s. Tour 19 und 20)
- ▶ Vitalbad Quellengarten (s. Tour 19 und 20)
- ▶ Alpenfreibad Scheidegg (s. Tour 22)
- ▶ Freibad Oberreute (s. Tour 24, 25)
- ▶ Schlosssee Salem (s. Freizeittip E1)

D1 SEE BAD Romanshorn

Für Familien mit Kindern ist das großzügig angelegte Bad mit direktem Seezugang (über Treppen) ein ideales Ausflugsziel. Es verfügt über eine Beckenlandschaft (25-m-Nichtschwimmerbecken, 50-m-Schwimmbecken, Wellness-Bad, Strömungsbecken, Whirlpool), einen Sprungturm (1, 3 und 5 m), einen Kinderbereich, eine Spiel- und Liegewiese sowie ein Beachvolleyballfeld. Highlight ist die 100-m-Riesenwasserrutsche. Mit Restaurant und Kiosk.

Öffnungszeiten: Von Anfang/Mitte Mai bis Anfang September. Mai und September 9–19 Uhr (sonntags bis 18 Uhr), Juni bis August 8 bis 20 Uhr (sonntags bis 19 Uhr).

Adresse: Badstrasse 50, CH-8590 Romanshorn, Tel. +41 58 3468420, www.romanshorn.ch/leben/sport/see-bad/

Anfahrt: Von Bregenz über Hard, Fußach, St. Margrethen, Rorschach und Arbon nach Romanshorn. Am Ortsende rechts in die Reckholdernerstrasse, die in die Schlossbergstrasse übergeht. Links in die Stadelstrasse und wiederum links auf der Badstrasse zum Parkplatz des Bades.

Mit der Bahn: Vom Bahnhof Romanshorn über die Hafenstrasse und den links abzweigenden Strandweg, vorbei an einem Spielplatz, in 15 Min. zum Bad.

Mit dem Schiff: Z. B. von Lindau aus möglich (www.bodenseeschifffahrt.de); der Hafen Romanshorn liegt in der Nähe des Bades.

D2 Schwimmbad Arbon

Im Ostschweizer Arbon wartet ein modernes Freibad mit direktem Seezugang (über Treppen) bei einer

Im SEE BAD Romanshorn wartet eine 100 Meter lange Rutsche.

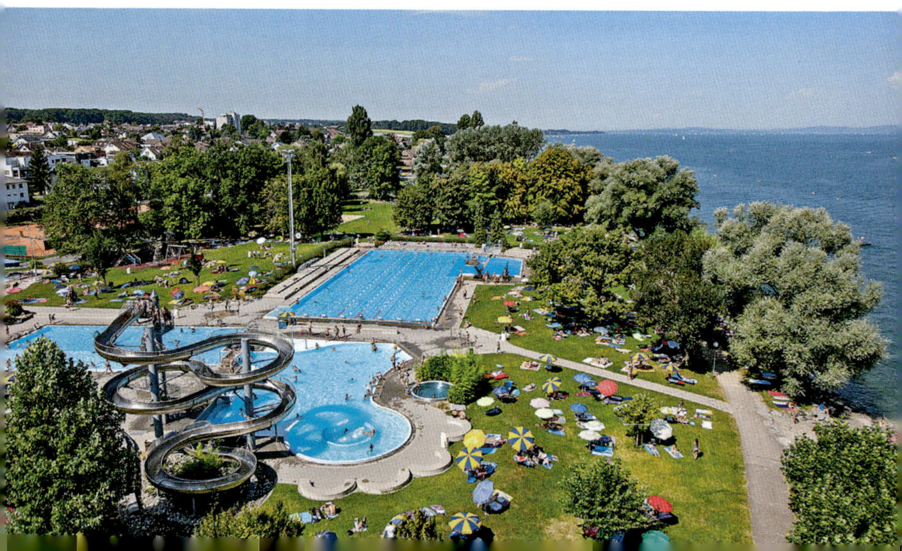

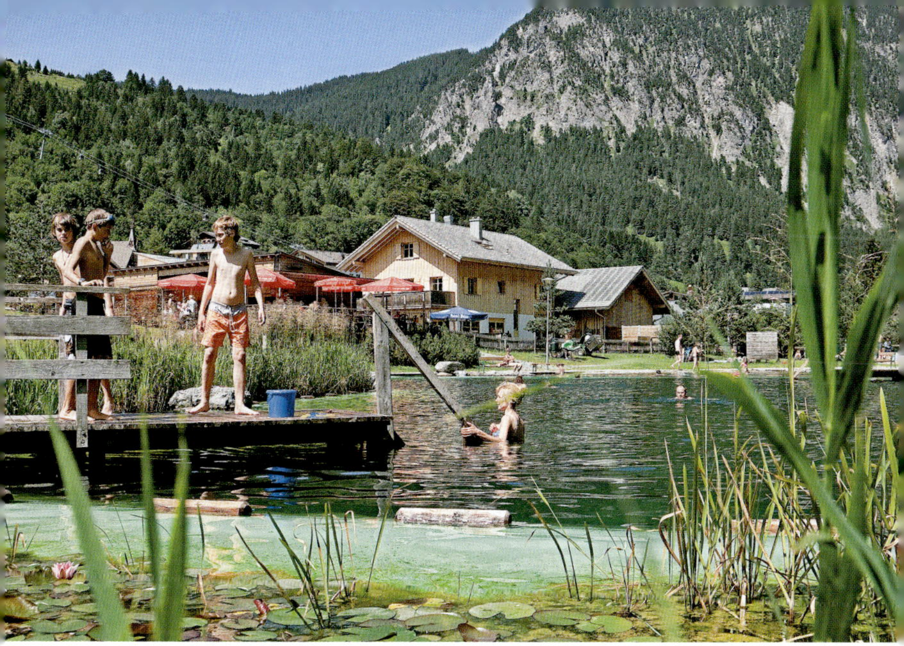

Weiches, natürlich gereinigtes Wasser lockt im Alvierbad.

Strandlänge von 250 m auf die Familien. Das Bad zählt zu den schönsten Bädern am Bodensee und ist bei Groß und Klein besonders beliebt wegen der 45-m-Wasserrutsche. Mit Kleinkinderbecken mit Sonnenschirmen, großem Nichtschwimmer- und Schwimmerbecken (50 m), Sprungturm (1, 3, 5 und 10 m), Beachvolleyballfeld, Grillplatz, Kiosk und Selbstbedienungsrestaurant. Auf der Spiel- und Liegewiese gibt es viele große, schattenspendende Bäume.
Öffnungszeiten: Anfang Mai bis Mitte September 8.30–19 Uhr, in der Hauptsaison Mitte Juni bis Mitte August 8–20 Uhr. Bei sehr gutem Wetter bleibt das Schwimmbad eine Stunde länger geöffnet, bei kaltem und regnerischem Wetter bis 16 Uhr.
Adresse: Wassergasse 6, CH-9320 Arbon, Tel. +41 71 4461640, www.schwimmbad-arbon.ch
Anfahrt: Von Bregenz über Hard, Fußach, St. Margrethen und Rorschach nach Arbon. Dort durch den Ort fahren, rechts in die Hauptstraße und gleich wieder links in die Grabenstraße. Diese stößt auf die Wassergasse, rechts geht es zum Parkplatz (gebührenpflichtig) des Bades.
Mit der Bahn: Vom Bahnhof Rorschach mit der S7 Richtung Romanshorn zur Haltestelle Arbon oder Arbon Seemoosriet. Rorschach ist vom Bahnhof Bregenz mit der S3 (umsteigen in St. Margrethen) und weiter mit der S4 erreichbar.
Mit dem Schiff: Z. B. von Lindau aus möglich (www.bodenseeschifffahrt.de); der Hafen Arbon liegt in der Nähe des Bades.

D3 Alvierbad

Der Naturbadesee Alvierbad in Brand hat eine Gesamtfläche von 1400 m² und wird im Regenerationsbereich von mehreren Tausend Wasserpflanzen biologisch gereinigt. Im Kindererlebnisbereich sor-

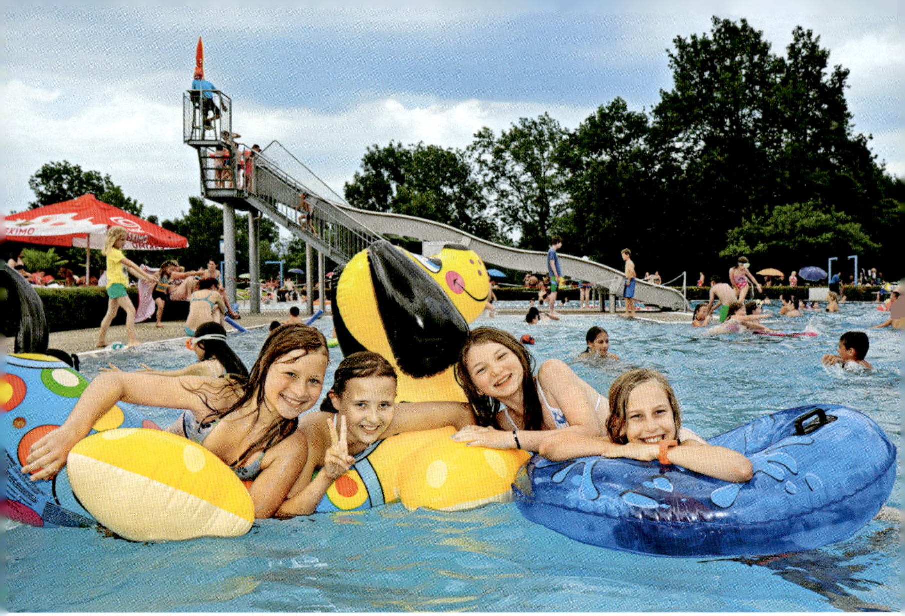

Wasserspaß im Erholungszentrum Freibad Rheinauen.

gen drei verschieden große Kinderbecken, die durch kleine Wasserläufe miteinander verbunden sind, für Spaß. Zum überdachten Sandspielplatz führt eine von Quellwasser gespeiste Wasserrinne. Das Wasser fließt dann – ideal zum Staudammbauen – als kleiner Bach durch das Gelände. Eine kleinere Breitwasserrutsche, große Liegewiesen und ein Abenteuerspielplatz mit Kletterturm sind ebenso vorhanden, wie ein Beachvolleyballfeld, Tischtennisplatten und ein Restaurant mit großer Sonnenterrasse.

Öffnungszeiten: Ende Mai bis Ende September 10–18 Uhr, Eintritt für Kinder bis 7 Jahre und für alle Personen mit Gästekarte frei.

Adresse: Mühledorfle 77, A-6708 Brand, Telefon +43 660 3939477, www.vorarlberg-alpenregion.at/brandnertal/sommer/sommer-aktivitaeten/baden-kneippen/alvierbad/

Anfahrt: Von Norden kommend die A 14 Rheintal-Autobahn an der Ausfahrt Brandnertal verlassen und der Bundesstraße L 82 Richtung Brandnertal bis Brand folgen. Der Parkplatz des Alvierbades liegt in der Ortsmitte auf der linken Seite.

Mit Bahn / Bus: Mit der Bahn bis Bludenz und von dort mit dem Bus L81 bis zur Haltestelle Brand Gemeindezentrum.

D4 Erholungszentrum Freibad Rheinauen

Das Freibad Rheinauen ist mit seinen 120.000 m² das größte Freibad Vorarlbergs und West-Österreichs und lockt mit drei Becken (Familien-, 50-m-Sport- und Entspannungsbecken), einer 11-m-Breitwellenrutsche und einem speziellen Erlebnisbereich für kleinere Kinder mit zwei kleinen Rutschen, einem Mini-Wasserfall und einem kleinen Spielbach. Die Besonderheit des Bades ist der Zugang zu einem 400 m langen Seitenarm des alten Rheins mit der dortigen 83-m-Erlebnisrutsche mit

Lichteffekten sowie dem besonders bei Jugendlichen beliebten »Spinner«, den man zu mehreren mit Hilfe der Drehbewegung des eigenen Körpers auf dem Wasser in Fahrt bringen kann. Große Liegewiesen, 1- und 3-m-Sprungbretter, Fußball- und Beachvolleyballfeld sowie zwei Restaurants runden das Angebot ab. In den österreichischen Ferien besteht die Möglichkeit, sich ohne Voranmeldung bei schönem Wetter ein Stand-Up-Paddling-Board an der Sprunganlage gegen Gebühr auszuleihen.

Öffnungszeiten: Von Anfang/Mitte Mai bis Ende August 9–20 Uhr, im September (1.9. bis ca. 10.9.) bis 19 Uhr geöffnet. Bei schlechtem Wetter oder sehr geringen Besucherzahlen schließt das Bad früher.

Adresse: Rheinauen 2, A-6845 Hohenems, Tel. +43 5576 73571, www.rheinauen.at

Anfahrt: Die A 14 an der Ausfahrt Hohenems verlassen und am 1. und 2. Kreisverkehr jeweils die erste Abfahrt nehmen. Nun der Beschilderung zum Bad mit großem kostenlosen Parkplatz folgen, indem man nach ca. 1,2 km rechts zum Hofer in die Barnabas-Fink-Straße und anschließend nach ca. 300 m erneut rechts in die Straße Rheinfähre abbiegt und dann dem Straßenverlauf 1,3 km folgt.

Mit Bahn/Bus: Vom Bahnhof Hohenems mit Landbus 22 bis Haltestelle Hohenems Kirchholz. Am Wochenende und feiertags mit dem Badebus 55b vom Bahnhof Hohenems direkt zum Bad (Haltestelle Rheinauen).

D5 Strandbad Bregenz

Das großzügig angelegte Strandbad liegt unmittelbar neben dem Seehallenbad Bregenz und bietet über 400 m Bodenseeufer (Ufermauer, Sand- und Kiesbuchten und Holz- und Betonstege), ein 50-m-Mehrzweckbecken sowie ein 50-m-Sportbecken, eine 16-m-Breitrutsche, einen Sprungturm (1 und 3 m), Kinderbecken mit Dinorutsche, einen

Das Strandbad Bregenz bietet auch einen direkten Zugang zum Bodensee.

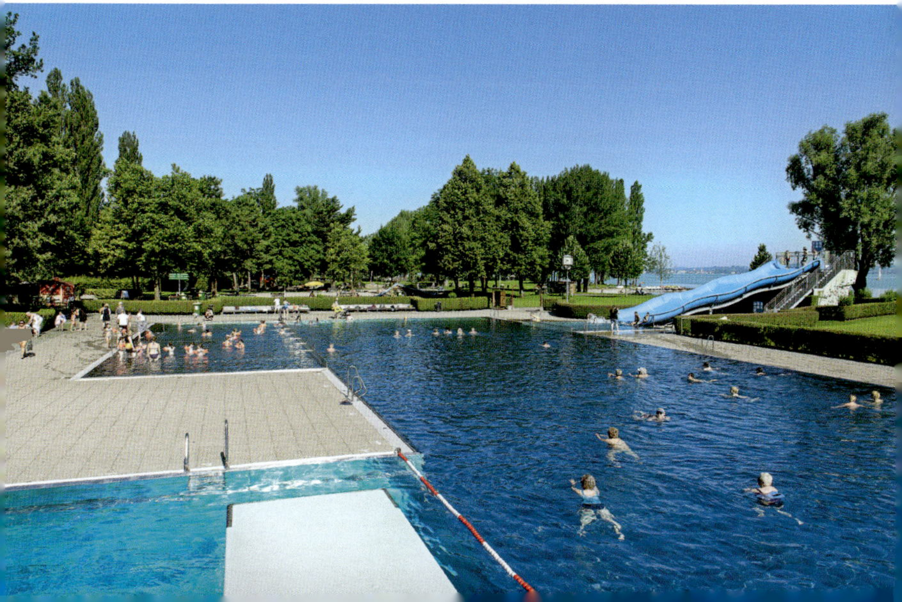

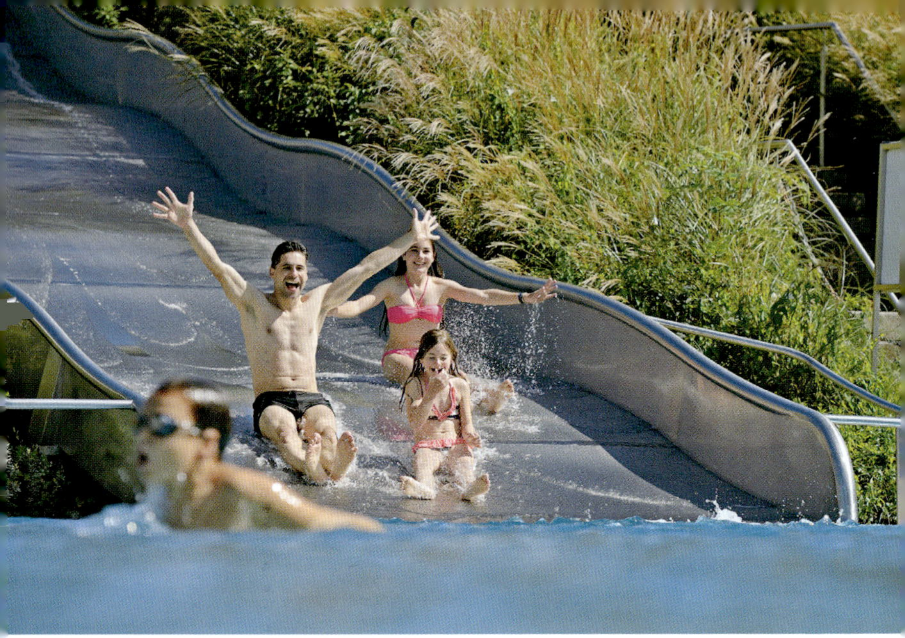

Auf der 15 Meter langen Breitrutsche im Aquamarin.

großen Spielplatz und ein Restaurant. Während der Strandbad-Saison hat generell das Strandbad bei schöner Witterung geöffnet, das Hallenbad nur bei Schlechtwetter.

Öffnungszeiten: Von Anfang Juni bis Mitte September bei schönem Wetter 9–20 Uhr. Im Mai ist das Hallenbad von Dienstag bis Samstag 9–11 Uhr geöffnet, anschließend bei schönem Wetter das Strandbad. Sonn- und feiertags ist im Mai entweder – je nach Wetter – das Hallenbad oder das Strandbad geöffnet.

Adresse: Strandweg 1, A-6900 Bregenz, Tel +43 5574 442420, www.stadtwerke-bregenz.at

Anfahrt: Die A 14 an der Ausfahrt Bregenz verlassen, Richtung Bregenz fahren und nach dem Tunnel der Beschilderung zum Strandbad folgen. Gratisparkmöglichkeit beim Parkplatz West hinter dem Casinostadion. Der Parkplatz Ost ist das ganze Jahr über kostenpflichtig.

Mit der Bahn: Vom Bahnhof Bregenz in wenigen Minuten zu Fuß zum Bad.

D6 Therme Lindau

In der im Sommer 2021 neu eröffneten riesigen Wellness- und Spaßoase kann die ganze Familie an einem der schönsten Abschnitte des Bodenseeufers – auf dem Gelände des ehemaligen Seebads Eichenhain – viel erleben. Der neue, hochmoderne Bäderkomplex, der auch das mittlerweile abgerissene Limare ersetzt, bietet Spaß und Entspannung für alle Altersgruppen. Um Nutzungskonflikte zu vermeiden, sind Saunen und Therme klar vom Sport- und Familienbad getrennt. Über den mit Sand aufgeschütteten Strand am Bodenseeufer freuen sich besonders Familien mit kleineren Kindern. Ein 50-m-Außenschwimmbecken und ein 25-m-Sportbecken, eine Außen- und eine Innenrutsche sowie ein

Kleinkindbecken komplettieren das Angebot des Sport- und Familienbads. 18.000 Quadratmeter Liegefläche stehen zur Verfügung. Man kann wählen, ob man nur das Strandbad oder Sport- und Familienbad mit Strandbad besuchen will. Zum aufpreispflichtigen Thermen- und Vitalbadbereich gehören mehrere Innen- und Außenbecken mit vielen Wasserattraktionen. Das Wasser im Vitalbad enthält Salze und Spurenelemente, die unterschiedlichen Wasserqualitäten haben gesundheitsfördernde Wirkung. Sechs Innen- und sechs Außensaunen bilden den größten Saunabereich am Bodensee. Die großflächige Panoramascheiben im Saunabereich erlauben weite Blicke auf den Bodensee und die Alpen.

Öffnungszeiten: Ganzjährig geöffnet, genaue Zeiten siehe Homepage.

Adresse: Eichwaldstraße 18, 88131 Lindau, Tel. +49 8382 9111520, www.therme-lindau.com

Anfahrt: Die A96 an der Ausfahrt Lindau verlassen, am ersten Kreisverkehr geradeaus und kurz darauf rechts Richtung Lindau (Insel) fahren. Nun der Bregenzer Straße folgen und etwa 2 km später links in die Eichwaldstraße einbiegen.

Mit Bahn/Bus: Vom Bahnhof Lindau Reutin mit dem Stadtbus der Linie 5 Richtung Grenzsiedlung/Zech eine Station bis zur Haltestelle »Strandbad«.

D7 Aquamarin

Das Aquamarin in Wasserburg bei Lindau ist eines der beliebtesten und schönsten Freibäder am Bodensee. Es verfügt über einen direkten Seezugang mit herrlichem Bergblick, ein beheiztes 25-m-Schwimmbecken sowie ein Jugendbecken mit Wasserpilz und einer rasanten, 15 m langen Breitrutsche. Ein in die Landschaft integrierter Spielbach mit Wasserspielgeräten, Schleusen, Fontänen, Schaukeln, Hängematten und vielem mehr lässt die Kinderherzen höherschlagen. Mit großer Liegewiese, Sonnenterrassen, Beachvolleyballfeld, Basketballkorb, Wasserballtoren, einem Mini-Fußballfeld und Kiosk. An kühleren Tagen kann man von der Wärmehalle durch den Wärmekanal in das beheizte Außenbecken (28 °C) schwimmen.

Öffnungszeiten: Von Anfang/Mitte Mai bis Mitte September. Im Mai und September 10–19 Uhr, Juni 9–19 Uhr, Juli und August 9–20 Uhr. Bei besonders schlechter Witterung oder sehr schlechtem Badebesuch schließt das Bad bereits um 17 Uhr.

Adresse: Reutener Straße 12, 88142 Wasserburg, Tel. +49 8382 25187, www.aquamarin-wasserburg.de

Anfahrt: Von Lindau über Schachener und Reutener Straße nach Wasserburg und direkt zum Bad mit großem Parkplatz.

Mit der Bahn: Vom Bahnhof Wasserburg links über Bahnhofstraße, Höhenstraße und Reutener Straße in gut 10 Min. zum Bad.

D8 Strandbad Eriskirch

Ein schönes Freibad mit direktem Bodenseezugang lockt in Eriskirch. Das großzügig angelegte Bad bietet ein 50-m-Becken, eine kleinere Wendelrutsche, einen Sprungturm (1, 3 und 5 m), große Liegewiesen, ein Beachvolleyballfeld, einen Stein- und Kiesstrand, einen Steg in den Bodensee und ein Strandrestaurant. Für die Kinder gibt es ein großes solarbeheiztes Planschbecken und einen neuen Wasserspielplatz mit Piratenschiff.

Öffnungszeiten: Mitte Mai bis Mitte September täglich 9–20 Uhr.

Adresse: Strandbad 1, 88097 Eriskirch, Tel. +49 7541 82642, www.eriskirch.de/strandbad.html
Anfahrt: Von der Autobahn A 96 an der Ausfahrt Sigmarszell abfahren und weiter auf der B 31 bis Eriskirch. In der Ortsmitte Richtung See, über die Bahngleise und auf der Riedstraße zur Strandbadstraße und zum kostenlosen Parkplatz des Bades.
Mit der Bahn: Vom Bahnhof Eriskirch in wenigen Minuten über die Riedstraße zum Strandbad.

D9 Aquaria in Oberstaufen

Das Erlebnisbad mit seiner gut 1000 m² großen Wasserlandschaft, ist optimal für Regentage. Neben zwei Becken extra für Kleinkinder (je eines im Innen- und Außenbereich), einem 25-m-Schwimmbecken und einem Sprungbecken (3-m- und 5-m-Sprungturm), einem Außensolebad (34 °C) und Innen- und Außen-Warmwasserbecken mit Sprudelliegen, sorgen die 100 m lange Wasserrutsche und der Wildwasserkreisel für Spaß. Entspannung bietet die weitläufige Saunalandschaft, für das leibliche Wohl befindet sich im Bad ein Restaurant sowie ein Bistro. Von Mai bis August verdoppelt sich bei Temperaturen ab 24 °C die Badezeit!
Öffnungszeiten: Täglich 9–22 Uhr.
Adresse: Alpenstraße 5, 87534 Oberstaufen, Tel. +49 8386 93130, www.aquaria.de.
Anfahrt: Von Immenstadt kommend auf der B 308 bis Oberstaufen. Dort der Beschilderung zum Bad mit großem Parkplatz folgen.
Mit der Bahn: Vom Bahnhofsplatz in Oberstaufen die Rainwaldstraße überqueren und über den Alpenrosenweg in 10 Min. zum Bad.

Das Strandbad Eriskirch ist bei Familien sehr beliebt.

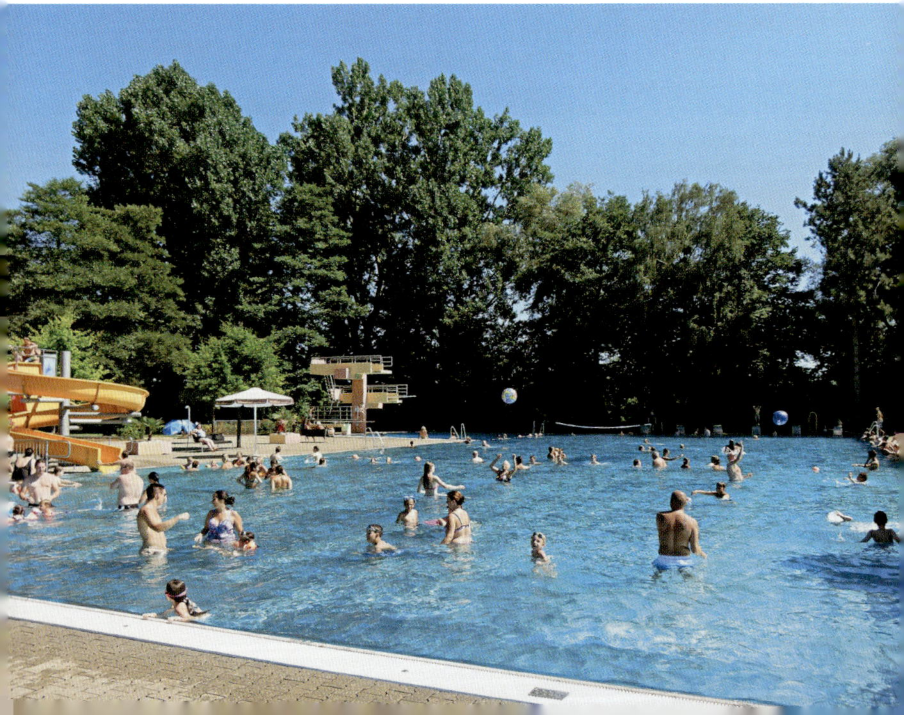

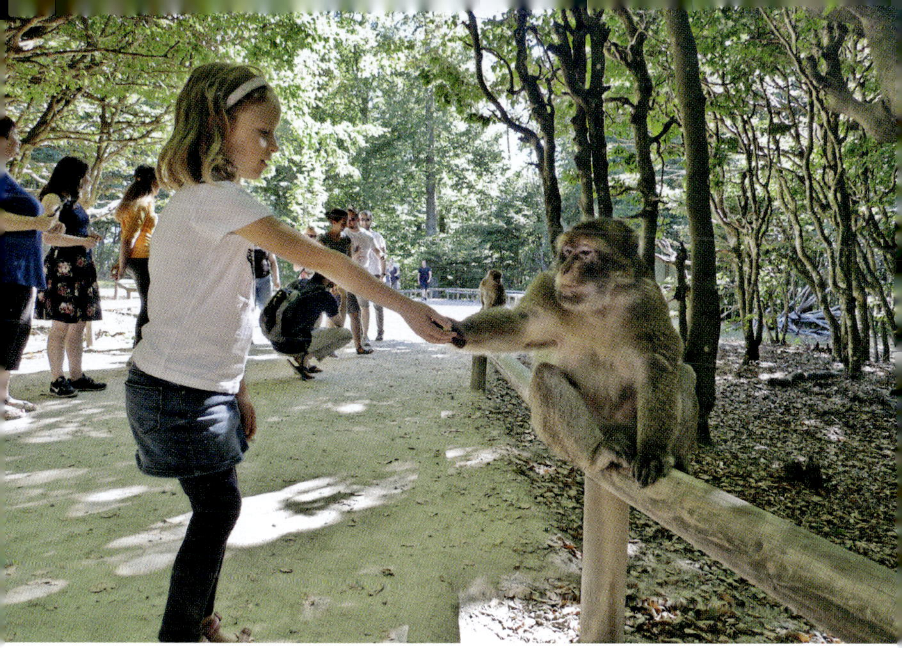

Die Affen greifen das Popcorn direkt aus der ausgestreckten Hand.

Zoo / Wildpark

E1 Affenberg Salem und Naturpark Schlosssee Salem

Der Affenberg Salem bietet mit seinen über 200 Berberaffen das größte Affenfreigehege in Deutschland. Daneben locken fast 50 freifliegende Weißstorchenpaare, die überall auf den Dächern des Gutshofes ihre Horste errichtet haben, die Besucher an. Die vom Aussterben bedrohten Berberaffen aus den Bergen Algeriens und Marokkos sind nicht durch Zäune oder Gehege von den Besuchern getrennt und dürfen sogar normalerweise (Ausnahme: Corona-Pandemie) mit Gratis-Affenpopkorn von Groß und Klein gefüttert werden. Die Tiere fressen aus der ausgestreckten Hand und sind zutraulich aber in der Regel nicht aufdringlich. Durch den Park führt ein 1,5 km langer Rundweg, der auch ein Dammwildgehege und einen Weiher mit zahlreichen Wasservögeln mit einschließt. Die Affen fühlen sich in der Nähe des Bodensees aufgrund ähnlicher klimatischer Bedingungen wie

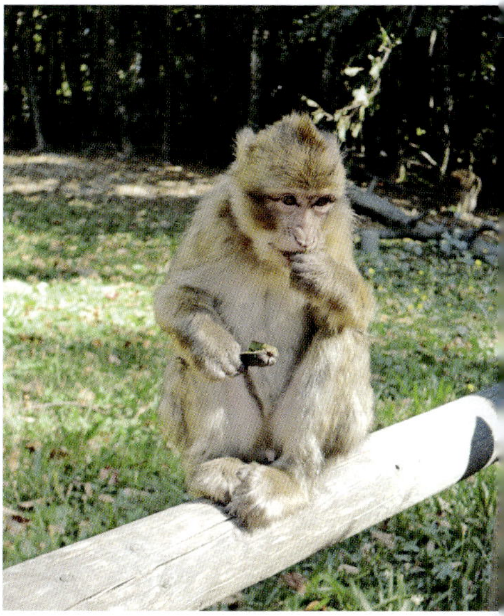

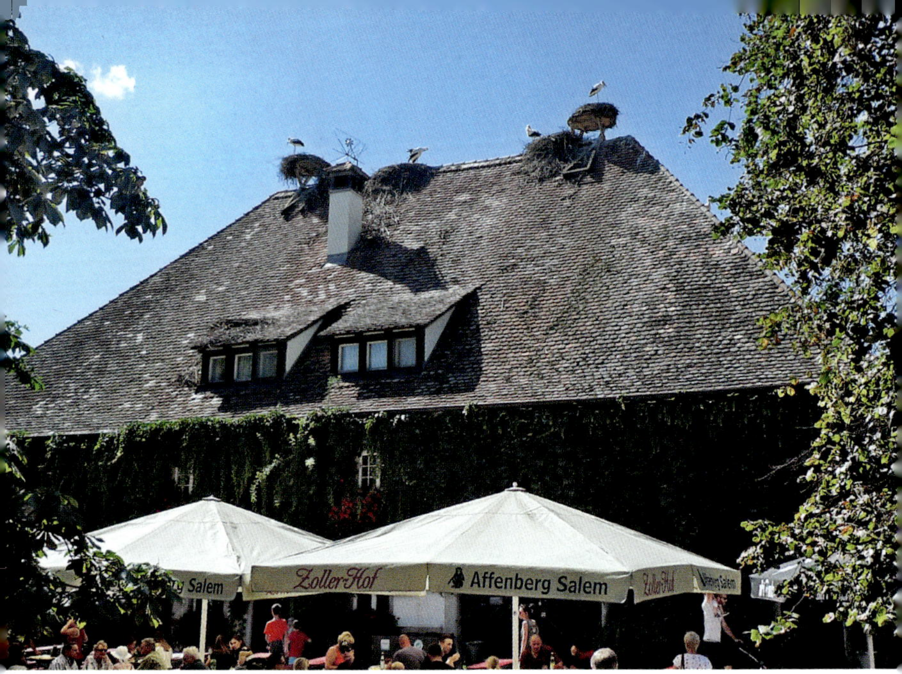

Fast 100 Störche nisten jedes Jahr auf den Dächern des Mendlishauser Hofes.

in ihren Heimatländern so wohl, dass im Frühjahr stets mit Nachwuchs zu rechnen ist. Besonders faszinierend ist es auch den vielen Störchen bei den ständigen An- und Abflügen zuzusehen. Nicht verpassen sollte man eine der vielen moderierten Affenfütterungen mit Obst und Salat, bei der man viel Interessantes über die Tiere erfährt. Meist zweimal täglich findet im Sommerhalbjahr auch eine moderierte Storchenfütterung statt, die notwendig ist, da die umliegende Landschaft mit ihren Raps- und Maisfeldern die Störche nicht vollständig ernähren kann. Daneben gibt es einmal täglich eine Dammwildfütterung mit ebenfalls interessanten Informationen. Die Zeiten der aktuellen Schaufütterungen findet man auf der Homepage. Ein großer Abenteuerspielplatz, ein Souvenirladen und eine Einkehrmöglichkeit mit Biergarten runden das Angebot ab.

Im Ort Salem wartet zudem eine kostenlose Bademöglichkeit im Naturpark Schlosssee (Parkplatz in der Schlossseeallee 1, 88682 Salem) mit

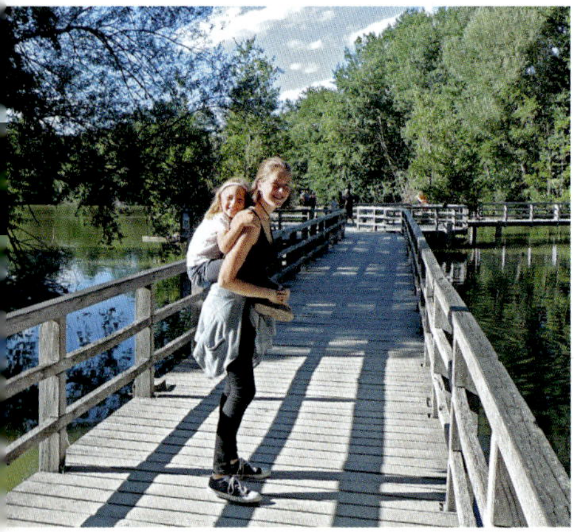

Wie ein kleines Äffchen: Huckepack am Wasservogel-Weiher.

großer Liegewiese, 1000 Quadratmeter großem Wasserspielplatz für die Kleinsten mit Matschtisch, Seilfähre und einem sich durch den Spielplatz schlängelnden Bachlauf, an dem Staudämme gebaut werden können. Kinder ab 10 Jahren sind begeistert von der Robinsoninsel mit Piratenschiff, die nur über einen Wackelsteg oder durch das Wasser erreicht werden kann.

Adresse: Affenberg Salem Mendlishauser Hof, 88682 Salem, Tel. +49 7553381, www.affenberg-salem.de.

Anfahrt: Von Lindau über Friedrichshafen nach Uhldingen und weiter über die Kreisstraße K7765 beschildert nach Mendlishausen. Eingabe in das Navigationssystem: 88682 Salem, »Mendlishausen« oder »Mendlishauser Hof«, neue Geräte finden auch »Affenberg Salem«

Bahn/Bus: Mit dem Zug nach Salem und von dort stündlich mit dem Erlebnisbus 1 über Schloss Salem bis zum Affenberg.

Öffnungszeiten: Mitte März bis Ende Oktober 9–18 Uhr, November 9–17 Uhr. Letzter Einlass 30 Min. vor Schließung.

E2 Abenteuerland Walter Zoo

Das Abenteuerland Walter Zoo begeistert große und kleine Entdecker. Rund 700 Tiere aus über 120 verschiedenen Tierarten machen den Besuch zu einem spannenden Erlebnis für die ganze Familie. In dem beliebten Zoo sind nicht nur Tiger, Leoparden, Zebras, Kängurus und Schimpansen, sondern auch Alligatoren, Sumpfschildkröten oder Strauße beheimatet. Eine Attraktion sind die insbesondere von März bis Oktober stattfindenden spektakulären Vorstellungen (im Eintrittspreis inbegriffen) im großen Zirkuszelt auf dem Zoogelände. Täglich um 14 Uhr

Im Walter Zoo: Einfach mal chillen!

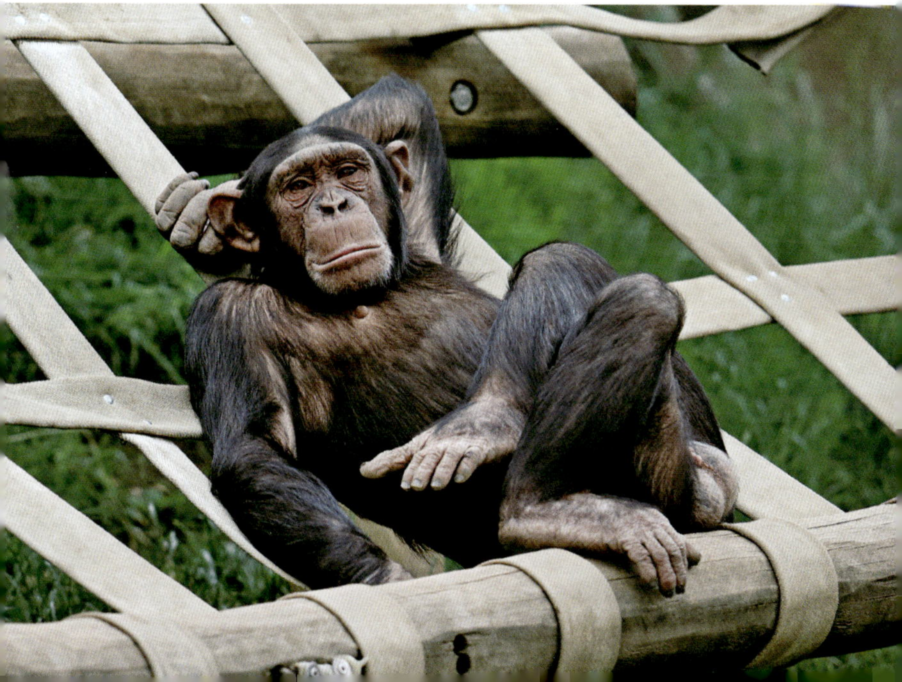

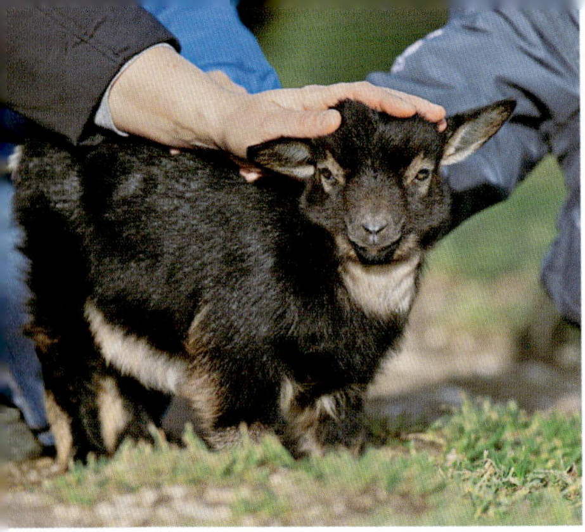

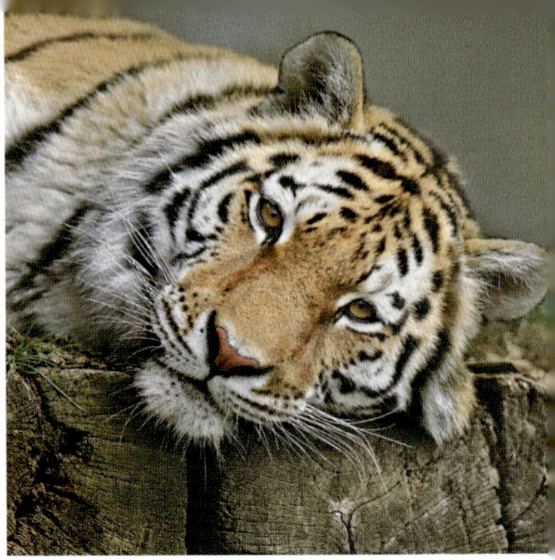

Im Abenteuerland Walter Zoo kann man über 700 Tiere erleben.

berichten Tierpfleger 20 Min. an einem der Gehege über ihre spannende Arbeit bei den jeweiligen Tieren. Fütterungszeiten und weitere Vorführungen mit den Tieren siehe Internetseite. Mit Pony- und Kamelreiten, Streichelzoo, Abenteuerspielplatz, Grillstellen und einem Zoorestaurant.

Öffnungszeiten: 365 Tage im Jahr geöffnet, März bis Oktober 9 bis 18.30 Uhr, November bis Februar 9–17.30 Uhr.

Adresse: Neuchlen 200, CH-9200 Gossau SG, +41 71 38755050, www.walterzoo.ch

Anfahrt: Die Schweizer Autobahn A 1 an der Ausfahrt St. Gallen-Winkeln verlassen und weiter auf der Landstraße 7 Richtung Gossau. Im Ort an der Coop Tankstelle rechts und ausgeschildert bis zum Parkplatz des Zoos. Eingeschränktes Parkplatzangebot!

Bahn/Bus: Vom Bahnhof Gossau mit Bus 155 stündlich (sonntags halbstündlich) direkt zum Zoo.

E3 Wildpark Feldkirch

Der hoch über Feldkirch am Ardetzenberg gelegene Wildpark bietet ein tolles Tier- und Naturerlebnis für die ganze Familie. Über 140 Tiere verteilt auf 21 Arten, unter anderem Reh, Damwild, Waschbär, Luchs, Murmeltier, Wolf, Minischwein, Esel, Wildschwein, Steinbock und Wildkatze leben auf einer Fläche von 10 ha in dem liebevoll gestalteten und gepflegten Wildpark. Selbst bei hohen Temperaturen ist es im Wildpark angenehm kühl, in der Hochsaison kann es besonders an den Wochenenden in dem beliebten Park allerdings sehr voll werden. Mit schönem Spielplatz, Kiosk und Grill-

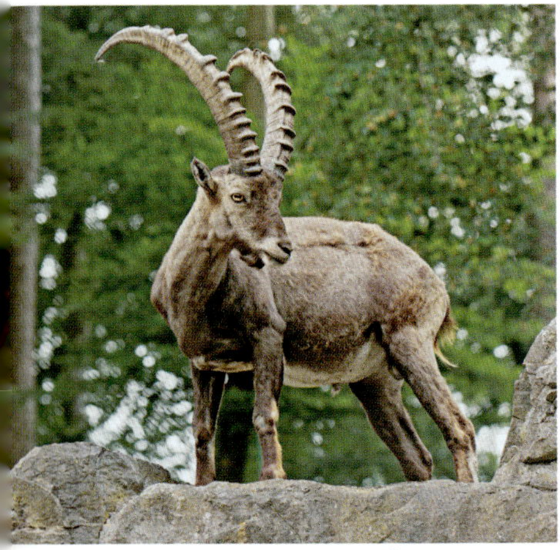

Stolzer Steinbock im Wildpark Feldkirch.

platz (Feuerholz ist normalerweise vorhanden, gegrillt werden darf nur bis 19 Uhr; keine Reservierung möglich). Bei den Mini- und Wildschweinen, den Zwergziegen und den Hirschen gibt es Futterautomaten (Einwurf 20 Cent). Der Eintritt in den Wildpark ist kostenlos, Spende am Eingang willkommen. Hunde dürfen in den Park mitgenommen werden, es besteht Leinenpflicht.
Neben dem Wildpark gibt es auch einen Waldlehrpfad mit 70 Tafeln im Erholungswald Feldkirch.
Öffnungszeiten: Der Wildpark ist ganzjährig geöffnet, der Kiosk bietet im Sommerhalbjahr Speisen und Getränke täglich von 10 bis 18 Uhr an. Im Winter Kiosk zeitweise geschlossen (siehe Internetseite).
Adresse: Ardetzenweg 20, A-6800 Feldkirch, Tel. +43 5522 74105, www.wildpark-feldkirch.at
Anfahrt: Die Rheintal-Autobahn A 14 an der Ausfahrt Feldkirch verlassen und stadteinwärts durch den Schattenburgtunnel bis zur Bärenkreuzung fahren. Dort ganz links einreihen und über die Bärenkreuzung Richtung Busplatz. Richtung Liechtenstein fahren, an der nächsten Ampel vor der Volksbank Feldkirch rechts einbiegen, an der nächsten Kreuzung wiederum rechts abbiegen und den Ardetzenberg bis zum Ende der Straße hinauffahren. Die Gäste werden gebeten, den Parkplatz links vom Wildpark zu benutzen.
Mit der Bahn: Vom Bahnhof Feldkirch in ca. 25 Min. zu Fuß über viele Treppen hinauf zum Wildpark.

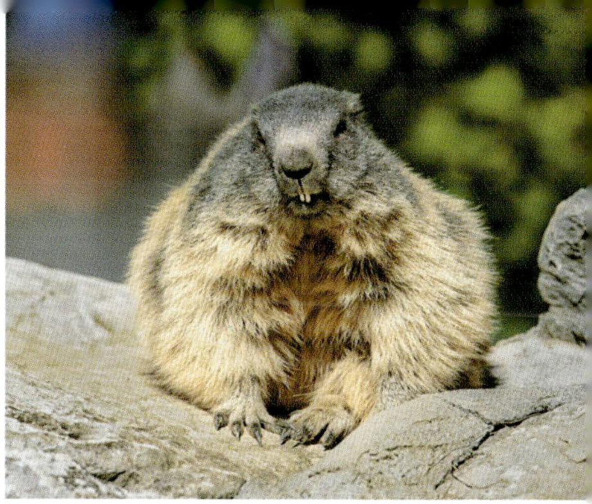

Der Wildpark Feldkirch hat auch Murmeltiere …

… und Luchse zu bieten.

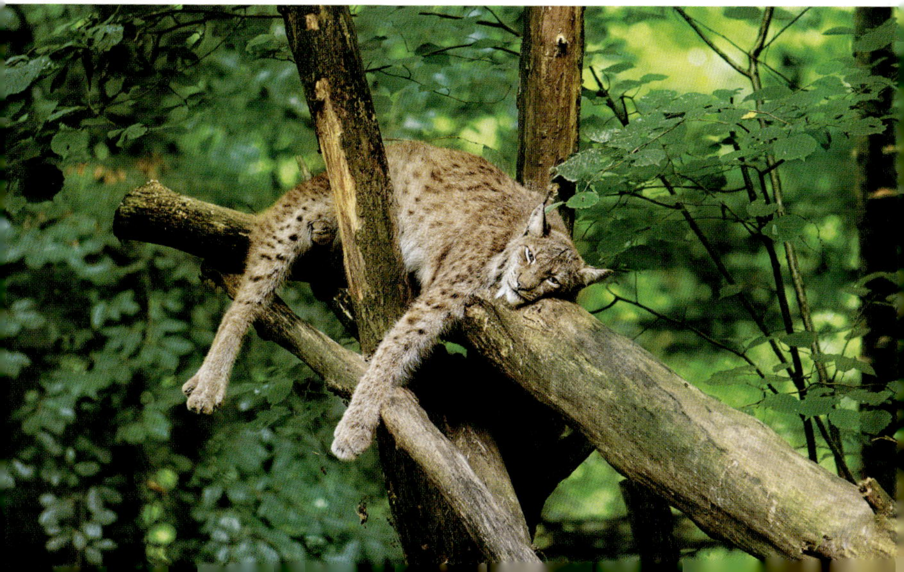

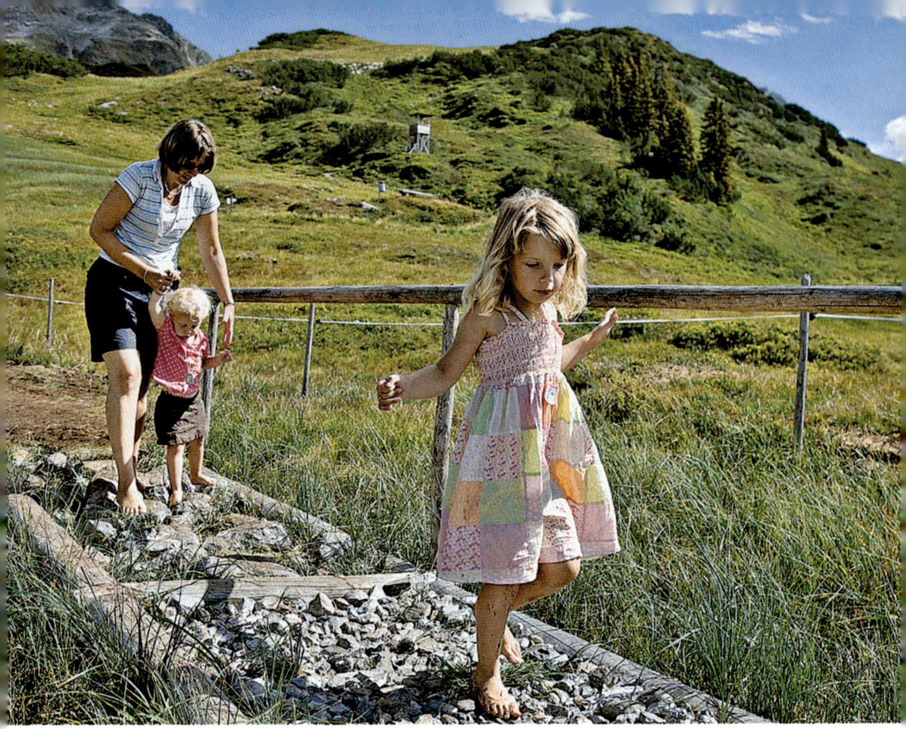

Fußmassage auf dem Barfußweg Brand.

Sonstige Freizeitziele

F1 Barfußweg Brand/Tierwelten-Weg

Der 1,5 km lange, abwechslungsreiche Rundweg über verschiedene Untergründe wie Sandboden oder Flusskiesel beginnt auf 1400 Meter Höhe an der Bergstation der Dorfbahn Brand. Von dort wandern wir noch mit Schuhen bergan Richtung Innere Parpfienzalpe. Bald wird es etwas flacher und kurz nach einem Weidezaun weist ein Wanderschild auf den Barfußweg hin. 150 m nach dieser Abzweigung stoßen wir auf Sitzbänke an einem Bach – hier ist der Beginn des **Barfußweges**. Dieser führt über verschiedene Stationen, wie Tannenzapfen- oder Baumscheibenstation, durch den Wald, über Alm- und Feuchtwiesen und enthält auch Wassertretstrecken im Gebirgsbach. Auf halbem Weg bietet sich eine Einkehrmöglichkeit in der Alpe Parpfienz. Der Barfußweg ist mit geländegängigen Kinderwagen befahrbar. Wieder unten im Dorf lohnt ein Besuch im Alvierbad (siehe Freizeittipp D3).

An der Bergstation der Dorfbahn startet auch der im Sommer 2017 neu errichtete **Tierwelten-Weg**, der hinüber zur Bergstation der Palüdbahn führt. Kleine und große Entdecker erfahren auf diesem interaktiven Wissenswanderweg viel über die artenreiche Tierwelt des Brandnertals und bekommen viele interessante Fragen beantwortet: Wie leben Murmeltiere in ihrem Bau oder wie gut sieht ein Adler? Von der Bergstation der Palüdbahn fährt man dann wieder hinunter nach Brand.

Öffnungszeiten: Der Barfußweg ist im Sommerhalbjahr geöffnet. Die Dorfbahn Brand verkehrt durchgehend von Ende Juni bis zum letzten Oktoberwochenende von 8.30 Uhr bis 16.30 Uhr. Fahrzeiten im Mai und Juni siehe www.vorarlberg-alpenregion.at/sommerurlaub-vorarlberg/bergbahnen/brandnertal/

Adresse Talstation Dorfbahn: Mühledörfle 2, A-6708 Brand, Tel. +43 5559 224-0, www.vorarlberg-alpenregion.at/brandnertal/bergbahnen/angebot-am-berg/barfussweg/

Anfahrt: Von Norden kommend die Rheintal-Autobahn A 14 an der Ausfahrt Brandnertal verlassen und der Bundesstraße L 82 Richtung Brandnertal bis Brand folgen. Die Dorfbahn liegt im Ort auf der rechten Seite.

Mit Bahn/Bus: Mit der Bahn bis Bludenz und von dort mit dem Bus L 81 bis zur Haltestelle Brand Dorfbahn.

F2 Tiererlebnispfad Brand

Am Alvierbad in Brand (siehe Freizeittipp D3) startet der auch für Kinderwagen geeignete, 1,5 km lange (Gehzeit ca. 1.30 Std.) Tiererlebnispfad Brand, auf dem die Kinder im Ziegengehege ihre Kletterkünste ausprobieren, mit den Hühnern auf einer Stange balancieren, Schafe und Kaninchen streicheln oder ein neugeborenes Kälbchen bei seinen ersten Gehversuchen beobachten können. Eine Beobachtungsstation ermöglicht Einblicke in einen Auwald und angelegte »Nester« von Igel oder Rabe können aus- oder umgebaut werden. An dem kostenlosen Weg gibt es auch einen schönen Spielplatz. Das Füttern der Tiere ist nicht erlaubt, Hunde bitte an die Leine nehmen.

Öffnungszeiten: Ganzjährig geöffnet, abends beleuchtet.

Adresse und Anfahrt: Siehe Alvierbad (Freizeittipp D3).

F3 Allgäuer Ponyhof

Der Allgäuer Ponyhof bietet nicht nur (geführte) Ausritte, geführte Runden auf dem Reitplatz oder kurze Reitstunden (ohne Voranmeldung), sondern auch einen Erlebnispfad durch ein Streichelgehege mit Hasen, Meerschweinchen, Schafen, Ziegen, Lamas, Enten, Gänsen und Schweinen. Auf dem Abenteuerspielplatz mit Schaukel, Seilbahn, Baumhaus, Wellenrutsche und großem Trampolin können die Kinder ebenso nach Herzenslust spielen und toben wie im Heustadl. Danach lockt nicht nur die Sonnenterrasse, auf der man direkt neben dem Spielbrunnen Eis und hausgemachten Kuchen verzehren kann, sondern

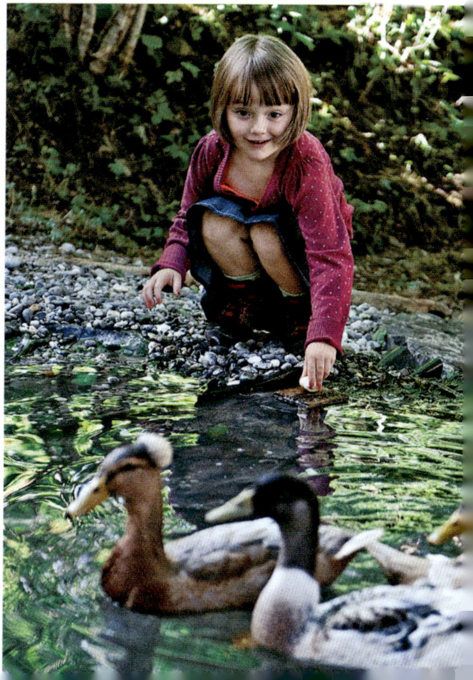

Der Tiererlebnispfad Brand macht allen Kinder Spaß.

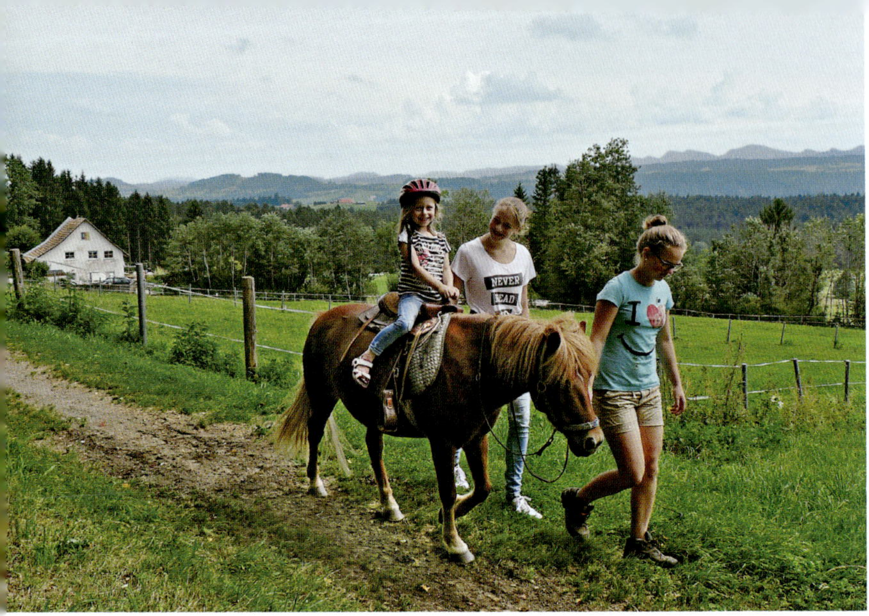

Geführte Reitrunde beim Allgäuer Ponyhof.

auch das nur 500 m entfernte Alpenfreibad (1 km nach Ortsausgang Scheidegg, Richtung Scheffau, siehe Tour 22).
Öffnungszeiten: Täglich 13–18 Uhr, Ponyreiten bis 17 Uhr.
Adresse: Denzenmühle 103a, 88175 Scheidegg, Tel. +49 8381 83680, www.allgaeuer-ponyhof.com
Anfahrt: Von Scheidegg kommend Richtung Scheffau, ca. 250 m nach dem Alpenfreibad rechts abbiegen zum kostenfreien Parkplatz.

F4 Skywalk Allgäu

Der Skywalk Allgäu ist ein (kostenpflichtiger – Familienkarte 40 €) Baumwipfelpfad in gut 30 Meter Höhe, für den 500 Tonnen Stahl, 3000 Meter Stahlseile und 70.000 Schrauben verbaut wurden. Von dort oben erlebt man den Wald aus einer völlig anderen Perspektive und einen – aufgrund der Hängebrückenkonstruktion mitunter schaukelnden – Spaziergang der ganz besonderen Art mit beeindruckendem Panorama bis zum Bodensee. Am Ende des insgesamt 540 Meter langen Pfades wartet mit dem angeschlossenen interaktiven Kletterpfad (mit Wackel-, Dschungel- und Abenteuerbrücke) noch das Sahnehäubchen, bevor man rasant durch die Röhrenrutsche wieder auf den Boden kommt und noch die beiden Abenteuerspielplätze, den Barfußpfad und zwei Naturerlebnispfade erobern kann. Auf dem Gelände befindet sich auch ein Selbstbedienungsrestaurant.
Öffnungszeiten: Von April bis September 10–18 Uhr, von Oktober bis März 10–16 Uhr, letzter Einlass 1.30 Std. vor Schließung.
Adresse: Oberschwenden 25, 88175 Scheidegg, Tel. +49 8381 961800, www.skywalk-allgaeu.de

Skywalk Allgäu: Konzentration auf dem Kletterpfad.

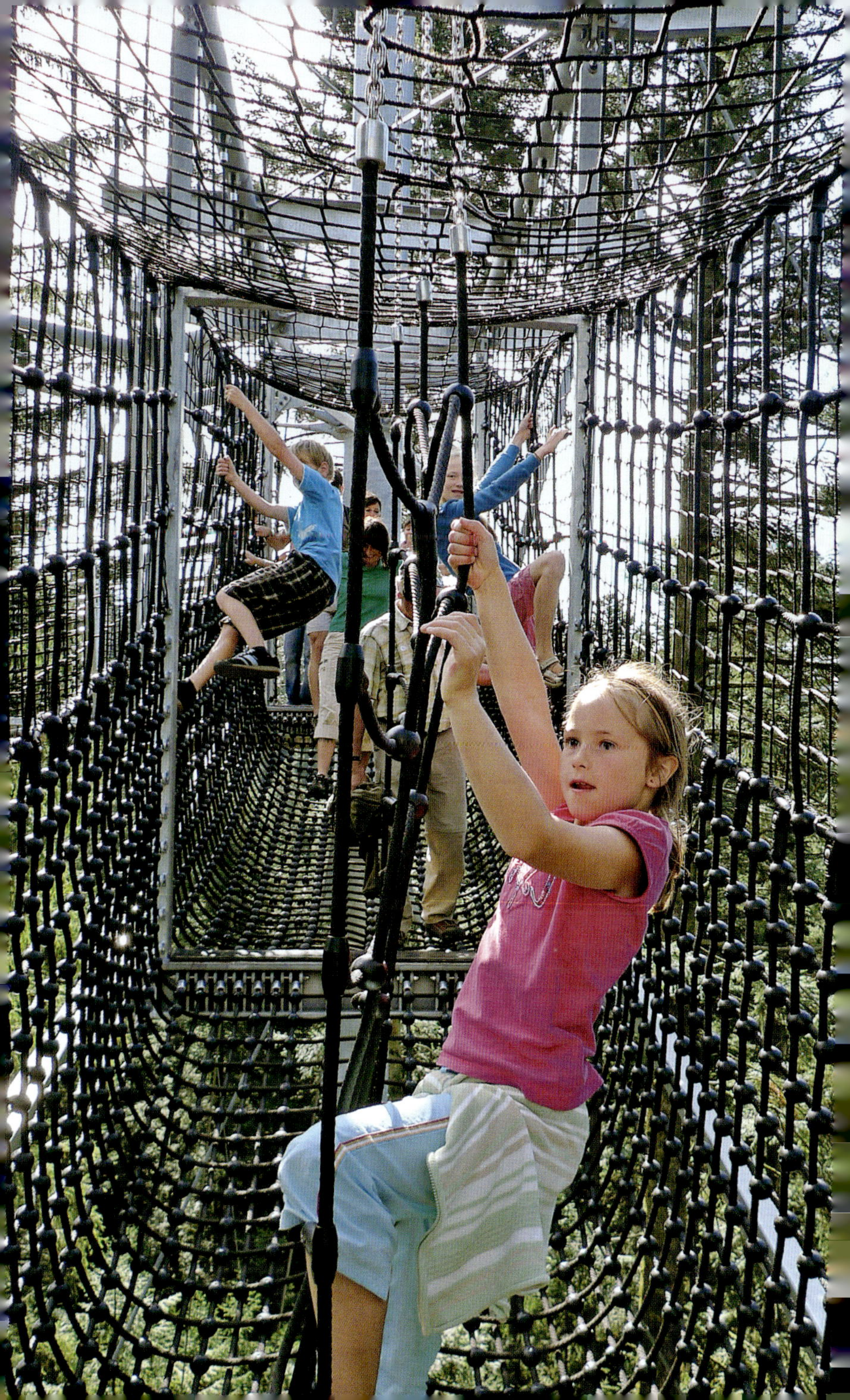

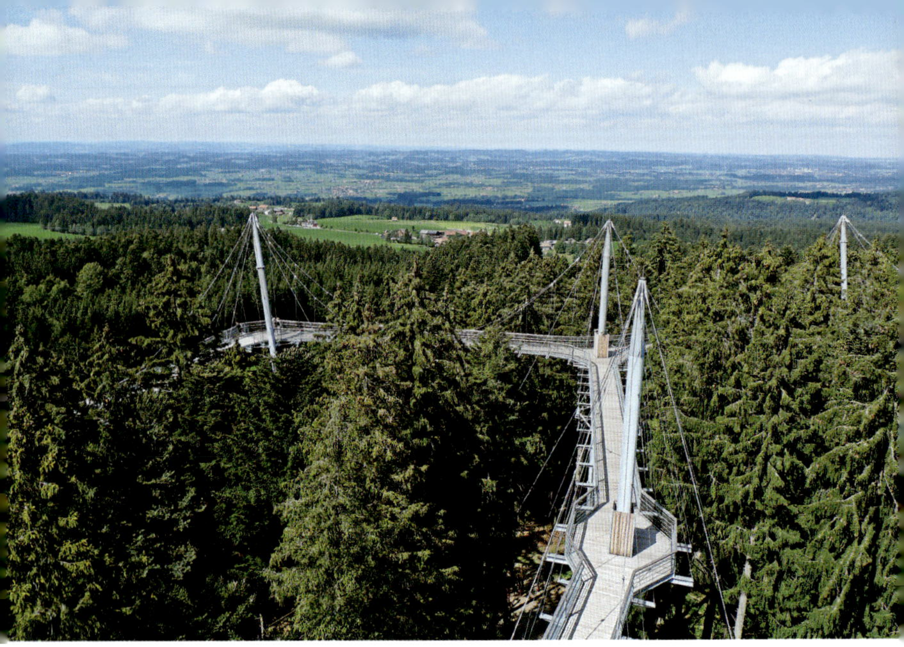

Der Baumwipfelpfad des Skywalk Allgäu befindet sich in gut 30 Meter Höhe.

Anfahrt: Von Immenstadt kommend auf der B 308 Richtung Lindenberg, an einer Verzweigung kurz vor Lindenberg geradeaus bis nach Scheidegg. Vom Kreisverkehr (zweite Ausfahrt) der Beschilderung »Skywalk Allgäu« bis nach Oberschwenden folgen.

F5 Insel Lindau / Leuchtturm Lindau

Wer im Dreiländereck Urlaub macht, sollte unbedingt auch der Insel Lindau einen Besuch abstatten. Die historische Altstadt (Fußgängerzone) von Lindau und der weitbekannte Hafen mit seinem über 150 Jahre alten Leuchtturm und dem großen gegenüberliegenden Steinlöwen haben seinen ganz besonderen Reiz. Ein Bereich des hinteren Teils der Insel ist leider von einem großen Parkplatz und den umfassenden Gleisanlagen des Lindauer Hauptbahnhofes eingenommen und auf den wenigen Straßen der Insel ist es eng und es herrscht viel Verkehr. Wir empfehlen daher, auf dem sehr großen, aber in der Hauptsaison ebenfalls früh voll besetzten Parkplatz am Europaplatz auf dem Festland zur parken und dann über die 150 m lange Landtorbrücke auf die Insel hinüberzugehen. Rechts befindet sich dann ein schön angelegter Park mit Springbrunnen, der das Gärtnerherz höherschlagen lässt.

Zum Hafen und zur Altstadt, wendet man sich aber nach der Brücke links, spaziert auf dem Weg »Oscar-Groll-Anlage« unmittelbar am See entlang. Man kommt am Casino vorbei, fünf Minuten später führt der Weg vom Ufer weg und wir stoßen bald auf die Fischergasse, in die wir links einbiegen. Bald darauf wenden wir uns erneut links in die »Gerberschanze«, die uns durch eine Häuserpassage führt und uns wieder zum Ufer bringt. Nun spazieren wir auf dem Gustav-Röhl-Uferweg weiter, kommen schnell wieder ans Wasser und erreichen bald den Lindauer Hafen. Hier ist viel los, oft ist es gar nicht so einfach einen Platz in den dortigen Restaurants und Cafés mit ihren Gastgärten zu ergattern. Im Sommer geben hier abends Gaukler und Musikanten ihr Stelldichein. Es lohnt sich, die 140 Holzstufen auf den Leuchtturm hinaufzusteigen. Der Turm ist bei gutem Wetter bis Sonnenuntergang geöffnet. In den Zwischenetagen erfahren wir einiges über den Bodensee und seine Schiffe aus vergangenen Tagen, aber auch über Wetter, Sturmwarnung und was der Leuchtturmwärter bei Nebel zu tun hat. Oben erwartet uns dann ein toller Ausblick von der Plattform. Gleich neben dem Hafen befindet sich der Lindauer Hauptbahnhof, von dort erreicht man über die Ludwigstraße und später links haltend die Maximilianstraße (Fußgängerzone), womit

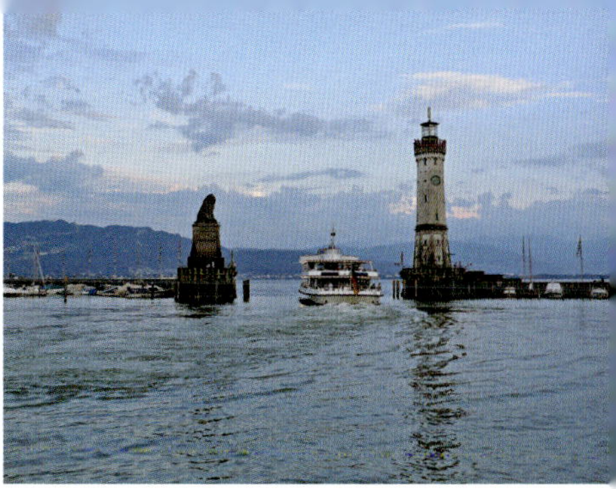

Hafeneinfahrt von Lindau mit Steinlöwe und Leuchtturm.

man sich mitten in der belebten historischen Altstadt von Lindau befindet. Als besonderen Tipp empfehlen wir, nach dem Besuch des Leuchtturms dem Weg weiter am See entlang zu folgen. Nach einigen Hundert Metern gibt es mehrere Stellen, an denen man über Treppen direkt zum Bodensee hinunterkommt und in dem auch hier erstaunlich sauberen Wasser eine Runde schwimmen kann. Also Badesachen nicht verges

In der Fußgängerzone von Lindau wartet ein Brunnen zum Wasserpritscheln.

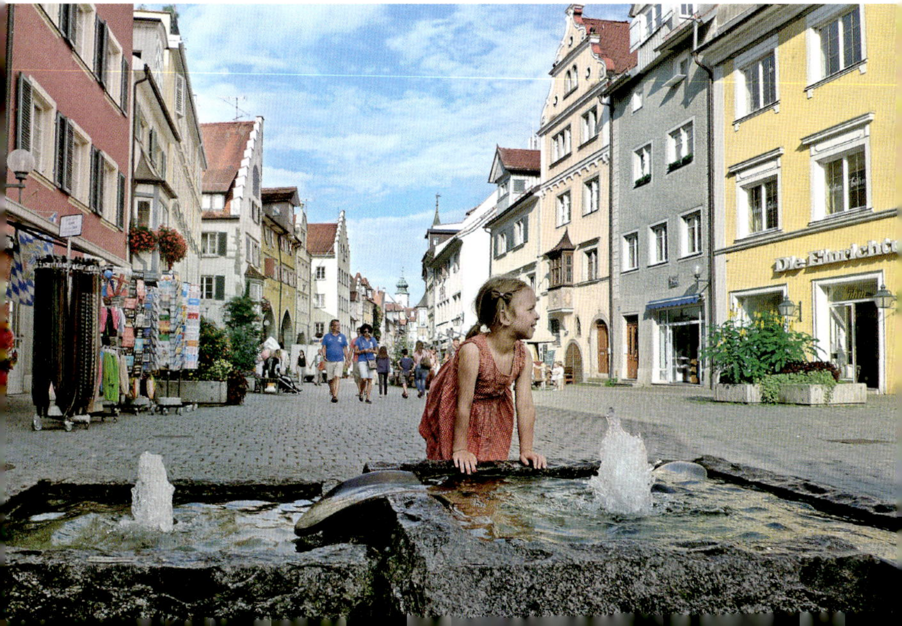

sen! Zurück geht es dann auf dem Hinweg, oder man spaziert einfach immer möglichst seenah weiter und umrundet so die Insel. Dieser Teil der Insel ist zwar nicht mehr so schön wie der Hinweg, man kommt aber nach der Überquerung der Thierschbrücke an einem großen Spielplatz vorbei, an dem sich der Nachwuchs austoben kann.

Öffnungszeiten: Der Leuchtturm an der Seepromenade im Lindauer Hafen ist gegen Gebühr von 9.30 Uhr bis maximal Sonnenuntergang (je nach Wetter und Nachfrage) geöffnet.

Adresse: Großer Parkplatz am Europaplatz in 88131 Lindau, auf dem Festland unmittelbar vor der hinüber zur Insel führenden Landtorbrücke. Infos unter www.lindau.de

Anfahrt: Die Autobahn A 96 an der Ausfahrt Lindau verlassen und der Beschilderung Lindau/Lindau Insel folgen.

Mit der Bahn: Der Lindauer Hauptbahnhof befindet sich in unmittelbarer Nähe des Hafens und der historischen Altstadt.

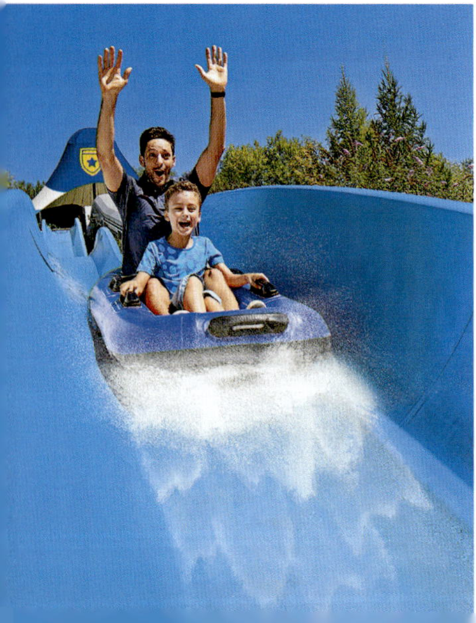

F6 Ravensburger Spieleland

Acht verschiedene Themenwelten mit über 70 Attraktionen warten auf die Familien im Ravensburger Spieleland, dem großen Freizeitpark der Ravensburger AG in Meckenbeuren. Der zwischen Ravensburg und dem Bodensee gelegene Park ist so konzipiert, dass die Kinder die meisten Attraktionen gemeinsam mit ihren Eltern nutzen können. Auch wenn der Park eher auf kleinere Kinder zugeschnitten ist, kommen auch ältere Kinder und Erwachsene zum Beispiel beim Alpin-Rafting, der BRIO-Wasserpolizei oder dem 4D-Action-Kino (jeweils ab 8 Jahren) auf ihre Kosten. Ob in der **Grünen Oase** beim Traktorfahren und Reiten, der **Kunterbunten Spielewelt** mit Ravensburger Spielen im XXL-Format, der **BRIO World** mit der BRIO Metro oder der **Future World** mit dem Moon-Racer (ab 8 Jahren) und der neuen GraviTrax-Kugelbahn (ab 4 Jahren bzw. 8 Jahren bei Fahrt in den roten Looping-Waggons) wird es den Kindern mit Sicherheit nicht langweilig. Aber auch das **Entdeckerland** mit Rutschspaß, Rafting und Torschussanlage mit Geschwindigkeitsmessanlage, **Käpt'n Blaubärs Wunderland** mit Abenteuerfahrt und Trickfilmstudio (gegen Gebühr) oder die **Maus- und Elefant-Erlebniswelt** mit dem Freifallturm (ab 6 Jahren) lässt die Herzen der Kinder höherschlagen. Im **Mitmachland** lernen Kinder gemeinsam mit ihren Eltern spielerisch Neues und haben dabei auch noch jede Menge Spaß. Sie machen ihren ersten Führerschein in der MobileKids-Verkehrsschule und in der Schokowerkstatt von Ritter Sport stellen sie (ge-

Ravensburger Spieleland: Spaß in der »BRIO-Wasserpolizei«.

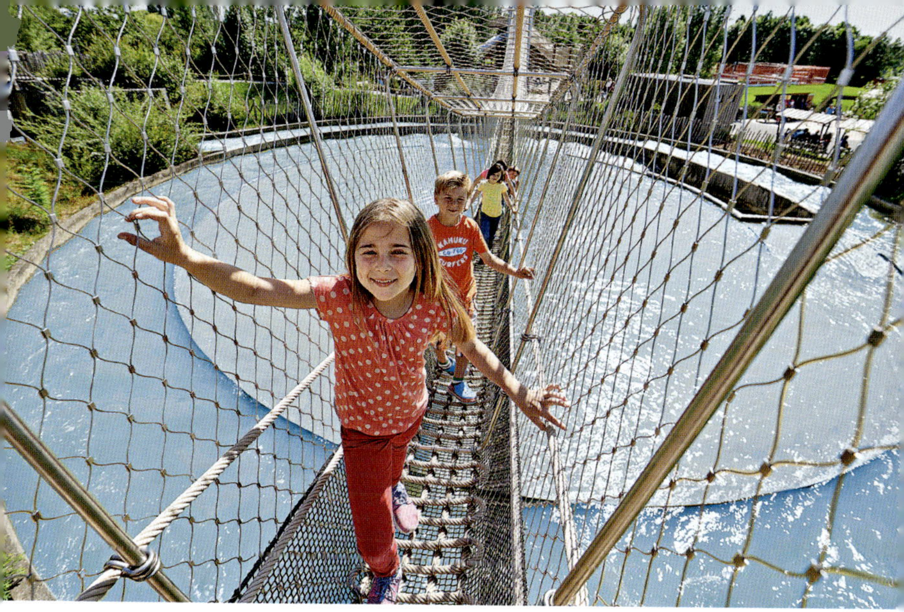

Spannende Hängebrücke im Ravensburger Spieleland.

gen Gebühr) ihre eigene Lieblingsschokolade her! Handwerkliches Geschick und Teamarbeit ist in der 600 m² großen **Bosch Car Service Werkstattwelt** gefragt, wenn die gesamte Familie zum Um-die-Wette-Räderwechsel antritt. Mehrere Imbissstände und Restaurants sorgen für das leibliche Wohl der Besucher. Tipp: Am besten hebt man sich die Grüne Oase für den Schluss auf, denn hier ist der Park eine Stunde länger geöffnet.

An das Spieleland angeschlossen ist das **Ravensdorfer Feriendorf**. Hier können Familien in thematisierten Ferienhäusern oder in »Wieso? Weshalb? Warum?«-Forscher-Zelten übernachten oder einen der 40 Wohnmobilstellplätze in unmittelbarer Nähe zum Spieleland nutzen.

Öffnungszeiten: Ende März bis Anfang November, teilweise Montag und Dienstag Ruhetag (nicht im Juli und August). Der Park öffnet um 10 Uhr und hat mindestens bis 17 Uhr geöffnet (außer Ende Oktober / Anfang November, dann nur bis 16 Uhr). In den Sommerferien und an einigen Sonntagen im Juli bis 18 Uhr geöffnet. Der Themenbereich Grüne Oase hat immer noch eine Stunde länger auf.

Adresse: Am Hangwald 1, 88074 Meckenbeuren, Tel +49 7542 4000, www.spieleland.de

Anfahrt: Von Lindau über die B 31 Richtung Friedrichshafen und weiter über die B 467 Richtung Tettnang / Ravensburg direkt zum Spieleland-Parkplatz (Gebühr 5 €).

Mit Bahn / Bus: Von Ravensburg und Wangen mit Bus 7545 bis Haltestelle Meckenbeuren Liebenau Spieleland an der B 467. Von dort sind es nur wenige Meter zu Fuß zum Spieleland. Von Friedrichshafen mit dem Spielelandbus 7586.1 direkt zum Spieleland. Bitte beachten: An den Wochenenden fährt der Bus direkt von der Haltestelle Meckenbeuren Liebenau (s. o.) ab.

Stichwortverzeichnis

Bildnachweis:

Alle 213 Fotos von den Autoren mit Ausnahme folgender Bilder: S. 11, 173 o. (Sommerrodelbahn Laterns), S. 27 o. (Insel Mainau, Peter Allgaier), S. 62 u. (Trekkinghof Peterhof), S. 147 o. (Isny Marketing GmbH, Ernst Fesseler), S. 153 u. (Erhard Bolender), S. 170, 171 (Abenteuerpark Schröcken), S. 172 (Abenteuerpark Kressbronn, Matthias Huber flipworks), S. 174 (Museum Rheinschauen, Matthias Rhomberg), S. 176 (Hafenstadt Romanshorn), S. 177, 188, 189 (Alpenregion Bludenz Tourismus), S. 178 (Erholungszentrum Rheinauen, Ewald Petritsch), S. 179 (Stadtwerke Bregenz), S. 180 (Aquamarin, David Knipping), S. 182 (Strandbad Eriskirch), S. 185, 186 o.l., o.r. (Walter Zoo), S. 186 u., 187 o., 187 u. (Wildpark Feldkirch, Manfred Baumann), S. 194, 195 (Ravensburger Spieleland).

Impressum

Titelbilder: Oben: Spaß auf dem Grenzerpfad Oberreute (Tour 25) und Balancehalten über dem Hausbach (Tour 24). Unten: Rast oberhalb des Kalbelesees (Tour 15).

Bild Seite 1 und 24/25: Felseroberung auf der Wanderung zum Körbersee (Tour 15).

Die Autoren:
Eduard Soeffker, geboren 1969, und Sigrid Soeffker, Jahrgang 1973, sind gebürtige Münchner und schon von Kindesbeinen an in den Alpen unterwegs. Mittlerweile leben der Jurist und die Handelsfachwirtin im Pfaffenwinkel und geben ihre Begeisterung für naturverbundenes Wandern an ihre Kinder weiter.

Kartografie:
Tourenkarten im Maßstab 1:15.000 bis 1:50.000 © Bergverlag Rother GmbH, München (gezeichnet von Barbara Häring / Martina Rieger, Gröbenzell); Übersichtskarten © Freytag & Berndt, Wien

Illustrationen:
Alle Illustrationen von Stephanie Stickel (www.stephanie-stickel.de).

2., aktualisierte und erweiterte Auflage 2021

ISBN 978-3-7633-3186-4

FSC MIX Papier aus verantwortungsvollen Quellen www.fsc.org FSC® C021956

Wir freuen uns über jeden Korrekturhinweis zu diesem Wanderbuch!
Bitte per E-Mail an: **leserzuschrift@rother.de**

ROTHER BERGVERLAG · Keltenring 17 · D-82041 Oberhaching
Tel. +49 89 608669-0 · www.rother.de